調查研究方法

瞿海源　主編

李隆安、章英華、楊孟麗
杜素豪、廖培珊、于若蓉
胡克威、傅仰止　　合著

三民書局

國家圖書館出版品預行編目資料

調查研究方法／瞿海源主編. －－初版二刷. －－
臺北市：三民，2016
　　面；　公分

ISBN 978-957-14-4725-4　（平裝）

1.社會調查－研究方法

540.15　　　　　　　　　　　　　　96007362

ⓒ　調查研究方法

主　　　編	瞿海源
發 行 人	劉振強
著作財產權人	三民書局股份有限公司
發 行 所	三民書局股份有限公司
	地址　臺北市復興北路386號
	電話　(02)25006600
	郵撥帳號　0009998-5
門 市 部	(復北店) 臺北市復興北路386號
	(重南店) 臺北市重慶南路一段61號
出版日期	初版一刷　2007年6月
	初版二刷　2016年6月
編　　　號	S541290

行政院新聞局登記證局版臺業字第○二○○號

有著作權‧不准侵害

ISBN　978-957-14-4725-4　（平裝）

http://www.sanmin.com.tw　三民網路書店

作者群簡介

〔瞿海源〕（主編）

學　歷　國立臺灣大學心理學碩士
印第安那大學社會學博士

經　歷　曾任中央研究院社會學研究所研究員和所長、國立臺灣大學社會學系教授、臺灣社會學社理事長、澄社社長。主持過臺灣社會變遷基本調查、臺灣新興宗教現象及相關問題研究、臺灣社會意向調查及資訊科技與社會轉型等研究計畫。出版專著有《社會心理學新論》、《宗教與社會》、《宗教、術數與社會變遷》、《針砭》、《真假民主》等

〔李隆安〕

學　歷　國立中央大學數學系畢業
紐約州立大學統計學博士

經　歷　美國國家環境科學研究院訪問學者，中央研究院統計科學研究所副研究員、研究員

〔**章英華**〕

學 歷 國立臺灣大學社會學學士、碩士
普林斯頓大學社會學博士

經 歷 曾任中央研究院民族學研究所研究員、調查研究工作室主任、社會學研究所研究員和所長。曾主持或參與臺灣社會變遷基本調查、華人家庭動態調查、青少年研究計畫。

現 職 中央研究院社會學研究所兼任研究員

〔**楊孟麗**〕

學 歷 國立臺灣師範大學英語系畢業
密西根州立大學教育心理學博士

經 歷 曾任國中、高中及大專英語文教師，教育學程中心教師

現 職 中央研究院調查研究專題中心副研究員

〔**杜素豪**〕

學 歷 國立臺灣大學農業推廣學系畢業
國立臺灣大學農業推廣學與鄉村社會學碩士
密西根州立大學社會學博士

經 歷 中央研究院民族學研究所博士後研究，國立空中大學兼任副教授，實踐大學兼任助理教授，國立海洋大學應用經濟所兼任助理教授，中央研究院調查研究工作室助研究員兼副主任

現 職 中央研究院調查研究專題中心副研究員

〔廖培珊〕

學 歷 國立臺灣大學農業推廣學系畢業
賓州州立大學鄉村社會學博士

經 歷 國家科學委員會社會科學研究中心博士後研究，東吳大學社會學系兼任
助理教授，國立清華大學人文社會學系兼任助理教授，譯著有《社會學
研究方法》

現 職 中央研究院調查研究專題中心副研究員

〔于若蓉〕

學 歷 國立臺灣大學經濟學博士

經 歷 淡江大學產業經濟系副教授

現 職 中央研究院調查研究專題中心研究員

〔胡克威〕

學 歷 國立臺灣大學社會學系畢業
芝加哥大學社會學博士

經 歷 香港科技大學講師，中央研究院調查研究專題中心助研究員

現 職 輔仁大學社會學系助理教授

〔傅仰止〕

學 歷 國立臺灣大學社會學學士、碩士
芝加哥大學社會學博士

經 歷 曾任國立臺灣大學社會學系兼任教授，中央研究院調查研究工作室主
任。曾主持社會意向電話調查、臺灣社會變遷基本調查等研究計畫，並
擔任國際社會調查計畫 (ISSP) 臺灣聯絡人

現 職 中央研究院社會學研究所研究員

序

　　調查研究在國內已經成為探測和瞭解政治事務和社會現象不可或缺的重要方法和工具。學術界和政府及民間機構團體經常施行各種調查以瞭解社會、經濟和政治等各方面的狀況，媒體、市場調查公司和政黨乃至政府機構，更頻繁地舉辦各種調查以探測民意。這種種調查的結果對社會各方面也產生了實質的影響，甚至有些調查還做為決策的依據，例如民意調查已成為政黨提名的重要標準。

　　調查之所以如此廣泛地被運用，乃至有如此重大的影響力，主要還是在於調查研究本身的公信力。而調查公信力的基礎是在於調查研究方法本身有堅實的學理基礎，也就是說調查研究方法是建立在統計學、心理學、社會學、政治學等等學術研究基礎上的。在這些學術領域中有許多專研調查研究方法的學者，長期從事調查研究方法的研究。也因此，調查是一個複雜而嚴謹的研究過程，每個過程都要符合根據學理和實證研究所建立的客觀標準。

　　出版這本書的主要目的就在於對調查研究的每個過程做完整的說明，從擬訂調查主題、抽取受訪樣本、研擬問卷題目、進行焦點討論和認知訪談、施行訪員訓練、進行預試、正式訪談，一直到資料整理、資料檔建立、資料分析，還進一步地建立及利用調查資料庫，本書都盡可能詳細的加以敘介。

　　由於調查研究方法在各個領域學者就研究方法不斷的進行研究，並持續地改進調查的各個過程。本書各章也都盡可能地引介各種新的調查研究方法和技術。其間，我們也發現調查研究的一個新

的重要趨勢，是在於資料庫的建立和應用，甚至是在網路上進行問卷資料分析。這是由於調查研究的進行需要龐大的資源，不是一般的研究者所能負荷。全國性的抽樣調查尤其是如此。更重要的是，運用龐大資源完成的調查資料，本身就是很豐富的研究資源，可以提供更多的學者從事研究。

　　本書是我們集結了中央研究院調查研究專題中心、社會學和統計學研究所的教授，對一般調查研究的過程和基本學理進行盡可能完整的說明和探討，也特別對調查資料庫及資料分析闢了專章來引介。

　　身為主編，個人對於參與本書撰寫工作的中研院同仁，在此要表示誠摯的謝意。在約定的時間內，大家依原先的規劃完成了初稿和修訂稿。也要謝謝三民書局的劉振強先生，他耐心地等了我二十年，才等到這本接近原先約定的書。在全書編印過程中，責任編輯專業而細心地編排，使這本書品質提升許多，令人敬佩。我們很有效率地完成了這本書，但是還是有所疏漏和不盡理想之處，很希望讀者和採用本書的教授們能不吝指正，我們會虛心接受，並在未來修訂時做為重要的參考。

瞿海源

於南港

2007 年 5 月 25 日

調查研究方法 目次

作者群簡介

序

第 1 章 導論：調查研究方法的原理、發展歷史、與倫理　　　*1*

一、調查研究方法的定義與學理基礎　　　*2*

二、抽樣調查的優缺點　　　*7*

三、抽樣調查的源起與發展　　　*14*

四、調查倫理　　　*28*

五、調查研究方法的未來　　　*37*

參考書目　　　*39*

第 2 章 抽　樣　　　*43*

一、抽樣的基本學理　　　*44*

二、簡單隨機抽樣的方法　　　*51*

三、系統隨機抽樣的方法　　　*61*

四、分層隨機抽樣的方法　　　*66*

五、聚叢隨機抽樣的方法　　　*78*

六、多段複雜抽樣方法　　　*82*

七、與抽樣相關的事項　　　*86*

參考書目　　　*90*

第 3 章 調查設計　　　*93*

一、前　言　　　*94*

二、調查訪問的抽樣對象與抽樣設計　　　*94*

三、調查方式的設計　　　*102*

四、長期重複調查　　　*105*

五、固定樣本追蹤調查　113

六、結　語　128

參考書目　129

第4章　**調查問卷設計**　133

一、研擬問卷題目　135

二、題目的形式　158

三、問卷編排原則　171

四、評估問卷題目：代結論　183

附錄 4-1　漏斗型題目排列法　186

參考書目　187

第5章　**問卷研擬的質化方法**　191

一、焦點團體與認知訪談　192

二、一段爭論的往事　193

三、焦點團體訪談的發展　196

四、認知訪談　215

五、結　語　229

附錄 5-1　焦點團體訪談要點檢查表　231

附錄 5-2　認知訪談填答表的通用格式　232

附錄 5-3　認知訪談通用格式記錄重點說明　233

參考書目　235

第6章　**調查研究中的信度與效度**　239

一、前　言　240

二、測量誤差　244

三、信　度　245

四、影響信度係數的因素　255

五、信度對於統計分析值的影響　256

六、效　度　259

七、其他效度　265

八、結　語　274

參考書目　276

第7章

面對面訪問與電話訪問　277

一、前　言　278

二、面對面訪問　282

三、電話訪問　305

四、結　語　322

參考書目　323

第8章

自填問卷：郵寄問卷與網路調查　327

一、郵寄問卷調查　329

二、網路調查的特性與電子郵件調查　340

三、網頁調查　347

四、結　語　358

參考書目　361

第9章

建立資料檔　363

一、資料的準備　365

二、資料過錄編碼　371

三、資料整理與檢核　387

四、特殊資料檔　393

五、結　語　401

附錄 9-1　臺灣社會變遷基本調查之職位分類表　402

參考書目　405

第 **10** 章　調查資料庫的發展與應用　　407

一、社會科學的經驗研究與調查資料庫　　409

二、調查資料庫的演進　　414

三、「社會科學後設資料」：網際網路時代的新發展　　421

四、國際上重要的調查資料庫　　439

五、臺灣重要的社會科學調查資料庫網站　　443

六、結　語　　445

附錄 10–1　世界各地的調查資料庫的網址　　446

附錄 10–2　跨國比較研究的調查資料的網址　　449

附錄 10–3　中央研究院調查研究專題中心之蒐藏　　450

參考書目　　452

第 **11** 章　資料分析：從個人差異到跨國比較　　455

一、判定調查資料品質　　456

二、資料分析的類型與策略　　461

三、資料分析實例　　465

四、結　語　　489

參考書目　　491

索引　　492

第1章

導論：
調查研究方法的原理、
發展歷史、與倫理

◆ 一、調查研究方法的定義與學理基礎
◆ 二、抽樣調查的優缺點
◆ 三、抽樣調查的源起與發展
◆ 四、調查倫理
◆ 五、調查研究方法的未來

調查研究，或稱抽樣調查研究，是社會科學乃至其他學術領域經常使用的研究方法，在政府和民間許多部門也多常利用這種方法收集資料。由於調查結果，特別是民意調查的結果，經常透過媒體向公眾公布，現代社會也因此而受到相當的影響。對於這樣在現代社會中普遍使用的調查方法，不僅是與調查研究相關領域的學者和學生應該進行深入的專業性研究，一般民眾也應該對抽樣調查研究有基本的認識，並且要能識讀民意調查的結果。在本章，我們將全面說明調查研究的定義、發展的歷史、執行調查的程序與步驟、調查分析、以及調查研究應遵守的倫理。

一、 調查研究方法的定義與學理基礎

調查研究方法 (survey research method)，有時也稱為**抽樣調查** (sampling survey)，是指經由**標準化過程**收集有關樣本的具信度和效度的資料，以從事對一個母體的推估或假設的驗證的方法。**母體** (population) 是指調查對象的全部，例如全國年滿 20 歲以上的人口，或是在調查時全國失業的人口。由於不可能去調查全國所有 20 歲以上的人口，所以需要在母體中選取具有代表全體 20 歲以上人口的一些人來接受調查，這樣選取的代表性人口就是**樣本** (sample)。一般而言，根據現代統計學的**抽樣** (sampling) 原理，樣本所需的個體數並不多，例如許多全國性的民意調查大約只需 1,000 多人即可。針對所選取的樣本收集資料過程必須是標準化的，也就是對每個選取的樣本個體用同一個詢問的方式問相同的**問卷** (questionnaire)。例如，利用電話訪問方式詢問每一個接受訪問的個體同一份 20 題的問卷。標準化過程包括**訪員** (interviewer) 依相同的次序問每一個**受訪者** (respondent) 同樣的問題，用同樣的方式做成記錄。在以標準化方式

收集到資料後，調查者或研究者，就運用現代統計分析 (statistical analysis) 技術來做**推估** (estimate)，就是根據樣本來推估母體的狀況，例如推估某甲可在總統選舉中獲得 62% 的選票。研究者也常常運用統計分析技術來**驗證假設** (testing hypothesis)。例如，研究者假設。最後，要特別強調的是，經過這樣標準化過程收集到的樣本的資料，必須要有**信度** (reliability) 和**效度** (validity)。信度是指所問的問題可獲得一致，乃至相同的結果，效度則是指所問的問題確實問到調查或研究所需的資料。

　　抽樣調查之所以成為學術界、企業界、政府和媒體乃至社會各界普遍使用的方法，主要是由於有現代統計學、心理學、教育學、社會科學等提供了四個重要的理論和技術，使得調查結果客觀而有高的信度和效度，可作為值得信賴的資料來源。第一是統計學建立了抽樣原理和抽樣程序的基礎，第二是心理學和社會科學者建立了問問題的科學理論與實際的技術，第三是心理學、社會學和教育學者建構了測量理論以及測量的實作技術。最後，則又是統計學提供統計分析理論與技術，特別是多變異量分析，使得研究者得以從事資料分析。

　　調查研究對象必須經由嚴謹的抽樣程序取得，也就是經過抽樣而取得樣本。統計學對於抽樣的理論研究，確立了抽樣的原理原則。調查研究者就必須依據抽樣的統計學原理採用合宜的抽樣架構，來抽取調查的對象，也就是樣本。最基本的原則是在母體內的每一個個體都要有相同的機率被選取作為訪談的對象。最理想的就是**簡單隨機抽樣** (simple random sampling)，例如，臺灣在 2005 年 9 月的 20 歲以上的人口是 16,007,423 個，想從中選取 1,500 個樣本，最簡單的方式就是從這 20 歲以上總人口中抽籤出 1,500 人，這種抽籤在理論上必須讓總人口中每一個人都有同樣的機率被抽中。在實際操作

上，這是很難做到，甚至根本不可能做到的。即使能做到，單單抽樣就所費不貲，據以進行調查訪問，也要花費極大的人力和經費。因為這 1,500 人分散在全國各地，訪問完一個，要訪問第二個就要花很多時間。於是統計學就在抽樣理論上發展出許多更有效的方法，以抽取可資調查的樣本。如系統抽樣法、分階隨機抽樣法等等。

研究調查的對象是根據抽樣選出來的樣本，從樣本所獲得的資料可以推估團體的相關狀況，但是樣本的資料不可能完全等同於團體的資料，其間的差距在概念上就是**抽樣誤差** (sampling error)。例如許多民意調查就會報告抽樣誤差是 2% 或 3% 等，表示根據調查數據去推估會有 2% 或 3% 的誤差。就抽樣的誤差而論，主要可能有三個狀況，即在調查時，並未包括所有母體的成員，樣本只是母體的一小部分，這是每個抽樣調查無可避免的。其次是樣本的比例並沒有充分反映母體的比例，碰到這種情況，調查研究者可以採用**加權**的方式來校正，就是依照母體的比例，將樣本中比例偏低的在估計時加以增加，偏高者酌予減少。最後，則是有些樣本中的個體拒絕接受調查，或者是未完成調查。這種情形在每個調查也都會發生，學界一直都在發展解決的策略與方法。

問問題 (ask question) 是抽樣調查第二個重要的核心。有了代表性的樣本，調查研究者必須設計好的問題去問出想要的資料。到底要問什麼樣的題目，就必須要有好的主題以及依此而設計的好的問題。要問好的問題並不是一件容易的事。長期以來心理學者，特別是晚近的認知心理學者，以及社會科學者都經由研究設計出問問題的原則和方法。有的學者稱這些原理和方法是**問問題的藝術** (art of asking questions) (Rossi, Wright, and Anderson 1983)，最近則有社會學者直接稱之為問問題的科學 (science of asking questions) (Schaeffer and Presser 2003)。在許多有關調查研究方法的教科書當中都會專章

提示如何設計問題，即問問題的原理與方法。在近 20 年**調查方法學者** (survey methodologist)，即專門從事調查方法本身的研究的學者，借助於認知心理學研究，針對調查訪談過程，也就是問問題的問答過程進行探究，認為雖然標準調查訪談是一種特別的互動 (distinct genre of interaction)，有其特定的規則 (unique rules)，但是調查訪談其實也和日常的社會互動有許多共同具有的特徵。於是方法學者從認知心理學借用**訊息處理過程** (information-processing) 模式來解釋受訪者如何回答訪談問題，同時也重新重視訪員與受訪者之間的互動，並根據這些較新的研究結果，提出了重大的問問題的新的策略。這些新的策略，在美國採用者日漸增多，在臺灣，為數還非常有限。

　　調查研究方法的第三個重要基礎是**測量理論** (measurement theory)。抽樣調查所獲得的資料基本上都是**量化** (quantitative) 性質的，不論年齡、性別、教育程度，乃至宗教信仰類別，或是民眾的各種態度、喜好，或是具體行為，都是以量來表示。於是調查研究其實就是量化研究，就在測量各種狀況。要做好調查研究，就必須做好量化的工作。根據心理學家長期對心理測驗的研究與發展，也根據教育研究者對教學評量等等的研究和發展，學界逐步建立了測量理論。最主要的還是在探測測量誤差。簡單而言，任何一個變項，在理論上就有一個**真實分數** (true score)，一個變項被實際測量到的分數是這個真實分數和測量誤差的總和。就抽樣調查而論，測量誤差有三個來源，即問卷造成的誤差、訪員造成的誤差、和資料登錄的誤差。調查研究者主要的任務就在竭盡所能減低各種誤差。

　　問卷本身也可能造成誤差，這包括：題目被誤解，題目本身不能表達真正所要測量的項目，受訪者不願正確回答。訪員，不論是在面訪或電訪中，也可能是誤差的來源，例如，訪員沒有逐字唸題目，或訪員做了引導式的追問，訪員有時加入自己的偏見，最後，

訪員對訪問結果記錄不正確。抽樣調查在最後階段是資料的登錄，在這個過程中也可能造成誤差，例如，過錄原則不一致，過錄時判斷錯誤，甚至在將資料輸入電腦時也可能會有錯誤。由此看來，抽樣調查研究是一個相當複雜的過程，在每一個過程都可能有誤差產生，如果累積起來，就使得調查所得的信度產生問題，進而變項之間的相關就會被縮減，研究失敗的可能性就增加了。即使調查研究在每一個步驟都盡力做好，最後，還是會有測量誤差，因為再怎麼精確的測量都不可能測到真實的分數。

最後，促成調查研究成為主要的研究方法乃是在於統計學提供了各種統計的理論與實作，使得調查者和研究者能夠用各種統計分析方法來掌握及深入瞭解各類社會現象與狀況。其間，**多變項分析** (multivariate analysis) 使調查研究者可以同時分析多個變項的影響或形成的變異。也就是讓我們能夠計算出各個**變項** (variable) 的**純淨影響** (net effect)。由於社會現象都是很複雜的，某一個社會狀況之所以發生，可能受到許多因素的影響，多變項分析可以讓我們將所有可能有影響的變項都納入，經過分析，就可以釐清到底哪些變項有純淨的影響或效果。這種多變項統計分析理論與技術的發展，提供了研究者運用調查資料探究複雜社會現象重要的工具。

資訊科技的發展對抽樣調查的進行有重大的助益。早期調查利用人工的方式處理大量的調查所得資料，雖然調查研究者發明了一些方法，總是效率不高。到了使用電腦可以大量快速處理資料的時代，分析抽樣調查資料十分快速，抽樣調查就日益普遍。特別是民意調查，講求實效，有了電腦，許多調查就可以最快在調查完的隔天發布結果。到了個人電腦普及以及網路連接極為方便的時代，不只由於資料處理非常快速，調查研究者甚至普遍將調查過程加以電腦化，例如**電腦輔助電話訪問** (CATI, computer assisted telephone interview)，抽樣調查就成為非常便捷獲取資料的工具。

 ## 二、抽樣調查的優缺點

　　社會科學研究者使用很多不同的方法從事研究，每一種研究方法都有各自的優點和缺點，我們對各種研究方法都應該有充分的瞭解，最好是能結合不同方法，彼此截長補短。在社會科學界也有不少學者提倡搭配使用多種方法來從事研究，很早就有學者提倡**多元方法** (methodological triangulation)，晚近則有學者倡導使用**混合方法** (mixed methodology)。在使用多元或混合研究法之前必須充分掌握各種研究方法的優缺點。在此，我們就抽樣調查方法的優點和缺點提出討論。

(一)抽樣調查的優點

　　抽樣調查最大的優點是經由合乎抽樣原理的調查程序，調查能代表全體母體的受訪者，可以據此推估整個母體的狀況。最具體而大家都耳熟能詳的就是全國選舉的調查，由於抽樣合乎統計學原則，只需少數樣本，例如一兩千個受訪者，就可以精確調查出民眾的投票取向，並做出精確的預測。許多的調查結果及資料也多能提供研究者充分的代表母體的資料，例如包括能代表全臺人口的各種行為、意見和態度。於是運用調查研究方法收集到的資料就不只可供學者從事對各種社會現象的研究，也可以作為政府和一般民眾瞭解整體社會各個面向的重要依據。

　　抽樣調查的第二個優點則是在於「標準化」。調查具有代表性的樣本必須要以標準化訪談才能獲得有用的資料。調查研究以同樣一份問卷，經過同樣的過程去訪問所有被依抽樣原理抽出的受訪者。

標準化問卷經過標準化的訪談就得到客觀而且可供分析瞭解的研究資料，從而促進學術研究，增進人們對社會現象的瞭解與掌握。在標準化過程下，可以減除研究人員和執行調查的訪員的**偏誤** (bias)。例如，通常一個調查是由許多訪員去完成，訪員都經過嚴格訓練，不會對受訪者有不當的影響。即使有一些偏誤，訪員們也不會在同一個方向上產生相同的偏誤，使得整體資料偏誤減少。

第三個優點在於調查研究學者長期以來發展出問問題的原則和技術，這樣的技術有學者稱之為藝術，也有認定是科學的。總之，就是研究者或調查者運用問問題的原則與技術，經由調查獲得有信度和效度的資料，於是有了代表性的樣本。有了標準化的過程，最後加上有信度和效度的問卷內容，就產出品質優良的研究調查資料，提供研究分析。

以上三個優點是調查研究方法的核心，但抽樣調查還有其他許多優點。有些優點和上述三個特徵有關，有些則是另外一些非關核心優點的長處，值得注意。

調查研究法比較可以在短期內完成，有時可以快速完成。實際進行調查訪談的時間，不論是面訪、自填或郵寄，或是電訪，都不會很長。這裡講的時間是說整個調查完整的時間。就面訪而言，國內進行全國性調查，樣本在 3,000 個左右時，多半在兩個月內就可以完成。電訪就更快，特別是民意調查講求實效，許多民調機構可以在一兩天完成全臺的調查，例如《聯合報》系民意調查中心一般的調查時間不超過一個星期，緊急的調查最快一天就可完成。當然，這樣的調查問卷題目就很少。

調查研究的對象可以是個人，也可以是團體或機構。一般而言，大多數調查都是以個人為對象，也有許多調查是以家庭、團體或公私機構為對象的。例如調查研究慈善基金會、某個行業的公司、或

宗教母體等等。

在調查訪問時，尤其是面對面的訪談，訪員與受訪者有頻繁的互動，訓練有素的訪員可以藉由良好的互動，促使受訪者提供完整而較為正確的問答。其間，訪員可以有機會掌握受訪者的狀況，並進而做些處理，讓受訪者充分瞭解問題，也安心或樂意作答。電話訪問也會有互動，訪員技術純熟，也可以透過良好的互動促成訪談的順利進行。但是比起面談，電訪對雙向溝通稍稍有些不利。自填問卷和郵寄問卷就比較沒有這種優點。

抽樣調查的原則之一是受訪者的資料是匿名的，也就是沒有人可以從完成的任何特定的一份調查資料確認是由什麼人作答。個人的姓名和身分不會被辨認出來。雖然在訪問當時，訪員會有受訪者個人的資料，但這只是提供找到抽樣出來的樣本以及建立和諧的訪談關係。這樣的匿名性或不可辨認的狀況保障了受訪者的隱私權，也保證不被其他任何機關或組織使用。這樣的保證，使得受訪者沒有顧忌而盡量說明自己的行為、意見、態度以及價值。

抽樣調查收集到的基本上是量化的資料，這些研究資料可以讓研究者利用高深精緻的統計進行分析，以發現社會事實，以及變項與變項間的關係。統計分析在統計學者以及社會科學者不斷的鑽研下，不斷有實質上的創新和突破，使得調查資料的分析愈來愈嚴謹細密，對於學術研究甚至理論的驗證有重大的助益。

調查研究資料由於資訊科技的發達，都以數位化方式存檔。絕大部分的調查，特別是學術調查，都有很豐富的資料，多半還可以繼續提供研究者做進一步分析。學者也可以藉由分析多種調查資料，或是分析長期的調查資料，而獲致更豐富的學術成果。又有學術或行政機構收集大量的調查資料建立龐大的數位化資料庫，研究者不必親自進行調查研究，就可以獲得質量均佳的調查資料。例如在國

內，中央研究院學術調查資料庫和行政院主計處都提供大量大型的資料庫。

抽樣調查主要有三種方式，即面訪、電訪和郵寄調查。這三種調查方式各有優缺點，以下分別加以討論。首先來看看面訪的優點。面訪一直是優於郵寄調查的一種調查方式，即使在電訪盛行之後，面訪仍然有電訪所沒有的優點。大體而論，面訪可以正確地掌握受訪對象。訪員根據抽樣出來的樣本，親自登門拜訪。在國內，由於多是根據戶籍資料抽樣，訪員就有受訪者的姓名、年齡、性別和住址的資料，這樣就會正確找到受訪者。其次，面訪時，訪員和受訪者之間有直接的互動，在雙方建立和諧的關係後，訪談就可以順利進行。訪員更可以當場掌握受訪者對問題的瞭解，給予適度的說明和澄清，也可以利用視覺輔助的資料來助成訪談。最後，面訪所能允許的問卷長度至今仍然是最長的，對需要有深入複雜資料的學術研究是很重要的調查方式。

電訪在國內外愈來愈盛行，是因為電訪有一些重要的優點。大體而論，在電話普及的社會裡，電訪的優點有最快捷、費用較低、比較容易找到受訪者、訪談直接受到監督等等。電訪在抽樣上多半是從電話號碼數位檔直接隨機抽出，電訪的問卷一般也比較短，實際訪談時間不長，因此可以快速完成。在費用方面，比面訪少許多，比郵寄調查要高一些。其次，在現代社會裡，人們愈來愈忙碌、愈來愈講求隱私，又愈來愈冷漠，面訪遭遇到很多困難，近幾年要找到樣本中的個人接受面訪，愈來愈不容易。甚至還會有門房警衛等擋駕。相對的，電話直接就進了受訪者家裡，反倒容易找到要訪問的對象。最後，電話訪談沒有空間上的限制，可以不考慮分層取樣，甚至可以說有無遠弗屆的效果。

郵寄問卷調查法的優點並不多，大約只有兩點。一是成本很低，

大致只需問卷印刷費、郵費（包括回郵郵資）、少量郵寄問卷的人事費用。另一個優點，是比較沒有空間的限制，這是相對於面訪而言；面訪因要親自找到受訪者，必須到特定的地點，有時還要花費不少時間才能到達受訪者家裡。郵寄則研究人員不必親自到受訪者家裡，也就沒有空間的限制。

㈡抽樣調查的缺點

　　抽樣調查方法確實也有一些缺點，從事調查研究者要特別注意這些缺點，一方面要盡可能加以改善，在另一方面必須時時有所警惕。

　　雖然抽樣調查最大的優點是根據抽樣原則抽取有代表性的樣本，許多調查研究者也努力做好抽樣的工作，但是抽取並完成有代表性樣本的調查是一個理想，在理論上是可能的，但在實際上總是有不盡理想的地方。各種抽樣設計到最後執行，都還是會有代表性的問題，甚至很難找到真正有代表性的樣本。以臺灣根據戶籍資料抽樣而言，戶籍資料因種種實際因素，本身就不能精確顯示真正的狀況，例如有為數甚多的民眾並不住在所謂的戶籍地址所在地，這些人就不可能被抽樣抽到。也就是說不管運用什麼抽樣原則，總是有一些人是不會被抽樣抽到的。

　　標準化，特別是問卷本身的標準化，不僅是抽樣調查所必須，也是這個研究方法重要的優點。但是也由於標準化，使得原來不同人的各種行為、態度乃至價值都被侷限在問卷題目及其問法之內，這樣就可能減弱了效度。對於一個標準化的問卷題目，不同的人可能有不同的瞭解，他們也就根據不同的瞭解在作答，於是即使是有同樣的答案，意義卻是不一樣的，而研究者將這樣的答案視為相同，效度就會被減弱。

　　問問題的技術雖然有長足的進展，然而人們在回答問題時，還

是會有「反應效果」，例如**社會讚許程度** (social desirability)，或**固定反應取向** (response set)。前者是指受訪者回答並不完全是自己的意思，而是受到社會讚許方向的影響，也就是回答比較傾向於社會一般讚許或肯定的方向。固定反應取向，則是有些受訪者對什麼都表示同樣的贊成或反對的意見，而未表達個人真正的意見。為了避免受到這類因素的不當影響，調查研究者在研擬問卷題目時，都要使得各個題目本身的社會讚許程度或引發固定反應取向的程度能盡量降低。

　　抽樣調查是在受訪者被抽離出他的社會情境之下而來提供研究或調查者所需要的答案，同樣的，由於標準化，社會情境也都不在考慮範圍之內。許多調查研究是在特定的一個時間點上進行，絕大多數也就調查這麼一次，這樣所獲得的調查研究資料就有它一定的侷限性。研究者也注意到這樣的侷限性，因而積極發展出對同樣的受訪者進行多次調查訪問的**固定樣本追蹤調查** (panel survey)，也有對個人相關的對象或組織進行調查研究的，例如對夫妻二人都進行調查研究，或以家庭為單位進行調查。

　　一般而言，問卷長度都是有限度的，例如電話訪問，在國內若是民意調查，可能都在 10 分鐘乃至 5 分鐘之內結束，題目數就很少，有時可能只有三、五題。學術調查往往要長一些，在電話訪問方面可以長達 20 分鐘，面訪則更可能超過一個小時。但無論如何，問卷長度還是有限制的，因此問卷調查所收集到的資料也就有限了。

　　由於人們愈來愈重視個人的隱私性，也有愈來愈多的人不願接受訪談，於是調查完成率有下降的趨勢。對於一些敏感性的問題，也有比較高比例的受訪者拒絕回答。不論是完全拒絕回答或是對某些主題的題目不願回答，都造成誤差乃至偏誤。這些問題本來也就一直存在，研究者也都利用各種策略和方法來試圖解決。其中有些問題愈來愈嚴重，還需要研究者尋求新的解決策略。例如，在國內，

特別是都市地區，拒訪率愈來愈高，甚至有門警的社區大廈愈來愈多，有時訪員根本不得其門而入。再如，2004 年之後，由於電話詐騙非常頻繁，總統大選又造成藍綠對立嚴重，就造成調查研究進行的困難。

關於成本問題，不少國內外調查研究的教科書多半強調抽樣調查成本較低，其實並不盡然。郵寄調查成本最低，但回收率也低，大部分研究調查都不適宜用郵寄調查來進行。目前網路調查也開始盛行，成本看起來也比較低，但是回收率和代表性都有問題。至於電話訪問，單位成本看起來不高，但往往要完成一定數量，尤其是全國性調查，總經費也不算低。若進行面訪，要支付訪員酬勞及交通費、保險費等等，成本就更高。

關於抽樣調查的缺點，英國學者 David de Vaus 在一本調查研究方法的教科書中，特別詳盡地從哲學、技術和政治三方面整理出對調查研究的批評。其中，就哲學角度提出的批判很有意義。在這裡摘錄其中幾點，提供從事調查研究者省思的參考：

⑴調查無法獲得有意義的社會行動的資訊。社會行為應該是有意識的，人們會選擇有記憶、意志、目的和價值來促動行為，研究者必須將這些納入考量，才能獲致真正有意義的解釋。⑵調查假設人類的行動由外在力量而決定，而忽略人類行動的意識、目的、意向和價值等的重要來源。⑶調查研究幾乎就等於沒有生機的、儀式性的和僵硬的科學模式，只從事檢驗假設和顯著性的檢定，欠缺想像力和創意。⑷調查研究基本上是經驗主義的，只收集到大量的事實和統計數字，沒有什麼理論價值。⑸有些事是無法被測量的，尤其是無法被調查的。⑹調查在本質上就受到操弄。調查所得知識給控制者更大的權力，甚至造成濫權。其次，調查所得不是知識，是意識形態的反映，助長特殊利益。

de Vaus 指出這些批評有些是值得調查研究者省思的,但也有些批評可能失之嚴苛,實際上不全是如他所說的,例如,有許多好的調查研究並不是儀式性的,而是富有想像力和創意的。此外,調查資料收集到的大量事實和統計不僅可驗證理論,也可建構理論。

 # 三、抽樣調查的源起與發展

(一)英　國

Charles Booth 自 1886 年開始調查倫敦人民的生活與工作,1893年出版第一冊報告,五年後出版第 17 冊。Booth 主要是驚覺於倫敦顯著的貧窮現象,試圖以客觀的資料來喚起輿論,進而推動社會改革。Booth 集中處理倫敦的貧窮問題,對影響貧窮生活相關的現象,諸如收入、工作時間、工作條件、居住、生活標準、兒女數目、家庭大小、住宅的大小與形式、疾病的類型與頻率、閒暇活動、工會成員以及其他狀況,都是他調查的主題。

Robert E. Park 對 Booth 的研究從社會學的觀點加以肯定:「這並不是 Booth 的統計,而是他對職業階級實際生活的寫實敘述——這些職業階級生活上工作上的狀況、他們的熱情、他們的娛樂、他們內部悲慘事、以及各個階級遇到危機時而抱持的生活哲學……這一切均使這些研究值得記憶,而且對於我們有關人性與社會的知識亦有永久的貢獻。最後,在這些卷冊中我們所有的,便是 19 世紀末葉現代文明方面的記錄與說明,正如顯示在倫敦勞工生活中的一樣。這些卷冊便是社會學的研究,它們也便成了歷史文件」。

Park 在這裡特別強調 Booth 調查研究的社會學意義,因為 Booth 不是社會學者,而是一個統計學者和社會改革者。Booth 帶動

的社會調查運動，對於英國各級政府和輿論產生很大的影響。例如，Booth 的統計顯示倫敦全人口有 31% 處於貧窮狀態，而 Benjamin Seebohm Rowntree 發現約克鎮有 28% 的民眾是赤貧，都是令人震驚的 (Young 1956)。這些社會調查不但是英國現代社會調查的起源，更是強大的發動力，在統計學發展支撐下，英國的社會調查獨樹一幟，成為英國制度性結構的一部分 (Converse 1987)。

英國社會調查統計的傳統一直維繫至今，比較側重事實和行為資料的收集。

(二)美　國

美國是現代調查研究很重要的開創者，在社會科學、統計學和市場調查快速發展中，建立了堅實的調查研究基礎，世界其他各地也多採用相關的調查技術。根據研究，最先有 Riis 父子 (Jacob Riis, Roger W. Riis) 進行有關紐約貧窮的調查 (1890, 1902) 和 Paul Kellogg 主持關於匹茲堡居民家庭、婦女、職業、工資、住宅、工人的調查。稍後，美國的各式調查，例如區域調查、犯罪調查、失業調查、種族關係調查陸續展開。

在調查研究發展上，1930 年代的市場調查和民意調查是很重要的基礎，甚至可以說市場和民意調查是現代調查研究的起源，1936 年蓋洛普 (Gallup)、羅帕 (Roper) 和克羅斯萊 (Crossley) 三家民意調查公司成功預測美國總統選情，擊潰了《文摘》雜誌 (Literary Digest) 假投票調查霸業，是現代調查研究極為重要的突破。而市場調查其實又比民意調查更早發展成功，重要的市場調查先驅 Frank R. Coutant 宣稱市場調查不像有些人所想像在借用民意調查的方法，事實上是民意調查借用了市場調查的方法 (Converse 1987: 87)。追溯起來，市場調查可溯及到 1890 年代明尼蘇達大學心理學者 Harlow

Gale 以問卷研究消費者對廣告的反應。後來經過學界及企業界長期投入研發，抽樣調查重要的方式和技術，諸如問卷和訪談的標準化、訪員的嚴格訓練、訪談過程及訪談品質的控制、郵寄問卷技術，乃至於問卷設計原則與技術，包括開放式和封閉式問卷題目設計、**措辭** (wording) 的實驗等等都在市場調查研究中發展出來。

民意調查在美國的發展，對抽樣調查的發展至為重要。在 1910 年代，美國就有機構進行**假投票**，來就政治競選與公共議題進行大規模的調查。其中最有名的就是《文摘》雜誌，這個週刊經常發表假投票的結果。從 1916 到 1932 年，曾五度根據假投票成功預測了五屆總統的選舉結果。但是這種對大量未經統計抽樣的人口所進行的調查終於在 1936 年大選做了錯誤的預測。那次調查，《文摘》寄出了 10,000,000 張票，回收了 2,300,000 張票，預測藍登將以 55% 比 41% 擊敗羅斯福。實際選舉結果，則是 37% 比 61%，《文摘》失敗了。相對的三個新的調查公司，根據抽樣原則，都只調查 3,000 人，而卻與《文摘》做了相反的預測，詳見下表。《文摘》預測失敗，主要是樣本不具代表性、回覆率低（只有 23%），同時回覆有嚴重偏誤，即支持羅斯福而收到調查表的只有 15% 回覆，而支持藍登的卻有 33% 回覆 (Rubenstein 1994: 68)。

表 1-1   1936 年美國四大調查機構預測總統選舉結果與實際結果

調查機構	樣本數	羅斯福	藍登
《文摘》	2,300,000（回收數）	41%	55%
蓋洛普	3,000	54%	45%
克羅斯萊	3,000	52%	28%
羅帕	3,000	61.7%	26%
實際選舉結果		61%	37%

註：所引各項數據原來分別刊於不同書刊。
資料來源：轉引自 Rubenstein, 1994, *Surveying Public Opinion*, p. 67.

　　雖然新的調查公司利用抽樣等技術開創了現代民意調查的契機，但是在 1948 年，也都對杜威和杜魯門的總統選舉做了錯誤的預測。三個調查以 49.5–52.2% 比 37.1–44.8%，預測杜威將贏得選舉，實際上杜魯門以 49.5% 比 45.1% 擊敗杜威當選總統。調查與選舉結果詳見下表：

表 1–2　1948 年美國三大調查機構預測總統選舉結果與實際選舉結果

調查機構	杜　威	杜魯門
羅帕	52.2%	37.1%
蓋洛普	49.5%	44.5%
克羅斯萊	49.9%	44.8%
實際選舉結果	45.1%	49.5%

資料來源：引自 Rubenstein, 1994, *Surveying Public Opinion*, p. 73.

　　這次民意調查的失敗，引起高度的關注，**美國社會科學研究協會** (Social Science Research Council) 成立選舉前調查及預測分析調查委員會 (Committee on Analysis of Pre-Election Polls and Forecasts)，由權威的統計學者、心理學者和政治學者組成，深入檢視 1948 年選舉的調查及選舉資料，試圖釐清為什麼民意調查有如此一致的錯誤，並提供建議。委員會發現三個調查都採取下面八個步驟，問題也就出在這裡：

⑴設計整體的抽取受訪者的計畫——決定選取州、市、社區、街、屋、個人的方法——確保樣本可代表全體人口。

⑵設計訪談用問卷及訪談指示。

⑶實地選擇特定的受訪者。

⑷訪談受訪者。

⑸決定那些受訪者將實際去投票，確認調查不包括未登記的個人或

沒有意願投票的人。

(6)決定如何處理那些不表態或表示尚未決定的樣本。

(7)處理資料，進行調整和校正，即處理樣本偏誤及未回應之偏誤。

(8)根據既有的資料發布及解釋預測。

　　調查委員會發現預測失敗有三個主要原因：

(1)雙方選情太接近，很難預測，而調查未能精確掌握選前最後的狀況。

(2)調查機構忽略以往三次總統大選預測的誤差。雖然都成功地預測
　　結果，但都有很大的誤差，特別是低估民主黨在總統選舉的實力
　　而高估了國會期中選舉的結果。

(3)調查過程複雜，在多個步驟有嚴重錯誤，在前述八個步驟中有四
　　個步驟中的錯誤是造成預測失敗的主因：(1)抽樣設計與實際執行，
　　(4)訪談過程，(6)對尚未決定者的處理，(7)探測趨勢及可能的轉變。

　　我們在此對民意調查預測失敗進行說明，主要是要指出，民意
調查經過長期的演變，雖一直有突破性的發展，但是要精確預測仍
然要發展更嚴謹更精密的技術。以上所列八個步驟，至今仍然是大
部分調查所採取的，對每一個步驟隨時進行改進是必須的。

　　在學術界，除了很早就參與市場調查和民意調查研究外，為了
學術研究的需要，大力投入調查研究原理和調查方法的研究。其中，
拉薩斯費爾德 (Paul F. Lazarsfeld) 1939 年在哥倫比亞大學建立**應用
社會研究處** (Bureau of Applied Social Research)，許多社會學者，包
括墨頓 (Robert K. Merton) 參與研究，發展出多種調查研究方法，其
中包括固定樣本重複訪談技術、聽眾對節目反應分析技術、內容分
析技術、焦點訪談法以及質與量綜合研究 (Young 1949: 97–99)。拉
薩斯費爾德因此而被學界公認為現代調查研究方法的奠基者
(Glock 1979)。相對於此，也有學者認定**芝加哥大學國家民意調查中
心** (NORC, National Opinion Research Center) 和**密西根大學的社會**

研究所調查研究中心 (ISR/SRC, Institute of Social Research/Survey Research Center) 是現代調查研究真正的發源地 (McKennell 1970)。不過，Edward Shils 則強調哥大、芝大和密大這三個研究機構有相當獨立的發展，而同時對調查研究有重大的貢獻。NORC 與 ISR/SRC 至今仍為調查研究重鎮。

　　1941 年曾經在**蓋洛普**調查公司工作多年並前往英法建立蓋洛普分支機構的 Harry H. Field 在丹佛大學設立 **NORC**，在 1947 年整個中心移至芝加哥大學，成為迄今美國兩大調查研究中心之一。NORC 在調查研究的理論與實務開發上有重大的貢獻，是極少數能長期從事美國全國調查的專業機構之一。NORC 研究人員致力於調查研究方法的研究，對問卷題目設計、資料收集乃至資料分析都有重大而持續的創新。在大量的有關調查研究方法的研究論著當中，NORC 的學者前後曾出版很多本調查研究方法的經典巨著，對調查研究有長遠而深刻的影響。NORC 在組織上已經發展成一個重要的社會科學研究中心，下設有經濟、教育、健康、統計與調查和藥物濫用研究等五個部門，對調查研究的研究與開展有很大的貢獻。

　　曾於 1939 至 1946 年任職美國農業部**調查計畫** (Program Surveys) 主任的李克特 (Rensis Likert)，即**李克特量表** (Likert scale) 的發明者，在 1946 年帶領幾個同僚轉往密西根大學設立了調查研究中心。在二戰之後，密西根大學成立了社會研究所，調查研究中心是為研究所重要的成員。密西根大學在調查研究中心成立時，並不提供財務支援。中心本身卻靠接辦調查計畫，自給自足，並在社會研究所曾擔負 80% 的財力支持。創辦 SRC 的團隊在農業部從事調查期間已累積豐富的經營，在密西根大學社會科學強力支持下，從事調查研究的基礎學術性研究，進而在調查技術上持續有所創新與突破。密大的社會研究所發展非常良好，成為美國社會科學研究的

重鎮。後來陸續成立政治研究中心和人口研究中心，從事政治與人口及社會重要的全國性乃至國際性調查，促成調查研究更為蓬勃的發展。SRC 的學者，像 NORC 的學者一樣，專注調查研究方法之研究，出版許多重要的經典著作，對調查研究有重大的貢獻和影響。密西根的調查研究中心也主導成立全球最大的調查資料庫「**政治與社會研究校際聯盟**」(ICPSR, Inter-University Consortium for Political and Social Research)。ICPSR 是密大社會研究所的一個分支機構，提供大量的調查資料庫供二手分析研究使用。研究者目前可以透過網路獲得研究所需的調查資料，並可獲得相當完善的諮詢服務。

　　除了哥大、芝大和密大這三大中心，對調查研究有重大的貢獻和影響外，美國也有許多大學設置了調查研究中心，更有許多統計學、社會學、心理學、政治學乃至市場研究等研究領域的學者從事調查方法的研究，匯集起來，對調查研究的發展都有顯著的貢獻。在教學方面，從 1950 年代或甚至更早，大學相關科系就正式開始教授調查研究方法。以教科書而論，Pauline Young 在 1939, 1949, 1956, 1965 年出版《社會調查與研究》四版，就可以充分看到抽樣社會調查在 1950 至 1960 年代發展成形。在 1939 和 1949 年版，雖然書名已經是《社會調查與研究》，但並沒有真正有關抽樣調查的介紹，自 1956 年第三版才開始對抽樣調查有完整的章節，包括抽樣、問卷設計、量表設計、訪談、資料統計分析等等。大約在 1950 年中期之後，抽樣調查研究開始成為社會科學，特別是社會學和政治學最主要的研究方法。在學術論文方面，運用調查研究資料的也大幅增加，就社會學期刊論文而論，1939 至 1940 年只有 18% 的論文運用了調查研究資料，1949 至 1950 年增加到 24%，到 1959 至 1960 年快速上升到 43%，到 1964 至 1965 年再增加到 55% (Converse 1987: 403)，在 1979 至 1980 年大約為 57% (Turner 1983: 40)。

　　美國政府機構，特別是聯邦機構，對現代抽樣調查在理論研究、實際調查技術、以及資助調查上有很重大的投入。聯邦政府所屬機構長期進行數量龐大的全國性持續性週期調查，也有眾多計畫委託學界及民間調查機構進行。聯邦政府的調查盡量避免涉及主觀性，諸如政治議題或涉及私人的問題 (Rossi et al. 1983: 11)。

(三)臺　灣

　　在臺灣，根據龍冠海教授 (1964) 的引介，在戰後第一個調查是在 1952 年由農村復興聯合委員會邀請美國農村調查專家 Arthur F. Raper 主持，以抽樣方式調查了 1,176 個農戶，於次年出版《臺灣目前之農村問題與其將來的展望》的報告。內容包括臺灣農村的變遷、農村經濟、組織、人口、家庭、公共衛生、宗教信仰、教育及農民希望的項目。1953 年，在美國國外業務總署駐華共同安全分署與國立臺灣大學合辦的臺灣都市經濟調查中，仍由 Raper 主持，全漢昇及陳紹馨教授協助，以分層抽樣進行實地訪察。1954 年出版《臺灣之都市與工業》一書，包括的內容有大小公私營的工業、工資、收入與生活水準、小商業的地位、新竹的交通運輸、臺北市中華路棚戶、人口、都市化與家庭、領袖才具與人民組織、教育、衛生與宗教（龍冠海 1964）。

　　1961 年亞洲協會資助臺大社會學系進行「臺北市都市社會調查」，主要目的是根據既有資料繪製臺北新基圖，但缺了些資料，就以抽樣調查來補足。1964 年臺大社會學系為提供臺北市古亭區計畫實施社區發展之參考，進行「臺北市古亭區社會調查」，以抽樣調查方式完成 1,712 戶的調查，並於 1965 年撰成報告十篇（陳紹馨、李增祿 1965），後來陸續在《國立臺灣大學社會學刊》發表。1965 年起密西根大學人口研究中心與臺灣省家庭計畫研究所合作進行的第一

次 KAP (Knowledge, Attitude, and Practice) 調查，是以全臺灣已婚婦女為母體所進行的長期調查，研究主題有生育、避孕、與婚姻的知識、態度、與行為，問卷中，亦包含了家庭、社會、經濟、與人口等相關資料 (齊力 1994)。家庭計畫研究自此即長期進行 KAP 等調查計畫，由於保留了許多相同的問題，是研究生育與家庭相當珍貴的資料。目前改制為行政院衛生署國民健康局人口與健康調查研究中心，繼續舉辦人口與健康有關調查 (林惠生 2002)。外國學者在臺灣也曾進行比較大規模的社會調查，其中 Robert Marsh 1965 年在臺北地區進行調查，30 年後再做過一次，是間隔最久的兩個調查。Wolfgang Grichting 在 1970 年完成了一個全臺抽樣的社會價值調查，可能是第一個以全臺灣為對象所進行的主題廣泛的抽樣社會調查。

　　中央研究院民族學研究所北部臺灣社會變遷研究小組在文崇一教授主持下在 1971 年至 1975 年，於關渡、萬華、民生東路、大溪、龜山等淡水河流域的社區進行一系列的社會調查，其中問卷主體部分均相同。1982 年行政院國家科學委員會人文社會處已故處長華嚴與當時在國科會擔任研究員的國立臺灣大學社會學系葉啟政教授，主動提出進行全臺抽樣社會調查的構想，邀集了一個研究小組，進行規劃**臺灣社會變遷基本調查**，由楊國樞教授擔任計畫主持人。在劉克智教授擔任國科會人文社會處長及陳寬政教授擔任研究員時，再全面規劃長期進行的臺灣社會變遷基本調查計畫，自 1990 年開始執行，先後由瞿海源、章英華、傅仰止、張苙雲教授主持，原則上每隔五年進行兩個相同主題的抽樣調查，到 2006 年該計畫總共進行了 34 個全國性抽樣調查。這個計畫開始執行就確定資料全面公開的原則，國內外學者可以在每個計畫完成一年後，使用這個調查的原始資料。

　　1980 年代，多位政治學者開始從事投票行為的研究，1989 年**政大**成立**選舉研究中心**，長期從事選舉和政治社會化之調查研究 (鄭

夙芬　1996）。在臺大方面，胡佛教授和他的研究生群也長期從事相關調查研究，這兩個計畫都累積了很豐富的有關選舉與政治態度及行為之調查資料。自 2001 年起國科會將有關全國性選舉及政治的調查研究整合為「選舉與民主化調查計畫」，逐年進行全國性調查。

　　中央研究院於 1993 年成立調查研究工作室，現改制為調查研究專題中心。這個中心除協助中央研究院研究人員進行調查外，也積極推動調查研究方法之研究、調查研究方法研討及訓練的計畫，同時建構「學術調查研究資料庫」，匯聚國內調查原始資料。若干大學在過去十餘年也陸續成立調查研究中心，其中，除政大以外，有中山大學、中正大學成立選舉研究中心，世新、臺北、佛光等大學成立調查研究中心，也有若干大學有調查研究計畫，只是多非正式組織。

　　國內學術界從事抽樣調查進行研究愈來愈成熟而普遍，調查完成後的調查原始資料累積愈來愈多，中央研究院調查研究專題中心在國科會資助下，收集所有國科會資助研究的調查原始資料檔，並訂定辦法，提供學術研究使用。中研院調研中心並收集中研院各項調查計畫資料，以及洽請行政院主計處、內政部等單位提供各種抽樣調查資料庫，又《聯合報》、《中國時報》的媒體民意調查機構提供民意調查資料庫，乃建構為「學術調查研究資料庫」。這個研究資料庫截至 2007 年 2 月，已經收集了 757 個抽樣調查資料檔，提供研究使用。該資料庫收集各學術領域調查資料庫數量如下表：

表 1–3　中央研究院學術調查研究資料庫各學門調查數統計

學　門	調查資料檔數	學　門	調查資料檔數
管理學	191	心理學	59
社會學	150	區域研究	52
教育學	121	醫藥衛生	17
政治學	71	藝術學	14
經濟學	71	其他	11

　　國內政府部門自 1950 年代開始舉辦若干全國性抽樣調查,例如 1954 年舉辦薪資階級家計調查,但調查本身不夠完整、調查技術未成熟,調查結果有明顯偏差。從 1960 年代中期開始從事多種正式抽樣調查,例如 1964 年舉辦臺灣省家庭收支調查,1966 年舉辦第二次全省家庭收支調查,其後每年舉辦。在 1964 年臺灣省社會處舉辦臺灣省勞動力調查,但調查抽樣等問題未完全處理好,到 1968 年重新改訂抽樣原則,主辦單位聲稱這是此重要系列正式調查的開始。全國各機關舉辦的各項調查日益增多,1983 年主計處成立普查局(即第四局)負責全國調查、行政管理及辦理重大普查及抽樣調查業務。

　　政府部門也有從事民意調查的工作。先是在 1969 年國民黨第十屆全國代表大會通過政治革新要項,其中建議重視民意,行政院據此規劃對政府行政革新舉辦民意調查。實際舉辦狀況暫時未見相關資料。到 1981 年行政院訂定「各級行政機關民意調查作業要點」。依據要點在 1988 年之前各級行政機關做了多少民意調查並無可考。在 1988 年到 1990 年三年之間,根據行政院研考會的記錄,政府自行辦理的民意調查一共有 263 個(馬英九 1990)。在 2000 年到 2004 年,政府舉辦全國性的民意調查有 81 項(研考會網站)。由於政府部門成立民意調查機構經常舉辦民意調查,在人力和經費上卻有相當的困難,於是政府將許多民意調查工作委託民間調查機構來進行。

　　民意調查的發展在臺灣雖然有很長的一段歷史,但在《聯合報》系民意調查中心及民意調查文教基金會成立之前之各項民意調查,多不是很嚴謹合乎現代民意調查規範。追溯臺灣民意調查的歷史,一般公認 1954 年《聯合報》舉辦有關簡體字運動的測驗,可能是我國第一份民意調查,《新生報》於 1956 年成立民意測驗部的調查,可能是第一個民意調查機構。政府部門偶爾也委託或自行辦理調查,

例如 1959 年臺北市政府委託對公車調整票價及服務問題舉辦民意調查，1961 年臺北市警察局舉辦民意調查徵詢市民對警局的意見。但這些零星的調查大多並不符合抽樣調查的規範。1958 年中華民國民意測驗協會成立，自 1959 年到 1986 年，這個協會進行過 489 次的民意測驗，但根據學者分析，該協會的調查都由「訪員根據個人判斷，選擇具有『代表性』者訪問之」。在抽樣上就不合民意調查的根本原則。同時協會創辦人及長期擔任理事長的是國民黨籍立法委員吳望伋，吳氏也並不諱言協會的「創設乃遵示先總統蔣公所籌辦」（吳望伋 1978: 30）。也公開聲稱民意測驗為政治工具，吳氏自稱以民意測驗為國民外交武器（吳望伋 1978: 32）。民意測驗協會一直到 1980 年代末，一些年輕專業學者積極參與，吳氏卸任理事長，才擺脫政治嚴重干預的不當影響，回歸民意調查的原則和精神。

民意調查在基本精神上涵蘊了民主的精神，特別是有關政治民意的調查。一個真正客觀合乎專業要求的民意調查必須在不受政治和外力干擾下完成，調查工作者和接受訪問的受訪者也須以自由意志不受政治和外力干擾下來參與整個民意調查的過程。在非民主乃至極權和威權政權下，往往並無施行民意調查的必要條件。臺灣威權戒嚴統治下，並無真正的民意調查存在，至少沒有政治性的民意調查。直到 1980 年初社會科學研究者才開始進行多種抽樣調查研究，特別是進行大規模的選舉與政治調查，逐漸打破禁忌。一些受過社會科學和新聞學訓練的年輕新聞工作人員，自 1980 年中期之後，在報社著手進行民意調查。其中，《聯合報》在 1985 年開始進行少量的民意調查，1988 年正式成立《聯合報》系民意調查中心。該中心自行開發電腦輔助電話訪問系統，每年進行大量民意調查，至 1994 年，每年進行約 150 個調查，累積了 1,193 個調查。至 2005 年 9 月 15 日，《聯合報》系報導《聯合報》系民意調查中心的調查

結果計有 1,861 次。該中心是國內歷史最久、規模最大的民意調查機構。《中國時報》在 1985、1986 年針對兩次全國性選舉，邀請學者主持大規模民意調查，在 1987 年成立特案新聞中心民意調查組，舉辦多項民意調查。中間似有中斷，1996 年至 1999 年《中國時報》偶爾會報導該報民意調查組的調查結果，平均一個月不到一則。自 2000 年起又再從事較為頻繁的民意調查。

1987 年**民意調查文教基金會**成立，於一月發布對中央政府首長施政滿意度的調查結果，該基金會後續進行多項政治性民意調查，雖有立場上的爭議，卻也開啟了對政治性議題進行民意調查的趨勢。在報社積極舉辦民意調查的同時，民間和政府也開展了民意調查的工作，而報紙報導民意調查的新聞從 1980 年代中期開始快速增加，國內民意調查大量出現形成了風潮。此外，民進黨為掌握選情及建立黨內初選制度，成立民意調查中心，國民黨後來也跟進。政黨進行民意調查至今已成為例行的工作。

國內民意調查發展的整體趨勢，大體上可從歷年新聞報導民意調查結果的則數，看出端倪。從聯合知識庫搜尋民意測驗和民意調查兩詞，統計有關新聞的則數，大致可以看出民意調查在臺灣整體的發展趨勢。《聯合報》系是唯一將發行以來的新聞全部數位化的媒體機構，搜尋聯合知識庫應該是唯一可進行上述統計的方法。在統計上，我們將 1952 至 2004 年間，每年有「民意測驗」或「民意調查」字串的新聞則數當作民意調查多寡的指標，其中雖包括國外的民調，也包括並未實際報導民意調查結果的新聞，但作為民意調查發展的指標應該是有意義的（見圖 1–1）。

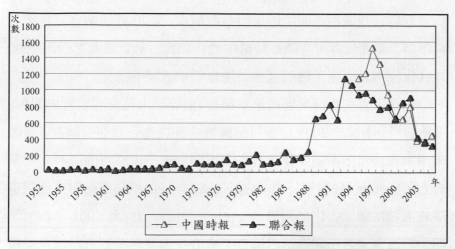

圖 1-1　《中國時報》與《聯合報》歷年報導民意調查的次數 (1952-2003)
資料來源：搜尋聯合知識庫及中時電子報有關民意調查及民意測量新聞則數統計
　　　　　製成本圖。

　　從 1952 到 1970 年，我們可以發現民意調查在報紙出現的次數
非常少，平均一年只有 40 則，絕大多數是國外，尤其是美國日本的
民意測驗報導，因為國內並沒有具有公信力的民意調查。從 1971 年
到解嚴前一年，即 1986 年，這期間平均每年有 129 則新聞與民意調
查有關，從 1987 年解嚴到 1999 年國民黨執政最後一年，《聯合報》
報導的民意調查新聞則數每年平均為 791 則，民進黨執政後即 2000
年至 2004 年，每年平均則數下降為 571 則，若看歷年趨勢，則自
2000 年即持續大幅下降，不過再往前追溯，這個下降趨勢大致是從
1995 年開始的。每年民意調查新聞則數自 1971 年後呈明顯增加，
在解嚴後更呈大幅上升的趨勢，可以清楚地看出來民意調查蓬勃的
發展，而在 1996 年以後民意調查新聞報導則數逐漸而持續下降的趨
勢則真耐人尋味，值得進一步推究。在《中國時報》方面，1994 年
以前《中時》報系的內容尚未數位化，新聞報導民意調查的狀況只
能從往後十年來觀察，結果令人驚奇地發現，《中國時報》在 1998 年

以後報導民意調查新聞的數量也急劇減少,到 2000 年略為回升後又再下降。兩報報導民意調查數量的變化相當一致,其間都顯示 1990 年代末期開始大幅下降的趨勢,這是很耐人尋味的。

　　市場調查在臺灣發展的歷史很長,但迄今未見有關的歷史記錄。《動腦月刊》曾於 2005 年 5 月試圖對市場調查公司進行調查,卻因市場調查公司多不願合作,並未收集到有關市場調查的資料。尼爾森 (ACNielsen) 臺灣分公司成立於 1982 年,自稱是「臺灣市場調查研究服務的創始者也是領導者」。中華徵信所成立於 1961 年,何時開始調查業務並不明確,但確實從事許多大型專案調查、民意調查與消費者調查。有很多國內以及外籍廣告公司也多進行市場調查,但詳細情況不明。據一位市場調查業者表示,市場調查大多只有國際公司才有能力做,他們的市場調查大多就找外籍大公司來進行。

四、調查倫理

　　抽樣調查是一種客觀精密的社會科學的研究方法,近 20 年來,民意調查在國內成為一種流行。許多團體和機構乃至個人,不論是否真正受過嚴格的訓練,都熱衷做各式各樣的調查,於是調查研究的專業能力和倫理方面都存在嚴重問題。然而,至今尚未見民意調查界建立了什麼有效的專業倫理規範來檢驗甚至禁止不合格調查的執行與公布。

　　在國際上,有幾個重要的民意調查倫理守則,可供國內從事民意調查者及大眾參考,它們是:**美國民意調查協會**(American Association of Public Opinion Research,簡稱 AAPOR)的**專業倫理及操作守則**、**全國民意調查協會**(National Council on Public Polls,簡稱 NCPP)的**調查結果發表原則**、**歐洲意見與市場研究協會**

（European Society for Opinion and Marketing Research，簡稱 ESOMAR）**的倫理守則、世界民意調查協會**（World Association for Public Opinion Research，簡稱 WAPOR）**的專業倫理及操作守則、**以及蓋洛普調查機構的民意調查操作規範。

(一)專業要求

美國民意調查協會提出了四項具體的要求，即根據專業判斷針對所研究的問題使用最適當的工具和方法、不選用會帶來誤導性結果的工具和方法、不狡詞解釋研究結果也不允許與資料不一致的解釋、不誇大資料可保證的解釋。

在調查研究的工具和方法上的選擇要適當以外，對調查結果的解釋也十分重要。如果解釋允當，則可促成對有關現象的瞭解，甚至有助於問題的解決。解釋若錯誤或有扭曲的現象，則會造成對事務本身的誤解，也會因此導致錯誤的解決方式。所以，對調查研究結果的解釋是不可輕忽的。一方面研究者要避免直接進行不當的解釋，在另一方面，則也要避免相關人士，尤其是委託調查者超乎資料所能保證的而做過度的解釋。

如果調查者也是研究者，例如一般的學術調查，在解釋上的問題最小。因為調查研究者本身是那個領域的專家，他有足夠的專業知識和判斷能力來妥善並深入的分析和解釋。但如果調查者本身不是那項專題的研究者，他是接受委託進行調查，那麼當調查結果出來以後，調查者是否有權和有能力來解釋所得結果呢？原則上，如解釋牽涉到專業知識和素養，而調查者又欠缺，當然就不宜提出任何解釋，應該將結果清楚交代給委託者即可，或由委託者來解釋。不過，在這種情況下，調查者還是有責任把調查結果及資料的性質和限制明白告知委託調查者。其次，有些時候，調查機構也可以安

排與主題有關的專業知識的調查供參與調查研究者參考，這樣的話，調查者也可以對結果進行合宜的解釋。最後，也有一種可能，就是調查的問題並不需要專業的知識，此時調查者就要靠資料說話，不要有所逾越，而是可以接受的。總而言之，對調查研究結果的解釋極為重要，必須要尊重專業，即使不需專業知識，至少不要任意扭曲。

除了在調查方法和解釋上要有專業能力和倫理外，具體來說還有兩個狀況必須處理。美國民意調查協會便特別要求兩點，即調查報告要詳盡、精確而合宜，若違反守則應以合作的態度接受美國民意調查協會執行委員會的調查。在調查完成後提出一個完整而詳盡的報告是必須的，其中內容應該包括方法和結果。方法所指範圍是很廣的，原則上應該是說明清楚到讓其他人都可以複製該項調查的地步。而關於結果的報告則應精確而無保留。

㈡公布調查結果的規範

在公布調查結果方面，美國民意調查協會和其他重要民意調查協會所訂定的專業倫理守則中也都另有詳盡的規範。

如表 1-4 所示，NCPP 所列的項目最少。這當中包括了調查的支助者或業主、訪問的日期、訪問方式（面訪，電訪或郵寄）、取樣的母體、樣本大小、副樣本的大小、完整的問題、以及得出結論的百分比。這八項可歸納為四大類，即委託者、調查的精確內容、調查的對象、和調查的實作。

我們可分別就這四大類來檢討是否確屬必要。首先，關於委託調查者是何人或哪一個單位，是必須明確公布的。從正面來看，明確公布委託調查者，可讓公眾檢驗委託者是否合宜支助或要求做這樣特定的調查。從消極面來看，則避免不當的個人或機構利用民意調查來獲取不當利益。尤其在消極防弊上，公布委託調查者是必須

表 1–4　幾個主要調查倫理守則在公布調查結果上的要求

公布調查結果上的要求	NCPP	AAPOR	WAPOR	ESOMAR
調查的支助者或業主	√	√	√	√
訪問的日期	√	√	√	√
訪問方式（面訪，電訪或郵寄）	√	√	√	√
取樣的母體	√	√	√	√
樣本大小	√	√	√	√
副樣本的大小	√	√		√
完整的問題	√	√	√	√
得出結論的百分比	√			
調查執行者		√		√
指示語和任何解釋		√	√	√
抽樣架構		√	√	√
選取樣本過程		√	√	√
訪問完成率，篩選標準和過程		√	√	√
結果精確性的討論，包括抽樣誤差、加權或推估過程		√	√	√
訪問地點		√	√	
研究目的			√	√
確保抽樣設計可執行的步驟			√	√
訪員及過錄員的特質與訓練			√	√
分清調查結果本身和研究者的解釋和建議			√	
委託調查和參與工作之顧問				√
樣本的地理分布				√
控制調查品質方法				√
差異的統計顯著水準				√

的。例如，政黨若為本身的政治利益，甚至權力鬥爭，委託調查機構在不當時機進行調查，以打擊對手。或者政黨或特殊利益團體利用一個自己主持的民意調查機構，而又故意使這個民意調查機構看起來和該黨或團體無關，這樣的調查都很可能有嚴重的偏誤，更有

不良的意圖。所以為免於民意調查淪為被人利用的工具，民意調查機構在公布調查結果時，必須要公布委託調查者，同時不應允許委託者隱瞞或假借身分。

　　在公布調查結果時，必須對調查的內容做精確的說明，主要就是要公布調查所用的問卷題目，包括完整的題目內容和指示語，以及其他所有向受訪者所說的或所展示的資訊。其中尤其重要的是要公布完整的題目。讀者在有完整的題目的狀況下，才能無誤地掌握調查結果的意義。調查題目稍有不同就得到不一樣的結果，讀者要看到原題全文才能免去誤解。完整題目的公布也讓讀者或其他的專業人士有機會檢驗這項調查的題目本身是不是有問題。有些時候，主持調查者可能有不當的動機，試圖以操弄題目而得到自己想要的結果，在公布題目全文的狀況下，也就無所遁形了。最後，所謂的完整的題目是指該次調查所有的題目，不可只公布其中若干題目，而保留若干題目。這主要是要防止有些調查者只公布某些對某一方面，特別是委託調查者有利的部分，造成不當的影響。

　　抽樣調查講求的是樣本的充分代表性，於是抽樣一直是民意調查極為重要而根本的專業技術。公布調查結果時，調查對象就必須做完整的交代。換言之，就是要公布整個抽樣的過程，包括抽樣母體、抽樣方式、樣本和副樣本的完整資訊等。這些資訊的提供才能確保調查本身確實有足夠的代表性。同時，也讓公眾和專家能對抽樣得當與否進行評估。由於民意調查的流行，有些個人和團體就很喜歡利用民意調查，有些調查往往在抽樣上就根本違反專業的要求，抽樣過程很有問題，甚至會在街上或在其他場合隨便找人訪問。在提出報告時當然就會故意不提抽樣方面的狀況，這是違反專業應有的道德和倫理的。

　　最後，在調查實作方面，研究者也必須說明清楚到底是怎麼樣

進行調查的，這其中包括了調查的方式、調查的時間、以及其他在調查時足以影響調查結果的情況。調查方式是指究竟是面對面的訪談、還是電話訪問、或是郵寄調查或其他的方式，這是必須說明清楚的。因為調查方式對調查的結果可能會有很明顯的影響，也就是說不同的調查方式有可能得到不同的結果，明確說明清楚到底是採用什麼調查方式就是必須的了。調查的時間不同也有可能影響到調查的結果，在公布調查結果時，就有必要公布調查的時間。此外，調查研究人員也必須充分掌握住那些任何可能影響調查結果的因素，並加以公布。總而言之，在這裡我們指出調查進行時，任何可能會對調查結果產生影響的狀況都必定要加以註明。

　　根據以上的論述，調查研究者在公布調查結果時，必須公布委託調查者、精確的調查內容、調查的方式和調查實作情形。這是公布調查結果最低限度所必須的，也是幾項調查倫理守則都列出的項目。既然是最低限度的要求，當然還有一些項目也要加以考量公布的。調查研究者應該盡量考量表 1–4 所列的其他項目，並盡可能公布調查執行者、抽樣架構、選取樣本過程、訪問完成率、篩選標準和過程、結果精確性的討論，包括抽樣誤差、加權或推估過程。關於國內報紙報導民意調查的狀況，根據徐美苓教授 (1996) 針對十家報紙在解嚴後八年報導民意調查的分析，有 97% 的報導都會報告調查執行機構和統計結果，而報告出抽樣方式的只有 24%，報告樣本數的也只有 32%，而且逐年在減少。整體狀況顯然很不理想。其間，《聯合報》系與《中時》報系有關民意調查的報導比較合乎 AAPOR 14 項要件的要求，在報導報社自行執行的調查時，兩報系也比較精確。

(三)調查研究者對與調查有關對象應盡之責任

　　在幾項調查倫理守則中，對調查研究者和相關對象的權利和責

任關係相當重視。從歐洲意見與市場研究協會、美國民意調查協會和世界民意調查協會所訂定的調查倫理守則，我們大致發現有相類似的規定。如下表所示，三個調查倫理守則都對報導人或受訪者的責任、顧客和研究者之間相互應盡的責任都做了規範，ESOMAR 和 AAPOR 則亦指出對公眾的責任，而 AAPOR 和 WAPOR 則也提到對專業界的責任。

表 1-5　三個調查倫理守則規範權利和責任關係的對象

ESOMAR	AAPOR	WAPOR
報導人	受訪者	報導人
大眾和企業界	公眾	
顧客和研究者	顧客或委託者	顧客和研究者
	對調查界	研究者之間

　　在三項調查倫理守則中，對報導人或受訪者的責任都列出了若干必須遵守的守則。其中歐洲意見與市場研究協會所提的相關守則有 11 項之多，是最周密的。其中，三個守則都提到的有兩項，即調查所得的報導人的身分應完全保持匿名狀態、報導人不可接受訪問及其結果的不良影響甚至傷害或汙辱。而世界民意調查協會和美國民意調查協會又強調調查所得個人資料不可外洩於他人。這三項守則應是對報導人或受訪者最根本的承諾與保障。因為報導人在接受訪問時可以說只允諾調查者進行訪問，同時報導人的身分應該是不可再被任何人所辨認的，以免個人的隱私權和其他相關權益受到傷害。

　　歐洲意見與市場研究協會和世界民意調查協會又對後續調查做了嚴格的限制，原則上是不可以，但若受訪者同意則亦可，不過由於受訪者答應接受第一次訪問後，會受到影響而傾向於接受後續調

查，這本身有著順從的可能性在內，因此也還是會有爭議。其次，這兩個國際性的調查研究組織也主張民意調查應該和商品銷售完全分離開來。這個主張大約是在保障調查研究的獨立性，不可作為其他工作的直接可被利用的工具。此外，歐洲意見與市場研究協會所列的其他對報導人的責任可說十分周密，也是應該為所有調查研究者及機構所接受的。在誠實的前提下，再加上去除不當的誤導作用，調查研究者應該在調查中提供正確的資訊。在尊重受訪者的意願和權利的前提下，報導人有權退出或拒絕接受訪問，報導人亦應被告知調查記錄和觀察的方式。最後，兒童受訪應徵得家長或監護人的同意。於是，ESOMAR 有關對報導人的所有保障條款應該為所有調查研究者所接受。以下條列出各守則所提對報導人所應盡之責任：

表 1-6　各守則所提對報導人所應盡之責任

所有給報導人的訊息都應是正確的
報導人的身分應完全保持匿名狀態
調查所得之個人可辨認資料絕不可提供給研究組織以外的任何人
後續訪問的限制
報導人不應受訪問結果的不良影響
報導人有權退出或拒絕接受訪問
報導人必須事先被告知調查記錄和觀察的方式
若涉及銷售實驗，應確保實驗性質，而不可有實際買賣
必須告知報導人研究者的姓名和地址
調查兒童時應徵得父母或監護人的同意，並充分說明調查性質

民意調查的對象其實就是公眾 (public)，而民意調查的結果又多是向公眾公布，兩者之間的關係即使用緊密來形容都還有所未及。在施行民意調查的角度來看，調查研究者是從公眾中以抽樣的方式抽出一些可代表公眾的樣本來訪問。這些樣本其實也是公眾。以公

眾的權利來觀察，則歐洲意見與市場研究協會列出了七項守則，即：不可藉調查刺探個人隱私、不可提供名單給非調查用、不可從事工業、商業和任何其他情報工作、不可用來做信用調查的資料、不可做銷售推廣用、不可作為索債用、不可用來影響報導人的態度和意見等。基本上，保障公眾主要還是從維護個人的隱私權、不利用調查從事牟利為目的。關於這些權利，在其他的調查倫理守則中並未受到特別的重視。或許和報導人的情況很接近。美國民意調查協會在這方面是提出一點，即調查研究者有權而有效地在預見調查結果容易引起公眾嚴重扭曲時應先用各種方法加以防範。這就涉及對公眾正確認知民意調查的問題。

　　許多民意調查多是由公司、機關、或團體乃至個人委託調查進行的，於是委託者或顧客和研究者就存在著一些權利和責任的關係。在三個主要的調查倫理守則中，都對委託者和研究者的應有關係加以明確的規範。其間，最主要的還是在於調查工具和調查結果及資料所有權方面的規範。不過，委託者和研究者之間的關係和對應的行為都不可違反調查倫理守則。在與調查有關的所有權方面，三個**調查倫理守則**所規範的大致都差不多。茲整理後條列如下：

⑴研究結果和資料歸委託者所有，未經委託者許可，研究者不可透露給第三者。

⑵研究者所使用之研究技術和方法（包括電腦程式）不成為委託者的財產。

⑶除調查報告外研究者準備的資料均歸研究者，兩年後可自行銷毀。

⑷除非委託者同意，研究者不可向報導人或其他第三者透露委託者名字。

⑸所有與委託者有關的祕密資料，除調查工作需要外，不可洩漏。

　　在美國民意調查協會和世界民意調查協會的調查倫理守則中對

調查研究專業或研究者之間的關係也提出了一些規範性的要求。在積極方面，美國民意調查協會要求調查研究者能認知本身應對民意研究做出積極貢獻，並盡量對研究做出有助益的概念和發現。為了強調各調查機構的專業能力必須自行負責，協會又要求不以協會會員名義作為專業能力的認證。為了維持調查業者間合理的關係，世界民意調查協會要求會員接受調查研究界公平競爭的原則，並對同行相互尊重。最後，世界民意調查協會特別強調研究者「不可屈從外來的政治或商業壓力而違反調查倫理守則」。這項守則看起來很重要，但是為什麼其他調查倫理守則中都沒有提起？仔細推敲起來，如果調查研究者都能盡到前述有關專業能力的、對報導人、對委託者的責任，又能依前述之規定公布調查結果，其實就應該不至於會屈從外來的種種壓力而違背了調查倫理。

 # 五、調查研究方法的未來

　　在抽樣調查研究上，幾乎每一個過程，甚至是很細部的過程都必須嚴謹從事。因此就每一個過程而言，都應該是經過周密的計畫，依據對研究方法本身的研究和開發，削減調查的誤差，提高測量的信度和效度。在國內，大多直接採行既定的美國式的調查方法，有些調查會省略一些應有的步驟，例如有些調查計畫訪員訓練極為簡略，甚至沒有安排。對於訪員訓練的內容對大多數調查計畫來說，都有大幅改善的空間。也有些調查計畫對於研擬問卷題目也不夠嚴謹，創意不足。其實，我們在運用西方學者開發出來的各種抽樣調查技術時，很需要對抽樣調查研究方法的各個過程進行研究。因為，臺灣的受訪者有他們的一些特性，會影響到調查的進行和調查項目的測量，我們應該對這些特性從事廣泛且深入的研究，以便研討出

更好的調查步驟。在這一方面，中央研究院調查研究工作室出版的《調查研究期刊》中以調查研究方法之研究作為重點，至今出版九期，前後刊出 33 篇有關調查研究方法的論文。中華民國民意測驗協會出版的《民意研究季刊》也常刊登有關抽樣調查方法的論文。希望學界對抽樣調查研究方法運用在臺灣的方法本身能從事更多的研究，以改進調查研究方法。

參考書目

中央研究院調查研究工作室網站，http://www.sinica.edu.tw/as/survey/。

國立政治大學選舉研究中心網站，http://esc.nccu.edu.tw/。

中華民國民意測驗協會，1987，〈中華民國民意測驗協會第十屆第八次理監事聯席會
　　議記錄〉。《民意月刊》127: 30。

文崇一、許嘉明、瞿海源、黃順二，1972，《西河的社會變遷》。臺北：中央研究院
　　民族學研究所。

易行，1994，〈聯合報系「民意調查中心」簡介〉。《調查研究》試刊號：87–98。

林惠生，2002，〈行政院衛生署國民健康局人口與健康調查研究中心簡介〉。《調查研
　　究》12: 125–136。

吳望伋，1978，《吳望伋民意測驗言論選集》。臺北：中華民國民意測驗協會。

徐佳士等人，1979，《全國民意測驗體系建立之探討》。臺北：行政院研究發展考核
　　委員會。

徐美芩，1996，〈解嚴後臺灣民意測驗新聞報導型態與方式之分析〉。《民意研究季刊》
　　198: 1–34。

馬英九，1990，〈政府機關辦理民意調查之回顧與展望〉。《民意月刊》151: 1–10。

許傳陽，1991，〈公民營報紙與民意測驗報導方式之關聯研究〉。《民意月刊》163:
　　103–111。

張苙雲、呂玉瑕、王甫昌，1996，《九〇年代的臺灣社會：社會變遷基本調查研究系
　　列二》。臺北：中央研究院社會學研究所籌備處。

陳紹馨、李增祿，1965，〈臺北市古亭區家庭調查報告〉。《國立臺灣大學社會學刊》
　　2: 71–91。

鄧克雄，1991，〈臺灣地區蓬勃發展的民意調查機構〉。《民意月刊》159: 1–7。

齊力，1994，〈臺灣省家庭計畫研究所「臺灣地區家庭與生育力調查」簡介〉。《調查
　　研究》1: 99–108。

楊國樞、瞿海源，1988，《變遷中的臺灣社會第一次社會變遷基本調查研究》。臺北：
　　中央研究院民族學研究所。

鄭夙芬，1996，〈國立政治大學選舉研究中心簡介〉。《調查研究》1: 205–212。

龍冠海，1964，〈社會學在中國的地位與職務〉。《國立臺灣大學社會學刊》1: 1–19。

瞿海源，2001，〈臺灣社會變遷基本調查的進展與問題〉。頁 43–62，收錄於邊燕杰

等人編，《華人社會的調查研究》。香港：牛津大學出版社。

瞿海源、文崇一，1975，〈現代化過程中的價值變遷：臺北三個社區的比較研究〉。《思與言》12 (5): 1–14。

ICPSR Website, http://www.icpsr.umich.edu/.

Borgatta, Edgar F. and Marie L. Borgatta, 1992, *Encyclopedia of Sociology*. New York: Macmillan.

Bradburn, Norman, Seymour Sudman, and Brian Wansink, 2004, *Asking Questions, The Definitive Guide to Questionnaire Design—For Market Research, Political Polls, and Social and Health Questionnaires* (revised edition). San Francisco: Jossey-Bass.

Converse, Jean M., 1987, *Survey Research in the United States: Roots and Emergence, 1890–1960.* Berkeley, California: University of California Press.

de Vaus, D. A., 1995, *Surveys in Social Research* (4th edition). Australia: Allen & Unwin.

Fowler, Floyd J., 1993, *Survey Research Methods.* London: Sage Publications. （中譯本，王昭正、朱瑞淵譯，1999，《調查研究方法》。臺北：弘智。）

Fowler, Floyd J. and Thomas W. Mangione, 1990, *Standardized Survey Interviewing: Minimizing Interviewer-Related Error.* London: Sage Publications. （中譯本，黃朗文譯，1999，《標準化的調查訪問》。臺北：弘智。）

Grichting, Wolfgang L., 1971, *The Value System in Taiwan 1970: A Preliminary Report.* Taipei: [s.n.].

Groves, Robert M., Floyd J. Fowler, Jr., Mick P. Couper, James M. Lepkowski, Eleanor Singer, and Roger Tourangeau, 2004, *Survey Methodology.* Hoboken, New Jersey: Wiley-Interscience.

Kronsnick, Joh A., 1999, "Survey Research." *Annual Review of Psychology* 50: 537–570.

Marsh, Robert, 1996, *The Great Transformation: Social Change in Taipei, Taiwan Since the 1960s.* Armonk, N.Y. London: M.E. Sharpe.

Moser, C. A. and G. Kalton, 1972, *Survey Methods in Social Investigation* (2nd edition). New York: Basic Books.

Rossi, Peter H., James D. Wright, and Andy B. Anderson, 1983, *Handbook of Survey Research.* Orlando: Academic Press.

Schaeffer, Nora Cate and Stanley Presser, 2003, "The Science of Asking Questions."

Annual Review of Sociology 29: 65–88 .

Tashakkori, Abbas and Charles Tedlie, 2002, *Handbook of Mixed Methods in Social & Behavioral Research*. Thousand Oaks: Sage Publications.

Tourangeau, Roger, 2004, "Survey of Research and Societal Change." *Annual Review of Psychology* 55: 775.

Turner, Charles F. and Elizabeth Martin, 1983, *Surveying Subjective Phenomena* (vols. 2). New York: Russell Sage Foundation.

Young, Pauline V., 1949, *Scientific Social Surveys and Research* (2nd edition). Englewood, New Jersey: Prentice Hall.

_____ 1956, *Scientific Social Surveys and Research* (3rd edition). Englewood, New Jersey: Prentice Hall. （中譯本，王維林譯，1960，《社會調查與研究》。教育部。）

_____ 1965, *Scientific Social Surveys and Research* (4th edition). Englewood, New Jersey: Prentice Hall.

第2章

▌抽　樣

◆一、抽樣的基本學理

◆二、簡單隨機抽樣的方法

◆三、系統隨機抽樣的方法

◆四、分層隨機抽樣的方法

◆五、聚叢隨機抽樣的方法

◆六、多段複雜抽樣方法

◆七、與抽樣相關的事項

　　這一章介紹抽樣調查學的學理，解釋為什麼只是調查了少數的年滿 20 歲以上人口的失業情形，就能讓我們瞭解全國年滿 20 歲以上人口的失業狀況，也解釋為什麼有的時候卻做不到，且什麼時候能夠正確的瞭解，更解釋這裡所說的「瞭解」在抽樣調查學中之真義。

　　這一章嘗試用不同於坊間的抽樣調查書籍的寫法，強調一些理念，列舉一些數學式子。這些理念和式子似乎跟統計學很像，實際是抽樣調查學本身的理念與式子。這一章是假設讀者沒有統計的背景；有統計背景的讀者，請把統計學先「放下」，專心體會抽樣調查學的本身。

　　這一章提供不同抽樣方法的「估計量」，用來推估所有的研究對象，也提供這些「估計量」的「誤差量」。無法推算誤差量的調查抽樣是先天不良的設計，擁有較小誤差量的調查抽樣可以更有效的推估，靠著誤差量才能判斷某位候選人號稱領先 3% 是真的有意義嗎？

　　這一章專門針對幾個基本抽樣方法，做一個詳細的介紹。現實世界的抽樣調查是這些基本抽樣方法的組裝，鮮少是單一的基本抽樣方法，透徹的瞭解這些基本抽樣方法，可以明白怎樣的組合設計才能合理的達到研究目的。這一章會在適當之處列舉一些例子，更多的抽樣調查實例將在後續的幾章裡說明。

一、抽樣的基本學理

　　行政院原住民族委員會舉辦的抽樣調查「臺灣原住民就業狀況調查與政策研究」，從約三十四萬位 15 歲以上的原住民人口中，訪問了三萬個原住民，希望瞭解所有 15 歲以上原住民的就業狀況。這三十四萬人稱為這次抽樣調查的「母體」，而實際調查到的三萬人稱為「樣本」。「母體」是所有研究對象形成的集合，「樣本」是這些研

究對象中的一部分形成的集合，通常樣本中的研究對象在數量上比母體的少很多。

　　母體中的每一個研究對象用一個專有名詞：「**個體**」（subject，或稱**單位**，unit）來統稱之。「臺灣原住民就業狀況調查與政策研究」抽樣調查是從勞動參與率、失業率、就業的職業別或行業別、工作的小時數、工作滿意度等不同的「面向」去瞭解母體中全部個體（全部 15 歲以上原住民）的整體就業狀況，這裡的每一個「面向」稱為一種「**屬性**」（attribute），或「**特性**」（characteristic）。每一個「個體」有自己個別的「屬性」，而用專有名詞「**母體參數**」（population parameter）稱呼母體整體的「屬性」。

　　這些「母體參數」實際是多少是這次抽樣調查的研究目的，是未知的數據，只有樣本中「個體」的屬性，是仔細的記錄下來。對於這個訪查到的樣本，抽樣調查是將樣本中所有個別的個體屬性整理出一個數字，統稱為「**估計量**」（estimate）。例如在「就業的職業別」這個屬性裡，經過仔細計算這些三萬樣本個體，發現其中有 43% 的原住民屬於「技術工相關類別」，這個 43% 數字是從樣本中所有個體「技術工相關類別」屬性得到的「估計量」。由於每次調查出來的數據會不同，我們用一個符號 p 代表每次出現的估計量，方便接下來的介紹。

　　不同屬性的估計量，數學計算方式可能不同，例如「**工作的小時數**」（work hours）這個屬性，是計算樣本中所有個體的屬性平均 wh，作為樣本工作時數的「估計量」。這次調查發現：全日工作者一週平均工作 47 小時，這裡的 wh 代表 47 這個數字。不同的抽樣方法，採用的數學運算方式自然有所不同，後續的小節我們會針對不同的抽樣方法，再做其「估計量」的說明。

　　顧名思義，從樣本某個屬性計算出來的「估計量」的目的，是

推估母體整體屬性，例如我們利用這個樣本「就業的職業別」中某一項職業類別就業的百分比 p，報告全部 15 歲以上原住民這項「職業類別就業」這個母體整體屬性的百分比「約」是 p。若三萬樣本個體工作時數的平均數是 wh 這個數字，報告全部 15 歲以上原住民「工作時數」這個母體整體屬性「約」是 wh。這裡的「約」或代表「約」的類似表達字眼，是瞭解抽樣調查的一個重要關鍵之處。

在下一節中將會正式說明一個重要的抽樣調查學的學理，若根據這個學理合理的抽樣設計來選取樣本，則樣本屬性的估計量就會「約」是母體整體屬性。為解說容易起見，在這一節中先用另外一個結果比較簡單的學理來引述，這個簡單的學理類似一個統計學上的學理。這些學理都是經過嚴格的演繹證明得到的，這一章中所以會列舉這兩個學理，目的是讓讀者瞭解為什麼按照現代抽樣調查學的學理抽樣，樣本能夠擁有科學推論的能力。

這個學理稱為「**大數法則**」(Law of large numbers)：若樣本中的每一個個體，都是從母體「**隨機**」(randomly) 抽樣而來的，只要「**樣本大小**」(sample size) 夠多，則樣本個體屬性的平均「約」是母體所有個體屬性總平均的這個母體參數；而且「樣本大小」越多，則樣本平均越有可能接近母體整體屬性的參數。一般抽樣調查的母體參數很多和總平均有關，這個學理就保障我們推理的合理性。有興趣瞭解統計學上的大數法則，請參見一般的機率教科書，例如 Chung (2003)。

根據大數法則，雖然我們不是確切知道真正的母體整體屬性的母體參數是多少，我們卻很有信心的知道：母體參數距離我們看到的樣本屬性估計量相差不遠。在上述 15 歲以上原住民就業狀況的例子中，若三萬個樣本滿足大數法則的條件，當樣本工作時數的平均數是 wh 這個數字，則全部 15 歲以上原住民的平均工作時數就離

wh 這個數字不遠了，而我們可以合理的推論：全部 15 歲以上原住民平均工作時數「約」是 *wh* 這個數字。百分比是一種平均數，相同的道理，全部 15 歲以上原住民某項職業類別就業的百分比「約」是該項「就業職業別」樣本的百分比 *p* 那個數字。

「樣本大小」指的是樣本個體的數目，上述學理要求「樣本大小夠多」，這個要件很容易理解。用極端的情形來說明，若是樣本個體的數目只有兩個，又知道母體中所有個體的屬性彼此懸殊很大，任意兩個樣本個體的樣本平均會和母體中許多其他的研究對象的屬性相距很遠，樣本大小固定在兩個，太多的樣本平均明顯的不能「接近」母體之整體屬性！這個特例說明「樣本大小」要多些才好，但是單純的要求多的「樣本大小」，並不可能保障達到目的，《文摘》雜誌在 1936 年的預測美國總統大選的調查就是一個反例，當時回收的樣本個體數目高達兩百三十萬之多！

上述學理中的「隨機」是很重要的一個要件，抽樣調查的抽樣要求「隨機」。「隨機」指的是母體中的每一個研究對象透過一個非零的選取機率被選取到樣本中，母體的每一個個體都有機會被納入樣本中。如果限制母體中只有某些個體才有機會被選入樣本中，這樣的樣本勢必以偏概全，自然無法推論到所有個體形成的集合：母體，《文摘》雜誌在 1936 年的抽樣調查就是犯下這個錯誤。

前一章裡詳細介紹過《文摘》雜誌在 1936 年美國總統大選預測時所犯的一些嚴重錯誤，而其在抽樣方面犯的錯誤是「**抽樣偏誤**」(selection bias)。《文摘》雜誌是依據電話號碼簿及一些俱樂部上的地址寄出一千萬份問卷，在 1936 年有九百萬人失業，而在那段期間美國的窮人是比較不可能擁有電話或參加俱樂部的 (Freedman, Pisani, and Purves 1978)。換言之，這次抽樣調查設計不是每一個母體中的研究對象都有機會被納入樣本，反而是嚴重的排除某些特定屬性的

研究對象。

這次實證讓我們瞭解到不正確的抽樣方法，縱使是規劃的樣本大小高達千萬之多的龐大，實際調查對象數量也有兩百三十萬這麼多，依然不能保障接近真實的母體屬性。那次錯誤，使得這隻大鯨魚敵不過只有 3,000 樣本的小蝦米預測結果，這次抽樣調查的失誤在抽樣調查學是常被引用的前車之鑑。

對於母體中的某些個體，會限制被選出或一定要列入樣本中的，這種抽樣方法稱為「立意抽樣」(purposive sample)，像《文摘》雜誌在 1936 年的抽樣。另外，還有一種抽樣方法，遷就方便隨興取樣的選取個體，稱為「隨意取樣」(hazard sample)。例如在街上選定第一次遇到就接受訪問的前 1,000 名受訪者作為研究的樣本，或走進工作地點附近的幾家商店，一旦看到什麼商品就列入研究樣本。由於「立意抽樣」或「隨意取樣」都沒有透過機率來選取研究對象，無法運用學理去推論，樣本代表的意義非常難以解釋。

針對上述學理中「樣本大小夠多」的這項需求，若「隨機」的要求做到了，是否可以找到一個確切夠大的「樣本大小」數字，例如像 2,400,000 或 10,000,000 的「樣本大小」，就可以保障樣本平均恰是母體參數，或是求其次：使得該樣本平均永遠和母體參數鎖在一個固定誤差量 d 之內，例如 d 相差不到 5% 或 15 個工作時數呢？事實上，沒有這樣直接的保障。按照抽樣調查學去設計及切實執行抽樣，還是可能會有某一些樣本平均和母體參數之間相差超過任何事先容許的差異！

事實上，在一般的母體之下，「樣本估計量恰是母體參數」這項要求，縱使讓樣本具有一些指定的條件下，也沒有任何一個學理能夠保證做到。因此「樣本估計量恰是母體參數」是目前抽樣調查學的一個「烏托邦」。至於求其次的要求：使得該樣本估計量和母體參

數鎖在一個固定誤差量 d 之內，上述的學理太弱不能保證，是藉著下一節的學理，運用一種**不確定程度** (degree of uncertainty) 的理念來解決這項需求。

不確定程度用百分比來表示，通常這種不確定程度要求至多在 5% 之下，反過來說，就是要有 95% 的**信賴程度** (confidence level)，保障我們至少有 95% 的機會是做出正確的判斷，而 5% 或更少的機會是做出錯誤的判斷。95% 這個數字並不是一個金科玉律，也不是學理上推論得到的，只是相約成俗的一個數字，可以斟酌情形改換其他的信賴程度，例如：99% 的機會正確判斷，只容許 1% 的機會誤判，目前學術論文的最低要求一般是 95%。

在 15 歲以上原住民的就業狀況的例子，當我們聲稱母體整體的某項職業類別就業的百分比「約」是樣本百分比 $p = 43\%$，或工作時數「約」是樣本平均 $wh = 47$ 小時，我們是化約了一些有關「約」的敘述。還原這段化約的敘述，根據下一節學理，在某種信賴程度之上，算出一個誤差量 d，例如選取的信賴程度在 95% 以上，對於 d 是 5% 或 15 小時或其他指定的數值，會有對應的適當樣本大小，使得 15 歲以上原住民的某項職業類別就業的百分比有 95% 的機會在 $p - d = 43\% - 5\% = 38\%$ 和 $p + d = 43\% + 5\% = 48\%$ 這兩個百分比之間。同理，在 95% 的機會之上，工作時數在 $wh - d = 47 - 15 = 32$ 和 $wh + d = 47 + 15 = 62$ 小時之間。同時在對應的 5% 機會之下，母體就業的百分比是在 38% 之下或 48% 之上，而工作時數低於 32 小時或高於 62 小時。

若在前一年的 15 歲以上原住民的就業狀況調查中，某項職業類別就業的樣本百分比是 $p = 45\%$，或工作時數樣本平均是 $wh = 40$ 小時，雖然現在這一年調查的樣本百分比少了 2% 且樣本平均工作時數多了 7 小時，我們依然推論在 95% 的信賴程度上，這兩年 15 歲

以上原住民該項職業類別就業百分比與工作時數沒有改變！因為這一年調查發現，在 95% 的信賴程度上，母體該項職業類別就業百分比是在 38% 與 48% 之間，沒有證據否定這一年母體就業百分比不是 $p = 45\%$。同理，這一年調查也發現在 95% 的信賴程度上，母體工作時數在 32 小時和 62 小時之內，沒有理由不相信母體工作時數不是 $wh = 40$ 小時！

這個學理帶來的科學推理很寬，不限於上述的推理，當某位候選人號稱領先 3% 時，可以理性的判斷該聲明是否正確！在 95% 的信賴程度上，推算該候選人領先競爭對手支持度的相差百分比的誤差量 d，若該誤差量 d 確實小於 3% 時，這項聲明至少有 95% 的信賴程度；若誤差量 d 是大過 3% 時，該項聲明有 95% 的機會不可信！因為在 95% 的信賴程度下，若該誤差量 d 小於 3% 時，民眾對該候選人真正的支持度是和該候選人的樣本支持度相距在誤差量 d 之內，若 d 大過 3% 時，則沒有緣由不否定對手真正民眾支持度和該候選人真正的民眾支持度是相同的。

不確定程度的理念結合了誤差量 d，奠定現代的抽樣調查學的樣本具有科學推論母體的能力。現代的抽樣調查學不去夢想架構一個「烏托邦」樣本，不盼望這個樣本是一個「小小號」的母體，也不期望樣本必須理想的和母體千萬般的類似。現代的抽樣調查學，認為調查到的樣本只是所有樣本中的一個而已，有一定的信賴程度該樣本估計量與母體整體屬性很近，也同時推論有一定的不確定程度相距很遠。

誤差量 d 的決定在抽樣調查中是很重要的工作，最好希望誤差量 d 是零，一般而言這是不可能的，但可盡量降低。誤差量 d 的決定是和不確定程度、樣本大小、母體內各個個體屬性之間的懸殊差異有關。在固定的不確定程度之下，如果母體內部各個個體屬性之

間的差距很大，誤差量 d 就會增加；在這種情況下，若不願誤差量 d 增大，可以增加樣本大小。反之，如果母體內部各個個體屬性彼此很相近，誤差量 d 就會縮小；在這種情況下，所需的樣本大小也就很小。

母體內各個個體屬性之間的懸殊差異是不可能去控制的，但可以靠著提高樣本大小來降低誤差量 d，而母體內各個個體屬性之間的差異是用母體變異量來測量，在抽樣調查前是未知數，但可以用樣本估計量的變異數去估算。在有限的預算下，樣本大小被預算限制住，若母體內各個個體屬性之間的差異非常大，誤差量 d 就有可能大得無法有意義的推估母體參數，此時若無法爭取提高預算，就應考慮這次抽樣調查是否值得執行。不同的個體屬性，其母體屬性的差異也不同，在相同的樣本大小下，有些屬性的誤差量 d 較小，而另一些較大，並不是所有的屬性都能夠有意義的分析。抽樣調查在問卷設計方面的考慮，是仔細估算間項屬性在母體中的差異，一般使用以前調查的結果或**前導研究** (pilot study) 的樣本估算變異量。

現代的抽樣調查學發展出許多合乎現代要求的抽樣方法，包括「簡單隨機抽樣」、「系統隨機抽樣」、「分層隨機抽樣」、「聚叢隨機抽樣」、「PPS 抽樣方法」，下面的章節將一一敘述，並說明這些基本抽樣方法的估計量、對應的誤差量 d，以及彼此的關係、優劣點。現實世界的抽樣調查一般很少用這些簡單的抽樣方法，尤其是一些重大的抽樣調查計畫，其抽樣設計是組裝幾種基本的抽樣方法來分階段實施，稱為「多段的複雜抽樣」，本章也會有一節加以討論。

 ## 二、簡單隨機抽樣的方法

這一節介紹簡單隨機抽樣,簡單隨機抽樣是最基本的抽樣方法,

抽樣調查學中有許多其他的抽樣方法是從這個基本的抽樣方法演變而來，簡單隨機抽樣具有抽樣調查學中的抽樣理論的最根本理念，通常其他的抽樣方法都和這個基本的抽樣方法進行適當的比較，簡單隨機抽樣是抽樣調查學中的標竿抽樣方法。

簡單隨機抽樣要求母體中的每一個研究對象都是透過一個非零機率被選為樣本中的一員，也就是每一個研究對象被選取的機率都是相同的；在固定的「樣本大小」之下，簡單隨機抽樣要求所有可能的樣本都有非零機率被調查到，也就是該固定大小的樣本被調查到的機率都是相同的。在抽樣調查學所有的抽樣方法中，簡單隨機抽樣是唯一具有以上特性的抽樣方法。

母體個體的數目以 N 來表示，樣本中個體的數目則以 n 來表示。例如在 15 歲以上原住民的就業狀況的例子中，所有 15 歲以上原住民的人口有三十四萬人，而受訪的 15 歲以上原住民有三萬人，N 等於三十四萬，n 等於三萬。在母體大小是 N，樣本大小是 n 的情形下，有多少個樣本大小是 n 的樣本呢?

先舉一個簡單的例子來初步瞭解，有十位優秀的同學組成代表隊出國參賽，大會為了公平起見，規定不同的比賽項目，在賽前由各國代表隊隨機選出兩位同學出賽。在出國前，領隊老師為了評估我國選手可能的比賽結果，領隊仔細考慮 $N = 10$ 中有幾個 $n = 2$ 同學出賽的情形，用 0、1、2、3、4、5、6、7、8、9 等十個數字代表每一位同學，用 {27} 代表同學 2 與同學 7 被抽到出賽。根據這兩位同學平常的表現，領隊老師用兩人的平均做出一個評分。最後領隊一共分析了 {01}, {02}, {03}, {04}, {05}, {06}, {07}, {08}, {09}, {12}, {13}, …, {84}, {85}, {86}, {87}, {89} 等 45 種情形後，領隊知道了最好與最壞的出賽成績，也知道最可能的成績。

從十位同學選出兩位代表共有 45 種情形，這是一個基本的組合

數學問題：計算在 N 個個體中，選出其中 n 個個體有多少種方法，這個答案有一個數學式子去表示 $C(N, n)$：

$$C(N, n) = \frac{N(N-1) \cdots (N-n+1)}{n(n-1) \cdots 1}$$

若母體的個體數目是 $N = 30$，而樣本大小是 $n = 3$，所有「樣本大小」是 3 的樣本數目有 $C(30, 3) = 30 \times 29 \times 28/3/2/1 = 4{,}060$ 之多。當 $N = 300$，而 $n = 3$ 時，樣本數目就可以多到 $C(300, 3) = 300 \times 299 \times 298/3/2/1 = 34{,}455{,}100$。

當母體的個體數目達到 $N = 30{,}000$，而樣本大小是 $n = 3$ 時，就會有像天文數字 $C(30{,}000, 3) = 4{,}499{,}550{,}010{,}000$ 多如牛毛的樣本了。簡單隨機抽樣要求這些 $4{,}499{,}550{,}010{,}000$ 個樣本中，每一個樣本都有相同的機率被調查到，這個被調查到的機率是：

$$\frac{1}{C(N, n)} = \frac{1}{C(30{,}000, 3)} = \frac{1}{4{,}499{,}550{,}010{,}000} = 2.22244e - 13$$

在簡單隨機抽樣之下，雖然任何一個特定的樣本被調查到的機會都是 $\frac{1}{C(N, n)}$，但對於母體中的任何一個特定的研究對象，則一定有 $C(N-1, n-1)$ 多個樣本選中該特定的研究對象。對於母體中的這個特定的研究對象，則有 $\frac{C(N-1, n-1)}{C(N, n)} = \frac{n}{N}$ 的機會可以被調查到。在簡單隨機抽樣之下，母體中的任何一個特定的研究對象被選入樣本中的機會都是 $\frac{n}{N}$。在 $N = 30{,}000, n = 3$ 時，會有 $449{,}955{,}001 = C(29{,}999, 2)$ 多個樣本含有這個特定的研究對象，該特定的研究對

象被選入樣本中的機會是：

$$\frac{449,955,001}{4,499,550,010,000} = \frac{3}{30,000} = 0.0001$$

在簡單隨機抽樣之下，有 $C(N, n)$ 個樣本，每一個樣本都有相同的機會被調查到，這些樣本的估計量數據形成一個分配，雖然我們不能得知這個分配的實際分布情形，有一些性質與處理方式可以讓我們靈活運用。例如所有樣本的樣本平均恰是母體所有個體屬性的總平均! 上述十位同學出國比賽的例子，領隊就發現 45 種評分的平均恰好也是十位同學平常成績的平均。這個性質稱為**不偏性** (unbiased)，這是估計量的一個很好的特性，這樣的特性讓我們知道在簡單隨機抽樣之下使用樣本平均去推估母體所有個體屬性的總平均時，雖然估得不準，有時估得離母體個體屬性總平均高了一些，有時低了一些，但在所有的機會裡，我們估計的平均恰是母體個體屬性的總平均本身。

抽樣調查學上的一個最重要學理，在簡單隨機抽樣情形下就能夠成立，稱為「**中央極限定理**」(central limit theorem)，這個學理說明了信賴程度的來源，以及「約」代表的意義。令 D^2 是 $\frac{1}{n} \times (1 - \frac{n}{N})$ 和母體屬性的變異量 S^2 之乘積，這個 D^2 在理論上是簡單隨機抽樣的所有樣本平均數 $\bar{x}$ 的**變異數** (variation)。由簡單隨機抽樣的樣本平均 $\bar{x}$ 與母體個體屬性的總平均 μ 兩者之間的差異，和 D 形成的比例 $Z = \frac{(\bar{x} - \mu)}{D}$，中央極限定理說：在某些數學條件下，當「樣本大小」越來越大時，樣本估計量 Z 會越來越呈現成一個平均數是 0、變異數是 1 的標準常態分配 $N(0, 1)$。數學式的寫法為：

$$\frac{(\bar{x} - \mu)}{D} \sim N(0, 1)$$

這裡所謂的數學條件可以參見 Lehmann 和 D'abrera (1975) 的書。

　　這個學理告訴我們，在固定的信賴程度之上，只要樣本大小足夠，樣本平均會非常接近母體屬性平均；更精確的說法，若信賴程度決定是 95% 之上，簡單隨機抽樣的一個樣本，其樣本平均可能會發生在 $\mu - 1.96D$ 和 $\mu + 1.96D$ 之間的機會大於 95%，且樣本平均小於 $\mu - 1.96D$ 或大於 $\mu + 1.96D$ 的發生機會小於 5%。這裡的 1.96 是標準常態對應信賴程度 95% 的數據。

　　由於我們只能觀察到調查樣本，$D = \sqrt{\frac{1}{n}(1 - \frac{n}{N}) S^2}$ 中的母體屬性變異量 S^2 要用樣本變異量 s^2 去推估。所有樣本變異量 s^2 的平均也是母體所有個體屬性的變異量，這種推估也是不偏的。代入後的 D，乘以 1.96 即是前面談到的誤差量：

$$d = 1.96 \times \sqrt{1 - \frac{n}{N}} \times \sqrt{\frac{s^2}{n}}$$

若母體個數 N 是相當大的一個數字，$1 - \frac{n}{N}$ 會非常接近 1，通常會忽略 $1 - \frac{n}{N}$ 這一項，誤差量簡化為：

$$d \approx 1.96 \times \sqrt{\frac{s^2}{n}}$$

樣本變異量的數學計算方法是先算出每一個樣本個體屬性與樣本平

均的差異，再將這些差異的「平方和」除以 $n-1$。

在簡單隨機抽樣下，誤差量 d 的意義就是至少有信賴程度 95% 以上的機會，母體個體屬性的總平均會是在調查到的樣本平均加減誤差量 d 之內，同理，只有 5% 的機會或更少的機會，母體個體屬性的總平均比調查到的樣本平均加誤差量 d 還大，或比樣本平均減誤差量 d 還小。坊間有時會狹義的直接稱「誤差量」為「抽樣誤差」，而廣義的抽樣誤差則包括其他的一些導致抽樣產生誤差的因素，例如樣本中的某些個體沒有回應，抽樣的母體和實際預備調查的母體有些不一致等。本書為做區別，名詞「誤差量」表示抽樣方法在切實的執行後的估計量和母體參數之間的差異。

在標準的報告裡，誤差量 d，樣本大小 n 和不確定程度等都會列出，但我們通常聽到的報告，只有簡單的母體參數的估計，即調查到的樣本平均數「約」是母體整體屬性的總平均，就像前述的 15 歲以上原住民的就業狀況的例子，調查發現全日工作者一週平均工作 47 小時，我們就推論凡 15 歲以上原住民，其全日工作者一週平均工作時數「約」為 47 小時。標準的抽樣調查，按照抽樣調查學學理的抽樣設計去抽樣、合乎學理的設定問卷、客觀標準化的訪視、與嚴謹的統計分析，藉著科學演繹證明的學理保障，調查到的樣本估計量自然可以有效的推論母體整體的屬性。

從誤差量與樣本大小、樣本變異量的關係式 $d = 1.96 \times \sqrt{1 - \dfrac{n}{N}}$ $\times \sqrt{\dfrac{s^2}{n}}$，或簡化的關係式 $d \approx 1.96 \times \sqrt{\dfrac{s^2}{n}}$ 來看：在固定的不確定程度之下，誤差量 d 與樣本大小的開方成反比，與樣本變異量的開方成正比；更在固定的誤差量 d 之下，樣本大小與樣本變異量成反比。這兩個數學式子提供樣本大小的一種計算方法，給予誤差量 d，母

體大小 N，和樣本變異量 s^2 後，自然可以算出需要的樣本大小。若事先不知道樣本變異量 s^2，通常會用以前執行過的調查數據或前導研究的結果概算出可能的樣本變異量 s^2。

　　簡單隨機抽樣的方法對於樣本百分比這類數據擁有一些特別的好處，我們可以控制樣本大小在一般處理的範圍之內。若樣本的個體具有某種屬性，用一個表示有無該屬性的指標記為 1，若無則記指標為 0，則樣本個體中具有這個屬性的百分比 p，正等於這個樣本屬性指標內這些 1 或 0 的平均，而其變異量是 $p(1 - p)$ 的 $\dfrac{n}{(n - 1)}$ 倍。百分比這類數據在簡單隨機抽樣下，樣本平均的這個推估量就是百分比本身，$\bar{x} = p$，而此時誤差量的算法只要將上述誤差量 d 公式中的樣本變異量 s^2 的部分改用 $p(1 - p) \times \dfrac{n}{(n - 1)}$ 代入就可以了，

經過整理後：

$$d = 1.96 \times \sqrt{1 - \frac{n}{N}} \times \sqrt{\frac{p(1 - p)}{n - 1}}$$

若母體個數 N 是相當大的一個數，$1 - \dfrac{n}{N}$ 會非常接近 1，通常會忽略 $1 - \dfrac{n}{N}$ 這一項：

$$d \approx 1.96 \times \sqrt{\frac{p(1 - p)}{n - 1}}$$

　　通常一般屬性的樣本變異量 s^2 是隨著母體內個體屬性不同程度的差異而呈現變化，有的屬性之樣本變異量 s^2 非常大，很難有一

個絕對的上限，使得進行簡單隨機抽樣欲控制誤差量 d 時，造成很大的困擾。若要希望誤差量 d 在容忍的範圍內，遇到非常大的樣本變異量 s^2 時，就必須將樣本大小 n 增加得很大，而限於預算卻無法達到這項需求的困境。百分比這類的數據具有一個自然的上限 1，使得簡單隨機抽樣對於百分比這類屬性解決了「樣本大小」過大的問題。樣本變異量在 $p = 0.5$ 時是最大，我們可以運用 $p = 0.5$ 的情況當作最壞的可能，代入誤差量 d 的計算式子，再來計算所需要的樣本大小 n，就可以很精確的控制誤差量 d。實際計算的結果，發現「樣本大小」n 不需要太多。

　　在母體個數 N 足夠多時，樣本大小 n 分別等於 1,040、2,300 或 8,900 時，誤差量 d 分別等於 3.04%、2.04%、1.04%。簡單隨機抽樣可以做得到：只要調查 1,040 位受訪者，看到的樣本百分比 p 與真實的母體整體屬性百分比最多只差在 3% 內，這是為什麼許許多多抽樣調查的樣本大小都是在 1,000 多左右的原因了。若要提高到 2% 內，則樣本大小需要提高至 2,300。至於 1% 之內，則至少要 8,900 個受訪者。

　　實際執行簡單隨機抽樣的方法，一種是直接從 $C(N, n)$ 個樣本中，讓每一個樣本有同樣的機會被選出。一般的統計軟體都具產生隨機亂數的功能，若電腦的記憶容量夠大，且輸入 $C(N, n)$ 後，統計軟體會輸出一個夾在 1 與 $C(N, n)$ 內的隨機整數 k，我們可以利用這個功能選出第 k 個樣本作為簡單隨機抽樣的樣本。這個方法暫稱「方法一」，「方法一」是直接從 N 個母體個體一次選出 n 個個體作為樣本。若電腦的記憶容量不足以輸入 $C(N, n)$ 這樣大的數，或輸入後無法正常運作，則不能用「方法一」去執行簡單隨機抽樣。

　　若電腦可以在輸入 N 後，且統計軟體會輸出一個夾在 1 與 N 之

間的隨機整數，我們就可以利用電腦上這項功能來執行簡單隨機抽樣的抽樣工作。母體中的所有個體先按照 1 到 N 編號，讓母體中的每一個個體都有 $1/N$ 的機會被選入樣本中，輸入電腦 N 後，統計軟體輸出一個隨機整數夾在 1 與 N 之間，母體中是該亂數編號的個體列入樣本中。選完第一個樣本個體後，母體個體重新編號，這時母體大小變成 $N-1$，讓母體中剩餘的每一個個體都有相同的機會入選，這次機率是 $\dfrac{1}{(N-1)}$，輸入電腦 $N-1$ 後，統計軟體輸出一個隨機整數夾在 1 與 $N-1$ 之間，選出母體中是該亂數編號的個體作為樣本中第二個樣本個體。依序母體個數少一，入選機率保持待選的個體有相同的機會入選，將樣本中 n 個個體逐次選出。這種一次選出一個母體個體作為樣本個體的逐次選取樣本個體的方法稱為「方法二」。

　　如果手邊的統計軟體不能提供輸入 N 後、直接輸出一個夾在 1 與 N 之間的隨機整數的功能，可以改用下述的方式來執行簡單隨機抽樣的「方法二」。一般的「平民」統計軟體都會提供一個產生**均勻隨機亂數** (uniform random number) 的功能，這個均勻隨機亂數是夾在 0 與 1 之間的隨機亂數。讓統計軟體依序產生 n 個均勻隨機亂數，將這 n 個均勻隨機亂數依序乘以 $N, N-1, N-2, \cdots$，最後一個均勻隨機亂數乘以 $N-n+1$，所有產生的 n 個乘積一律加 1，這些新數據的整數部分就是前面「方法二」所需的依序 n 個隨機整數編號了。這裡除了需要找一個「平民」統計軟體提供 n 個均勻隨機亂數外，剩下的計算工作可以在任何的數字處理軟體進行，例如 Microsoft Excel 或任何有 Spread sheet 功能的軟體來執行簡單隨機抽樣。

　　坊間一些抽樣調查的書籍提供「亂數表」來產生所需的隨機亂數，「亂數表」的使用多少涉及使用者主觀的決定，例如從「亂數

表」的哪一行開始，而且在不太多的樣本大小時，利用「亂數表」產生隨機亂數就已經耗費很多的人力與時間，處在今日資訊時代，本書就不介紹亂數表。現在電腦中的隨機亂數，雖然使用數學的方法產生，是一種**類亂數** (pseudorandom number)，但隨著方法的更新，亂數的產生已經非常逼真了。利用電腦軟體產生隨機亂數，避免過多的主觀決定，而且隨機亂數產生所需的「**種子**」(seed) 可以讓電腦隨機決定，亂數的產生也就更逼近真正的隨機亂數了。靈活使用電腦上的軟體，節省許多時間和人力，所以本書介紹上述兩種方法來執行簡單隨機抽樣的抽樣工作。

　　本節上述的簡單隨機抽樣是母體的個體一旦選入樣本中，該個體不再放回母體中被再次選取，這種抽樣方法稱為**不置回** (without replacement) 簡單隨機抽樣。另外一種簡單隨機抽樣稱為**置回** (with replacement) 簡單隨機抽樣，是每次選出一個母體的個體後，將該個體放回母體中，讓該個體和其他的 $N-1$ 個個體有同樣的 $\frac{1}{N}$ 的機會選入樣本中，這種置回簡單隨機抽樣有 N^n 個不同樣本。所有樣本的置回簡單隨機抽樣之樣本平均 $\bar{x}$，其變異數恰是 $\frac{S^2}{n}$，而不置回簡單隨機抽樣的樣本平均 $\bar{x}$ 的變異數恰是 $(1-\frac{n}{N}) \times \frac{S^2}{n}$，兩者差 $1-\frac{n}{N}$ 的因子，所以 $1-\frac{n}{N}$ 稱為「**有限母體的校正數**」(finite population correction)。這種抽樣方法在實際運用上，鮮少採用，主要因為在既定的預算內，總是希望收集多一些不同個體的資訊。反而是在資料分析的階段，會使用這種置回簡單隨機抽樣的技巧，**插補** (impute) 缺失的調查記錄，或是計算一些估計量。

三、系統隨機抽樣的方法

　　介紹過簡單隨機抽樣的抽樣方法後，現在介紹**系統隨機抽樣**（systematic random sampling）。

　　先假設母體的大小 N 是樣本大小 n 的整數倍 k，即 $\dfrac{N}{n}$ 是一個整數 k，一般 k 是一個很大的數。把母體的所有個體從 1 到 N「隨機」標示，凡是標示為 $1, k+1, 2k+1, \cdots, (n-1)k+1$ 的個體形成第一個樣本，標示為 $2, k+2, 2k+2, \cdots, (n-1)k+2$ 的個體形成第二個樣本；依此類推，最後標示為 $k, 2k, 3k, \cdots, nk$ 的個體形成第 k 個樣本。以母體的大小 $N = 30{,}000$ 和樣本大小 $n = 3$ 為例，$k = 10{,}000$，標示為 1, 10,001 和 20,001 的個體形成第一個樣本，標示為 2, 10,002 和 20,002 的個體形成第二個樣本；依此類推，最後標示為 10,000, 20,000, 30,000 的個體形成第 10,000 個樣本。

　　若母體大小 N 不恰是樣本大小 n 的整數倍 k，還剩餘了 r 個個體，k 比 r 大。母體中個體先隨機排序，前面 nk 個個體使用以上說明的方法排出 k 個樣本來，這 k 個樣本的樣本大小都是 n。用 1 到 r 個標籤代表剩餘的 r 個個體，在標籤集合 $\{1, 2, \cdots, r\}$ 內加入 $k-r$ 個零，成為 k 個元素的標籤集合 $\{1, 2, \cdots, r, 0, 0, \cdots, 0\}$。運用簡單隨機抽樣，每次選出一個標籤依序排在一個序列上，選出的標籤不再放回標籤集合內，第幾次抽到的標籤排在第幾個位置上，最後這個序列有 k 個標籤。序列上第幾個位置對應第幾個樣本，序列上凡是零對應的樣本，該樣本不增加任何個體；而序列的位置上是非零標籤，則該位置對應的樣本將該非零標籤的個體加入其樣本中。這樣使得剩餘的 r 個個體就隨機放回 k 個樣本中，這 k 個樣本中會有一

些樣本大小是 $n+1$。

　　系統隨機抽樣的方法並不對母體中的個體分別抽樣，而是從上述 k 個樣本中選出一個，且該樣本中的個體一次全選。系統隨機抽樣是對 $\{1, 2, 3, \cdots, k\}$ 這個標籤集合進行抽樣，按照簡單隨機抽樣的方法，每個標籤有相同的機率取出，從 1 到 k 中選出其中一個標籤 j 來，第 j 個樣本就是系統隨機抽樣方法選出來的樣本！以母體的大小 $N = 30,000$ 和樣本大小 $n = 3$ 為例，若 648 的標籤被選出，則由第 648、10,648、20,648 個個體形成的第 648 個樣本即是這次系統隨機抽樣方法選出來的樣本。

　　系統隨機抽樣的每一個樣本都是 $\dfrac{1}{k} = \dfrac{n}{N}$ 的相同機率被調查到，母體中的每一個個體都在某一個樣本中，只要該個體的樣本被選到，該個體也就被選到，因此母體中的任一個體都是 $\dfrac{n}{N}$ 的相同機率被選出。每一個母體個體被調查到的機率在系統隨機抽樣和簡單隨機抽樣都是一樣的 $\dfrac{n}{N}$，但包含該個體的樣本在系統隨機抽樣時只有一個，而簡單隨機抽樣時卻有 $C(N-1, n-1)$ 個不同樣本包含該個體。系統隨機抽樣時所有 k 個樣本是簡單隨機抽樣時 $C(N, n)$ 樣本中的一部分，以母體的大小 $N = 30,000$ 和樣本大小 $n = 3$ 為例，系統隨機抽樣時的 10,000 個樣本，猶如從簡單隨機抽樣時的 4,499,550,010,000 個樣本中特別「精挑細選的系統抽樣」選出這 10,000 個樣本來。

　　系統隨機抽樣的 k 個樣本估計量形成一個分配，樣本百分比或樣本平均是否可以適當推論到相關的母體參數，必須從這個分配來推理。若母體大小 N 是樣本大小 n 的整數倍 k 時，每個樣本是用簡單隨機抽樣的方法選到的，任一個樣本平均是推估所有樣本平均之

平均的不偏估計量。而所有樣本平均之平均也正是母體所有個體屬性的總平均，因此任一個樣本平均是推估母體整體屬性總平均的不偏估計量，這是系統隨機抽樣的一個很好的性質。若母體大小 N 不是樣本大小 n 的整數倍 k 時，所有樣本平均之平均不恰是母體所有個體屬性的總平均，上述的好性質就要有一點折扣了，一般在 n 也夠大時這樣的偏差還是很小。

　　系統隨機抽樣最吸引人的地方是實際操作時非常容易，把母體的所有個體隨機有序的排列，從 1 到 k 隨機選出一個數字 j 後，母體中第 j 個個體就是系統隨機抽樣樣本中的第一員，以後每隔 k 個個體都納入樣本中。在一些特殊的情境，系統隨機抽樣常常是唯一的選擇，例如交通部觀光局的「來臺旅客消費及動向的調查」，必須在旅客要離境的前一刻進行調查才有意義，當旅客在機場出關或航空公司櫃臺排隊時，採取系統隨機抽樣，在隊伍中固定的隔幾人訪問一人，並在旅客辦手續前完成訪問，這樣一來就不會妨礙到旅客，也替旅客打發了等待的時間。

　　要在流動的人群中進行抽樣調查，一定要先掌握母體中的每一研究對象都有機會被選為樣本個體的原則。通常人群必經的「點」，類似出入口的地方，人群自然形成一個隊伍進出，這樣進行調查時就不會漏掉某些研究對象。例如在投票所的出口做調查，在投票人投完票即將要離去時進行瞬間調查，或政府機關舉辦公聽會，為了要瞭解其舉辦的效益，在大會散場後可集中在各個出口針對離去的人群進行簡短的調查。這種調查有其必要性，對全民直接進行簡單隨機抽樣，能夠確實瞭解舉辦的效益及參加公聽會的受訪者人數幾希，這種現場執行系統隨機抽樣的方法實用多了。

　　系統隨機抽樣的過程中，先對母體所有的個體「隨機」排序或標籤，是一項重要的要件。母體個體的順序常按照著原來的順序排

列，例如從前尚未電子化的戶政機關，其持有的戶籍資料是成卷放在架上，並有一定的次序以便隨時調閱，不便抽樣的工作者把全部的戶籍資料抽出隨機打亂，只能遷就架上的順序執行系統隨機抽樣，這會產生一些潛在問題。母體個體屬性的一些大小關係，會無意識的被帶入系統隨機抽樣的樣本中，造成調查到的樣本估計量有明顯的偏差。若抽樣調查真正有興趣研究的屬性是和這種隱藏的順序密切相關，某些樣本的推論會事先預知有嚴重偏差的。

以母體的大小 $N = 30,000$ 和樣本大小 $n = 3$，選出第 648 個樣本為例，如果所有個體原來是按照教育程度由低到高排列，則樣本中的第 648 編號的個體教育程度比母體中第 1 個到第 647 個個體之教育程度高，而比第 649 到第 10,000 個個體之教育程度低。同理樣本中的第 10,648 編號的個體教育程度比第 10,001 到第 10,647 個個體之教育程度高，而比第 10,649 到第 20,000 個個體之教育程度低，同理樣本中的第 20,648 編號個體教育程度也有相同的問題。由第 648 編號形成的系統隨機抽樣之樣本平均教育程度一定比第 1 編號形成的樣本到第 647 編號形成的樣本平均教育程度高，而比第 649 到第 10,000 編號形成的樣本之教育程度低！當系統隨機抽樣抽出的標籤是靠近 1 或 10,000 時，立刻知道樣本平均教育程度大概比母體整體教育程度平均低或高太多了，這個樣本平均教育程度不太可能將母體教育程度總平均估計得準！

前面所談的系統隨機抽樣是一種簡單的系統隨機抽樣，這種抽樣方法有一嚴重的缺陷，即選出的樣本本身無法提供任何不偏的樣本估計量來推估母體整體屬性的變異量 (Kish 1965)。系統隨機抽樣是對標籤集合 $\{1, 2, 3, \cdots, k\}$ 進行「樣本大小」是 1 的簡單隨機抽樣，在樣本大小是 1 的情境下是無法計算或估計 k 個樣本之間的變異可言的。簡單的系統隨機抽樣的一個樣本只能反映該樣本自身內部個

體之間的屬性變異，不能反映不同樣本個體之間的變化情形，也就不能不偏估計母體整體屬性變異量。坊間的抽樣調查報告，偶見抽樣設計是簡單的系統隨機抽樣，但依然寫著在某個信賴程度之上，母體參數是在樣本平均的某個誤差量之內，這樣的推論是不正確的。

　　下面介紹多次的系統隨機抽樣，解決簡單的系統隨機抽樣無法提供母體整體屬性變異量的不偏樣本估計量之問題。多次的系統隨機抽樣的前面兩個步驟，如同簡單的系統隨機抽樣的方法，先將母體個體隨機排序，再組成 k 個樣本，此時在標籤集合 $\{1, 2, 3, \cdots, k\}$ 運用簡單隨機抽樣的方法選出 m 個標籤來，m 至少兩個或以上，對應這些標籤的樣本全是這種多次系統隨機抽樣的樣本。換言之，所謂的多次系統隨機抽樣，只是執行超過一次以上的簡單系統隨機抽樣。以母體的大小 $N = 30{,}000$ 和樣本大小 $n = 3$ 為例，選出 648 後，又簡單隨機抽樣抽出 5,790 和 7,032 來，則第 648、5,790 和 7,032 個樣本是多次系統隨機抽樣所需要的樣本。

　　多次的系統隨機抽樣猶如對一個新母體進行樣本大小是 m 的簡單隨機抽樣，這個新母體的個體標示為 $\{1, 2, 3, \cdots, k\}$，而這個新母體的每一個個體即是原母體個體組成的樣本，新母體個體的屬性即是原各個樣本屬性的樣本平均，這個簡單隨機抽樣的樣本平均即是 m 個樣本的樣本平均之平均，數學式子如下：

$$\bar{\bar{x}} = \frac{(\bar{x}_1 + \bar{x}_2 + \cdots + \bar{x}_m)}{m}$$

此處 $\bar{x}_j$ 代表第 j 個樣本的樣本平均，j 代表 $1, 2, \cdots$，到 m。當母體大小 N 是樣本大小 n 的整數倍 k 時，這 m 個樣本平均之平均也會是母體整體屬性平均的不偏估計量，這時多次的系統隨機抽樣的樣本

平均是 m 個樣本的樣本平均之平均 $\bar{\bar{x}}$。

多次的系統隨機抽樣的誤差量是：

$$d = 1.96 \times \sqrt{1 - \frac{m}{k}} \times \sqrt{\frac{s_m^2}{m}}$$

這也是利用簡單隨機抽樣的學理推得的，其中 s_m^2 是這 m 個樣本平均數據之間的變異數，詳細的式子是：

$$s_m^2 = \frac{(\bar{x}_1 - \bar{\bar{x}})^2 + (\bar{x}_2 - \bar{\bar{x}})^2 + \cdots + (\bar{x}_m - \bar{\bar{x}})^2}{m - 1}$$

此處 $\bar{x}_j$ 代表第 j 個樣本的樣本平均，j 代表 1, 2, $\cdots$，到 m (Levy and Lemeshow 1991)。若母體大小 N 是樣本大小 n 的整數倍 k 時，在 95% 的信賴程度以上，真正的母體屬性總平均會在 $\bar{\bar{x}} - d$ 與 $\bar{\bar{x}} + d$ 之間，也有 5% 以下的機會真正的母體屬性總平均是比 $\bar{\bar{x}} - d$ 小，或比 $\bar{\bar{x}} + d$ 還大。

系統隨機抽樣的樣本大小 n 多是事先決定的，因此 k 也預先知道，從誤差量 d 的式子裡，決定誤差量及信賴程度後，即可以決定 m 的大小，一般是用前導研究得到的樣本平均數據之間變異數 s_m^2 代入誤差量的式子導出 m 來。

四、分層隨機抽樣的方法

這一節介紹另外一種基本的抽樣方法：**分層隨機抽樣** (stratified random sampling)，這個方法是將母體切成幾個小母體，在這些小母

體內同時實施各自的簡單隨機抽樣的抽樣方法，執行時彼此之間各自獨立。

　　簡單隨機抽樣的立意雖好，在執行上常有許多實際的困難及限制，在學理上有時可以找到比簡單隨機抽樣的樣本大小更少的樣本且誤差量更小的抽樣方法，分層隨機抽樣是一個這種可能的選擇。例如一個抽樣設計的樣本大小是 2,500，若要樣本個體遍布在臺灣的每一個「鄉鎮市區」，每個「鄉鎮市區」大約訪問六位或七位受訪者，這幾位受訪者又遍布該鄉鎮市區整個區域之內，訪員的交通費用將會非常的昂貴，而整個訪視的時間非常冗長，動用的訪員人數相當龐大，不可能經常舉辦這樣的抽樣調查！分層隨機抽樣是一個減少訪視「鄉鎮市區」的抽樣方法。

　　簡單隨機抽樣對母體的每一個個體有相同的機會選入樣本，任何一個族群的個體會出現在樣本中的機會，和該族群的大小相關。族群個體數目大者很容易出現在樣本中，不難對該族群進行族群別方面的研究，但小族群卻因個體數目太少，出現在樣本中的機會太低，即使出現，也因該族群在樣本中的總個體數目過低，無法做出合理的推論。例如臺灣地區原住民的人數約四十萬，一般的全國性抽樣調查若採取簡單隨機抽樣，樣本中的原住民人數在某些行政區域內常常掛零或個位數字！對於少數族群的研究，簡單隨機抽樣唯一解決的辦法是提高抽樣的樣本大小，增加抽樣調查的預算，才能找到足夠的該族群個體數目。分層隨機抽樣的抽樣方法可以對有研究興趣的族群直接進行抽樣，不用提高樣本大小，保障樣本中該族群的個體數目足以進行科學推論。

　　若母體某一項屬性的分類，同一種類別的個體屬性同質性非常的高，一旦調查到其中的少數個體，幾乎概括知道所有同類個體的屬性，沒有理由選取太多同類的樣本，簡單隨機抽樣的抽樣方法顯

然不能做這種調整，分層隨機抽樣的抽樣方法正可以針對這種情境
進行調整。分層隨機抽樣的抽樣方法，是先將母體個體屬性分類，
在同一類的母體個體各別進行簡單隨機抽樣。若每一個分類內的個
體屬性同質性很高，每一個分類的樣本大小就可以少選些，則全部
的總樣本大小自然比整個母體進行簡單隨機抽樣時的樣本大小節省
了許多。

　　分層隨機抽樣將母體個體分類的方法可以按照母體個體單一屬
性來分類，例如按照母體個體所居住的行政區域來分類。「臺灣社會
變遷基本調查」第二期的抽樣設計，採用羅啟宏先生的臺灣地區鄉
鎮市區的分層原則，將臺灣地區非直轄市或省轄市的「鄉鎮市區」
劃分為「工商市鎮」、「新興鄉鎮」、「綜合性市鎮」、「服務性鄉鎮」、
「坡地鄉鎮」、「偏遠鄉鎮」、「山地鄉鎮」等七層，再加上「臺北市」、
「高雄市」、「省轄市」，總共有十個層別（瞿海源 1994）。這些層別
是從許多鄉鎮市區的各種特徵變項，經過**主成分分析** (principal
component analysis) 找出一些主成分，再**群集分析** (clustering
analysis) 整理出來的（羅啟宏 1992），相同層內的「鄉鎮市區」在都
市化程度方面的屬性非常類似，不同層的都市化程度是可以分出等
級的，其等級次序即是上述所列的排列次序（李隆安 2004）。

　　分層隨機抽樣將母體個體分類的方法也可以按照母體個體幾個
屬性一齊來分類，例如按照母體個體的性別與年齡層兩項屬性來搭
配分類。性別分為男女兩類，若年齡層以 10 歲間隔為一層，15 歲
以下為一層，65 歲以上為一層，則年齡層可分為七層，性別與年齡
層搭配之下可將母體個體共分為十四個分層隨機抽樣的**層別**
(stratum)。

　　層別的總個數用 L 表示，上述的性別與年齡層搭配下的層別個
數 $L = 14$，而「臺灣社會變遷基本調查」的「鄉鎮市區」層別個數

$L = 10$。分層隨機抽樣的抽樣方法，是在全部 L 層別的每一個層別內的個體進行該層別的簡單隨機抽樣，各個層別的母體大小不一定相同，層別之間彼此採用的樣本大小也不一定相同。

以母體的大小 $N = 30,000$ 為例，若分層隨機抽樣將母體分類成為 $L = 2$ 個層別，各個層別的母體大小分別是 20,000 與 10,000，在母體大小 20,000 的層別進行樣本大小是 2 的簡單隨機抽樣，在母體大小 10,000 的層別進行樣本大小是 1 的簡單隨機抽樣。全部的樣本大小是各個分層的樣本大小之和，$n = 2 + 1 = 3$。任何一個分層隨機抽樣的樣本大小是 $n = 3$ 的樣本中，一定有兩個樣本個體是從母體大小是 20,000 的分層選出，一個樣本個體選自母體大小是 10,000 的分層。若改採簡單隨機抽樣，有一些樣本大小 $n = 3$ 的樣本中，樣本個體會不含某些特定的層別，沒有限制樣本中一定含有每一個不同層別的個體。分層隨機抽樣的樣本成員是由不同的層別個體組成，而且每一層別的個體都要有。

續以母體的大小 $N = 30,000$ 為例，在母體大小 20,000 的層別，進行樣本大小是 2 的簡單隨機抽樣的樣本個數是 $C(20,000, 2) = 199,990,000$ 個，在母體大小 10,000 的層別進行樣本大小是 1 的簡單隨機抽樣的樣本個數是 $C(10,000, 1) = 10,000$ 個。分層隨機抽樣的所有樣本大小是 $n = 3$ 的樣本個數是 $C(20,000, 2) \times C(10,000, 1) = 1,999,900,000,000$，這些樣本只是簡單隨機抽樣中所有樣本大小 $n = 3$ 的 $C(30,000, 3) = 4,499,550,010,000$ 個樣本中的一部分而已。在有 L 個層別的分層隨機抽樣的樣本個數是：

$$C(N_1, n_1) \times C(N_2, n_2) \times \cdots \times C(N_L, n_L)$$

其中 n_j 是母體大小 N_j 的層別的樣本大小，此處 j 代表 $1, 2, \cdots$，到 L。

　　分層隨機抽樣的抽樣方法和系統隨機抽樣的方法彼此類似的地方，兩者都是先將母體中所有的個體分類，系統隨機抽樣時每個類別即是一個「樣本」，分層隨機抽樣時每個類別為一個「分層」。分層隨機抽樣時在不同類別都要選出其內的個體成為樣本中的一員，系統隨機抽樣時只選一個類別的個體成為樣本；換言之，系統隨機抽樣時一旦選好一個類別，就將該類別的成員全選，不再理會其他的類別，而分層隨機抽樣時不偏好任何一個類別，每個類別都要有成員在樣本裡面。

　　在分層隨機抽樣的每一個層別，在母體大小是 N_1、樣本大小是 n_1 的層別內每個母體個體具有 $\dfrac{n_1}{N_1}$ 的機會被選入分層隨機抽樣的樣本中。同理，母體大小是 N_2、樣本大小是 n_2 的層別內每個母體個體具有 $\dfrac{n_2}{N_2}$ 的機會被選入分層隨機抽樣的樣本中。分層隨機抽樣時，母體中的每一個個體被選入樣本中的機會，會因為所屬的層別不同而不同，這與簡單隨機抽樣不同，簡單隨機抽樣的母體個體永遠是相同的機會被選入樣本中，而只有當 $\dfrac{n_1}{N_1} = \dfrac{n_2}{N_2} = \cdots = \dfrac{n_L}{N_L}$ 時，分層隨機抽樣才能使母體中的每一個個體具有相同的機會入選為樣本中的一員。

　　對於任意的層別母體大小：N_1、N_2、$\cdots$、N_L，不一定找得到樣本大小：n_1、n_2、$\cdots$、n_L（這些都必須是正整數），使得 $\dfrac{n_1}{N_1} = \dfrac{n_2}{N_2} = \cdots = \dfrac{n_L}{N_L}$ 的數學式子能夠成立，一般是採取四捨五入的近似相等。這個條件稱為「**等比率配置**」(proportional allocation) 樣本，各層別的簡單隨機抽樣的樣本大小是 $\dfrac{n}{N}$ 乘以該層別的母體大小。在以母體的

大小 $N = 30{,}000$、樣本大小 $n = 3$ 的例子，$\dfrac{n}{N} = \dfrac{3}{30{,}000} = \dfrac{1}{10{,}000}$，層

別母體大小 20,000 的「等比率配置」的樣本大小是 $20{,}000 \times \dfrac{1}{10{,}000}$

$= 2$，而層別母體大小 10,000 的「等比率配置」的樣本大小是 10,000

$\times \dfrac{1}{10{,}000} = 1$。

　　在分層隨機抽樣的各種分層樣本配置的方法，除了上述的「等比率配置」分層樣本的配置方法，還有一些其他的配置方法。最簡單的一種是每一個分層有相同數目的樣本大小，這時每一個分層的樣本大小是 $\dfrac{n}{L}$。這種配置方法看似簡單，實際操作時也有數學式子的限制，例如 15 歲以上原住民的就業狀況的調查，總樣本大小 n 是 30,000，以族群為分層，原住民有 11 個族群，每個分層的樣本大小至少要 2,700，而居住在日月潭的邵族不滿千人，顯然無法按照數學公式直接實施這種「同樣本大小配置」(equal allocation) 的樣本配置方法！

　　有時候分層的目的之一，是瞭解各個分層母體屬性彼此之間有無差異，一些統計檢定方法需要各個分層樣本估計量的變異數是相同的才能有效進行檢定。為達到這類需求，可以要求分層樣本大小與分層母體變異量 S^2 的開方成比率，變異量的開方 S 稱為「標準差」(standard deviation)，即分層樣本大小與分層母體標準差 S 成比率。這種「標準差配置」的分層樣本配置方法，和「同樣本大小配置」樣本配置方法同樣有不合數學式子的困境限制。

　　與「標準差配置」相似的另一種的分層樣本配置方法，是有名的「尼曼配置」(Neyman allocation)。這種方法考慮分層母體標準差 S 與分層母體大小的乘積，分層的樣本大小與乘積成比率。這種方法是所有的分層樣本配置中，讓樣本屬性平均或百分比的變異數為

最小的一種樣本配置方法，也稱為「**最佳配置**」(optimal allocation) 的分層樣本配置方法。在既定的分層下，這種分層樣本配置方法常為調查抽樣設計所採用，可以保障推論母體屬性的誤差量 d 最小。遇到某些母體大小比較少的層別，「尼曼配置」樣本配置法也是不能完全按照數學公式配置樣本。

「尼曼配置」的樣本配置方法是所有「分層隨機抽樣」中分層樣本配置方法的最小樣本估計量變異數的方法，但不一定會比簡單隨機抽樣方法的樣本估計量變異數小。若各個分層之內個體彼此之間的屬性差異很大時，分層隨機抽樣就是採取「尼曼配置」的樣本配置方法，還是有很多的機會不能夠比簡單隨機抽樣方法的樣本估計量變異數小。相反的，如果各個分層之內個體的屬性同質性很高，且分層之間屬性差異很大，分層隨機抽樣就有機會比簡單隨機抽樣方法的樣本估計量變異數小；若再用「尼曼配置」的樣本配置，樣本估計量變異數就可以達到最小。調查抽樣設計時，若採取分層隨機抽樣的方法，寄望有比較精確的母體推估，一定要慎選用來劃分分層的屬性。

分層隨機抽樣在各個分層進行抽樣時，很可能單位樣本個體的抽樣訪視費用會因為分層的不同而不同，例如在「臺北市」分層訪視樣本的交通費用和時間會因大眾運輸的便捷，遠小於在「山地鄉鎮」分層訪視樣本的交通費用和時間。有一種樣本配置方法，可以結合訪視費用和「尼曼配置」的優點，這個配置方法和簡單的「尼曼配置」的樣本配置很類似，「尼曼配置」的樣本配置是和分層母體標準差 S 與分層母體大小的乘積有關，而這個考慮抽樣成本的配置方法是和該乘積除以單位樣本個體抽樣費用的開方所形成的商有關，分層樣本大小與商成比率，這個配置方法是在一定的抽樣成本費用限制下完成訪視工作。

　　這種「既定成本下的最佳配置」(optimal allocation under fixed sampling unit cost) 方法，和上述的「標準差配置」法、「尼曼配置」法都須要知道母體屬性變異量 S^2，通常是使用前導研究或過去調查得到的分層樣本變異量 s^2 代入的。這種方法也和「同樣本大小配置」法、「標準差配置」法、「尼曼配置」法有相同的數學式子限制，有可能某些分層的預定配置樣本大小大過實際該分層母體總個體數，所有這些方法對於這些特殊層別的處理辦法，一般都是將該層別的母體個體全選為該層別的樣本，將總樣本大小 n 扣除特殊層別母體大小後，剩下的層別再重新按照剩下的樣本大小套入數學公式配置各個分層的樣本大小。

　　分層隨機抽樣的抽樣方法是在每一個分層獨立進行簡單隨機抽樣，在前面的小節談過簡單隨機抽樣時樣本屬性的平均是一個很好的母體屬性推估的估計量，分層隨機抽樣的樣本估計量即是各個分層樣本屬性平均的加權平均：

$$\bar{x}_{str} = W_1\bar{x}_1 + W_2\bar{x}_2 + \cdots + W_L\bar{x}_L$$

其中權數 W_j 是第 j 個分層母體大小 N_j 與總母體大小 N 的比率，而 $\bar{x}_j$ 是第 j 個分層的樣本平均，j 代表從 1, 2, …，到 L。若討論的屬性是用百分比的估計量來記錄，則是分別將分層樣本平均的位置代入分層樣本屬性的百分比，即成為分層隨機抽樣對應於百分比的樣本估計量：

$$\bar{x}_{str} = W_1 p_1 + W_2 p_2 + \cdots + W_L p_L$$

此處 p_j 是第 j 個分層的樣本百分比，j 代表從 1, 2, …，到 L。

分層隨機抽樣的樣本估計量是各個分層樣本屬性平均的加權平均，按照變異數的公式來推導，這個樣本估計量的變異數還是各個分層樣本屬性變異數的加權平均，只是此時的權數是樣本屬性平均時所用的權數平方：

$$s_{str}^2 = W_1^2(1 - \frac{n_1}{N_1})\frac{s_1^2}{n_1} + W_2^2(1 - \frac{n_2}{N_2})\frac{s_2^2}{n_2} + \cdots + W_L^2(1 - \frac{n_L}{N_L})\frac{s_L^2}{n_L}$$

此處 s_j^2 是第 j 個分層的樣本變異數，j 代表從 1, 2, …，到 L。當屬性是用百分比的估計量，分層隨機抽樣的樣本估計量的變異數為：

$$s_{str}^2 = \frac{W_1^2(1 - \frac{n_1}{N_1})p_1(1 - p_1)}{n_1 - 1} + \frac{W_2^2(1 - \frac{n_2}{N_2})p_2(1 - p_2)}{n_2 - 1} + \cdots +$$

$$\frac{W_L^2(1 - \frac{n_L}{N_L})p_L(1 - p_L)}{n_L - 1}$$

在分層隨機抽樣的抽樣方法之下，在信賴程度是 95% 以上時的誤差量 $d = 1.96 \times s_{str}$。至少 95% 以上的機會，調查到的樣本平均數 x 加減誤差量 d 之內包含著母體個體屬性的總平均，同理，只有 5% 或更少的機會，母體個體屬性的總平均會比調查到的樣本平均大於誤差量 d，或比樣本平均小於誤差量 d。不同的樣本配置方法可以將 s_{str} 的計算簡化些，受制於篇幅不一一列出這些簡化的公式。

分層隨機抽樣的抽樣方法中，需要事先知道各個層別中的母體大小，一般可以從公務統計的資料庫裡找到一些全國性的年齡、性別等資料，或一些普查、調查的結果裡知道某些族群的總數，或研

究報告中針對特殊研究的屬性有一些摘要性的整理，獲得這些層別的母體大小。在調查抽樣設計階段時，常是因為找得到這些分層母體大小，才能選擇這些分層來實施分層隨機抽樣法。

　　分層隨機抽樣在實際執行時，縱使有分層母體的資料，但不易找尋得到這些有研究興趣的該層別個體名單，常常無法事先運用這個屬性來分層進行抽樣。例如探討外籍新娘的下一代教育狀況，公務統計有這方面整體的資料，但很難有一個「**樣本清冊**」（sample frame，或稱**抽樣架構**）列出他們的地址，也就無法事先將所有的外籍新娘家庭列為一個單獨的分層來進行抽樣。又例如抽樣完成後，在收集到的樣本資料中，突然發現樣本中的某些屬性的族群似乎具有某些特徵。遇到上述這種情形，可以在收集資料後，運用事後的分層對樣本的這類屬性作進一步的研究。

　　「**事後分層**」（post stratification）是一個很方便和有用的分析工具，但「事後分層」不對母體個體進行任何抽樣的工作，而是抽樣工作完成後對收集到的樣本資料進行再次的層別分類，這種分析方法有其好處，但也付出一些未能事先規劃分層的代價。例如上述的外籍新娘的下一代教育狀況研究而言，事後分層是一個很好的研究途徑，將外籍新娘的家庭按照外籍新娘的原國籍，或是否是華裔外籍新娘，或是否在臺商工廠工作過等分層，可以從層別的不同瞭解文化背景的不同對於外籍新娘的下一代教育狀況是否有所不同。

　　「事後分層」可以在一個簡單隨機抽樣的樣本中進行，或在分層隨機抽樣的各個分層樣本中進行。在分層隨機抽樣下原有 L 個分層，「事後分層」本身產生 K 個層別，相配後有 $L \times K$ 個分層，其中每一個新分層母體大小 N_{jk}，落在該分層的樣本大小為 n_{jk}，新分層的樣本平均數 $\bar{x}_{jk}$，樣本變異量 s_{jk}^2，此處對應每一個原 L 層的第 j 層，k 代表從 1, 2, …，到 K 的新分層。「事後分層」的數學式子限制，要

求每一個新分層的樣本大小 n_{jk} 至少要有兩個個體或以上。

如同一般的分層隨機抽樣的樣本估計量，原第 j 層的「事後分層」樣本估計量是該 j 層下新的 k 個分層樣本平均的加權平均，權數 W_{jk} 是「事後分層」的新分層母體大小 N_{jk} 與原第 j 分層母體大小 N_j 的比率，即是：

$$\bar{x}_{pstr\_j} = W_{j1}\bar{x}_{j1} + W_{j2}\bar{x}_{j2} + \cdots + W_{jK}\bar{x}_{jK}$$

而「事後分層」的樣本估計量是將原來的分層抽樣的樣本估計量中的第 j 層樣本平均 $\bar{x}_j$ 用 $\bar{x}_{pstr\_j}$ 代替：

$$\bar{x}_{pstr} = W_1\bar{x}_{pstr\_1} + W_2\bar{x}_{pstr\_2} + \cdots + W_L\bar{x}_{pstr\_L}$$

原第 j 層的「事後分層」樣本估計量變異量 $s^2_{pstr\_j}$ 是兩項相加，一項 $s^2_{pstr\_j\_1}$ 如同一般的等比率配置的分層隨機抽樣的樣本估計量變異數，另一項 $s^2_{pstr\_j\_2}$ 是因為不是事前分層才增加的不確定變異 (Cochran 1997)。第一個部分如下：

$$s^2_{pstr\_j\_1} = (1 - \frac{n_j}{N_j}) \frac{\{W_{j1}s^2_{j1} + W_{j2}s^2_{j2} + \cdots + W_{jK}s^2_{jK}\}}{n_j}$$

而第二個部分如下：

$$s^2_{pstr\_j\_2} = (1 - \frac{n_j}{N_j}) \frac{\{(1 - W_{j1})s^2_{j1} + (1 - W_{j2})s^2_{j2} + \cdots + (1 - W_{jK})s^2_{jK}\}}{n_j^2}$$

「事後分層」樣本估計量變異數是將原來的分層抽樣的樣本估計量變異數中的第 j 層樣本變異量 s_j^2 改用 $s_{pstr\_j}^2$ 代替：

$$s_{pstr}^2 = \frac{W_1^2(1 - \frac{n_1}{N_1})s_{pstr\_1}^2}{n_1} + \frac{W_2^2(1 - \frac{n_2}{N_2})s_{pstr\_2}^2}{n_2} +$$

$$\cdots + \frac{W_L^2(1 - \frac{n_L}{N_L})s_{pstr\_L}^2}{n_L}$$

而此時信賴程度為 95% 以上的誤差量是 $d = 1.96 \times s_{pstr}$。

　　配額抽樣 (quota sample) 是一個很像分層隨機抽樣的抽樣方法，這個抽樣方法的基本理念是選出一個樣本，讓這個樣本有如一個「小小號」的母體。配額抽樣的作法是盡量讓樣本的各種屬性搭配下的個體數目比例與母體的一樣，例如在女性 20 歲與 30 歲之間住在臺北市的樣本個體的數目比率，和全國女性 20 歲與 30 歲之間住在臺北市的研究對象人口比率是相同的。固定各種屬性搭配下的樣本個體數目後，配額抽樣的訪員只要找到指定數目的受訪者就可以了。

　　配額抽樣的訪員可以在臺北東區某個著名的百貨公司內，簡單的過濾不合乎要求的消費者，在很短的時間完成配額抽樣規定的女性 20 歲與 30 歲之間住在臺北市的訪視工作後，開始自己愉快的消費活動了，而他的好朋友，因為接受了分層隨機抽樣訪員這份工作，兩人一齊出門工作，現在卻還在全臺北市到處奔走，辛苦地尋找第二位隨機亂數指定的女性 20 歲與 30 歲之間住在臺北市的受訪者呢！配額抽樣方法和分層隨機抽樣方法的不同之處，是在各種屬性搭配下，配額抽樣沒有隨機的選取母體個體進入樣本。

　　第 1 章提到的 1948 年的美國總統大選預測，當時的三家公司：

蓋洛普、羅帕和克羅斯萊都採用配額抽樣，發生了事先兩家預測杜威先生勝選杜魯門先生 5% 以上的選票，一家還預測高達 15% 以上的選票，選舉結果是杜魯門先生勝選杜威先生約 5% 的選票 (Scheaffer, Mendenhall, and Ott 1990)！羅帕動用了 15,000 的樣本大小，蓋洛普的樣本大小是 50,000 之多，這樣多的樣本大小都未能使配額抽樣有機會接近一點事實的估計，這次失誤再次說明未能按照抽樣調查的原理進行抽樣工作，是無法按照科學原理來推論的。

當時蓋洛普公司是用居住地、性別、年齡層、種族、和房租（代表受訪者的社經地位）等屬性劃分各種屬性搭配的「格子」(cell)，每一個「格子」的樣本大小比率和當時「普查」的人口資料非常吻合。當時在聖路易 (St. Louis) 地區規定訪問十三位受訪者，七位居住在市區，餘在郊區；而且規定其中七位一定限男性，餘女性；七位男性中有三位 40 歲以下，餘以上，而且七位男性有一人是黑人，餘白人；六位男性白人中，一人的房租月租在 44.01 美元以上，兩位在 18 美元以下，三位的月租在 18 美元和 44.01 美元之間。

這樣細緻精密的抽樣設計，樣本大小高達五萬，在選定的屬性：居住地、性別、年齡層、種族、和房租等之下，樣本的屬性確是充分代表了這些對應的母體屬性，但不能保障所要的樣本研究屬性可以合理的「代表」母體的研究屬性。配額抽樣不能在「分層」內隨機抽樣，從樣本推論時無法表達不確定程度，所得的樣本只是有限度的「代表」母體的某方面特徵，從樣本的研究屬性進行科學推理的理論依據薄弱。

 # 五、聚叢隨機抽樣的方法

這一節介紹「聚叢隨機抽樣」(cluster random sampling)，這種抽

樣方法和前面介紹的簡單隨機抽樣、系統隨機抽樣、和分層隨機抽樣等方法，最大的不同之處在於研究對象的「樣本清冊」。前三者在實際的抽樣工作之前，需要準備一個完整的全部研究對象名單，然後按照名單選樣；聚叢隨機抽樣可以不用依賴研究對象的「樣本清冊」來進行抽樣工作，反而在抽樣過程中自行產生一個小規模的研究對象「樣本清冊」進行後續的抽樣工作。這一節只介紹簡單的「聚叢隨機抽樣」，沒有完全的研究對象「樣本清冊」的情境下進行調查抽樣的工作，**多段聚叢隨機抽樣** (multiple-stage cluster random sampling) 在下一節中敘述。

許多的研究對象常是沒有一份「樣本清冊」的，例如現在「少子化」的人口發展，使得銀髮族的看護成為一個重要的社會問題，想瞭解居住在護理之家或老人養護所等安養機構的銀髮族生活狀況，雖然從政府機關可以找到安養機構在立案時登記的一些資料，但與實際的現況必定相距甚遠，登記的安養機構現住人口都不會是最新的數據，在這種沒有母體個體的名單下，可以採用「聚叢隨機抽樣」來選取一些樣本安養機構再進行詳細的調查。

在銀髮族的例子裡，每一個安養機構是一個「**聚叢**」(cluster)，「聚叢隨機抽樣」的抽樣方法是選取「聚叢」，不直接選取「聚叢」中的研究對象。「聚叢隨機抽樣」抽樣方法的母體是所有「聚叢」形成的集合，樣本的個體也就是這些「聚叢」本身，所有「聚叢」的總個數用 M 來表示，樣本個體的數目用 m 來表示。運用前面所談的抽樣方法，或用簡單隨機抽樣直接從 M 個母體個體中選取 m 個樣本個體，或將 M 個母體個體隨機排列，再進行系統隨機抽樣，或是將 M 個母體個體按照某種屬性的規模大小來分層，再進行分層隨機抽樣。

按照合理的調查抽樣原理得到的樣本屬性估計量，是可以推估

母體所有「聚叢」的屬性，恰當的選擇樣本屬性估計量，可以技巧的將這些「樣本聚叢」內所有研究對象的屬性表達成「聚叢隨機抽樣」的樣本屬性估計量。以銀髮族為例，安養機構的總個數是 M，每一個安養中心有慢性疾病的人數 x 作為「聚叢」的屬性記錄，則 m 個「樣本聚叢」的樣本平均 $\bar{x}$ 恰是每個安養中心有慢性疾病的平均人數的一個很好的估計量！調查抽樣的原理推論這個樣本平均數約是母體整體屬性的總平均，在某個信賴程度以上，所有居住在安養中心的銀髮族中約有 $M \times \bar{x}$ 個老人家有慢性疾病需要特別照顧。

　　「聚叢隨機抽樣」的抽樣方法事實上就是前面所談的一般基本抽樣方法，只是抽樣的對象不是研究對象本身，而是所謂的「聚叢」，這些「聚叢」是希望研究的對象所形成的集合。若「聚叢隨機抽樣」的抽樣是採用簡單隨機抽樣、系統隨機抽樣、或分層隨機抽樣，則「聚叢隨機抽樣」的樣本聚叢估計量或其變異數、誤差量 d 的計算，完全按照前面三節敘述的數學公式去計算，此時母體大小是 M，樣本大小是 m，不在這裡重複說明。「聚叢隨機抽樣」的個體屬性記錄 x 多採用該「聚叢」內所有研究對象屬性的總數，則「聚叢隨機抽樣」的樣本平均恰好代表每個聚叢屬性的平均，有益於推論時所有研究對象屬性的解釋。

　　「聚叢隨機抽樣」的抽樣常會採用一個稱為 PPS (sampling with probability proportional to size) 的抽樣方法，PPS 的中譯在坊間有譯為「**選取機率與單位大小成比率**」，簡稱**等機率**，PPS 的實質意義是每個母體個體被選入樣本的機率是和該個體某項屬性的大小成比率。在「臺灣社會變遷基本調查」的調查研究裡，各個樣本鄉鎮市區是按照該鄉鎮市區內研究對象的人口數目進行 PPS 的選取。

　　針對「聚叢隨機抽樣」的調查抽樣時採用 PPS 的抽樣方法，這裡介紹一個稱為 Hurwitz-Thompson 估計量的樣本估計量：

$$\bar{x}_{HT} = \frac{(\frac{x_1}{p_1} + \frac{x_2}{p_2} + \cdots + \frac{x_m}{p_m})}{M}$$

此處 x_j 是第 j 個聚叢所有研究對象屬性記錄的總數，而 p_j 是第 j 個聚叢被選入樣本中的機率，j 代表從 1, 2, …, 到 m。這個 Hurwitz-Thompson 估計量的變異數，有許多的估計量來估計（趙民德、謝邦昌 1999）。這裡介紹其中的一個估計量 s_{HT}^2，是 m 個聚叢中所有成對樣本聚叢計算出來的估計量之「和」，對於第 i 個聚叢和另外的第 j 個聚叢這對的估計量是：

$$(\frac{p_{ij}}{p_i p_j} - 1) \times \frac{(\frac{x_i}{p_i} - \frac{x_j}{p_j})^2}{M^2}$$

此處成對「和」的計算限制 i 小於 j 以避免重複計算，且 p_{ij} 是第 i 個和第 j 個聚叢同時被選入樣本中的機率，在信賴程度為 95% 以上時的誤差量是 $d = 1.96 \times s_{HT}$。一般 p_{ij} 很難寫下數學式子來計算，在聚叢個數 M 不是太大的情形，可以靠電腦來幫忙計算 p_{ij}。

　　「聚叢」的定義很寬鬆，可以是學校，而研究對象是學校中的老師或學生；可以是醫院，而研究對象是醫生或罹患某種疾病的病患；可以是社區，而研究對象是社區中的住戶、商家、或公共設施；可以是都市內街道圍成的「**街廓**」(block)，而研究對象是街廓內的居民或國民小學；可以是自行劃定的區域，而研究對象是區域內的物種；可以是時間單位，而對象是一天內每個小時某個空氣汙染指標等。只要善於巧妙的定義「聚叢」，就可以充分享用「聚叢隨機抽樣」這種抽樣方法的好處。

　　「聚叢」的定義有些情形是不太適宜的，類似系統隨機抽樣時各樣本中隱含了某個次序的情境，有時「聚叢」之間隱含著某種定量的關係，在樣本聚叢選定後就知道該樣本聚叢平均不太可能不偏的推估母體屬性了。例如 PPS 選出來的「鄉鎮市區」較容易是都會區的市鎮，或是大都市的衛星城市，用這個樣本屬性去推論母體，相信很難取信於公眾：推論可以代表整個臺灣地區典型的鄉鎮市區。對於「聚叢」進行分類或進一步的瞭解是調查抽樣一個很重要的工作，但所以會採用「聚叢隨機抽樣」就是沒有詳細的個體名單，或缺乏劃分層別的資訊，這是一個進退維谷兩難的問題。「聚叢隨機抽樣」是一個很好使用的抽樣方法，但要很謹慎的使用，才能蒙受惠益，否則自欺欺人。

 ## 六、多段複雜抽樣方法

　　這一節介紹多段複雜抽樣方法，整個抽樣過程有前後階段之層次，每一個階段的抽樣方法即是前面所談的基本抽樣方法，看似繁瑣實是條理分明、易於執行。這裡使用「臺灣社會變遷基本調查」的抽樣過程來解釋，第一個階段是在鄉鎮市區所屬的各個分層內，按照各個鄉鎮市區內研究對象的人口數目進行 PPS 的抽樣，選出各層別內的樣本鄉鎮市區；第二個階段是在樣本鄉鎮市區內，按照村里內研究對象的人口數目進行 PPS 的抽樣，選出樣本村里；第三個階段是在樣本村里內，選出各個樣本村里內的研究對象。第一階段選出的樣本個體稱為「初級抽樣單位」(primary sampling unit)，縮寫為 PSU，第二或第三階段選出的樣本個體分別稱為「二級抽樣單位」和「三級抽樣單位」。

　　這種各個擊破的多段複雜抽樣作法，解決了樣本清冊難以涵蓋

所有母體個體的困難，只要有局部的樣本清冊就可以執行抽樣的田野工作，樣本個體不至於太分散而增加很多的訪視費用和時間，每個階段可以決定熟悉的基本抽樣方法來進行抽樣工作，易於瞭解抽樣的步驟、操作執行、及監督控管，也很直覺的使用該階段的樣本估計量，唯一在技術上的難處是推導整個多段的樣本估計量之誤差量，甚少在坊間見到這方面的公式。本書限於篇幅，只介紹**分層兩段** (two-stage) 聚叢隨機抽樣和簡單隨機抽樣，及分層兩段 PPS 和簡單隨機抽樣等兩種多段複雜抽樣方法。

　　因為是多段複雜抽樣方法，數學式子有些繁瑣，但必須仔細列出才能使用。情境的設定是鄉鎮市區按照某種屬性分層，共有 L 個分層。第一階段是在各個分層中選出樣本鄉鎮市區，第 j 個層別內有 M_j 個鄉鎮市區，在這 M_j 個鄉鎮市區或用聚叢隨機抽樣，或用 PPS 抽樣方法選出 m_j 個樣本鄉鎮市區作為 PSU，此處的 j 代表 1, 2, …，到 L 層。第二階段是在各個選出 PSU 樣本鄉鎮市區裡，從該 PSU 內研究對象總個數 N_{jm} 中，簡單隨機抽樣選出 n_{jm} 個研究對象出來，此處的 m 代表第 1，第 2，…，到第 m_j 個樣本鄉鎮市區。

　　第 j 層第 m 個樣本鄉鎮中的 n_{jm} 個研究對象屬性各為 x_{jmk}，此處的 k 代表第 1，第 2，…，到第 n_{jm} 個研究對象。這 n_{jm} 個研究對象屬性之樣本變異數是 s_{jm}^2，且總和為 x_{jm+}，即是：

$$x_{jm+} = x_{jm1} + x_{jm2} + \cdots + x_{jmn_{jm}}$$

分層兩段聚叢隨機抽樣和簡單隨機抽樣的各層樣本估計量就是每一個層別內 m_j 個樣本鄉鎮市區內各自選出研究對象的屬性總和 x_{jm+} 之平均 $\bar{x}_{j++}$，即是：

$$\bar{x}_{j++} = \frac{(x_{j1+} + x_{j2+} + \cdots + x_{jm_j+})}{m_j}$$

而這分層兩段抽樣的樣本估計量是這些分層總和平均 $\bar{x}_{j++}$ 的加權平均，權數是各個分層的比率 W_j，即是：

$$\bar{x}_{cl\_SRS} = W_1\bar{x}_{1++} + W_2\bar{x}_{2++} + \cdots + W_L\bar{x}_{L++}$$

符號 cx 代表 m_j 個樣本鄉鎮市區內所有成對的樣本鄉鎮市區屬性總和計算出來的估計量之「和」，對於第 m 個樣本鄉鎮市區和另外的第 m' 個這對樣本鄉鎮市區的樣本屬性總和之估計量為：

$$\frac{N_{jm}}{n_{jm}}x_{jm+} \times \frac{N_{jm'}}{n_{jm'}}x_{jm'+}$$

此處成對「和」的計算限制 m 小於 m' 以避免重複計算。

符號 $X_{jm}^2 = N_{jm}^2(X_{jm\_1}^2 + X_{jm\_2}^2)$，且 $S_j^2 = \dfrac{(X_{j1}^2 + X_{j2}^2 + \cdots + X_{jm_j}^2)}{m_j} -$

$\dfrac{2 \times cx}{m_j(m_j - 1)}$ 此處 $X_{jm\_1}^2 = (\dfrac{1}{N_{jm}} - \dfrac{1}{n_{jm}}) \times \dfrac{(x_{jm1}^2 + x_{jm2}^2 + \cdots + x_{jmn_{jm}}^2)}{(n_{jm} - 1)}$ 與

$$X_{jm\_2}^2 = (1 - \frac{1}{N_{jm}}) \times \frac{(\frac{x_{jm+}}{n_{jm}})^2}{(1 - \frac{1}{n_{jm}})}$$

又符號 $\bar{S}_j^2 = \dfrac{1}{m_j}\{\dfrac{s_{j1}^2}{n_{j1}}(N_{j1} - n_{j1})N_{j1} + \dfrac{s_{j2}^2}{n_{j2}}(N_{j2} - n_{j2})N_{j2} + \cdots + \dfrac{s_{jm_j}^2}{n_{jm_j}}$

$(N_{jm_j} - n_{jm_j})N_{jm_j}\}$。

這分層兩段抽樣的各層樣本估計量 $\bar{x}_{j++}$ 之變異量 $S^2_{cl\_SRS\_j}$ 為：

$$S^2_{cl\_SRS\_j} = \frac{1}{m_j}\bar{S}^2_j + \frac{S^2_j}{m_j}(1 - \frac{m_j}{M_j})$$

且這分層兩段抽樣的樣本估計量變異量 $S^2_{cl\_SRS}$ 是各層樣本估計量變異量 $S^2_{cl\_SRS\_j}$ 的加權平均，其各層權數為 W^2_j，此處的 j 代表 1, 2, …，到 L 層，

$$S^2_{cl\_SRS} = W^2_1 S^2_{cl\_SRS\_1} + W^2_2 S^2_{cl\_SRS\_2} + \cdots + W^2_L S^2_{cl\_SRS\_L}$$

在 95% 的信賴程度以上，這分層兩段抽樣的誤差量 $d = 1.96 \times S_{cl\_SRS}$。

　　分層兩段 PPS 和簡單隨機抽樣的各層樣本估計量是 Hurwitz-Thompson 估計量：

$$\bar{x}_{PPS\_SRS\_HT\_j} = \frac{\{\dfrac{x_{j1}}{p_{j1}} + \dfrac{x_{j2}}{p_{j2}} + \cdots + \dfrac{x_{jm_j}}{p_{jm_j}}\}}{M_j}$$

此處 p_{jm} 是第 m 個鄉鎮市區被選入樣本中的機率，m 代表從 1, 2, …，到 m_j。這分層兩段抽樣的樣本估計量是這些分層樣本估計量 $\bar{x}_{PPS\_SRS\_HT\_j}$ 的加權平均，權數是各個分層的比率 W_j，即是：

$$\bar{x}_{PPS\_SRS\_HT} = W_1 \bar{x}_{PPS\_SRS\_HT\_1} + W_2 \bar{x}_{PPS\_SRS\_HT\_2} + \cdots + W_L \bar{x}_{PPS\_SRS\_HT\_L}$$

　　這個分層兩段 PPS 和簡單隨機抽樣的各層樣本 Hurwitz-Thompson 估計量的變異量 $S^2_{PPS\_SRS\_HT\_j}$，是 m_j 個鄉鎮市區中所有成對樣本鄉鎮市區計算出來的估計量之「和」，對於第 m 個鄉鎮市區和另外的第 m' 個鄉鎮市區這對的估計量是：

$$(\frac{p_{jm,jm'}}{p_{jm}p_{jm'}} - 1) \times \frac{(\frac{X^2_{jm}}{p^2_{jm}} + \frac{X^2_{jm'}}{p^2_{jm'}} - 2\frac{N_{jm}x_{jm+}}{n_{jm}p_{jm}} \times \frac{N_{jm'}x_{jm'+}}{n_{jm'}p_{jm'}})}{M^2_j}$$

此處成對「和」的計算限制 m 小於 m' 以避免重複計算，且 $p_{jm,jm'}$ 是第 m 個和第 m' 個鄉鎮市區同時被選入樣本中的機率，且這分層兩段抽樣的樣本估計量變異量 $S^2_{PPS\_SRS\_HT}$ 是各層樣本估計量變異量 $S^2_{PPS\_SRS\_HT\_j}$ 的加權平均，其各層權數為 W^2_j，而 j 代表 $1, 2, \cdots$，到 L 層，

$$S^2_{PPS\_SRS\_HT} = W^2_1 S^2_{PPS\_SRS\_HT\_1} + W^2_2 S^2_{PPS\_SRS\_HT\_2} + \cdots + W^2_L S^2_{PPS\_SRS\_HT\_L}$$

在 95% 的信賴程度以上，這個分層兩段抽樣的誤差量是 $d = 1.96 \times S_{PPS\_SRS\_HT}$。

七、與抽樣相關的事項

　　上述的幾節是介紹抽樣的基本原理、抽樣方法，以及合理的推論，在實際進行抽樣工作時，還有許多執行面的細節與事項，限於篇幅無法充分討論，本節是簡略但扼要的說明，有一些會在後續的章節說明，有一些會在本書增刊時再考慮詳細的介紹。

　　研究對象的調查有許多不同的方式來進行。例如面對面的訪視，效果比較好且問卷設計較有深度，但耗時且找尋受訪者的費用不斐；或採取電話訪問，電話號碼的前幾碼用區域碼，而後三碼或後四碼用隨機亂碼代入，再進行戶中選樣（洪永泰 2001），電話訪問的及時效果最好，但問卷的長度受到限制，受訪者不能長時間耐性的回答問卷。目前手機盛行，使用手機進行訪問尚待開發，但是目前手機通訊的費用昂貴不是一般的調查者能夠負擔得起；**郵寄問卷調查**(mail survey) 最便宜，但回收率通常不超過五成，未回答者是否和回答者有相同的屬性、過低的回答者個數是否能夠推論母體整體屬性都經常困擾著抽樣的主事者；目前網路是一股新潮流，網路調查是很多調查研究者躍躍欲試的新途徑，限於網路的族群主要還是知識分子或年輕的一代，有待未來網路的大力推廣才能對大多數的族群進行調查研究。

　　因為研究目的的不同，也許需要對同一個個體進行長時間調查，這是所謂的**長期追蹤調查**（又稱縱貫研究，longitudinal study），或是在同一個時段內對族群中所有的研究對象進行一個全面性的調查，希望瞭解在同一個時間點大眾的屬性。這兩種調查的結果常是非常不同的，交通部觀光局的「國人旅遊狀況調查」發現國人一年之中有九成的民眾會出外旅遊，但每一季的橫截面的調查只有五至六成左右的民眾會出遊。對於稀少特徵的族群，流行病學有一種案例對照組的抽樣方法，來瞭解成因和相關因素，這些比較深入的調查方法及抽樣執行的方式，部分會在下面的幾章中詳細說明，有一些限於篇幅不在本書敘述。

　　有些調查需要搭配一些實體模型供研究對象客觀的描述，例如「1993–1996 國民營養健康狀況變遷調查」提供食物模型及大小不同的杯子、湯匙，讓受訪者較正確描述攝食量或飲用量（潘文涵等

1999)。有時要執行一些體檢進行客觀的判定研究對象的狀況，上述調查就實地量測受訪者的心電圖，對於銀髮族的社會學調查，也可能要求受訪者做一些簡單的舉手過肩或拿下掛在牆上的毛巾（是抽樣者帶去的道具，當事人可能早已無法做此動作，而牆上不再掛著毛巾了）等動作來判定是否需要照顧。

　　現代的調查抽樣學非常注重隨機性，設計好了抽樣方法或方式，樣本個體訪視的次序最好也採取隨機的順序。在「1993–1996 國民營養健康狀況變遷調查」的研究調查需要三年的長時間調查，季節的變化使得人們攝食的食物隨季節而不同，是否會影響研究的結果不是那麼清楚，該調查特別設計了訪視順序以利事後的分析（潘文涵等 1999；李隆安 1999）。北歐國家半年白晝半年黑夜，公認會影響人們的心理，有關涉及心理方面的調查研究，勢必要平衡受訪者在一年的訪視次序，雖然臺灣地區號稱四季不明，調查研究究竟花費了很多的人力和時間，不希望一些不必要的干擾影響辛苦的研究成果，所以季節的效應還是須要審慎的評估。此外，樣本個體訪視的地域範圍最好也採取隨機性，以免一些突發或隱藏的區域性事件或現象影響調查的結果，無法分辨是該地區域受訪者本來的屬性，還是突發事件或隱藏現象的後果，導致不易得到客觀的推論。

　　在臺灣地區進行調查研究，最讓國人引以為傲的是：臺灣有一套完善的戶籍登記制度，一本超級的「樣本清冊」，非常方便國人進行調查研究。近年來，政治解嚴，經濟猛飛，交通便利，使得國人真正居住在登記的戶籍地址的比率下降，根據目前的研究（李隆安 1995；洪永泰 2004），約有 1/5 的人口不居住在戶籍登記地址上，特別是年輕的、有勞動能力者、或原來住在東部、中南部的非都市區者。若研究族群和這些「高流動者」有關，採用戶籍登記的「樣本清冊」需要作適當調整。

　　縱使按照抽樣調查的學理抽樣，良好的設計問卷，訪員事先充分訓練，訪問過程標準化，督導與流程控管，受訪者或是在訪視期間找不到，或是因為一些原因不接受訪問，或是某些問項受訪者沒有回答，使得這個樣本個體的屬性無法得知，造成所謂的「**無反應**」(nonresponse)。「無反應」使得可以計算樣本估計量的樣本大小改變了，增加了一些不確定程度，不能直接依據前面所談的科學原理從樣本估計量來推估母體屬性，需要一些修正，在本章中扼要的介紹一些方法。

　　對於完全沒有回應的，即整份問卷是空白的，可以假設未回應的人數中有百分之多少是贊成者，納入完全回答者的答案中計算這種情境下的估計量。不同的贊成百分比得到不同的估計量，從這些不同的估計量可以提供沒有回應者可能帶來的不確定性（李隆安 1996）。若知道這些未回應者的一些人口屬性或其他的資訊，可以運用統計學上的**線性迴歸** (linear regression) 或**邏輯迴歸** (logistic regression) 建立已回應者在這些特徵和答案的關係，插補這些未回應者的資料重新計算樣本估計量。

　　本書建議多次插補，每次插補加上隨機產生的誤差量，不要只插補平均數或迴歸預測值。插補有很多方法，互有優缺點，本書暫不在此一一敘述，容本書增刊時再考慮。有時某些問卷沒有回答完全，有些問項空白，可以運用線性迴歸或邏輯迴歸建立有答案者該項和其他問項的關係，插補空白的問項。多次插補後的估計量的平均作為插補的估計母體的估計量，插補估計量的變異量的計算，用多次插補算出來的估計量之間的變異量，加上多次插補算出來的原來樣本估計量的變異量的平均，這兩項和作為插補估計量的變異量。在 95% 信賴程度以上，誤差量 d 等於 1.96 乘以插補誤差估計量變異量的開方。

參考書目

交通部觀光局，2003，《中華民國九十一年國人旅遊狀況調查報告》。委託單位：交
　　通部觀光局，執行單位：輔仁大學應用統計研究所。

交通部觀光局，2004，《中華民國九十三年來臺旅客消費及動向調查報告》。委託單
　　位：交通部觀光局，執行單位：輔仁大學應用統計研究所。

行政院原住民族委員會編，2004，《九十三年臺灣原住民就業狀況調查與政策研究
　　——就業狀況調查報告》。臺北：行政院原住民委員會。

李隆安，1995，〈抽樣調查新方法的探討〉。頁 31-58，載於章英華、傅仰止、瞿海
　　源主編，《社會調查與分析：社會科學研究方法檢討與前瞻》。臺北：中央研究院
　　民族學研究所專書。

李隆安，1996，〈選舉期間民意調查的統計解析〉。《科學月刊》27 (8): 630-633。

李隆安，1999，〈抽樣設計與樣本特徵〉。頁 9-28，刊於《國民營養現況：1993-1996
　　國民營養健康狀況變遷調查結果》。臺北：行政院衛生署。

李隆安、杜素豪、程彩虹，2001，〈臺灣地區羅啟宏分層的都市化程度等級〉。論文
　　發表於「中國統計學社年度學術研討會」，中壢：國立中央大學，民國 88 年 6 月。

李隆安，2004，〈臺灣地區羅啟宏分層的各個分層的都市化程度等級的排序研究〉。
　　《調查研究》15: 5-30。

洪永泰，2001，《戶中選樣之研究》。國立政治大學選舉研究中心主編，臺北：五南
　　圖書出版公司。

洪永泰，2004，〈臺灣地區抽樣調查各種母體定義、抽樣底冊、和含概率的比較〉。
　　第五屆「調查研究方法與應用」學術研討會，臺北：中央研究院人文社會科學研
　　究中心調查研究專題中心。

潘文涵等人，1999，〈調查設計、執行方式、及內容〉。頁 1-8，刊於《國民營養現
　　況：1993-1996 國民營養健康狀況變遷調查結果》。臺北：行政院衛生署。

趙民德、謝邦昌，1999，《探索真相：抽樣理論和實務》。頁 81。臺北：曉園出版社
　　有限公司。

瞿海源（編），1994，《臺灣地區社會變遷基本調查計畫：第二期、第五次調查計畫
　　執行報告》。臺北：中央研究院民族研究所。

羅啟宏，1992，〈臺灣省鄉鎮發展類型之研究〉。《臺灣經濟月刊》190: 41-68。

Chung, Kai Lai, 2003, *A Course in Probability Theory* (3rd edition). p. 114. San Diego,

USA: Academic Press.

Cochran, W., 1977, *Sampling Techniques* (3rd edition). p. 134. New York, USA: John Wiley & Sons, Inc.

Freedman, D., R. Pisani, and R. Purves, 1978, *Statistics*. p. 302. New York, USA: Norton.

Kish, L., 1965, *Survey Sampling*. p. 117. New York, USA: Wilet.

Lehmann, E. L. and H. J. M. D'abrera, 1975, *Nonparametrics*. p. 353. California, USA: Holden Day.

Levy, S. L. and S. Lemeshow, 1991, *Sampling of Populations: Methods and Applications*. p. 90. New York, USA: John Wiley & Sons, Inc.

Scheaffer, R. L., W. Mendenhall, and L. Ott, 1990, *Elementary Survey Sampling*. p. 30. Boston, USA: PWS-Kent Publishing Company.

第 3 章

▍調查設計

◆ 一、前　言

◆ 二、調查訪問的抽樣對象與抽樣設計

◆ 三、調查方式的設計

◆ 四、長期重複調查

◆ 五、固定樣本追蹤調查

◆ 六、結　語

一、前　言

當我們設定了研究課題，並且決定採取問卷調查方法搜集資料時，就需要規劃一套研究策略與步驟。首先當然是考慮採用什麼樣的訪問方法；其次則是如何取得訪問對象，亦即是抽樣；接著是設計問卷；最後則是進行執行問卷訪問的工作。當完成問卷訪問之後，將問卷的結果製作成可以分析的電子檔，研究者才能據以進行統計分析。選擇哪一種調查的方法、如何進行抽樣以至於問卷的設計，都是以研究議題的設定為思考的起點。抽樣的基本原則與方式，在前一章已經清楚介紹了；有關不同的調查方法的優劣點，為何要採取某一種方法，以及設計問卷需要注意的原則，在稍後都有專章詳細說明。由於在調查的實際進行時，對於選擇對象，一定要考慮一些現實的情況與限制，以期在理想與現實之間有所調和。有些長期推展的問卷調查計畫的作法，可以提供我們進行問卷調查的參考。因此，在本章中，我們就抽樣及問卷訪問方法的選擇上的實際考量，提出一些原則性的作法，並舉實際例子來說明。在第 2 章抽樣的一般原則說明之後，我們先就抽樣設計提供一些思考的實例與解決的方式。再對兩種長期問卷調查推動的方式給予原則性的說明與實例，如此應該可以增進讀者對問卷調查運作的實際瞭解。

二、調查訪問的抽樣對象與抽樣設計

一般而言，在問卷訪問的研究中，研究對象如何選出，無可避免地，都會涉及研究成本的考量。如果研究對象只侷限在小地理範圍之內，而且交通上沒有什麼限制，可以將該地區的住戶或居民全

部列入抽樣框架之內，直接抽出抽查戶或受訪人，但大部分的研究因成本考量都需要採用階段**分層隨機抽樣**。在前一章已經對這種抽樣方式詳細說明了。在一般性的分層抽樣進行之前，都應該根據自己的研究議題與目的，界定出抽樣的對象，因為抽樣對象的不同，在建立樣本名單上，就有很多不同的考慮。

我們不妨以**底特律地區調查**（Detroit Area Study，簡稱 DAS）在 1953–1988 年間，因應不同的研究課題所採用的不同抽樣框架，說明抽樣設計上的一些特殊考量 (Converse and Meyer 1988)。DAS 是密西根大學社會學系與社會調查研究中心，為了教學與研究目的而推動的調查訪問計畫，每年在底特律都會區進行一次問卷面訪收集資料。該計畫對都會區代表性樣本抽取的方式，一般是將都會區的市與郡細分成普查區，從中抽出街區，由訪員到街區根據既定原則抽出住戶，接著以隨機表在住戶中建立合乎條件的成員名單，從中選出訪員的樣本。在此除了一般性的樣本抽取方式之外，我們看到了以下一些因研究課題而採用的較特別的抽樣方式：

⑴都市家庭的子女訓練模式 (1953)。抽取的受訪者是年滿 21 歲的女性，她至少有一位子女，年齡在出生兩星期到 18 歲之間。

⑵都市的親屬模式 (1955)。抽取年滿 18 歲並與丈夫同住的婦女。

⑶政治領袖與政治行為、態度的階級相關 (1957)。抽出 174 個街區，並根據主要政黨與族群分層，再選出 21 歲以上之成人。

⑷團體對政治行為的影響 (1961)。在福特、通用與克萊斯勒三家汽車工廠中，選出工作團體，從中選出計時工人與汽車工人工會的成員。

⑸底特律家庭的成長 (1962)。以在 1961 年 7 月第一、第二和第四個小孩出生的已婚婦女為對象。

⑹底特律家庭與學校關係之研究 (1963)。以 18 所小學之五、六年級

學生的母親為對象。

(7)底特律黑人的態度 (1968)。以底特律市的黑人家戶為對象，選出 69 歲以下的戶長或其配偶。

(8)底特律與橫濱的工作史研究 (1970)。對象是 16–60 歲的居民，在 訪問期間係就業中，並工作 6 個月以上。

(9)私人公司人事慣行的比較研究 (1972)。以 Dun and Bradstreet 商家 目錄中列名，位於底特律標準都會區，且雇用 100 人以上的商業 機構為對象，將之區分為四種規模與八種行業類別。抽出 132 個 機構，分別訪問高層經理、人事主管與基層管理人員。

(10)婦女勞動參與之研究 (1974)。以 18–65 歲目前就業中或在訪問期 間之前 24 個月中，至少有 2 個月每週工作 10 小時以上者。

(11)都會與鄰里問題 (1976)。附加樣本：底特律市內居民 15% 以上是 黑人家戶的普查區中之黑人家戶。

(12)家庭研究 (1981)。男性樣本（年齡範圍不詳）。

(13)養育子女之價值與慣行 (1982)。2–17 歲兒童與青少年之父母，父 或母之一以隨機方式抽取。

(14)底特律擇偶過程與婚姻過程 (1984)。抽取曾經結婚的婦女。

(15)底特律居民的態度與經驗 (1986)。**加抽樣本** (oversample) 以增加 曾經接觸過社會福利機構的受訪者。樣本是從街區中抽出 1979 年 年收入少於一萬美元的樣本。

　　從以上的各次調查抽樣的方式，我們可以歸納出三類特殊考量， 我們除了就 DAS 的案例說明之外，亦將輔以其他的，包含臺灣的實例：

(一)以多階段地區分層抽樣為基礎，界定特殊屬性 的樣本

　　這包括子女在某一年齡範圍內的男性或女性，或是只限定女性

樣本或男性樣本；以有業的人口為對象；以特定族群的人口為對象。在這些實例中，我們看到有關家庭的研究，比較偏向以婦女為對象，如⑴⑵⑸⒁，只有在⑿的例子中，是以男性為對象。理由在於，婦女對家庭事務較能全面掌握，以婦女為對象，可以得到有關家庭更多的資訊。DAS 歷次的樣本數，很多都在 500 以下。在樣本有限的情形下，以婦女為對象，取得有關家庭的資料比較有效率。不過理想上，只要預定樣本數量夠大的話，還是應該兼顧男女性別。

　　另外有關黑人議題⑺和工作史議題⑻的研究，鎖定特定的樣本特性，是理所當然。值得注意的是，例⑸和例⑽意味著，我們因為研究目的，可以更進一步鎖定樣本的特性。在家庭成長的研究中，不僅以婦女為對象，還需要子女數不同的婦女樣本。以美國當時的情況而言，一般都希望至少有兩個小孩，但不要超過四個。因經費的限制，再基於這樣的考慮，樣本只包含該年 7 月生第一胎、第二胎和第四胎的婦女 (Freedman and Coombs 1966)。在婦女就業的研究上，由於婦女的工作不如男性那麼穩定，因此在訪問期間之前 24 個月中，至少有兩個月每週工作 10 小時以上的婦女即可以為訪問對象。放寬就業標準，或可讓我們更能夠瞭解婦女就業與不就業的狀況與原因。

㈡以多階段地區分層抽樣為主，加抽特殊屬性的樣本

　　例⑾中，為了研究都市的鄰里狀況，必須包含黑人占相當比率且達一定數目的社區，因此特別加抽了黑人比率較高社區的樣本。例⒂則加抽低收入家戶，以增加使用過福利服務或曾接觸過社會福利機構的樣本。前者有著社區特性的考量，後者則如果不做加抽的動作，接觸過社會福利機構的樣本勢必太少。在機率抽樣的方式下，

少數群體的數量通常不會太多，在種族議題上，這種情形特別明顯。
在美國，黑人占總人口的比率才 15%，亞裔的比率更少，在經費考
量之下，經常都需要採用加抽的策略，才可能獲得適於進行分析的
樣本數量。

　　加抽的方法必須視實際的情況去設計。以下介紹幾個國內外的
例子供大家參考。美國 1982 年的基本社會調查 (General Social
Survey)，加抽了黑人的樣本。首先，運用 1970 年的樣本框，建構了
樣本名單全部家戶的族群組成，從中抽取了 107 個黑人樣本。其次，
利用 1980 年的普查資料，以黑人人口數為依據，選出相應的地區，
從中選出了 247 個黑人樣本，再加上根據一般抽樣架構已經有的
156 個黑人樣本，形成了共 510 位黑人受訪者的資料 (Davis and
Smith 1992)。

　　相應的，為了瞭解臺灣的族群關係，在 2,000 個樣本的調查計
畫中，我們大概只能有 200 至 240 位外省或客家受訪者，而原住民
則可能少於 40 人。1994 年的臺灣社會意向調查（伊慶春等 1995）
以族群議題為重點，根據洪永泰教授的建議，為了使外省人和客家
人的樣本都能達到 400 個樣本左右，成功樣本的數目由原來預定的
樣本數增加 1.2 倍，將問卷分成長短兩份，所有的外省人、客家人
和原住民都要回答長卷，但是閩南人之中，則 1/4 回答長卷，3/4 回
答短卷。最後得到閩南樣本 561，客家樣本 441，外省樣本 382，原
住民樣本 49。這個樣本經過加權處理仍足以代表全臺灣的樣本。但
王甫昌 (2000) 的分析卻都顯示，閩南人中回答長卷者的教育程度平
均明顯高於回答短卷者。他的策略是將完訪樣本全面增加，以期客
家與外省的受訪者都達到 400 份左右。另外的方式是，建立兩個樣
本名單，一是根據一般設定的具全國代表性約 2,000 份樣本，一是
加抽的 2,000 份樣本。在加抽樣本中，先以簡單問卷過濾，遇到閩

南人則跳過，若是其他族群的受訪者則進行訪問，那麼可能獲得 400 份或以上的客家人或外省人的樣本。與前述社會意向的抽樣方式相較，此一方法導致長卷的受訪者增加，可能也增加了成本。

在臺灣社會變遷基本調查中，曾經因特殊考量而加抽樣本。在 2001 年四期二次的社會問題調查中，因社會各界普遍感受到失業問題的嚴重，特別設計了以失業者為對象的問卷。由於失業者在社會中占的比率甚低，在 2,000 份問卷中可能還不到 200 份，因此研究團隊建議就當年預計各完成 2,000 份的兩份問卷樣本中，凡合乎失業定義者就以失業者樣本施測。這樣子獲得了 246 份成功完訪的問卷。為增加失業者樣本，另外只要受訪者同住家人有失業者，亦以失業者樣本施測，但每一個受訪者的同住家人中以至多完成兩份失業者問卷為限，以此方式獲得了 181 份成功完訪的問卷。總計該次調查完成了 427 份的失業者問卷（章英華、傅仰止 2002）。再如 2003 年的四期四次大眾傳播組的問卷調查，是以網際網路的使用作為重要議題之一，因為網際網路使用者在當時的臺灣大約只有 30% 左右，在完訪的 2,000 份樣本中，大約只有 600 份是網際網路的使用者，如果是經常使用者，數目則更低。為了能夠讓使用網際網路的受訪者可以達到 1,000 人上下，我們就以非網際網路使用之受訪者的家人中，抽出一位符合我們設定年齡層的網際網路使用者。如果 1,400 位受訪者的家人中，可以抽到 1/3 的網際網路使用者，這樣的樣本就可以增加約 430 人左右（章英華、傅仰止 2004）。

㈢以非地區分層機率抽樣的方式建立樣本架構

例(4)的研究課題是團體對政治行為的影響，以三家汽車製造工廠內工人團體為對象，從中選出工人樣本。例(9)研究的課題是商業公司的人事慣行，則根據包含公司樣本名單的資料檔，界定出所需

要的商業公司的規模與類別，抽出特定的公司之後，再從各公司選擇三位職位不同的成員。這樣抽樣的設計，都可以探討不同的團體或工作單位對其成員行為或態度的影響。

　　仿傚以上的抽樣設計，當在臺灣要討論工會與工人之間的關係時，我們可以取得工會的名單，就工會的產業類別與規模，抽出相當數量的工會之後，再商借工會會員的名單，從中以系統抽樣的方式抽出我們想要訪問的對象。如果想要進行工人的研究，經濟部工業統計調查小組 (2005) 每年 12 月都會出版《臺閩地區各行業工廠名錄》，錄有工廠名稱、登記資本額、員工人數、主要產品名稱等訊息。利用這樣的資料，可以進行更細緻的抽樣設計。再如，在對臺灣私立大學組織轉型的研究中，想觀察私立大學教員受聘、升等的模式，並且對照出家族色彩與非家族私立大學之間的差異。該研究先將研究進行當時的 23 所私立大學區分成四類，宗教創設之綜合大學、非宗教之綜合大學、宗教創設之專科大學、非宗教之專科大學，依序有 3 家、6 家、3 家和 11 家。從中依序抽取 2 家、3 家、1 家和 5 家。研究者收集這些學校的教員名冊，計有 3,000 位教員的名單。採取郵寄問卷方式，全數寄出，最後回收有效問卷約 1/3 （伊慶春等 2004）。

　　例(6)研究的是家庭與學校的關係，鎖定在有小學生的家庭。抽取的是 18 所小學五年級和六年級學生的母親。這樣的抽樣比起地區分層抽樣選出的家戶，可以減低相當龐大的人力和經費。我們也很自然會想到以學生為研究對象的研究，其抽樣的方式可以將各個學校當作一個基本樣本單位，再據以進行分層抽樣。在抽取學生時，可以在校內完全隨機的抽取。但如果要瞭解班級特性的可能影響時，可以將「班」類比為街區，選定班級之後，再從班級中選出受訪的學生。在臺灣有關國中生的兩項研究，採取不同的作法。其中之一

是抽出班級之後，每班抽出 15 位學生（張苙雲等 2003），另一則是每校抽出兩班，以所有的學生為對象（伊慶春等 2004）。以學生為對象，可以採**自填問卷** (self-administered questionnaire) 的方法，比起面訪，成本降低不少。以每班 15 位學生為對象，班級數增加許多，一則以班為單位進行多層次統計分析時的限制較小，再則，這些班級學生總和，比較可能反映學校的特性。以少數班級全班學生為對象，班級單位數會減少，要代表學校的限制較大，但有一項特色，如果收集了受訪者與其全班其他人的互動關係的數據，可加以串連，利於進行網絡分析。

有時候，要建立具有某一特質人口的樣本名單很不容易，往往需要一些創意。以臺灣的現況為例，就算是經費充裕，允許一萬個樣本的問卷訪問，占臺灣人口不到 2% 的原住民，最後也只能獲得至多 200 個樣本。如果我們要進行以原住民為對象的專題研究，以山地鄉為範疇，是可行之道，但缺陷在於沒辦法包含從山地鄉遷出而分散臺灣各地的原住民。這意味著，散處各地的原住民，未納入**樣本清冊**的架構中。在中研院社會學研究所 2000 年的社會意向調查中，運用電話訪問，進行了很有創意的抽樣設計。由於《聯合報》的民意調查中心在一年之內的調查案例可以高達十萬以上，在其中就可能有 2,000 個以上原住民住家的電話號碼。在一年之內，遷移的比率不大，這些電話號碼應該仍舊有效。於是，委託《聯合報》系民調中心，利用這樣的電話名單，完成了 800 位原住民樣本的電話訪問（伊慶春、傅仰止 2000）。

以上舉例，並無法窮盡各種抽樣的策略，但是至少可以讓我們瞭解，抽樣與研究議題之間密切相關，也有著成本的考慮；對一些特殊屬性的樣本，需要費盡心思去建立樣本名單；而不同的抽樣方式或許提供了不同的分析策略。

三、調查方式的設計

在本書第 6 章與第 7 章對各種調查的方法，諸如面對面訪問、電話訪問、郵寄問卷、網路問卷，都有詳細介紹。研究者因研究目的、研究對象、時效與成本的考量，會決定以何種訪問方法進行。本節將說明一些非以個人為研究對象的調查以及在調查研究中，很可能會同時採取不同訪問方法的情形。

(一)以集體為單位與配對的調查研究

一般的調查訪問，都是以個人為對象，但在特殊的考慮之下，會以集體或兩個以上相關聯的個人為調查的對象。前一節例(9)的研究主題是商業公司內的人事慣行，當選定了公司之後，訪問對象並非對全公司人員的隨機抽樣，而選擇了高層經理、人事主管與基層管理人員各一人。研究目的在瞭解整個公司的人事慣行，選擇瞭解公司運作的人員進行訪問是最經濟的方法。再如**工商普查**，凡在臺閩地區依中華民國行業標準所列之企業及場所單位，設有固定處所者，都是普查的對象，由訪員到各工商場所由受訪單位自填或訪員訪問完成問卷（行政院主計處 1998）。其實，以個人為訪問對象的調查，也可以有集體的資料。就如美國的「**收入動態追蹤調查**」(PSID)，雖說最初回答問題的是這個家戶的男性戶長，收集的資料最詳細的也是有關戶長本人的，但是調查的基本單位是家戶，一個家庭內的成員遷出去成立一個新的家戶，又成為新的調查對象。經過特別的處理，以家戶為基礎的資料檔，可以建構起來 (Hill 1992)。

美國的收入動態研究，有關整個家戶的經濟狀況，還是透過家中的特定個人取得的，但在少數幾年中進行了配對樣本的訪問。自

1970 年代之後，除了戶長之外，還訪問了配偶或同居人。1976 年，同時詢問戶長及其配偶有關工作史、生育與家庭計畫、工作特徵、態度方面的問題。在 1985 年亦分別詢問夫妻二人有關生育史、領養史、子女由他人管教情況、婚姻史、教育史、子女照顧、家事、家庭計畫、殘障與疾病以及工作訓練等 (Hill 1992)。以上的題目，有些需要回溯很長一段時間，夫妻可能給予不同的答案，特別是在離婚與再婚比率高的社會，夫妻雙方對彼此婚前的一些情形不見得完全清楚。另外，則是在子女照顧、家事與態度的問題，夫妻雙方的回答可能相當歧異。以家事分工而言，男性可能會多報自己所做的家事；對家庭生活的滿意度，丈夫經常是高過妻子。家庭研究中最容易使用配對的樣本，如前述的夫妻配對。另外，有關青少年的研究，要瞭解家庭和學校對青少年的影響，可能同時採取學生本人、學生家長和學校的老師為對象，進行訪問（伊慶春等 2004）。配對樣本最大的問題是很難同時取得當事人雙方的同意，能夠成功的配對樣本數不可能太多。譬如在家庭研究中，可以取妻子為樣本，然後再從中取部分樣本進行夫妻配對的研究。在兄弟姊妹的配對研究中，可以先選取主樣本之後，再抽選他們的兄弟姊妹之一進行訪問 (Sewell et al. 2001)。

㈡調查方法的混合使用

眾多的訪問方式，成本各有不同，採用何種方法，固然研究議題與目的是最大的考量，但成本的考慮占很大的成分，另外則因為時效的要求、研究對象的特性以及個人私密的保障，也必須有所取捨，這些因素如何影響到調查方法，在稍後各章都會詳細說明。在本節中，主要是提醒，在實際的操作中，經常根據以上各種因素的考量中，混合好幾種方法於實際的研究中。

首先，就成本的考量，經常在面訪中，加入了其他訪問方法。在民眾教育程度高的國家，需時一小時以上的訪問中，往往同時採用面訪與**自填問卷**的方式，例如**英國社會態度調查** (BSA) 和**日本基本社會調查**都是如此。日本的基本社會調查強調他們視面訪問卷與自填問卷同等重要，所需訪問時間相同，只是基本問題與較難的問題會放在面訪問卷中。留置的自填問卷，通常是以訪員親自前往取回為原則 (Iwai 2004)。在英國的社會態度調查，對部分樣本採取郵寄回卷的方式，並在一定期間進行三次催覆的工作。有時，面訪工作已經完成，會再以電話訪問和郵寄問卷提高完訪率 (Park et al. 2004)。

其次，因某些研究對象特性，不得不採取不同的調查方法。在美國的收入動態追蹤調查，為了成本的考量，在 1973 年從面訪改變為電話訪問，但因為受訪者沒有電話或是有其他個人因素（如耳疾）而無法以電話訪問，每年仍舊有 500 個樣本需要以面訪方式取得問卷的資料 (Hill 1992)。在**臺灣青少年計畫** (TYP) 中，以國中學生為對象，但也兼及家長與導師。國中生是以在班級自填問卷為之，導師需要對其班上所有的學生都給予評估，也以自填問卷為之。家長問卷，在第一年研究中，是由學生攜回自填，但為了取得更多且更可靠的訊息，在第三年研究中，家長改以面訪問卷（伊慶春等 2004）。上述例子意味著，在配對樣本的訪問中，因成本的考量，對不同的對象，可以採用不同的方法取得問卷資料。再如，各個社會境外移入者越來越多，一個調查研究很難準備多種版本的問卷，因此在自填問卷為主的調查研究中，要透過面訪或電話訪問，運用具備特定語文能力的訪員，才能以最低成本克服這樣的問題。

再則，因個人私密的考量，也必須有些適當的因應方式。譬如在 2003 年四期三次**臺灣社會變遷基本調查**的性別議題問卷中，設計了一組有關色情場所與性行為的問題。在以面訪為主的研究中，這

類的問題一定會遭受到受訪者不願意回答或回答失真的問題。為了避免如此的困境，在訪問時就將該部分的問題獨立處理，不但採用自填的方式，還請受訪者將這份自填問卷放入信封中密封直接繳回，訪員不再審閱，更加保障受訪者的個人隱私（章英華、傅仰止 2004）。

　　調查方法的混合使用，在一些長期的大型調查中，是不得不採取的策略。在以下兩節中，我們將介紹目前相當普遍的大型調查研究工作。這些調查計畫，可以看作是由很多次的調查集合而成。藉著一些實際的研究計畫的例證，應可讓我們對調查方法的實際運作與變化瞭解梗概。

四、長 期 重 複 調 查　(Longitudinal Repeated Surveys)

(一)意　義

　　社會科學的研究重要的目的就在呈現社會變遷的趨勢，並為變遷提供解釋。不少社會科學家試圖從一些過去的調查中，找出相近的題目，從中探索某些行為、態度或價值變遷。1970 年代開始，經過仔細規劃的長期重複的問卷調查便逐漸成為重要的社會科學累積資料的方式之一。一般都以**基本社會調查** (general social survey) 名之。這樣的研究，在實質的主題上，具有以下的意義：(1)透過長期重複的問卷測量，可以監測並描述社會變遷。(2)可以合併多年的資料，進行某些次團體的研究；譬如，大學教育程度者，在單次的問卷樣本中數量少，限制了統計分析的條件，合併三年的資料，就可以免除了大學以上教育程度者太少所發生的限制。(3)可以對已經測試過的題組，經過再測之後，加以檢證。(4)可以透過核心題組的重

複施測，再加上理論的考量與前期的經驗，增加適當的題組，更加精進解釋的模型。在調查的實作上，則透過較充裕的經費，以及長期運作，可以建立高品質的具有全國代表性的樣本，可以累積經驗，避免不斷的重組研究團隊；再透過資料檔的建立，並透過單一的組織提供，有助於趨勢分析以及合併檔案進行分析（瞿海源 1991；章英華 2002；Duncan and Kalton 1987; Smith et al. 2005）。

這樣的大型計畫，提供了不需要親自收集資料就可以進行分析的素材。對很多限於資歷或經驗無法親自主持問卷調查計畫的學者，這是很大的福利。不過，由於問卷是他人設計的，很可能個人理想的理論架構，在這類資料中並無法獲得完全搭配的適當變項，造成某些分析上的困境。除了適切邀請問卷專家群設計出理想的問卷之外，讓學者申請加掛題組，加上適合個人理論架構的題組或題項，也是因應的策略（章英華 2002）。此外，由於是以具全社會代表性的樣本為原則，往往造成某些特定類別樣本數太少，對該特定類別的人群，無法提供適當的推論基礎。如我們在抽樣設計一節所提到的，必須適時增加一些技術的考量，在樣本選擇上，給予適度的調整 (Davis and Smith 1992)。

㈡方法上的考慮

長期重複調查或基本社會調查，很直接的可以看作在不同的年次，以同樣的**抽樣架構**抽取不同的樣本，逐年進行問卷訪問的工作。因此在進行此類問卷調查時，都適用一般問卷調查有關抽樣、問卷設計等的原則。以下提出的是長期橫斷面調查時特別要注意的大原則：

1. 樣本設計

由於長期橫斷面的調查，提供長期趨勢分析的重要基礎，抽樣的方式盡量不要有太大的變動，否則所反映出的一些變遷的趨勢，就無

法判定是實際的變遷還是因抽樣方式導致的結果了。當需要進行改變時，宜考慮過渡的策略。以美國的基本社會調查為例，在 1972 年到 1974 年之間，選定街區及訪問對象之後，採取**配額抽樣**的方式。在 1975 年之後決定要改為完全機率抽樣的方式。於是，該計畫在 1975–1976 年進行的是過渡的樣本設計，一半的街區採用完全隨機抽取，一半的街區採用配額抽取。這樣就可以觀察一些年間的改變是否因抽樣方法的改變所導致。譬如說，如果在 1974 年與 1976 年之間，回答很快樂的人增加了 10%，運用合適的統計方法，是可以判定這樣快速變遷，是否來自於抽樣方式的改變 (Davis and Smith 1992)。

　　這類型長期調查，通常是以推估全社會的狀況為主，而樣本數也有其限度，大都是 2,000 以下。對社會中的特定族群，或特定地區，往往只能獲得少數的樣本，很難反映這些地區或族群的現況。譬如說，以臺灣本島為對象的代表性樣本，數目在一、二千的話，我們很難以這樣的調查結果去瞭解原住民或東部地區的狀況。有時，分析所需要的變項在兩三年內的問卷中都出現，就可以利用合併資料檔的方式解決。但更根本的是進行加抽樣本的工作。如我們在抽樣一節所描述的，加抽的樣本與原樣本設計中而取得的同類樣本，可以組合成一個特定人群或地區的樣本。

2. 問卷設計

　(1)**核心題組的建立**。長期重複調查所獲得的問卷資料，很重要的功能就在於，建立推估社會中人們的行為、態度與價值等長期變遷趨勢的指標。這樣的指標，可能需要有一組相關的題目多次施測，才能彰顯其意義。或進一步的將各題組綜合起來，呈現社會的重要變遷方向。如果各題組或題組之內的題項與答項年年不同，就很不利於長期分析 (但不是完全不可能)。設定**核心題組**，並且在未來各年的問卷中，沒有必要則不輕易改變核心題組的問法與答項的詞句，

是相當重要的基本原則。有時核心題組太多，可以將之分成好幾個部分，分年施測。譬如，美國的基本社會調查就將核心題組分成四部分，每年有三份問卷，永久題組是每份問卷都包含的，其他三部分則只出現在兩個問卷組中。以總數 1,500 的樣本為例，每三年期中，各問卷組都將獲得 1,000 個樣本的資料 (Davis and Smith 1992)。

表 3-1　美國基本社會調查問卷題組輪替模式

調查時點	1			2			3		
	問卷組			問卷組			問卷組		
	A	B	C	A	B	C	A	B	C
永久題組	X	X	X	X	X	X	X	X	X
輪流題組 1	X	X		X	X		X	X	
輪流題組 2		X	X		X	X		X	X
輪流題組 3	X		X	X		X	X		X

(2)**題組內容改變的必要**。隨著時代變遷，有些題組與題項已經不合時宜了，如果不做合理的修訂，則問題就沒有效了。譬如，在臺灣，有關政治的議題變動極大，就算政黨也增增減減。在解嚴之前的民社黨與青年黨，都已不復存在；那時，「黨外」的類別有其意義。到了最近幾年，「臺聯」獲取一席之地，新黨幾乎消失。再如所謂的省籍或族群，過去問說，您的籍貫為何，以閩南人、外省人、客家人和原住民（或山胞）的類別，不成問題。可是近年來，第三代的外省人已經進入成年，他們缺乏與原鄉的聯繫，可能不會以祖籍回答自己的族群身分。這迫使臺灣社會變遷基本調查在族群的問法上，是以您的父親是哪裡人與您的母親是哪裡人來取代。這樣的問法，又因外籍配偶增加的情形，而使得我們又必須考慮能夠包容此一新興現象的答項。

　　以上都是事實的問題，事實問題，經常可以透過增加答項而解決。如此的修訂，一則減少「其他項」的分配次數過高，再則可以反映現況；同時，經過簡單的併項，仍能進行長期的比較。在態度或價值問題方面，要進行修訂，需要非常審慎的考慮。有的時候，有些態度題組，在多年施測之後，可以精簡，這通常經過適當的分析之後，有所依據。同樣的，當態度題組的字句或陳述有所修訂，且以在改變的那一年，進行一些實驗設計，譬如新舊題組並存，經過分析之後，有了依據，翌年才進行整體的改變。

　　(3)特定專題的配合。長期重複調查，除了建立長期趨勢的指標之外，各次資料本身就具備進行統計分析和理論探討的意義。如果只是同類題組一直重複，會限制再分析的可能。特別因整個問卷核心題組多，主題可能不夠集中，不利於建立較複雜的理論架構。為了增加此類調查的功用，附加專題是解決的途徑之一。可以在基本背景變項與核心題組之外，設計專題題組，這些專題的題組，不必年年複製，但可以經過更長的年限，五年甚至十年才重複一次。有的基本社會調查，則是以專題重複的方式進行。如國際社會調查計畫 (International Social Survey Programme, ISSP)，是國際的合作調查計畫，2005 年有 40 個國家的調查機構或團隊為會員，每年同步進行同樣題組的全國代表性樣本調查。臺灣在 2002 年由中央研究院的社會學研究所與調查研究專題中心(在人文社會科學研究中心之下)代表參與。其跨國問卷調查的資料檔，可以購買取得，此一計畫，便是以主題問卷方式進行。最近五年 ISSP 進行了社會網絡、變遷中的家庭與性別、國家認同、公民身分與政府角色的調查研究。其中第一、二、三主題，已經進行第二次或第三次施測了 (Smith et al. 2005)。這樣的專題問卷，大約是訪問 15 分鐘的長度。為了避免變動太大與完全重複的弊病，嚴格規定，新的一次施測只能改變 1/3 的

問項 (Smith et al. 2005)。以下介紹的三個基本社會調查，都納入了國際社會調查計畫的問卷題組。

㈢實　例

1. 美國的基本社會調查 (General Social Survey, GSS)

美國的基本社會調查在 1972 年由芝加哥大學的國家民意調查中心 (NORC) 所執行。主要的經費來源是美國的國家科學基金會 (National Science Foundation)，並受國科基金會所組成的推動委員會監督。

訪問的對象是以完全機率樣本，抽出家戶中的成年人，進行面訪。2007 年附近的抽樣方式係三階段，第一階段將全國各郡、標準都會區等區分成許多基本調查單位，將之分成 84 個分層，從每一層中各抽取一個基本調查單位，共 84 個。第二階段有兩部分，其一是全國民意調查中心全國樣本框所設定的 16 個基本抽樣單位，從中抽出 6–24 個街區，其二，從其餘的 64 個基本抽樣單位中抽出 6 個街區，總共有 562 個街區。第三階段則將街區分成更小的幾個單位，從中選出一個小單位，再從中選出家戶與訪問的對象。

在 1994 年以前，每年進行一次調查，但嗣後就兩年進行一次。原則上是以重複性的橫斷面調查為主，但為了方法或一些實質的目的，在 1970 年代曾經推動數次再訪的調查。在問卷型式上，共有五大部分：重複調查的核心題組、專題題組、國際調查題組（國際社會調查計畫的題組）、實驗題組與再訪或追蹤題組。核心題組約需 45 分鐘的訪問時間，其他題組各 15 分鐘，再訪與追蹤題組，則是在初次調查完之後，後續另行訪問。以 2007 年的情況而言，在問卷的題目方面，採一半持續重複調查，一半新增的方式。其重複的題組，已經促成上千現象的趨勢分析，也用在相當多的社會變遷的世代轉

變分析模型。

　　如我們在前面提到的，1993 年至 1998 年之間，其核心與專題題組分成三套問卷，以三年為期，除永久題組之外，每套問卷的題目在三年內都會有二次的訪問結果。1994 年改成兩年一次的調查訪問，分成兩組樣本，每一組各 1,500 個樣本 (Davis and Smith 1992; Smith 2004)。可透過以下二網站對該調查更深入瞭解：http://www.norc.org/projects/gensoc.asp; http://www.icpsr.umich.edu/gss。

2. 英國社會態度調查 (British Social Attitude Survey, BSA)

　　在英國，國家社會研究中心 (National Center for Social Research, NCSR) 自 1983 年推動英國社會態度調查。原來只包含大不列顛地區，至 1996 年納入北愛爾蘭，每年進行面訪，但包含附加的自填問卷。許多問卷題目都經多年施測，可以進行長期趨勢或變遷的分析。每年的題目都包含國際社會調查計畫的國際比較題組。

　　在抽樣上是以**郵遞區**為基本地理單位，任何郵遞區少於 500 個郵址的，就與鄰近郵遞區合併。在抽出郵遞區之前，進行分層。首先將全英分成 37 個副區域。根據人口密度在每個副區域內建立 3 個規模相近的分層。在英格蘭和威爾斯，以自有住宅者的比率，在蘇格蘭以非體力工作者的比率，將各郵遞區分等級。根據以上的分層，將郵遞區分等級次序排列，選出 266 個。接著在每一個郵遞區中選出 31 個郵址。首先是在每一個郵遞區的地址名單中選出一個隨機點，再以固定的間隔依次選出其他地址。由於一個郵址可能同時包含幾個家戶，必須註記同址家戶數，以利資料的加權處理。在實際訪問中，在選定的家戶則以事先給予的隨機表，在戶內合格的人選中選出受訪者。在選出的樣本中大約完訪六成。

　　在 2003 年，英國社會態度調查建構了三個樣本群，A 群和 B 群各占總樣本的 1/4，C 群占 1/2。各問卷題組，可以分布在所有的樣

本，在 3/4 樣本，在 1/2 樣本或 1/4 樣本中。各樣本群都有面訪和自填問卷，回答的樣本數都可能不同。問卷題組放在全部的樣本或部分的樣本群，則有賴問卷設計團隊決定 (Park et al. 2004)。想多瞭解英國社會態度調查，可查詢下列網站：http://www.natcen.ac.uk/natcen/pages/or_socialattitudes.htm。

3. **臺灣社會變遷基本調查** (Taiwan Social Change Survey, TSCS)

　　臺灣社會變遷基本調查於 1984 和 1985 年在國家科學委員會支助之下，由中央研究院民族學研究所執行，楊國樞和瞿海源教授主持，進行了第一次社會變遷基本調查。在 1995 年中央研究院成立社會學研究所之後，改由社會學研究所執行。自 1990 年開始五年一期的調查計畫（瞿海源、郭文般 1988；瞿海源 1991），2007 年已經進入五期三次的調查計畫。截至 2003 年四期五次調查，共完成了 33 份問卷的資料，透過該計畫的網站或中央研究院調查研究專題中心的調查研究資料庫，均可取得問卷資料，就個人感興趣的課題進行分析。

　　該計畫，原則上每年執行兩個樣本的問卷訪問。1984 年第一期兩份問卷調查樣本各都超過 4,000，在二期以後各問卷調查以趨近 2,000 或 2,500 為原則，然亦有少數變異，如二期二次政治參與和二期三次政治文化問卷的調查樣本皆少於 1,500，三期三次的社會階層問卷，長卷與短卷合起來超過 4,000 個樣本，社會網絡問卷則有 2,836 個樣本。各年度抽樣方式大致相同，首先將臺灣的各鄉鎮市區分成幾個性質相同的地區。自 1993 年開始，採用羅啟宏的研究成果，將臺灣各縣以下的鄉鎮市區分成新興鄉鎮、工商市鎮、綜合性市鎮、服務性鄉鎮、坡地鄉鎮、偏遠鄉鎮與山地鄉鎮七類，再加上省轄市、高雄市、臺北市，共十類地區。在各類地區中依據其占總人口比例決定適當的樣本數。臺北市與高雄市直接抽出預定的里，再依據內

政部的戶籍資料抽取出受訪者。其他類地區，則依據原先設定的鄉鎮市數，抽出鄉鎮市，再於各個鄉鎮市抽出兩個村里，亦根據戶籍資料，抽出訪問的對象。目前，臺灣與其他國家調查不同的是，利用戶籍資料檔直接抽取到受訪者，而非抽到戶，再由訪員依隨機表抽出受訪者。在 2005 年五期一次的調查中，重新分類臺灣的鄉鎮市區，根據選擇的人口資料，共分成六類地區（章英華、傅仰止 2006）。其餘抽樣方式與以前相同。

　　臺灣社會變遷基本調查在 1990 年之後，問卷設計以五年為一期，每年進行兩個樣本的問卷訪問。第一年是兩份綜合性問卷，大致延續 1984 年的問卷架構與題組。第二年開始則為主題問卷，各期的主題可以有所變化，有幾個主題每五年重複一次，包括家庭、社會階層與社會流動、大眾傳播、宗教等。自 2002 年開始，臺灣社會變遷基本調查亦由中央研究院社會學研究所與調查研究專題中心為代表，參與國際社會調查計畫，與其他會員國同步進行 15 分鐘相同的主題問卷，因此自 2003 年開始，每年都有一份問卷，包含國際社會調查的國際比較題組（章英華 2002；瞿海源 1991）。要取得臺灣社會變遷基本調查的相關資訊，可進入中央研究院人文社會科學研究中心下的調查研究專題中心的網站 (http://srda.sinica.edu.tw) 或該計畫的網站 (http://www.ios.sinica.edu.tw/sc1)。

 # 五、固定樣本追蹤調查 (Panel Survey)

㈠意　義

　　長期重複橫斷面調查的訪問對象，在不同的時點均不相同。固定樣本追蹤調查是就選定的對象，在不同時點進行訪問，因此可以

觀察個體的長期變遷。這樣的調查設計，可以團體為單位，也可以個人為單位，在本節中主要以個人為單位來討論。在橫斷面的問卷調查中，我們可以透過生命史的回溯，建構推估個人行為與態度長期變遷的模式。很多有關個人教育經驗、職業歷程、遷移歷史，都是透過回溯的方式而取得的。如果個人的記憶可靠的話，回溯方式取得的數據，的確可以作為分析的依據。但不可否認的，回溯的資料總是會有記憶失真的狀況。利用固定樣本追蹤所獲得的逐年資料，就比回溯可靠多了。

　　更重要的，對於態度、價值或評估的問題，靠回溯很難還原過去的實際狀況。就親子關係而言，從童年、青少年以至成年，變化可能很大。我們常說，為人父與為人母之後，才能體會過去父母對自己的用心。在這樣心境轉變之下，一個人很可能對過去與父母的關係，會更以同理心而思考，不會呈現像青少年或青年時期那樣強烈的排斥或對立的心態。因此要一個人回溯評估他自己幾十年前在青少年時期與父母的關係時，可能不像青少年時那麼的負面。再如，一個人在年輕時工作辛苦，可能對工作或事業的成就容易歸因於社會結構因素，但在事業有成之後，則可能強調個人能力的關鍵影響。再舉一個具體的例子，一項在美國利用 1961 年和 1992 年之間配對母子長期追蹤調查的研究，探討當初「想不想要有孩子」的想法，在 30 年之後對母親與孩子之間親子關係的影響。此一分析之所以可能，是因為在 1962 年時，孩子出生未滿周歲，問卷中就問母親說：「回想您懷這個孩子開始，您是真覺得在某個時候總要有個孩子？還是不要有任何孩子？」接著在 1980、1985 和 1993 年都對同樣的受訪者詢問親子關係的題組 (Barber et al. 1999)。生育意願的問題在 1993 年問的話，就很不可靠了。總而言之，態度、價值與評估等的變遷，透過固定樣本追蹤取得的資料就比回溯資料可靠多了。

　　再則，固定樣本追蹤調查有其統計分析上的優點。一般而言，此一類型的資料，可以讓我們看到個人某些行為、態度或價值的變遷的總量，不論是正向或負向的變動，這樣所測量出來的變遷情形，會比重複性橫剖面調查資料測出的淨量更大。舉例而言，從橫斷面的多次調查資料，我們可以知道兩個政黨支持比率的變遷，但這包括了有些人從甲政黨轉變到乙政黨，而有些人是從乙政黨轉變到甲政黨。這樣的個人政黨變動，就有賴固定樣本追蹤資料了 (Firebaugh 1997)。橫斷面的比率變遷並不能反映個人的逐年變遷，我們可以就假設的例子來說明。如果在 1999 年支持甲政黨者是 1,000 人，乙政黨者是 800 人，到了 2000 年進行追蹤訪問，如果原來支持甲政黨者 800 人仍然支持甲政黨，200 人轉而支持乙政黨，原來支持乙政黨者 100 人轉而支持甲政黨，700 人仍然支持乙政黨，2000 年支持甲乙兩個政黨者都是 900 人。如果是原來支持甲政黨者 300 人轉而支持乙政黨，原來支持乙政黨者 200 人轉而支持甲政黨，支持甲乙兩個政黨的，也各為 900 人。雖然以橫斷面的資料比較而言，兩者的情形都相同，但以追蹤調查的變化觀察，後一情形就顯示了較大的政黨轉變的現象。

　　進而言之，固定樣本追蹤調查的資料讓分析者可以進行更積極的因果推論 (Finkel 1995)。首先，單一時點的調查，雖然根據一些經驗或理論的推論，可以區分變項之間的時序與邏輯關係，但是仍有許多變項的關係無法釐清，只能說相互影響。一些無法確定時序或因果的變項關係，在固定樣本追蹤資料中，研究者可以設定模式，給予較明確的界定。譬如，經濟學家對勞工加入工會如何影響到薪資很感興趣。通常我們運用橫斷面資料分析時，會以參與工會與否當作虛擬變項，如果發現的確有差異，主張工會的確有實質效果的學者，會認為支持他們的想法，而反對的學者會認為工會的參與只

是工人品質的替代變項而已。如果根據固定樣本追蹤的資料，我們就可以觀察從「非工會工廠」轉入「工會工廠」，以及從「工會工廠」轉入「非工會工廠」的工人的薪資變化。我們可以先假定，在轉變前後工人的品質並沒有太大變化。於是，如果工會沒有實質效果，在控制了工人的品質之下，轉入「工會工廠」不會提高工資；反之，如果工會具實質效果，轉入「工會工廠」後，工人的薪資應該增加。我們可以用轉入工廠的不同類別，仔細推敲到底是工人的品質還是工會的參與影響到工人的薪資、福利與工作環境 (Hsiao 1986)。

其次固定樣本追蹤資料，更可以藉著資料本身去估計未測量因素的影響，藉以推測變項之間的關係是否部分或完全無效；同時，也因藉著就同一人重複施測所得到的觀察，可以在較少的假定之下進行測量誤差的檢定。這方面的效果牽涉到較複雜的統計說明，必須參閱固定樣本追蹤分析的專書。

不過相對而言，固定樣本追蹤調查也有其弱點。在傳統的固定樣本追蹤調查的設計中，在一個時點抽取樣本之後就持續追蹤，並未加入新的年齡層，以至於很難推估一個社會在不同時點下某些特質的總體淨變遷。再者，此類的調查，必須面對**樣本流失 (attrition)** 的問題，年年訪問同樣的個人，因為遷移或對問卷的厭煩，無法成功訪問的情形會逐年增加。為了樣本的代表性，都需要經過增加樣本的特別設計 (Duncan and Kalton 1987; Finkel 1995)。再者，為了逐年的訪問，對樣本名單的整理，以及串連起不同時點的資料，比起重複性橫斷面調查，都需要更仔細的建檔工作。

㈡方法上的考慮

1.抽樣設計

固定樣本追蹤調查,其不同時點之間的間隔因研究性質的緣故,

不盡相同。在市場調查中，對消費者的追蹤可以是隔週便進行一次訪問。較長間隔的，可以是每年訪問一次。有的長期固定樣本追蹤調查間隔時點可以更長，這樣的調查通常可以持續多年。另外則可以就追蹤人口的屬性區分，譬如以某一年高中畢業生，某一週出生的人口，或是同一時期結婚者，選定之後，便持續在固定時段內進行訪問。這種可以稱之為**年齡人口群研究** (cohort studies)。在單一年齡人口群調查中，年齡與時期的效果無法區分。因而可以進一步設計成多年齡組的分析，譬如逐年抽取高中畢業生，都逐年在特定時點進行追蹤訪問 (Duncan and Kalton 1987)。

　　各種的固定樣本追蹤訪問，都會面臨樣本流失或答項缺失以及隨著時間需要**增加新樣本**的問題。對於樣本流失，可以透過存活者和持續回答者的比率進行加權，使得樣本仍然具有代表性 (SRC 1986)。對於答項的缺失，則透過**插補** (imputation) 的方法解決。在美國收入動態追蹤調查中，最常見的是插補收入或工作時間。譬如，調查當年某個樣本的收入訊息欠缺，但職業地位與前一年相同，則代以前一年的薪資。再者，一般常見的插補平均值或隨機的數值，都可以運用在適合的變項中 (Hill 1992; Kessler and Greenberg 1981)。由於固定樣本追蹤，無法包容新增的對象，除了第一次的調查資料之外，隨著時間演進，而無法代表特定時點的全體現象。為解決如此的問題，可以在適當的調查年度中增加新的樣本。譬如，在最初的調查所選定的家戶中，只要年滿 15 歲的成員，就成為新樣本，開始持續追蹤訪問；或者每隔五年十年，就增加較原來樣本最低年齡受訪者年輕 5 歲、10 歲年齡組的樣本 (Duncan and Kalton 1987; Firebaugh 1997)。

　　另外則是透過特別的抽樣設計，以同時保有樣本代表性，亦可以推估特定時點的面貌。首先是輪替樣本固定追蹤調查，普遍行之

於勞動力調查中。中華民國人力資源調查也採用這樣的抽樣。首先將抽出之村里分成 ABCD 四組，每組再分兩小組，因此有八個樣本群 A1、B1、C1、D1、A2、B2、C2、D2。在每一樣本群內抽出三類的村里，以 A1 為例有 A1 甲、A1 乙和 A1 丙三類村里，每一類村里內又有兩個家戶組，每一個家戶組進行兩個月的調查。A1 組每年的 1 月開始進行訪問，A1 甲的第一組在 1 月和 2 月各調查一次，第二組在 3 月和 4 月各調查一次，接著是 A1 乙的第一組、第二組，A1 丙的第一組和第二組。A2 各小組和 A1 各小組輪流的月份相同。B1 和 B2 的起始月是 2 月，C1 和 C2 自 3 月開始，D1 和 D2 從 4 月開始。A2、B2、C2、D2 的樣本在使用一年後便不再續用，此時原來的 A1、B1、C1、D1 樣本組成為 A2、B2、C2、D2 樣本組，另抽出新的 A1、B1、C1、D1 樣本組，進行新一年度的輪替調查，凡是成為 A2、B2、C2、D2 的樣本在次一年就停止使用。此後即以此方式循環（林季平、章英華 2003；行政院主計處 2004）。這樣的資料也可以建立同一樣本兩個時點的分析資料。

　　其次是部分固定樣本追蹤調查 (split panel survey)，一部分是固定追蹤的樣本，一部分是可以輪替樣本或是橫斷面重複調查的樣本。**輪替樣本**或**重複樣本**可以在樣本中加入新的受訪者，用以檢視樣本流失或固定樣本的限制所可能產生的誤差。英國社會態度調查與美國的基本社會調查，都曾在年度的重複調查中，包含了小規模的追蹤樣本 (Duncan and Kalton 1987; Smith 2004)。這樣的設計，除了探討實質的研究議題之外，也有方法上的意義。譬如，英國的調查中發現，追蹤樣本比起第二波的橫斷面樣本比較不會給予「不知道的答案」，分析的結果是，這種傾向部分是因為樣本流失，部分是因為再度訪問，受到前次訪問的影響。

2. 問卷設計

固定樣本追蹤調查和重複性橫斷面調查一樣，為了長期追蹤資料可用於社會變遷的分析，必須建構核心題組，這些核心題組幾乎是逐年重複，雖然不見得完全相同。核心題組的建立在固定樣本追蹤調查可能更為重要，一旦因題目經常變動，無法正確追蹤樣本個人的長期變化，則只能達到橫斷面調查的功效，如此就喪失了此種調查最重要的意義了。另外，還是會在不同年分問卷中加入一些特殊的題組，以豐富可分析的內容。

長期追蹤問卷調查會碰到一般橫斷面調查不會遭遇的問題。首先，某些問題逐年施以相同的問法，受訪者往往覺得重複質問，並無意義，也可能會產生反感。因此有的時候，必須判斷是否與去年或前一次的訪問內容相同，只要相同，就不再追問下去。譬如，詢問受訪者目前的職業，如果是年年問，受訪者很快就會反映說，不是去年就問過了嗎？為避免這種情形，我們會先問，工作是否與前一次訪問時相同？工作內容是否有所改變？再簡單如教育程度，我們可能以為 30 歲以上的成年人，教育程度已經相當固定了。可是在當今的社會，在工作數年之後，重新返校繼續較高階段的教育，逐漸普遍。如果為了這樣的變化，我們就年年都問個人的教育程度，受訪者一定會覺得研究人員太不理解人間疾苦了。有必要時，在數年之後（五年或十年）設計適當的問法，掌握少數再進修者的最終教育程度。如果我們有家庭互動關係的題組，逐年問的時候，碰到那種父母已經去世的受訪者，就有點傷感情了，甚至會影響受訪者的心情。碰到這種問題，就看我們能否透過過去的問卷資料，確定那些少數會碰到父母不在的樣本，在訪員記錄中，給予特別的提醒。

更重要的是，長期固定樣本追蹤調查，可以讓我們以初始的一些問卷變項解釋後續訪問的問卷變項，在問卷設計之初就需要有著

這樣的考慮。譬如一些從青少年階段便開始追蹤的研究，就要考慮到社會化過程中的哪些因素可能影響個人未來的成就與心理狀態，如果未曾設想周到，多年之後仍需依賴回溯補充資訊，就與橫斷面調查沒什麼差別了。就如我們稍前舉例有關最初生育意願對未來親子關係影響的研究，這種預測，如果是用橫斷面的調查數據，一定會遭遇許多質疑。但以某一年生育的婦女為例，詢問她們對懷有小孩的意向，在二十餘年之後再進行追蹤訪問，詢問與那個特定小孩的關係，就可以進行適當的分析和推論了。詢問對所懷小孩的態度，以當時情況分析，可能沒有什麼分析的價值，但卻可以影響到二十年之後的親子關係，此一問項的創意才顯現出來。

3. 完訪率與資料整理

任何的調查訪問都需要建立提升**問卷完訪率**的策略，在固定樣本的長期追蹤調查，尤其重要。美國的固定樣本所得動態研究，就採取了以下的策略：(1)付費給受訪者，在 1992 年前後，回答問卷者致贈 15 元美金，提供地址變遷訊息者致贈 5 元美金。(2)每年都將分析的結果和用在政策辯論的成果編輯小冊說明，並寄給受訪者。(3)對很不願意接受訪問者，給予專函加以遊說。(4)在各次訪問結束時，取得熟知受訪者搬遷情況的親友之電話與姓名。(5)備有專職人員，利用上述資料為訪員解決困難的個案。(6)盡量安排同一訪員追蹤訪問其訪問過的受訪者。(7)當電訪失敗時，允許以面訪取代。(8)不定期以不同的函件寄給受訪者，藉以取得受訪者遷移的訊息。

這些原則，在不同的社會可能要稍加修訂才能運用。以臺灣的家庭動態調查為例，現行的運作，給予受訪者現金不太可行，只能在致贈禮物上下功夫。除了面訪時致贈小禮物，還舉辦抽獎活動，在問卷回收的 3 個月內送出獎品。再如，家庭動態調查是以**面訪**為主，對一些訪問失敗的樣本，可以考慮以**電話訪問**，甚至以**自填問**

卷取得資料。

　　任何長期資料，在問卷設計之初，都需要考慮到如何串連不同時點的資料，固定樣本追蹤調查更需要在這方面特別用心，以增加使用者。固然要設計可以串連不同時點資料的樣本代號，但還需要注意，當調查的對象擴及其他親人時，樣本編號的設置，一定要考慮方便用於合併主樣本個人資料與其他親人的資料，才有利於相關個人資料串連起來進行統計分析。稍前曾提及，在逐年訪問的過程中，總會有些受訪者未曾回答某些答項，這可以運用**插補**的方法解決。但在問卷設計上，在不同時點的問卷，盡量保持相同問項與答項的原則。不過，仍然難免在時點較後的問卷中，必須刪除或增加答項，或者更動題號。為了未來分析上便利，有些需要刪除的答項，可以仍然保留其過錄碼。至於增加答項，則盡量避免更動原來的答項。如此才有利於未來合併答項的處理。不論如何，只要答項有所變動，都需要在過錄簿中清楚說明，免得因工作人員的更換，無法追溯變動的原因。至於變項的名稱亦需不同時點的相同變項盡量相同，才利於併檔分析。

㈢實　例

1. 美國收入動態追蹤調查 (Panel Study of Income Dynamics, PSID)

　　美國的收入動態追蹤調查，源起於詹森總統時期針對貧窮的經濟機會調查 (Survey of Economic Opportunity, SEO)，在 1967 年時完成了約 30,000 個家戶的問卷調查。當政府當局希望密西根大學的社會調查中心接下一項 2,000 戶低收入家戶調查計畫時，在調查計畫主持人 James N. Morgan 說服之下，成為包含了具全國代表性樣本的長期追蹤計畫。在 1968 年成功完訪了 SEO 樣本中 1,872 個低收

入家戶，另外是就調查研究中心全國性**抽樣架構**選出樣本中所完成的 2,930 個一般家戶，總共 4,802 個樣本戶，以這些樣本戶每年持續追蹤訪問。目前這個計畫的經費主要來自美國的國家科學基金會。

此一調查計畫是以家戶中主要的成年人，通常是男性戶長，為訪問對象，有時是以其妻子替代。訪問的內容則包括了家庭層次的變項，不只是以家庭為一單位（如住家收入，子女數目）的訊息，還有關於戶長，其妻子以及居住郡縣的資料，根據 1988 年的問卷，可以建構 1,400 個家庭層次的變項。此一調查在不同的時點都具備全國代表性，主要由於對最初家庭成員的持續追蹤。只要是成年的樣本（滿 18 歲以上）遷出自立門戶，就成為新的家戶的受訪者。因婚姻而遷出的子女或因婚姻解除而分開，都視為建立新的家戶，成為新的追蹤調查的家戶單位。全家人的基本資料這個計畫在 1990 年加入了 2,043 個拉丁美洲裔的家戶。

此一調查計畫，在 1968 至 1972 年之間採面訪調查，自 1973 年之後採電話訪問，以節省成本，但對無法使用電話訪問者，仍採用面訪。要持續追蹤樣本，是此類計畫面對的重要困難，我們已在前一節引述該計畫為持續追蹤所採取的策略 (Hill 1992)。PSID 的網址是：http://psidonline.isr.umich.edu/。

2. **美國威斯康辛長期調查** (Wisconsin Longitudinal Study, WLS)

此一計畫以威斯康辛州 1957 年高中畢業生教育計畫調查的學生為基礎，抽取其中 10,317 個男女樣本，進行長期的追蹤訪問。在 1964 年訪問這些學生樣本的父母，1975 年再度訪問學生本人。這些早期的資料，還搭配以父母的州稅資料、心智能力測驗與高中的班級成績等記錄。根據這三波的問卷資料，建構出這些樣本的家庭背景、教育期望、家庭形成與工作經驗的完整記錄。

　　在 1975 年，就這些畢業生樣本，以隨機方式選擇兄弟姊妹之一（如果是雙胞胎則同時納入），取得了其中 6,619 位的認知能力測驗分數。在 1977 年以細緻的分層方式，抽取 2,210 位兄弟姊妹樣本，進行問卷訪問。在 1992 至 1994 年之間，畢業生樣本都已經是 60 歲以上的老人了，對他們進行電話與郵寄問卷的訪問，也對他們被選中的兄弟姊妹進行電訪或郵訪。這時候增加了有關心理幸福、身心健康、財富、家庭經濟移轉以及與親人的交換關係等題組。也以回溯問題更新婚姻狀況、子女養育、教育、勞動參與、工作與職業、社會參與、未來期望等資訊。在這波調查中，還就 9,600 個畢業生樣本（64–65 歲）取得了一個小時的電訪資料與 48 頁的郵寄問卷資料。再加上他們兄弟姊妹等 7,150 個樣本，大多數是在 1994 年才第一次訪問的，還以較短的電訪問卷訪問他們的配偶（10,150 位），包含樣本已過世者的配偶（850 位）。

　　這項歷經 40 年的長期追蹤調查，立基於一個單一時點單一年齡樣本的調查，再設計成幾個時點的調查。研究的主題從教育期望與教育取得，轉向婚姻與事業，再轉向老年的生活。如此長時期的追蹤調查，並不多見，運用這個資料庫，產出了很多重要的學術著作。但因其基期樣本的限制，只限制在具高中畢業學歷者，包含很少數的少數族群的樣本，在研究的課題上也有其限制 (Sewell et al. 2001; Warren et al. 2002)。該計畫的網址為：http://www.ssc.wisc.edu/wlsresearch/。

3. 臺灣的華人家庭動態資料庫

　　家庭動態研究 (Panel Study of Family Dynamics, PSFD) 是由中央研究院經濟學研究所推動的研究計畫，參與的研究人員，包含了經濟學家、社會學家與心理學家。目前計畫執行單位是中央研究院人文社會科學研究中心的華人家庭研究計畫，其實地調查則由調查研究專題中心擔任，經費來源是中央研究院與國科會的人文社會科

學研究中心（朱敬一、章英華 2001）。

　　此一計畫受到美國收入動態追蹤調查之啟發，規劃在臺灣進行有關家庭議題的固定樣本追蹤調查，然後再推展至其他的華人社會，目前已在中國大陸開展。在臺灣的調查，整個計畫的主要訪問對象是成年人，分三年才建構完成主樣本。抽樣的基本框架與臺灣社會變遷基本調查相似。在 1999 年以 1953 至 1964 年出生者（時年 35–46 歲）為訪問對象，完成了 994 個樣本；在 2000 年以 1935 至 1954 年出生者（時年 46–65 歲）為訪問對象，完成了 1,959 個樣本；在 2003 年，以 1964 至 1976 年出生者（時年 27–39 歲）為對象，完成了 1,152 個樣本。原設計的目的是，建立一個在 1999 年時是 25 至 65 歲，在 2003 年是 28–68 歲的樣本，但因實際操作時的誤差，有些年齡的重疊或出入。這些主樣本，在完成第一次訪問後，便逐年以同樣的問卷追蹤訪問（朱敬一、章英華 2001；于若蓉 2004）。

　　最初想就這些主樣本擴展出去，建構成包含他們的父母、兄弟姊妹與子女的樣本群，可惜在 2000 年就 1999 年調查時，遭遇很大的困難，因此往後決定只擴展主樣本的子女樣本。自 2000 年起便就主樣本 16–22 歲的樣本進行子女問卷的訪問，每隔一年進行追蹤訪問，只要有子女年滿 16 歲，就納入子女樣本，如果子女滿 25 歲，則進入成人樣本，與主樣本接受同樣問卷的訪問。如此的樣本設計，與 PSID 以戶長為訪問對象，以子女成家的持續追蹤不同。PSFD 抽取家戶中某一個年齡層的成年人為主樣本，並以年滿 15 歲的子女為訪問對象，不論其是否已經離家。此一計畫之網址為：http://psfd.sinica.edu.tw/。

4. 臺灣教育長期追蹤資料庫

　　此一資料庫係由中央研究院、教育部和國科會共同支持的全臺灣的教育調查計畫，受訪的學生接受兩次至四次問卷訪問。2001 年

進行國一和高二生（包含五專二年生）的問卷訪問，2003 年進行第一次的追蹤。在 2005 年和 2007 年將另抽取高二（含五專二年）學生進行訪問，並於 2007 年追蹤一次。由於大約有 1/3 在 2001 年的國中樣本會包含在 2005 年的高中樣本之中，因此有部分的樣本，可以建構出國一、國三、高二和高三四波的固定樣本追蹤資料。

　　問卷包含：學生問卷，都是以自填方式在學校施測；家長問卷，有自填問卷，並加上電話訪問；老師問卷、科任老師問卷與校長問卷，都採自填問卷。

　　第一波調查完成了 333 校 1,244 班 19,984 個國中學生樣本，269 校 963 班 14,851 個高中職學生樣本，26 校 96 班 4,473 個五專學生樣本。另有相應的教師樣本。國中與高中職是以學程學校分類，計有普通高中、綜合高中與高職，並考慮城鄉與公私立學校分層抽取。在抽中的學校中，依學校大小，分別抽出 4 至 6 班，每班抽出 15 位學生。但國中是以原住民學生為主的學校以及 921 震災災區的學校，則整班施測。五專的情況稍有特殊考慮，分成南北地區，在各地區內分成公私立學校，抽取學校。因醫護類的學校同質性高，可以抽取較少的學校數，只抽取其他類學校數的 1/3。最後，在抽中的五專中各抽取 6 班，以全班學生施測。第二波則以第一波的學生追蹤訪問（張苙雲等 2003）。此計畫網址：http://www.teps.sinica.edu.tw。

5. 臺灣青少年計畫 (Taiwan Youth Project, TYP)

　　此一研究係中央研究院社會學研究所家庭研究群所推動的青少年長期追蹤的調查計畫（伊慶春等 2004）。始於 2000 年，由社會學研究所的經費支持，2002 年時，由伊慶春教授擔任主持人，獲得中央研究院主題研究計畫經費之補助。計畫之目的在探討家庭、學校與社區如何影響臺灣青少年的學習與成長。在 2000 年時升學制度有所變革，升高中的聯考制度由學測取代。因此選定當年臺北市縣與

宜蘭縣的國一和國三學生，進行訪問。

　　訪問對象包括學生、家長與導師。將鄉鎮市區依都市化程度或發展先後次序，在臺北市和臺北縣之下分三類地區，在宜蘭縣分二類地區，在各類地區中抽出學校，再從學校中抽出兩個班級，以全班學生、其家長與導師為訪問對象，導師必須對每個學生進行評估。由於經費與人力的限制，以及訪問對象的特性，整個計畫採取多種方法。2004 年開始，還每年抽取 30 個學生與其家長進行深度訪問。調查的方式與完成的樣本如下表所示：

表 3–2　臺灣青少年研究追蹤樣本各年完成樣本數

時　　間	計畫代碼	調查內容	完成樣本數
2000 春	J3W1 J1W1	學校自填（學生） 發回自填（家長） 自　　填（導師）	2,852 (J3) 2,690 (J1) 2,800 (J3) 2,666 (J1) 2,840 (J3) 2,628 (J1)
2000 秋	J3W2	電話訪問（學生）	2,542
2001 春	J1W2	學校自填（學生） 自　　填（導師）	2,683 2,591
2001 秋	J3W3	電話訪問（學生）	2,450
2001 冬	J1W3	面　　訪（家長）	2,023
2002 春	J1W3	學校自填（學生） 自　　填（導師）	2,663 2,685
2002 秋	J1W4	電話訪問（學生）	2,354
2003 春夏	J3W4	家訪自填（學生） 面　　訪（家長）	2,072 2,066
2003 秋	J1W5	電話訪問（學生）	2,028
2004 春	J3W5	電話訪問（學生）	1,894

註：　J3 表示 2000 年國三樣本，J1 為該年國一樣本。W 表示同一樣本第幾次的訪問。
資料來源：伊慶春等，2004，〈青少年的成長歷程與生活經驗：由家庭學校社區的互動來看青少年的發展〉。發表於「臺灣青少年成長歷程研究：第一次學術研討會」，臺北：中央研究院社會學研究所。此一計畫的網址為：http://info.sinica.edu.tw。

6. 臺灣中老年追蹤調查

　　此一計畫在 1989 年由當時的臺灣省家庭計畫研究所執行,係與美國密西根大學人口研究中心合作的亞洲四國人口快速變遷與老年福利計畫的一部分,參與的國家有臺灣、菲律賓、新加坡與泰國 (Hermalin 2002)。只有臺灣一開始就採固定樣本追蹤調查的設計。目前該計畫是由轉型自家庭計畫研究所的衛生署國民健康局轄下的人口與健康調查研究中心執行。

　　最初的樣本是採三階段抽樣方式取得,在 331 個非原住民鄉鎮中選出 56 個,在選定的鄉鎮中再抽取鄰,再從每個鄰之中以系統隨機抽樣方式,抽出兩個受訪者。第一波調查於 1989 年執行,完成 4,049 個 60 歲以上老年人的問卷訪問;並於 1993 年、1996 年、1999 年、2003 年進行四次追蹤調查。在 1996 年和 2003 年分別增加了較年輕的老人樣本。依據該計畫網頁的說明,各次完成的樣本數整理如下表所示:

表 3-3　臺灣中老年追蹤調查各年樣本

		出生年與調查年時樣本之年齡					
		1939 以前	年　齡	1932–1940	年　齡	1947–1953	年　齡
調查年度	1989	4,049	60 以上				
	1993	3,155	64 以上				
	1996	2,669	67 以上	2,462	50–66		
	1999	2,310	70 以上	2,130	53–69		
	2003	1,743	74 以上	2,035	57–73	1,599	50–56

資料來源: 行政院衛生署國民健康局人口與健康研究調查資料共享系統 http://rds.bhp.doh.gov.tw/。

　　根據上表可以看到各次樣本流失的情形。在前三次的追蹤調查年之間,曾以電話的簡短訪問與樣本保持聯繫。此一研究包含住在家中

與機構中的老年人，60 歲以上的受訪者中，有 8% 是採他人代答的方式。此一計畫之簡介可以進國民健康局網址取得，該局網址為：http://www.bhp.doh.gov.tw/BHP/。

 ## 六、結　語

　　調查研究從研擬架構開始，接著就要決定調查的方法、抽樣的方式，然後再進行問卷設計、問卷訪問、資料鍵入、資料檢誤，最後建構成可供分析的資料檔。本章主要是就抽樣與方法的選擇提出一些注意事項，並舉一些實例，提供大家參考。調查研究的目的與研究議題，是後續方法運用的起點，但在成本與實際狀況的考量之下，往往需要在理想與現實之間有所平衡。要提醒的是，在整體的考量之下，總是有例外的地方，如果在研究議題的解決，這些例外相當重要，不論是在抽樣與問卷方法與問卷設計上都應提出配合的策略，而不是一成不變的。

　　在我們列舉的實例中，一些長期進行的計畫，是利用既有計畫進一步發展的。譬如「威斯康辛長期研究」，起源於某一年度的高中畢業生的研究，美國的固定樣本「收入動態追蹤調查」，從貧窮的調查開始。這也提示我們，可以站在前人的肩膀上繼續前進，因此任何的調查資料經過適當的保存，都有再度利用的機會。另外，也提醒，除了自己操作調查之外，善加利用既有的資料庫，同樣可以完成很好的研究成果，我們介紹的兩類型的長期調查都有如此的功用。

　　再則，有些資料是要進一步的處理，才最能發揮作用的，就如主計處的人力運用調查，經過串聯之後，可以形成多筆兩個時點的固定樣本追蹤資料，也可以成為多時點的橫斷面資料（林季平、章英華 2003）。在後續各章的說明之後，大家一定更能對調查研究的靈活運用，有所體會。

 參考書目

行政院主計處，2004，《中華民國九十二年臺灣地區人力資源調查統計年報》。

經濟部工業統計調查聯繫小組編印，2005，《中華民國各行各業工廠名錄》。

于若蓉，2004，〈樣本流失與勞動參與：華人家庭動態資料庫的分析〉。論文發表於「第五屆調查研究方法與應用學術研討會」，臺北：中央研究院人文社會科學研究中心調查研究專題中心。

王甫昌主編，2000，《臺灣族群關係的社會基礎調查計畫執行報告》。行政院國科會委託研究計畫，中央研究院社會學研究所執行。

朱敬一、章英華，2001，〈家庭動態資料庫簡介〉。「華人家庭動態資料庫學術研討會」宣讀論文，中央研究院經濟學研究所、國科會社會科學研究中心主辦。

伊慶春等，1995，《臺灣地區社會意向調查：八十三年七月定期調查報告》。臺北：中央研究院中山人文社會科學研究所。

伊慶春等，2004，〈青少年的成長歷程與生活經驗：由家庭學校社區的互動來看青少年的發展〉。發表於「臺灣青少年成長歷程研究：第一次學術研討會」，臺北：中央研究院社會學研究所。

伊慶春、傅仰止，2000，《社會意向電話調查執行報告》。臺北：中央研究院社會學研究所。

林季平、章英華，2003，〈人力運用擬——追蹤調查資料庫的產生過程、應用現況、及未來發展〉。《調查研究》13: 39–69。

張苙雲，2003，〈臺灣教育長期追蹤資料庫的規劃：問卷架構、測驗編製與抽樣設計〉，「臺灣與國際教育長期追蹤資料庫中、南部工作坊」宣讀論文，行政院國科會人文處主辦，東海大學社會學系、臺中師範學院承辦。

章英華，2002，〈臺灣地區社會變遷基本調查：沿革、功效與轉變〉。「社會問題研究與資料庫使用工作坊」宣讀論文。行政院國科會、中正大學社科院、政治大學社會學系主辦。

章英華、傅仰止，2002，《臺灣地區社會變遷基本調查計畫：第四期第二次調查計畫執行報告書》。臺北：中央研究院社會學研究所。

章英華、傅仰止，2003，《臺灣地區社會變遷基本調查計畫：第四期第三次調查計畫執行報告書》。臺北：中央研究院社會學研究所。

章英華、傅仰止，2004，《臺灣地區社會變遷基本調查計畫：第四期第四次調查計畫

執行報告書》。臺北：中央研究院社會學研究所。

章英華、傅仰止，2006，《臺灣地區社會變遷基本調查計畫：第五期第一次調查計畫執行報告》。臺北：中央研究院社會學研究所。

瞿海源，1991，《臺灣地區社會變遷基本調查計畫：第二期第一、二次調查計畫執行報告》。臺北：中央研究院民族學研究所。

瞿海源、郭文般，1988，〈附錄：臺灣地區社會變遷基本調查計畫概述與調查方法〉。頁 595–648，見楊國樞、瞿海源編，《變遷中的臺灣社會》。臺北：中央研究院民族學研究所。

Barber, Jennifer S., William G. Axinn, and Arland Thornton, 1999, "Unwanted Childbearing, Health, and Mother-Child Relationships." *Journal of Health and Social Behavior* 40 (Sept.): 231–257.

Converse, Jean M. and Erika Meyer, 1988, *The Detroit Area Study, 1951–1988*. Ann Arbor, Michigan: University of Michigan.

Davis, James A. and Tom W. Smith, 1992, *The NORC General Social Survey: A User's Guide*. Newbury Park: Sage Publications.

Duncan, Greg J. and Graham Kalton, 1987, "Issues of Design and Analysis of Surveys Across Time." *International Statistical Review* 55 (1): 97–117.

Finkel, Steven E., 1995, *Causal Analysis with Panel Data*. Newbury Park: Sage Publications.

Firebaugh, Glenn, 1997, *Analyzing Repeated Surveys*. Newbury Park: Sage Publications.

Freedman, Ronald and Lolagene Coombs, 1966, "Childspacing and Family Economic Position." *American Journal of Sociology* 31 (5): 631–648.

Hill, Martha S., 1992, *The Panel Study of Income Dynamics: A User's Guide*. Newbury Park: Sage Publications.

Hsiao, Cheng, 1986, *Analysis of Panel Data*. NY: Cambridge University Press.

Iwai, Noriko, 2004, "Japanese General Social Survey (JGSS): Beginning and Development." pp. 161–184 in *Birth of JGSS and its Fruit: Social Surveys in Different Countries & Areas and JGSS*. East Osaka City: Institute of Regional Studies, Osaka University of Commerce.

Kessler, Ronald C. and David F. Greenberg, 1981, *Linear Panel Analysis*. New York: Academic Press.

Park, Alison, John Curtice, Katarina Thompson, Catherine Bromley, and Miranda Philips,

2004, *British Social Attitudes*. London: Sage Publications.

Sewell, William H., Robert M. Hauser, Kristen W. Springer, and Taissa S. Hauser, 2001, "As We Age: The Wisconsin Longitudinal Study." *Center for Demography and Ecology Working Paper* No. 2001–09.

Smith, Tom W., 2004, "A Generation of Data: The General Social Survey, 1972–2002." pp. 1–78 in *Birth of JGSS and its Fruit: Social Surveys in Different Countries & Areas and JGSS*. East Osaka City: Institute of Regional Studies, Osaka University of Commerce.

Smith, Tom W., Jibum Kim, Achim Koch, and Alison Park, 2005, "Social Science Research and The General Social Surveys." *ZUMA-Nachrichten* 56, Jg. 29, 68–77.

Survey Research Center, 1986, *A Panel Study of Income Dynamics: Procedures and Tape Codes, 1984 Interviewing Year, Wave XVII, A Supplement*. Ann Arbor, Michigan: Institute for Social Research, The University of Michigan.

Warren, John Robert, Robert Hauser, and Jennifer T. Sheridan, 2002, "Occupational Stratification across Life Course: Evidence from the Wisconsin Longitudinal Study." *American Sociological Review* 67 (June): 432–455.

第 **4** 章

調查問卷設計

◆ 一、研擬問卷題目

◆ 二、題目的形式

◆ 三、問卷編排原則

◆ 四、評估問卷題目：代結論

　　問卷的研擬，是調查研究裡非常重要的一環；不但因為問卷所問得的結果將是未來研究的內容，而且調查訪問的過程和一般的談話，有許多重要的不同之處，以致於如果要讓調查結果能真實反映研究者想瞭解的現象，問卷題項的意義必須明確，並且必須盡量不讓它們因為一些無心的因素而使受訪者的回答受到干擾。

　　訪員訪問受訪者的過程，與一般的交談最明顯的差別是：在一般問答的過程中，如果不確定對方的意思，會觀察或反問說話者，直到確定了說話者的用意之後再繼續互動；相對的，在調查訪問的過程中，不論是字義、題意或選項，受訪者都無從澄清不明白之處，只能依據自己的詮釋提供答案。尤其，調查本身對於受訪者而言，代表了一種權威，無論受訪者是否真正有自己的看法或無論他實際的情形如何，他不但很可能因為被訪問而提供本來沒有的態度，也容易受到問卷內容所暗示的訊息所影響。例如，題項的範圍（如一天看電視的時間）很小，只有從完全不看、2 小時或 2 小時以上三種；花很多時間看電視的受訪者，會比較不願意承認自己一天看 2 小時以上的電視（因為從選項來看，似乎很少人看 2 小時或以上的電視）。此外，因為訪問步調的壓力，受訪者無法慢慢仔細回想，也使他提供給訪員的答案與實際情況間落差大（可參考 Pearson, Ross, and Dawes 1992 的討論）。認知心理學界與調查研究學界，作了很多類似以上的研究。Clark and Schober (1992) 回顧許多相關的實驗，整理出調查訪問與一般談話的同異、及它們對於調查結果的影響，非常有趣，讀者可以參考。

　　由上可知，撰寫問卷題目時，需要顧及多個層面，包括題意明確、題幹必須盡可能幫助喚起受訪者的完整記憶、並且提供一個盡可能無偏且不具暗示作用的觀點、選項內容必須足以涵蓋絕大部分的狀況、及題項之間不致互相影響。尤其，問卷題目的撰寫，並沒

有一個標準的方法，可說是一個需要多方考量的動腦遊戲；即使經驗豐富的題目撰寫者偶爾還是會設計出有瑕疵的題目，因此在正式啟動大規模調查之前，問卷都還要經歷幾次的測試，包括認知訪談與小規模的測試，才能真正上路。

幸好，目前已經有不少的問卷資料，而且很多可以經由網路聯繫取得（國內如中央研究院調查研究專題中心之「學術調查研究資料庫」(http://srda.sinica.edu.tw)，及政治、中正等大學的選舉研究中心，國外知名的如美國威斯康辛大學的 Data and Program Library Service、密西根大學的 Inter-University Consortium for Political and Social Research、芝加哥大學的 National Opinion Research Center 等，美國的 National Center for Education Statistics 也有很多關於教育的問卷 (http://nces.ed.gov/surveys/))。制訂問卷題項的專家，如 Bradburn 等人 (Bradburn, Sudman, and Wansink 2004) 即強烈建議，盡可能先利用現成適合的題項，還可以跟先前的研究結果作比較。即使須要稍微修改，都比憑空創造更加容易，而且比較不會出錯。而如果需要自行研擬題目，研究者首先要根據研究目的與詳細的分析方案，設計問卷的架構，再根據架構擬定問題，作幾次的測試與修改，盡可能確保題項的內容能正確反映研究者的問題。

一、研擬問卷題目

社會科學的問卷題項，大致可分為三大類：詢問行為經驗的題項、詢問態度意向的題項，及探索知識程度的題項。其他偶爾使用的題項類型有：評量他人表現的題項，及各種心理量表所使用的題項（根據 Bradburn 等人 (2004) 的分類）；本節只就前三類說明撰寫時應注意的事項。此外，詢問人口學變項的題項，Bradburn 等人

(2004) 認為應該依據現有常用的方式擬定，讀者可以參考他們的書。

　　本節先大致說明擬問卷題項的步驟，接著提出幾項擬題項時的通用原則，再分別詳細說明撰寫(1)行為經驗的題項，(2)態度意向的題項，及(3)知識題項時，應該注意的問題；最後稍微說明將題項彙整成問卷時應該注意的事項。

㈠界定主題概念

　　如果沒有嚴密的規劃及嚴格的把關，在研擬題項的過程中，總是會有人想到一些之前沒想過的、似乎很有趣的問題，想要納入問卷；Bradburn 等人 (2004) 提醒研究者，不要在設計問卷的過程中迷失了。研究者首先應該將研究問題盡量寫得清楚明確，再根據研究問題研擬題項。而在設計題項的過程中，不但要隨時將研究問題放在桌前參考；尤其要常問自己，「為什麼要知道這一題的答案？這一題是為了得到哪一個研究問題的答案？」

　　Fink (2003) 則將這部分的工作細分為三個步驟：

　　⑴找出問卷的目的。
　　⑵將目的所使用的詞彙定義清楚。
　　⑶列出問卷的詳細目標。(Fink 2003: 9)

例如，一項調查的目的可能是很大的題目：瞭解中學生的學習狀況。在第二步時可能就必須澄清何謂「學習狀況」；它可能包括學習成就與學習環境，那麼學習成就是什麼呢？可能包括課業表現、身心健康與偏差行為。學習環境呢？可能包括學校和家庭。學校又分成大環境與小環境；大環境是學校整體的政策規劃與氣氛，小環境則是班級內的氣氛，可能包括老師的教法與態度，及師生間與學生間的

互動。而家庭的環境可能包括父母本人的教育程度與工作情況、家庭收入，及父母的教養方法與態度。

　　第三步所列的就是調查的詳細目標，研究者將根據這些目標，規劃題目。上述例子中，研究者列出的詳細目標可能包括：

⑴家庭環境對學生課業表現的影響。

⑵父母的教養方法與態度對學生偏差行為的影響。

⑶學校整體環境對學生課業表現的影響。

⑷班級教師對學生身心健康的影響。

⑸班級內同學互動對學生課業表現的影響等等。

　　從以上這些目標看來，問卷的問題必須包括以下這些概念的指標：

⑴學生本身的能力、課業表現、身心健康及偏差行為。

⑵家庭的社經背景。

⑶父母的教養方法與態度。

⑷學校的設備與規則。

⑸教師的資歷、教學方法與態度。

⑹班級內學生之間的互動情形等等。

　　事實上，從以上所列的目標或概念，還是可以發現許多模糊之處，例如：如何界定能力與課業表現？教養方法包括哪些面向？是關於對子女哪一方面的態度？研究者根據問卷目的，將詳細的目標列得愈明確，必須包括的題項內容也就能規範得愈完整，減少分析時發現資料不足（少了重要的變項）的可能。

　　問卷的目的會影響題項的內容，看似類似的概念會因為目的之差異而有不同。一個好例子就是收入。要問的是個人收入呢？還是家庭收入？個人收入可能反映受訪者的學歷與能力，而家庭收入則可能反映的是家庭環境的狀況；不但在實際的回答內容很可能大不相同，在分析時所反映的意義也大有不同。因此研究者不但須要事

先規劃好問卷的各項詳細目標，在出題時也要思考該題項是否反映了研究目的或分析時的需要。

㈡問卷題項的撰寫

基本上，無論任何型態的問卷都有大致的**措辭原則**需要遵守，才能避免語意模糊的題目出現。以下列出一些大原則，這些原則不論是在認知心理界的研究結果或調查研究專書中都有提到：

1. 瞭解受訪者的特質

在著手編寫問卷之前，必須先瞭解這份問卷的受訪者之語文或知識程度，使問卷的文字可讓最多數的受訪者有正確的瞭解。如果是跨國研究，則必須注意該地的文化是否與其他國家的文化相似，才能確保受訪者對於題意的詮釋與研究者相同。例如，King 等人 (King, Murray, Salomon, and Tandon 2004) 所作的「世界健康調查」(World Health Survey)，想以一天跑 20 公里作為一種健康的程度。然而，在深度認知訪談中才發現，非洲撒哈拉沙漠以南國家的受訪者認為，一天跑 20 公里的人，如果不是腦袋有問題，就是很古怪的人，而不是健康的人——與研究者的預設大相逕庭！

2. 題意明確

應該避免使用具有多種意義的用語，以免造成題意不明確；因為題意不明確時，受訪者會根據自己的詮釋來回答問題，或甚至不確定該如何回答問題。例如：數學讓我頭痛。受訪者的反應可能是：數學不好，所以看到數學就頭痛；也有受訪者的反應是：雖然數學不錯，但懶得算，所以看到數學就頭痛。兩者的結論相同，但數學能力程度卻很可能不同。又如：「以下題目想瞭解你們兄弟姊妹的互動狀況」。手足間的互動狀況可能不一，例如受訪者跟其他人的互動狀況（好鬥），可能與其他兄弟姊妹之間的互動不同（和平相處），

這時受訪者可能難以回答這個問題，因為他不知道問的是自己還是其他兄弟姊妹的情形。但是沒有作更清楚的界定，研究者由此所得到的回答將摻雜各種的詮釋與看法，而有很多誤差。

3.避免使用某部分受訪者才理解的俚語或術語

若受訪者的背景都很一致，例如，都是城市青少年或都是醫護人員，則俚語或術語的使用，拉近了問卷與受訪者的距離，或提升了問卷的專業感。然而，若受訪者的背景不一，則不熟悉的字詞不但使受訪者困惑，也容易因此排拒受訪。

4.避免雙重否定

雙重否定的敘述容易使人困惑而致無法掌握正確的題意，因此必須換成一般正常的敘述。例如:「我從來不會不告訴父母我的去處」是一個很令人困惑的敘述，若改成:「我一定會把我的去處告訴父母」就免去了不必要的困惑。

5.盡量使問題具體

有時問題涵蓋的時間太長或意義太廣泛，受訪者可能不確定該以哪一個時間的情況來回答，或按照一般的狀況回答，而沒有考慮實際可能發生的狀況。例如:「您是否有失眠、睡不著的情形?」也許受訪者以前曾經有，但近來沒有失眠的問題，因此他可能不知如何回答。研究者必須根據自己的目的，將題項的情境說得更精確一些，例如:「近兩個星期以來，您是否有以下的情形? 失眠、睡不著」。基本上，關於感覺或行為的問題，一定要明白指出是某一段時間內（例如: 近兩個星期以來）發生的事 (Fowler 1995)。

還有一種情形是: 未經深度考量或沒有親身經歷某些難以抉擇的事件，受訪者所能提供的訊息很少，因此這時最好能提供比較具體的情境題。例如,「基因醫學可以檢查是否有遺傳疾病,您認為『一般人』有沒有必要作這樣的檢查? (『不管有沒有家族病史的，都算

一般人』?)」在沒有任何提示可能造成家庭問題或阻斷個人幸福或前途之下，大多數的受訪者都會回答「有必要」（事前預知有何不可?）。然而，基因檢測事實上牽涉了許多現實層面的考量（例如結婚前發現自己帶有「舞蹈症」的基因，這時是否該告知未婚妻（夫)?）這也許才是真正考驗基因檢測接受度的好時機。

6. 避免使用易激起情緒反應的字眼

受訪者容易因為某些字眼所激起的情緒反應，而偏向於挑選某些答案；因此這時似乎變成了題目內容在引導受訪者的回答，而非藉由題目真正反映受訪者的心理。例如也許對某些政治意識比較顯明的地區而言，「臺灣省」的字眼，會激起一些反感，而應該避免。

7. 避免引導式的問題

這與前一項頗為類似，都是因為題項的措辭而使得受訪者感覺到研究者的立場或觀點。如果受訪者沒有明確的立場，基於表示友好或禮貌，或只是容易被影響，都容易傾向於表示贊同訪員的意見，但這樣的結果並不能反映母體的情況。因此，在研擬題項時，必須避免讓受訪者覺得訪員似乎在暗示自己應該選某個答項。例如：「刪減國防預算可能使國軍沒有足夠的武器來保護我們，請問您贊成還是反對刪減國防預算?」即會讓受訪者覺得，自己應該要表示反對，才是順從訪員的暗示。其他會有引導的語句如「您同意……嗎?」，或引述一位具有權威者的談話等，都必須避免 (de Vaus 1995: 83)。

8. 一個題項只問一個問題

一個題項問兩個問題（稱為 double-barreled question）時，受訪者有時不知該針對第一個問題回答，還是針對第二個問題回答，而研究者所得到的答案也將混淆不清。例如：

有人說：基因改造食品的出現只對廠商有利，消費者沒有

好處。您是否同意這樣的看法?

(1)非常同意　(2)同意　(3)不同意　(4)非常不同意

如果受訪者認為對消費者和廠商都有利時,他也許不知該如何填答。或者,研究者對於「不同意」的回答,並不確知受訪者是指對廠商與消費者都沒有好處,還是都有好處,抑或是對廠商沒有好處,但對消費者有好處。由於這兩者並不一定是互斥的,所以不能同時出現於一個題項裡;將這一題拆成兩題,就能避免分析時的困擾。

一個題項問兩個問題的另一種常見的方式是: 某項意見及持該意見的原因同時出現在題項中 (Bradburn et al. 2004)。例如:

您是否贊成蓋核能發電廠,臺灣才有足夠的電力可供使用?

這時若受訪者回答不同意,將不知是不同意蓋核能發電廠,還是不同意「蓋核能發電廠,臺灣才有足夠的電力可供使用」這句話。Bradburn 等人 (2004) 還指出所謂「一個半問題」(one-and-a-half-barreled-question)的例子:

美國現正跟蘇聯就戰略武器協議進行協商。以下哪一句話最接近您對這些協商的看法?

(1)我強烈支持戰略武器協議的協商。

(2)支持這些協商之前,我希望看到美國有更多的武器可以保護自己。

(3)我強烈反對跟俄國人作戰略武器的協議。

(4)我對於戰略武器協議的瞭解不足,無法表示意見。

這個例子裡，題幹很清楚是一個問題。但是第二個選項卻冒出了國防的議題，而第三個選項則提醒受訪者，是跟俄國人協商。調查結果果然比其他類似的題項都偏向反對這項協商。因此，當題幹或選項中同時出現某事務及其可能的原因，表示該題項問了兩個或一個半的問題，都應該修改。

㈢研擬各類型題目時的注意事項

以下就不同類型的題項，討論影響該類題項效度的原因及改善方式。

1.行為經驗的題項

一般認為問卷題幹愈短愈好，但研究顯示卻不盡然：關於態度的問題，題幹愈短愈好是對的；但關於行為的題項卻不適用這項原則 (Cannell, Marquis, and Laurent 1977; Cannell, Oksenberg, and Converse 1977; Bradburn, Sudman, and Associates 1979)。事實上，若受訪者對訪員所詢問的行為印象不鮮明（常做，但不是重要的事，例如購物）時，題項的內容愈長，用以說明正確回答的重要性、舉例說明、提示事發當天（投票日）發生的一些其他重要明顯的事件、或提許多小問題幫助受訪者回想當時的狀況，則受訪者所得到的提示也愈多，而且訪員給受訪者回想的時間也愈長，受訪者的回答會更正確 (Pearson, Ross, and Dawes 1992)。但問題較長並不一定能增加受訪者正確回答的意願 (Bradburn, Sudman, and Associates 1979: 105)，而必須額外作一些努力，引起受訪者願意努力回想的動機，例如向受訪者說明他正確回答對自己或社會的重要性，或提供外在動機，並讓受訪者有機會作較長時間的思考，提供正確的答案 (Dividio and Fazio 1992)。

如果所詢問的事件，經驗次數較多（多於 5 次）(Blair and Burton

1987)，或發生頗為頻繁，但不規律且不怎麼重要，或給的**參考時間**很長（例如過去一個月以來，而非過去一星期以來）時 (Bradburn, Sudman, and Wansink 2004)，受訪者比較可能根據現有的認知或記憶，以估算的方式得出答案（例如一星期大約發生 3 次，所以一個月大約發生 12 次），而不是試圖回想真正發生幾次；這時受訪者可能就會忽略一些重要的例外情況，而有所偏誤。因此，參考時間的長度不應太長 (Pearson, Ross, and Dawes 1992)；只有當所詢問的是不常發生，且沒有規律性的事件或行為時，或容易留下鮮明印象的事件時，增加參考時間的長度才有用處。

　　需要將參考時間的長度延長，或必須讓受訪者回想比較久遠以前的事件時，應該盡可能提供一些線索（當時發生的特別情形，如某人與某人角逐總統時，某項重大事件發生，或某個天災發生）。或盡可能列出所有的選項（例如：詢問受訪者過去一年曾看過的報紙，則列出所有的報紙名稱），也是幫助記憶的方法；就所提供的事物加以指認，比憑空回想更能提供更多的正確答案 (Fisher and Quigley 1992)。研究並發現，必須盡量羅列所有可能的選項；以「其他（請說明）」讓受訪者自己回想所有沒列出來的事件或行為時，受訪者所回答的次數，會比列出所有可能選項時所得到的次數，少報的情況更嚴重 (Bradburn et al. 2004)。但當選項太多太長時，最前面幾個選項與最後面幾個選項，都比較會吸引受訪者的注意，也比較會被選中，也就是所謂的「順序效應」(order effect) (Bradburn, Sudman, and Wansink 2004)。為了避免因此而產生的偏誤，可讓訪員就每一個選項詢問是否符合受訪者的經驗（或就每一項一一讓受訪者勾選）。

　　參考時間的長短也影響回答的偏誤，這是因為人們會將發生已久的事件遺忘，但也會將新近發生的事件之時間錯置，誤以為是更早以前發生的，或更近的時間之內發生的。這使得參考時間過短的

問題會引起較多高估，而參考時間過長則引起較多低估；過長與過短之間有一段時間，受訪者的高估與低估之間會互相抵銷，使得估計大致無誤；根據 Bradburn 等人 (2004) 的說法，這個期間大約是兩星期到一個月之間。

　　Bradburn 等人 (2004) 特別以一章的篇幅討論**具威脅性的題目**。有時因為涉及隱私或不被社會所讚許的事，受訪者可能直接拒答或不願承認；而有時問的是社會所讚許 (socially desirable) 的事，即使受訪者沒有做，也可能說有做。Bradburn 等人 (2004) 認為，所謂**敏感問題**，對很多人而言都會是敏感的，但有些只對部分人敏感，例如，所問的是社會所讚許的行為，但受訪者卻從沒做過，這對他而言就是敏感題。因此，可利用一些字句（如「恰巧」）來暗示受訪者，（沒）有做這項行為，並不是很嚴重的事。如果列出了一長串的選項之後，受訪者都回答沒有而覺得有壓力時，可能會因為不安（覺得自己沒有達到訪員的期望）而任意選擇一個選項。為了防止這個可能，Bradburn 等人 (2004) 建議先以一題篩選（例如，您過去兩個星期是否恰巧有讀雜誌？），或加入幾乎每個人都可以選到的項目。但如果同樣形式的篩選題在問卷中使用多次，受訪者可能知道回答「沒有」就可跳掉一長串的問題；因此研究者可能必須避免使用同一形式的題目。

　　降低威脅性題目的誤差（多報或少報），常用的方法有：受訪者自填（或使用電腦輔助訪談，由錄音機經由受訪者的耳機唸出題幹與答項），或利用**開放式問題** (open-ended questions)（例如，您多常喝酒？）而不列出選項，受訪者無從依據選項而與「正常人」作比較時，比較不會有**從眾的壓力**。但如果研究者其實只想知道受訪者是否曾經做過某事，但卻以選擇題的方式列出各種頻率時，會讓受訪者相信有不少人做過這種事，而願意承認自己偶爾做過 (Bradburn et al. 2004)。

　　Bradburn 等人 (2004) 認為，詢問社會所不讚許的行為，問題可以長一點，加一些內容使受訪者覺得安心，不覺得承認做了該件事是很丟臉的；而詢問社會所讚許的行為時，則問題要短，讓受訪者覺得我們並不預期他們應該有正面的回答。

　　此外，在題幹上作一些說明，讓受訪者知道，其實有很多人因為各種原因，會做某項社會不讚許的行為，也是一種常見的方法。這可能使受訪者覺得承認自己有做這件事，並不是大不了的。例如：在「請問您在今年 12 月的市長選舉是否有投票?」之前，再加上「我們瞭解，有時候有人因為必須上班工作，沒時間出來投票，或者對選舉沒興趣，或者家裡事情忙，壓力大，而沒有去投票。」會使受訪者比較不覺得沒有去投票是丟臉的事。另一個方法則是 Fink (2003) 建議，將可能讓受訪者覺得難堪而不願承認的答項作為第一個答項，尤其是由訪員唸出題目與答項時，這樣的排列順序尤其重要 (Fink 2003: 58)；這在暗示受訪者，這個答項有不少人選，不必覺得難堪而不承認。例如，承續選舉題，可將「沒有」列為第一個選項。

　　在題項組合上，由於承認以前做過的壞事比較不具威脅性，但要承認最近在做這種壞事，威脅性較高。因此，Bradburn 等人 (2004) 建議，詢問有關社會不贊同的行為時，先問概括的狀況：「您是否曾經……?」，再問最近的情形，「最近一年來您是否……?」（這裡時間拉得很長，是因為這項行為通常讓人印象鮮明）。如果是詢問社會讚許的行為，則題項次序相反，例如：先問「最近一年來是否……?」，再問「您是否曾經……?」，以免讓受訪者覺得自己從來沒有做過這項社會所讚許的行為而覺得有壓力。

　　雖然詢問受訪者有關其他人的行為（例如詢問受訪者有關其家人或親友的行為或經驗），所獲得的資訊一定比詢問本人不足或較不

正確，但若所詢問的問題具有威脅性，詢問其他人所獲得的結果反而比詢問本人更加正確。Bradburn 等人 (2004) 引用選舉研究的例子發現，詢問家戶中其他成員是否有投票，比詢問本人是否投票，所獲得的結果更加準確（沒投票而說有投的比例少了很多）。他們認為這是因為透露其他人的行為時，威脅性變得比較小，受訪者願意坦白透露實情 (Bradburn et al. 2004: 88)。但若詢問父母有關子女不為社會所讚許的行為，由於父母想保護子女或由於父母不知情，很可能有低報的問題 (Bradburn et al. 2004: 106)。

要減少題項的威脅性，Bradburn 等人 (2004) 強調，題項所在的位置也是一個重要技巧。例如，研究者真正想知道的是「是否曾在店裡順手牽羊」時，可把這項行為放在更嚴重的行為之後，例如闖入別人家裡、偷車，使得「順手牽羊」看來不嚴重。或者，利用題項所處的環境，讓受訪者以為研究重點不是那沈重的議題，也可能增加誠實回答的意願。例如，想瞭解酗酒問題時，如果把這種問題放在有關對酗酒的態度部分時，受訪者可能比較不願承認自己酗酒，但如果把這種問題放在消費行為的部分，受訪者可能比較願意誠實回答。這種加入其他題項，減少題項威脅性的作法，可以增加資料品質而且額外費用不高，研究者可以考慮使用。

2. 態度意向的題項

Bradburn 等人 (2004) 特別強調，他們對於撰寫態度意向題項的新手，所能給的最好忠告是：借用其他已經成功測試過的題項，盡量少自己出題（頁 117）。可見態度意向題項撰寫之不易。

撰寫態度意向題項的原則比撰寫行為經驗題項的原則更難，因為前者沒有「對」的答案；答案只存在受訪者心中，而無法觀察測量。而且這些態度或意向並不一定都明確一致。不明確或不一致時，就很容易受到題項用字及題項位置等其他情境的影響，而且這些用

字與情境對態度意向題項的影響，甚至比對行為經驗題項更大。例如：早在 1941 年時，美國一位研究者 (Rugg 1941) 就發現，同樣的意義，用不同的字眼，可以得到差異極大的結果。他使用的句子是：「您是否認為美國應該禁止反民主制度的言論?」，而另一個版本則是「您是否認為美國應該容忍反民主制度的言論?」；兩者的差異，使受訪者對於是否支持美國的言論自由的百分比，相差 21%！又例如：Raghubir and Johar (1999) 發現，1997 年香港回歸中國時，詢問受訪者對香港整體前景的看法之前，先詢問受訪者關於比較樂觀的前景，如經濟，受訪者對於前景的預期也比較樂觀；但若詢問政治人權等比較悲觀的前景時，對於整體的前景也比較悲觀。

Bradburn 等人 (2004) 認為撰寫態度意向題項，首先須要確定問的是關於什麼的態度？例如：「您是否滿意政府的施政?」所謂「政府」是指中央政府？還是縣市政府？施政是指民生？外交？還是哪一方面？受訪者可能覺得難以回答或必須以自己的詮釋來回答，這就造成許多測量誤差。但由於擬題項者已經在相關議題（政治）沈溺太久，常看不出題項中模糊之處；因此，在正式訪問以前作認知訪談，請受訪者詮釋問卷題項的意義，或說明他們認為某些詞語所指涉的是什麼，研究者再據以修改，可以使題意更加明確。

Bradburn 等人 (2004) 區分意見與態度。他們認為，**意見**是對某種物體的看法，而**態度**是對比較複雜的事物的許多意見的總和；所以詢問意見時，是以一個題項來問，而詢問態度則是以一組題項為之。他們進一步把態度分成三個部分：認知部分、評量部分及行為部分；也就是對於某項事物的態度，包括對它的理解，評估及進一步行動上的表現。即使三者間相關還算高，但三者間還是不同的；不能以其中一項去預測另一項。研究者在撰寫題項時，必須確定自己是針對態度的哪一部分而擬。

　　詢問態度的強弱，最常用的是**李克特量表**。關於李克特量表是否應該有一個中間選項（沒意見、不知道），一般的作法都不加入這個中間選項，藉以強迫受訪者努力表示意見。因為這方面的研究者認為，很少人是真的完全沒意見；自認自己沒意見或中立者，事實上都會或多或少偏向某一邊。然而，Bradburn 等人 (2004) 有不同的意見，他們認為，研究顯示，多一個中間選項，並不影響同意與否的比例及「不知道」的百分比，而且不會改變該變項與受訪者背景之間的關係；另一方面，中間選項的百分比，反而讓研究者多一些訊息，知道有多大比例的人對這項事物沒什麼特別的態度。因此他們建議要加入中間選項。

　　使用李克特量表時，必須保持**量表的平衡**。所謂「平衡」是指在量尺兩端的選項剛好是相反的。平衡的量尺使受訪者易於根據量尺的規格回答；量尺不平衡，受訪者也許不容易將自己的意見或感受分等級，而比較難以選擇回答。例如比較下列兩組答項（例子出自 Fink 2003）：

⑴非常快樂　　　　　　　　　⑵非常快樂
　有點快樂　　　　　　　　　　快樂
　既非快樂也不是不快樂　　　　既非快樂也不是不快樂
　不是很快樂　　　　　　　　　不快樂
　　　　　　　　　　　　　　　非常不快樂

　　第一組是不平衡的選項組。選項在「既非快樂也不是不快樂」之後，只有一個「不是很快樂」就突然結束了，真正很不快樂的受訪者也許覺得無法找到適合自己心境的答案，或者研究者因為沒有極端負面的選項而失去一些訊息。第二組不但使選項之間獲得平衡，

受訪者也許比較易於判斷自己的心境。

　　詢問受訪者**行為的意向** (behavioral intentions)，可有幾種選擇：
會／不會、可能性 (likelihood)，及頻率。例如，詢問受訪者，投票
時是否將票投給某位候選人，可用以下兩種問法：

⑴請問您，今年 12 月的縣市長選舉，您會投給市長候選人
　　第一號的馬英九嗎？
　⑴會　⑵不會

⑵請問您，今年 12 月的縣市長選舉，您會投給市長候選人
　　第一號的馬英九嗎？假設現在從 1 到 10，1 表示幾乎一
　　定不會，10 表示幾乎一定會。您認為自己投給馬英九的
　　機會，是屬於 1 到 10 的哪一個數字？
　　幾乎一定不會　1–2–3–4–5–6–7–8–9–10　幾乎一定會

利用第一種問法可以估出會投給馬英九的比例，但其中也許有頗高
比例的人其實並非篤定會投給 1 號。因此選舉研究常會利用第二種
方法來評估受訪者的行為意向。

　　第三種問法如下：

⑶未來一年，您預估自己大約會看幾本投資理財的書籍？
　　未來一年大約＿＿＿＿本

或者以選項的方式由受訪者選擇：

⑴0 本　⑵1 本　⑶2–3 本　⑷4–7 本　⑸8 本或更多

當然，由受訪者自己提供答案，比將次數分成少數幾個類別再由受訪者選，前者的結果會更準確，減少測量誤差，但資料輸入時比較容易出錯，而且不容易檢查出錯誤。而以選項列出時，第一個要注意的是：要把「零」納入選項範圍。接著，要考慮選項的區間劃分是否具有區辨力。例如，在預試時發現，有高比例的人都集中選擇(4)，而選(1)與(2)的比例非常低，則可將(1)與(2)合併，且將「4–7 本」作更細緻的劃分，例如：

⑴ 1 本或不看投資理財的書　⑵ 2–3 本　⑶ 4–5 本
⑷ 6–7 本　⑸ 8 本或更多

有時一些事物有多個面相，例如，「九年一貫」的教育政策內容是很多面的，例如：建構式數學、統整教學、多元智慧等等。若只集中於該政策的某一面，像是統整教學，所獲得對於九年一貫教育政策的態度之測量結果，很可能是有偏誤的。並且，很重要的一點，Bradburn 等人 (2004) 認為，即使是對於某項明確事物的態度，也一定要有另一個選擇，讓受訪者以之為參考點，加以比較。而且，這另一個選擇的用字必須很小心，確定受訪者知道它指的是什麼，才能證明受訪者對於這另一個選擇的詮釋跟研究者相同，減少測量誤差。例如，「您覺得統整教學對於目前臺灣學生實際的學習比較有效，還是分科教學對目前臺灣學生實際的學習比較有效？」

詢問受訪者對事物的態度，除了受訪者本身當時的感受及周遭的大環境會影響回答的內容之外，經由訪問過程的對話內容（問卷題項）所喚起的受訪者記憶及思緒，也明顯會影響訪問結果。例如1975 年美國的「基本社會調查」(GSS) 作了一個實驗，將以下兩題的次序在兩組中互換：

⑴大體而言，您覺得自己的婚姻是：非常快樂？還算快樂？

不太快樂？

⑵大體而言，您覺得自己最近是：非常快樂？還算快樂？

不太快樂？

結果發現，若先問「婚姻快樂與否」這個比較小範圍的 (specific) 內容，則「自己快樂與否」的回答，會受到前者回答的影響；但若先問「自己快樂與否」這個比較概括的 (general) 內容，婚姻快樂與否的回答，卻不會受到「自己快樂與否」回答的影響（轉述自 Bradburn et al., 2004: 147）。之後一些學者作類似的研究也有類似的結果。這是因為較小範圍的內容，引發了受訪者在那一方面的思維或情緒，使得他之後在回答較概括的問題時，也受到了這些思緒的影響。因此，Bradburn 等人 (2004) 建議，要先問比較概括的問題，再問這個概括問題之下的小範圍的問題，例如先問一般的生活，再問婚姻生活。

在詢問行為經驗的題項部分，會有威脅性題項的問題，其實在態度題項，也會有威脅性題項的問題。美國在這方面作得最多的研究，就是有關種族歧視的問題。以一般傳統的問卷調查受訪者是否歧視有色人種時，顯示種族歧視愈來愈少，幾乎已經消失，但一些精心設計的種族歧視量表，所發現的種族歧視比例卻高出許多。Dividio and Fazio (1992) 回顧有關種族歧視態度測量的新科技時，作了一些介紹，非常有趣。筆者在此簡單摘要三項方法：

⑴利用量表描述受訪者對於不同人種的觀察時，量表裡評語的範圍不是從極正面（例如有志氣）到極負面（懶惰），而是從正面（不懶惰）到極正面（有志氣），或從負面（沒有企圖心）到極負面（懶惰）。這似乎使得受訪者比較安心吐露他對不同人種的看法，因而在負面的態度上，白人對黑白人種的態度都相同，但在正面態度

上，白人對於黑人的看法不如對白人的評量正面 (Gaertner and McLaughlin 1983; Dividio, Mann, and Gaertner 1989)。

(2)讓受訪者覺得是因為別人違反了社會的價值觀或作過分的要求（「象徵式的種族歧視」(symbolic racism) McConahay 1986），因為這時似乎無關種族偏見，受訪者會覺得自己的偏見是合理的，會安心透露自己的意見。例如「黑人在爭取平權時，要求太多了」，問的似乎是黑人造成社會的不安或作不合理的要求，跟自己的種族態度無關。許多研究發現這種方式所得到的結果，比傳統的種族歧視量表更具效度（見 Dividio and Fazio 1992: 217–218）。

(3)研究者認為，要掩飾自己的種族偏見或不為社會所讚許的事物，必須稍加思考，所以唯有不讓受訪者有機會作這種思考，才能測出他們的偏見或真正的喜好。因此在實驗室裡，讓受訪者先看白人或黑人的相片（或僅給一個具敏感性的名詞，例如色情刊物），再給受訪者看一個形容詞，讓他盡快指出該形容詞是負面的還是正面的意義。研究也發現，看到白人相片以後，指認正面的形容詞的速度較快，但看到黑人的照片以後，指認正面形容詞的速度較慢 (Fazio, Williams, and Sanbonmatsu 1990)。

　　以上這些方法裡，第三種方法也許不容易應用於調查訪問，甚至要直接應用第一、二種方法於國內研究的機會可能也很少，但這些靈活的變化，也許可以給題項撰寫者一些靈感或啟示，進而創造新的方法達成研究需求。

　　另一方面，政治學領域會發現，由於環境的差異，同樣的概念在不同的環境的受訪者，會給予非常不一樣的評價，這將使跨國或甚至跨區域的比較變得毫無意義。例如，在跨國比較裡，中國的受訪者認為自己的政治效能，比墨西哥的受訪者高得多 (King et al. 2004)；但事實上，墨西哥人民卻能用選票把一個無能的政府踢下臺，

所以這樣的結果可說頗為荒謬不合理！King 等人 (2004) 則在直接測量受訪者本身的抽象概念之外，還利用跟該抽象概念密切相關的情境故事，來測量受訪者在這一概念的標準高低，藉此調整反映出不同國籍的受訪者在選擇相同的選項（例如非常民主）時，對於該抽象概念的標準。例如，要測量受訪者的政治效能，除了先問受訪者自認有多少力量 (how much say) 能促使政府注意他們的福利之外，還講了五個人的狀況，並一一詢問受訪者，認為故事中的人對於促使政府關注他們的福利，有多少力量？選項則包括：完全沒有、幾乎沒有、有一些、有很多、及有無限大的力量。五個故事裡的人都是沒有乾淨的飲水可用的居民：

> 第一個故事裡，主角聯合其他居民，打定主意投票給反對黨，因為反對黨已經同意為他們解決問題；
> 第二個故事裡，主角則聯合其他居民簽名，在選舉前向每個政黨陳情；
> 第三個故事裡，雖然反對黨答應要為他們解決問題，但主角覺得投給反對黨也沒用，因為當政者一定會贏得選舉；
> 第四個主角沒做什麼，因為當地政府說現在最重要的是發展工業，不是乾淨的飲用水；
> 第五個主角不打算投票，因為他覺得政府不關心這件事，所以他默默受苦，希望未來別人可以幫助他們。

研究者讓這五個故事的次序隨機出現，而且故事主角的名字與受訪者的文化及性別相符，盡量不使其他面向摻雜其中。如果問卷還有其他議題，例如「自由」，最好能將兩個議題的情境故事混著問。King 等人 (2004) 並為這種資料寫了一個統計分析軟體，軟體及相關的資

訊都可以在 http://GKing.Harvard.edu/vign 取得。

　　最後，調查研究中一項廣為人知的事實就是：許多受訪者會出於善意而接受訪問，但實際他們對於某項議題可能一點都不感興趣，或毫無所知。一個有名的例子是 Bishop 等人 (1980) 的研究中，詢問美國民眾是否認為某一項法規應該廢除，而所舉的法規名稱中有些是虛構的。竟然還是有 1/3 的受訪者有模有樣的提供他們的意見！當然，這樣一來所獲得的態度資料，可能缺乏穩定性及一致性，更不用說效度了。因此有時有必要加問一些相關議題的知識題，經由受訪者在知識題的表現得知受訪者對於議題是否真的有概念，還是依據自己想像中的事物來回答。

3. 知識的題項

　　有時調查也須瞭解受訪者在某方面的知識，例如，選舉調查以政治知識題企圖瞭解它對選舉行為的影響、或衛生單位以民眾對優生或保健等方面的知識瞭解它對民眾健康習慣的影響等等。

　　Bradburn 等人 (2004) 認為，研究者想瞭解知識與態度之間的關係時，應該先問知識題，之後再問態度題。這樣一來，受訪者才不致誇大自己在這一方面的知識，也比較勇於承認自己對這方面的態度不清楚或尚未決定。若先問態度題，受訪者可能認為訪員也許預期自己應該對這方面的議題有所瞭解，而且應該有明確的態度。這時所得到的態度分布，也許跟實際的情形落差較大。

　　知識題可以有很多種型式，例如：

在這次訪問前，您有沒有聽說過基因科技？
(1)沒聽過　(2)聽過　(3)聽過，而且可以解釋給別人聽
　（出自「臺灣地區基因體意向調查農業生物科技組第一波電話訪問」2004）

只要知道受訪者是否聽過某個很籠統的事物，是最簡單的題目，也常容易使自稱聽過或瞭解該議題的受訪者比例偏高 (Bradburn et al. 2004)。將題項說得更明確一些，自稱聽過或理解的比例就會降低。例如，上例可以變成：

您有沒有聽說過，基因科技可以用來預知一個人未來是否
會得乳癌？
⑴沒聽過　⑵聽過　⑶聽過，而且可以解釋給別人聽

更加深入的知識題，就像一般的考試，可以有是非題、選擇題、填充題等等。這些題型與一般考試唯一不同之處是，必須明白加上「不知道」的選項，避免受訪者亂猜，或避免訪員誤認為要盡可能得到受訪者「有意義的」回答；這時「不知道」也是有意義的回答。

有時為了要避免受訪者因為無法回答而覺得受挫，甚而覺得受威脅，終於拒訪，可以在題幹中加入一些說明，例如：「您是否剛好有聽過……」，或「您記得……」，使受訪者不覺得自己不知道是一件丟臉的事。另一種方法，則是將知識題喬裝成為態度題，詢問受訪者是否贊成某項陳述。例如：

請問您同不同意「小孩的性別是由母親的基因來決定」？
⑴同意　⑵不同意　⑶不確定／不知道
（出自「臺灣地區基因體意向調查基因醫學組第二波電話
訪問」2004）

將知識題以是非題或態度題的型態出現時，必須注意的是，由於對議題無所知或不感興趣的受訪者，常傾向於同意訪員的陳述，在研

擬及排列題目時，要混合正向敘述（對）與負向敘述（錯），才不致因為大部分的敘述都是正向的，而使受訪者的知識題得分看似頗高，但其實只是受訪者在表示友好的效應。

知識題的題數多寡，一方面視研究目的而定：如果受訪者在知識題的得分要被當作依變項，則為了增強信度與效度，題數必須多一些，例如，也許至少 20 題；如果只是當作一個自變項，只需要少數幾題即可。另一方面，知識題的題數，也要視受訪者在該方面知識的多寡而定：如果絕大部分的受訪者都不瞭解這方面的知識，兩三題就足以篩選出有概念的受訪者。若受訪者在這方面的知識程度差異大，則須要較多題項來區辨知與不知者。Bradburn 等人 (2004) 還建議，將題項依難易程度排序。訪員由最簡單的開始問，當受訪者連續答錯兩三題時，就可以中止知識題的部分。

由於知識題想要瞭解的是受訪者本身在該方面的知識，因此，若調查的過程中受訪者有機會去找他人一起研究或找資料作答（如郵寄問卷或在網路上自填問卷），將使結果缺乏效度，甚至影響研究結果；所以，調查內容包含知識題時，應該採用面對面訪問或電話訪問，或在嚴密控制的情況下自填，就像學校考試一般。

以上所討論的知識題，都是在探測受訪者某一方面的知識程度，然而，有時研究者卻希望藉由受訪者的回答，瞭解受訪者所熟悉的環境。例如，詢問受訪者，他所住的社區附近，是否有人被殺害或被搶？有人被偷？是否有毀壞的空屋？自己的青少年子女在附近玩耍時，會不會很擔心？夜晚時有沒有閒晃的成年人？或拉客的妓女等等。這些問題很明顯在藉由受訪者的眼睛，觀察一個社區的環境，而這個環境，是訪問時無法觀察到的事物。但是，因為每個人的觀察常跟他本身的態度有關，因此，必須至少有三四個人觀察同一社區（環境），再將結果平均或以某些方式加權，以降低個人偏見所形

成的誤差 (Bradburn et al. 2004)。

㈣彙整成問卷

　　將研究所需要的各種資料都轉化成題項之後，還必須將題項排序，形成問卷的格式。在**製作問卷時，一大原則是：滿足受訪者的需求，是第一優先要做的事；**其次是滿足訪員的需求；最後才是滿足資料處理者的需求 (Bradburn et al. 2004)。因此問卷必須看來寬敞舒適，字體要夠大（建議用 12 號字體），而且每個選項之間要有間隔距離，或標明號碼，有專業設計之感，讓人覺得容易閱讀；以免令人覺得煩亂不想看問卷。例如以下的方式就不佳：

　　____沒聽過____聽過____聽過，而且可以解釋給別人聽

改成如下，至少看來清楚許多：

　　____沒聽過　　____聽過　　____聽過，而且可以解釋給別人聽

此外，如果製作的是面訪問卷，給訪員的指導語（訪員不必唸出）必須跟給受訪者的指導語（由訪員唸出），在呈現上有所區隔，例如使用不同的字體或不同的顏色。而且，如果是關於整個題項的特殊提示（例如誰該回答、不唸出選項、可複選），則必須放在該題的最前面；如果必須依據受訪者的回答作特殊過錄或跳題，則必須放在該選項的後面。例如：

　　（不唸出選項）請問您家裡訂什麼報紙？
　　(1)沒有訂報（跳答第 6 題）　　(2)《聯合報》

(3)《中國時報》　(4)《自由時報》　(5)……

尤其，排放態度意向問題或（與）知識題，由於排列次序不同而可能使受訪者產生一些想法或預期，進而影響調查結果；因此，在排列題項時，必須注意避免引發這些機制。最後，必須為訪員準備指導語。之後又經過反覆的預試、修訂，甚至刪改題目與指導語，才能進入正式的訪員訓練與訪問的過程。

二、題目的形式

　　問卷設計的準備工作除了前述的研擬該次調查主題、界定主題概念外，並應依據不同概念本質設計出可測量相對應概念之指標（變項），遵循清晰易懂的措辭原則來設計題目及答項內容。不過問題內容僅是問卷建構時的重要層面之一，研究者還必須注意問題的結構與選項類別的格式。本節將討論不同的問題結構類型，並說明變項定義與**測量尺度** (measurement scale)，以及社會調查中常用的量表形式。

(一)常見的問題結構類型

　　在社會科學研究的調查問卷中，依據理論和方法學的考量，以及研究者的需求，有幾種常見的問題結構類型，包含封閉式或開放式問題、單選題或複選題、以及排序或兩兩相比等，依據選項的設計方式而異。以下便就各種問題形式予以討論。

1. 封閉式與開放式選項模式

　　常見的問題結構類型包含封閉式問題與開放式問題，依據選項的設計方式而異。封閉式問題是指選項由研究者提供，受訪者由一

組答案中選擇最接近其想法或觀點的回答。在選項的設計上要能顧及周延，且彼此間具互斥性。「周延」(exhaustiveness) 指的是該納入的類別皆應納入；「互斥」(mutual exclusivity) 則是選項的類別彼此間不可有重疊。例如請受訪者評估自己的社會階級地位，應能清楚區別哪一個階級為最適合之選項。

假如把社會上所有的人分成上層、中上層、中層、中下層、和下層階級，您認為您屬於哪個階級？
□(1)上層　　□(2)中上層　　□(3)中層　　□(4)中下層
□(5)下層階級

對於選項的設計有幾點需要注意。首先，為避免選項有不足之處，讓受訪者無法選答，可以再設計「其他」這一項，並請受訪者補充說明。例如，為了避免遺漏，可以在選項中提供「其他」，並請受訪者說明回答。

當選項呈現於問卷中時，其順序要一致，通常是由正向到負向，避免讓受訪者或訪員混淆不清；當詢問受訪者對於某個議題或事件，例如報紙或電視報導新聞之公正性或正確性的同意程度，選項常先列出「非常同意」，最後才是「非常不同意」。

此外，應避免選答次數少的類別，因為在資料分析時，這些類別容易因所占比例過低而被合併到其他選項或者被忽略。例如詢問受訪者的教育程度，一般分布由未受教育、小學到碩士、博士，然而若以 65 歲以上的老年人為訪問對象，考慮過去教育資源的分布與結構改變，老年人教育程度為碩士或博士的次數可能會很少，因此相對應的選項可改為「研究所以上」。然而針對特定重要議題，雖然發生的次數少，仍需要一一詢問。有些重要議題可能只為了瞭解成

長或減緩的程度，出現的頻度甚低，但若曾發生即可能列為重要事件，例如疾病史，是否有家族遺傳疾病、心臟病、高血壓、過敏等。或者有些人研究青少年的偏差行為，會詢問有無打架、吸煙、喝酒、吃搖頭丸、吸食安非他命等。有如此行為的受訪者比例都甚低，但某些行為的出現頻度可能因年齡的增長而提高，因此可提供研究成長或變遷趨勢之重要資訊。

封閉式問題的缺點在於要求受訪者就既定的選項來做選擇，因為在此情況下，答案已經由研究者設定好，受訪者的回答會被歸類到其中一個選項，或者他們會被要求就這些項目來選擇他們的答案。封閉式問題在資料的整理與分析上比較容易，題目的敘述與選項也可以標準化，但是會有預設立場或選項不夠周延的缺點；也就是可能會忽略重要的選項，而造成損失。

開放式問題不事先設定回答的選項，由受訪者提供自己的看法或答案，再依照受訪者的答案作事後的分類。開放式問題結構的設計經常用在答案類別很多，不容易詳細列出的問題。例如詢問受訪者平時最常閱讀的報紙有哪些（如下例），由於市面上所發行銷售的報紙種類繁多，同時可能有地方性與全國性之差別，研究者多尋求詳盡的答案以做到正確的歸類。

您最常看哪三份報紙？（請受訪者依序說出最常看的報紙名稱）

最常看　＿＿＿＿＿＿＿＿＿＿＿、

第二常看＿＿＿＿＿＿＿＿＿＿、

第三常看＿＿＿＿＿＿＿＿＿＿。

有一些問題的回答屬於連續性的數值，雖然可以是先將答案分

組供受訪者選擇，但是從資料分析的角度來看，連續性數值的變異性較大，而因此可提供較多資訊，所以此類問題也可以採用開放式的問法，例如收入、年齡、行為習慣等。

您平均每天看報紙看多久?＿＿＿＿時＿＿＿＿分

開放式問題可以蒐集較豐富的資料，能得到受訪者較詳盡且深入的見解，但是得到的答案在整理與分析上容易產生不便與困難，所以在問卷調查中比較少見，較常出現在深入訪談的問題形式。

2.單選題與複選題

調查訪問企圖瞭解民眾對於某個社會議題的不同看法，因此會依據理論架構或經驗觀察，提供不同面向的選擇，以期知曉主要趨勢，並進而探究抱持不同意見與態度、或行為習慣表現不同的民眾，彼此間是否有所差異。因此，一般問卷題目的設計以單選題居多，也就是在封閉式問題的結構中，請受訪者由多個選項中，選擇單一個最接近其看法、態度或意見的答案，或者提供最接近事實的回答，這樣的選項形式為單選題的設計。例如在「臺灣社會變遷基本調查」與國際社會調查計畫 (ISSP) 合作的問卷題目中，問到受訪者預期未來退休後的經濟來源，即列舉了多項可能的選擇，同時為了避免混淆，應清楚說明請受訪者僅需由其中挑選一個最主要或最接近的回答。

（未退休者）您預期在（您和您的配偶）退休後，你們生活費用的最主要來源是:
□(1)子女提供的生活費　　□(2)勞保勞工退休金
□(3)公保軍公教退休金　　□(4)配偶的勞工退休金
□(5)配偶的軍公教退休金　□(6)國民老農年金

□(7)自己和配偶的儲蓄（含利息、投資收入）
□(8)其他來源（請說明）＿＿＿＿＿＿

　　有時研究者預期或是希望受訪者對於同一個問題表達多個不同的看法，或者由經驗、觀察資料中得知單一民眾的行為表現並不侷限在某個特定類型，而是在實際上具備了多種不同面貌時，會以複選題的方式設計問題，讓受訪者可選取所有符合的選項；範圍可從一項到多項，研究者可設定數量上限。同時，為了讓訪員或自行填答的受訪者曉得該問題可以選取一個以上的回答，通常在問題的最後註明該題為複選題，並且在設計資料的過錄格時，將同一問題中的多個選項視為多個小題，亦即用多個回答的處理方式來取代單選題的單一回答。

　　（對於曾經出過國的受訪者）請問您到過什麼地方？
　　（可複選）
□(1)東北亞【日、韓】　　□(2)東南亞　□(3)中國大陸
□(4)港、澳　　　　　　　□(5)中東　　□(6)歐洲
□(7)中、南美洲　　　　　□(8)北美洲【美國、加拿大】
□(9)紐、澳　　　　　　　□(10)非洲
□(11)其他地區（請說明）＿＿＿＿＿＿＿＿

3. 排序與兩兩相比

　　排序問題的設計可以為複選題的一種變化；當研究者希望受訪者針對一組給定的回答排列高低不同的優先次序時，需在題目中清楚說明，請受訪者依自己的喜好或想法，將所有的回答標明順序。有時候選項太多而考慮受訪者需要花過多時間思考，研究者可以將

需要排序的數量加以限定，例如由十個環境議題當中選取最重要的前三名，並且請受訪者標明順序；例如以 "1" 表示最重要，"2" 表示次重要等。在內容的呈現上，將全部選項加以排序與僅選取符合前幾項有所不同。以全部選項的排序而言，通常在選項後方列出空格或底線，依據受訪者的回答填入相對應的先後順序。例如下列問題詢問一般父母教育孩子的目標，請受訪者就所列出的六種目標的重要性排列順序，然而這六個選項呈現的順序不表示重要性的高低。

> 下面有六項一般父母希望教育孩子的目標，請您按照您覺得的重要程度排列出先後次序。1 是最重要的，6 是最不重要的。
>
> (1)做人要誠實：＿＿＿＿＿＿
>
> (2)肯努力上進：＿＿＿＿＿＿
>
> (3)聽話、不學壞：＿＿＿＿＿＿
>
> (4)做個快樂的人：＿＿＿＿＿＿
>
> (5)懂得待人處事：＿＿＿＿＿＿
>
> (6)能夠獨立自主不依賴人：＿＿＿＿＿＿

　　若研究者僅需前三項，或者只要最重要及最不重要的，仍是將選項逐一列出後，再請受訪者回答。同樣以前述的問題為例，呈現的方式可改為：

下面有六項一般父母希望教育孩子的目標，請您按照您覺
得的重要程度列出最重要跟最不重要的。

最重要的：＿＿＿＿＿＿

最不重要的：＿＿＿＿＿＿

做人要誠實

能夠獨立自主不依賴人　　　　　　　肯努力上進

懂得待人處事　　　　　　　　聽話、不學壞

做個快樂的人

　　排序的用意是請受訪者就多個選項做比較，但是受訪者常需要
反覆閱讀各個選項許多次以做出決定，因此相對於其他的問題結構
設計而言，排序對受訪者來說較為困難，因此建議若無其他問題結
構可獲得所需資訊時，才採用排序 (Babbie 1998)。

　　為了降低受訪者比較選項的困擾，另一種排序形式的題目設計
為兩兩比較，然而因為需要比較的只有兩個選項，並且只需選擇一
項最符合者，對受訪者而言困難度相對減低許多。以環境議題中常
見的經濟發展與環境保護的衝突為例，題目可以設計如下：

如果經濟成長和環境保護會有衝突時，您認為哪項應該優先？

□(1)環境保護優先

□(2)經濟成長優先

□(3)無法決定

　　無論是排序或兩兩相比，所獲得的資料屬於有高低順序的測量；因為被選為最喜歡的項目在評分上會高於次喜歡的項目，但是並無法決定評分的差距為多少。

(二)變項與測量尺度

　　變項是一個在經驗層次上表達的概念，具有兩個或兩個以上的數值，在問卷上是以對某個題目的選項方式來呈現。某些變項雖然具有固定的類別（例如性別），不過有許多變項則可以被設定為不同的分類。例如就業狀態的類別為「有工作」及「無工作」；但是它也可以被分類為「全職工作」、「兼職工作」、和「無工作」，因此一個變項的選項類別是可以變動的。理想的分類可以同時涉及該變項**質化**（例如是否具有某一特徵）與**量化**（例如多寡、頻率）的特性。而選項的類別是可窮盡且互相排斥的；也就是說，所有且每一個觀察值都能夠且必須被歸類到這些類別中的一類且僅此一類。一般而言，涉及統計分析的**名目** (nominal)、**順序** (ordinal)、**等距** (interval)、以及**等比** (ratio) 等四種測量尺度可用以建構變項的選項類別。

　　名目尺度運用數目或其他符號將研究對象分成兩個或兩個以上的**類別**，來區辨某個特徵或這個特徵的許多類別是否存在。名目尺度的測量不能夠有比較性的文句，像是「較多」或「較少」並不會出現在類別中，僅是單純地將不同特質的類別加以呈現。社會科學研究裡名目尺度的典型例子有性別、社團類型等。能用來摘要說明此類型資料的說法有：甲城市中的男性多於女性；乙大學中有 12%的人參加康樂性社團等。在數學的意涵上，名目尺度中同一個類別中所有物體的性質都被視為相同，例如所有居住在臺灣與日本的人，都被視為亞洲地區的居民。

　　順序尺度除了具備不同的選項類別外，也允許數值或選項類別

間做比較，文句中會指出「較多」或「較少」等程度上的差異。順序性變項的數值依照特定標準來**排列順序**，但是並無法以「多多少」或「少多少」的方式來做比較。例如同意「同性戀婚姻可以合法化」的受訪者對同性戀婚姻的容許程度比回答「不同意」的人要來得高。變項數值與選項之間有一個相對應的關係，例如「極佳」、「很好」、「普通」、「不好」四個不同程度的自評健康測量可以用數值 1 至 4 來表示，數值愈高表示自評健康情形愈差。

相對於順序尺度只可決定順序而無法區分選項類別間的差距，等距尺度不僅容許變項的類別有順序性的排列，同時也明訂類別中彼此間的**相對距離**，而且這個距離是固定不變的；相鄰兩類的距離與其他任何相鄰的兩個類別之距離相等。典型的等距尺度變項有個人的年齡、收入、投票率等，因此我們可以說，25 歲的人和 30 歲的人在年齡上的差距（年數），與 37 歲的人跟 42 歲的人在年齡上的差距是相同的，皆為五年。如果想改變任何給予選項類別的數字，不但要保留選項間的順序，也必須保留它們的相對差距，如此一來由該變項所獲得的資訊才不會因而改變。

等比尺度的特性除了上面所提到的名目尺度、順序尺度、及等距尺度包含之所有特點外，還具備了一個有意義，或**絕對的零點**，當此零點為變項中的類別時，其意義方可呈現出來。在間隔尺度中，類別彼此間的距離為已知，代表各類別的點可被用來相加減；然而在等比尺度中，由於零是有意義的，代表各類別的點還能用來相乘除，且各類別間的比率為已知。等比尺度的典型例子如時間、重量、長度等。在社會科學的研究裡，為了實際運作的考量，常將等距尺度與等比尺度結合使用 (Lin 1976)。

㈢量表形式

在問卷中常會以同一概念下的數個題目組成一個題組，研究者可以累計、加權等不同方式來計算題組的分數，而將其轉換成可作為單一測量的**指數** (index) 或**量表** (scale)。如此做的原因在於嚴謹的研究設計雖然會選擇具備信度與效度的測量，但是研究者鮮少能事先發展出可測量複雜概念的單項**指標** (indicator)；此外，單一題目所形成的測量變項有時無法提供足夠的變異，但以數個題目所組成的指數或量表則可 (Babbie 1998)。雖然指數和量表皆為等距的**複合式測量** (composite measure)，其主要差異在於指數是以簡單的分數累積所建構；而量表則是藉由將數值分配予**回答類型** (response pattern)而建構，嚴謹度較高 (Babbie 1998; Frankfort-Nachmias and Nachmias 1996)。以下介紹幾種常見的指數與量表形式，包括指數形式的**李克特量表**與**語意差異** (semantic differential)，以及屬於量表形式的**古特曼量表** (Guttman scale)。使用李克特量表及語意差異兩者皆可獲得適合編製指數及量表的資料，而古特曼量表則為建構量表的方法。另外一種建構量表的方法為**瑟氏量表** (Thurston scale)，不過由於量表的建構費時費力，同時指標變項的意義會因時而異，目前已經很少用在問卷設計中，本章亦不做討論，有興趣的讀者可參閱 Babbie (1998)。

1. 李克特量表

量表是由數個**題項** (item) 所組成的強度結構，其中以李克特量表最具代表性，由李克特所發展出來的問題格式，在調查問卷中經常可見。一般而言，受訪者會被要求對於某一個陳述說明其「非常同意」、「同意」、「不同意」、「非常不同意」或「無法決定」，屬於順序尺度的測量，這些選項的措辭可隨問題的不同而改變。下面是一

組典型的李克特量表設計。

請問您贊不贊成下列的說法?

	(1) 非常贊成	(2) 贊成	(3) 不贊成	(4) 非常不贊成
a. 對一般民眾的問題，大部分的政府官員多半都不怎麼關心。	☐ 1	☐ 2	☐ 3	☐ 4
b. 有人說臺灣社會愈來愈亂，大家都不守法，也不守規矩。	☐ 1	☐ 2	☐ 3	☐ 4
c. 只要不偷不搶，用任何方式賺錢都是可以的。	☐ 1	☐ 2	☐ 3	☐ 4
d. 如果大家的收入更平均的話，一般人會因此更不努力工作。	☐ 1	☐ 2	☐ 3	☐ 4
e. 假如有好的社會福利保障，一般人會因而不努力工作。	☐ 1	☐ 2	☐ 3	☐ 4

　　李克特量表是設計用來測量態度的方法，此類題目格式的特點在於選項的**順序向度** (ordinality)，因此研究者可以從答案中判斷出相對強度。研究者通常會先蒐集所有可能的題目，並施測於隨機的受訪者，同時以所獲得的資料作初步的分析，計算每位受訪者的總分。在進行資料分析時，可以依據題目的方向性將 1 至 5 的分數分派給五個選項，並將各題項的分數加總，讓每一位受訪者可以有總分來代表其對於個別題項的反應。這些分數可用來測定題項的**鑑別力**，然後選擇那些鑑別力高的題項，並檢定其信度，以信度高的題項組成量表，作為施測的內容。關於鑑別力與信度檢定詳見第 6 章。

2. 語意差異

　　語意差異是將個別的選項以**相對比**的兩個形容詞放置在量尺兩邊的極端值上，形成有高低程度的層次量表，來評量受訪者的反應。

研究者必須依據題目與選項內容先決定選項的層級，然後選取兩個相反的字詞來代表各層級的極端點，接著決定包含兩極端值在內的評量尺度，尺度可以由 5 點到 10 點不等，依研究者所需而定。下列題目是有關受訪者對於居住社區的評量：

如果用下列一些配對的形容詞來形容你所居住的社區／地方附近，你認為你所居住的社區／地方附近，會是屬於哪一個情況？（1 及 7 代表最極端的情形，2、3、4、5、6 則介於其中）

a. 很安全　　　　1　2　3　4　5　6　7　很危險　　　　□

b. 很整潔　　　　1　2　3　4　5　6　7　很髒亂　　　　□

c. 很適合養小孩　1　2　3　4　5　6　7　很不適合養小孩　□

d. 很方便　　　　1　2　3　4　5　6　7　很不方便　　　□

　　在上面的例子中，a 到 d 代表了居住社區的「安全性」、「整潔」、「育兒」、「便利性」等四個評量層級；以「安全性」而言，受訪者可以從「很安全」到「很危險」的 7 點評量尺度來作選擇。當研究者選擇 2 時，表示其認為所居住的社區十分接近「很安全」的情況；若回答為 6，則表示其認為居住社區較接近「很危險」的情況。研究者可依據受訪者對每一組配對形容詞的選擇計算總分，由於直接以量表中的數值來計算會與一般人的直覺不符（例如「很安全」為 1 分），因此我們可以將這 7 點的評量顛倒過來計算；分數愈高表示受訪者評估自己所居住的社區偏向於較佳（如安全、整潔等）的居住環境；若分數愈低則表示其社區是屬於較差的居住環境。

3. 古特曼量表

　　古特曼量表由古特曼 (Louis Guttman) 在 1940 年代初期發展出

來，是將受訪者對一組題目的回答組織成量表，來找出受訪者定位的方法。古特曼量表具有**累積性**的特質，認為研究者可依循著**困難度**來排列題目的順序，會回答困難題目的受訪者也會回答較不困難的題目。而題目的困難度被假定為具有潛在的**單一向度排列**，這種單一向度的設計用以確保一個量表分數僅有一種獨特的回答類型 (Bailey 1994: 353–354)。除了特定的組合之外，如果其他的回答類型也反映出相同的量表分數，這些回答類型便被視為錯誤回答；當許多的「錯誤」或非預期的類型出現時，則該量表會被視為不合適的量表。以「臺灣社會變遷基本調查第四期第三次」性別組問卷中的一組題目為例，詢問受訪者認為「未婚男女可不可以和偶然認識的人做下面這些事情?」，包括牽手、接吻、愛撫與發生性關係等四種關係強度由淺到深的親密行為題項，選項則為「絕對不可以」、「不可以」、「看情形」、「可以」。將這些問題的回答重新歸類為前兩類選項屬於「不容許」；後兩類選項為「容許」時 (Liao and Tu 2006)，對這些偶然認識者之親密行為容許程度可歸納為符合古特曼量表的形式（表 4–1），由於這個量表具有單一向度的累積性，因此我們可以知道，假若一位受訪者不容許偶然認識的人有接吻行為，可預測其亦不容許愛撫與性關係等更親密的行為發生。

表 4–1　完全符合的古特曼量表

回答類型	牽　手	接　吻	愛　撫	性關係	總　分
1	+	+	+	+	4
2	+	+	+	−	3
3	+	+	−	−	2
4	+	−	−	−	1
5	−	−	−	−	0

註：其中 "+" 表示容許；"–" 表示不容許。

　　不過在實際的調查訪問資料中，很少能得到完美的古特曼量表，大部分的情況下會發現不一致性的存在，因此古特曼發展出**複製係數** (coefficient of reproducibility, CR)，用來測量一個可完全量表化之模型的符合程度，作為測量該量表效度的方法（參見 Babbie 2004）。

　　本節說明了變項定義與測量尺度，並討論不同的問題結構類型，以及社會調查中常用的量表形式。測量的尺度有四種：名目尺度、順序尺度、等比尺度與等距尺度。依據理論和方法學的考量，以及研究者的需求，本節介紹了幾種常見的問題結構類型，包含封閉式或開放式問題、單選題或複選題、以及排序或兩兩相比等，這些問題的結構依據選項的設計方式而異。除了排序問題因容易使受訪者覺得困難而較少用外，其餘多可見於社會科學研究的調查問卷中。

　　當單一題目所形成的測量變項有時無法提供足夠的變異，研究者可以用數個題目所組成的指數或量表來取代，這兩者的主要差異在於指數是以簡單的分數累積所建構；而量表則是藉由將數值分配予特質類型而建構，其嚴謹度較高。幾種常見的指數與量表形式，包括指數形式的李克特量表與語意差異，以及屬於量表形式的古特曼量表，研究者可依據研究需求採用最合適之量表設計。

三、問卷編排原則

　　當研究者確定了一份問卷中所包含的題目之後，接下來的工作是將所設計的題目做一適當的組合編排。編排的成果，無論是測量工具、訪問表、或是問卷表，其實是需要下一些功夫，考慮重要的基本原則與特殊原則，進行一系列的決定或者妥協之後，才能讓互相之間毫無或有密切關聯的題目作邏輯次序的整合，使訪員能充分瞭解題目的編排內容，最重要的是讓受訪者容易理解，進而有所遵

循的提供有效且正確的回答。不過，基本或特殊原則的考慮與題目次序的最後決定，可以讓吾人判斷得出所設計的問卷有多不理想，但是卻不見得能保證這份問卷非常完美 (Peterson 2000)。

　　需注意的原則大略可以從⑴問卷結構與長度、⑵**題目與答項次序**、⑶分支、續答、跳答以及⑷版面安排四方面分別說明。這些原則的重要性會因使用的調查方法不同而有明顯的差異，這些注意事項也將一併在這四方面作說明。

㈠問卷結構與長度

　　從問卷的內容結構來看，一份問卷通常包含三大部分，分別是問卷介紹部分、主題部分以及基本背景資料。首先，訪問的開場白常常是取得受訪者信任與合作意願以及引起受訪者興趣的前提，因此如何讓幫忙研究者執行訪問的訪員能夠容易且清楚的向受訪者介紹問卷是不可或缺的。問卷介紹該不該放在問卷中其實說法不一，放在問卷的第一頁，其好處是可以確保每一位受訪者都會經由訪員的介紹確實瞭解研究目的與內容。然而，有些研究由於需要先篩選受訪者，確定所選的為適合的受訪者之後才進入問卷訪問，這時需要考慮調查成本，因此將問卷介紹與問卷分開，另外以介紹信 (cover letter) 方式作問卷說明 (Oppenheim 1992; Peterson 2000)。

　　另外一種需要考慮放在問卷介紹部分的是「**介紹題**」。兩種介紹題需要放在問卷的最前面 (Peterson 2000)。第一種類型的設計主要是要以一個簡單且通常回答的方式為「是」或「否」的問題或開放式的問題，但是必須是與研究主題息息相關的題目來吸引受訪者的興趣與鼓勵其合作意願 (rapport question)。例如，在傳統市場消費行為的研究中，我們可以將問卷的第一題作如下的設計：

請問您過去一個星期內有沒有到過傳統市場買菜或其他東西？

□(1)有　　□(2)沒有

　　第二種類型是用來篩選所需的研究對象 (screening/filter questions)。這種問題設計最常用在電話訪問戶中抽樣題的設計上。例如：

> 　　您好，這裡是臺北中央研究院，我們為了瞭解「臺灣地區民眾的婚姻與生活態度」，正在進行一項電話訪問。可不可以耽誤您幾分鐘，跟您請教一些問題？謝謝！
> 1. 請問這是住家電話嗎？
> 　不是
> 　是→ 1.1 請教您「住在這裡滿 18 歲以上、民國 75 年 12 月底以前出生的人」有幾位？
> 　　　 1.2 請問其中「男性」有幾位？

　　第二大部分的問卷內容是包含與研究目的相關的題目。這些題目有些可能很明顯看得出來與研究主題相關，但是有些則不容易分辨是否對研究目的很重要。若有任何不易辨認的問題，對於敏感的受訪者來說，可能會對研究計畫或研究者提出強烈的質疑。因此，在各題組或題目的排列次序上能多注意轉折與銜接，而且配合必要或適當的題目介紹，則對於問卷題目傳達受訪者或者訪員對受訪者的說明與溝通上，均可達到事半功倍的效果。問題的邏輯編排需注意的事項將在下一節中作更具體的說明。

　　第三大部分的問卷內容包含與受訪者個人特徵或背景相關的題目，例如：年齡、教育程度、性別與職業等。除非這些題目是研究主題的焦點，例如：工作史問卷中的行職業題，文獻的建議是將此

部分的題目放在問卷最後面，其理由是獲得這部分題目的回答比較不費力。不過，這也見仁見智，若擔心問卷長度引起受訪者不耐煩時，有些人會將這些容易回答的題目放在問卷的開頭部分，以免問到最後受訪者拒訪則前功盡棄 (Peterson 2000)。另外，每一份問卷結束時需要對受訪者表示謝意，只需一兩句話，不占很多問卷空間且很容易做到，但卻是不可遺忘的事項。

若從問卷長度來看，一般訪問到底應該多長需考慮到調查成本、長度對完訪率（回收率）的影響、問卷題目的困難度或敏感性以及調查方法。這四方面的因素其實是互相關聯的，研究者是無法單獨考慮。問卷越長成本自然需要提高。由於調查成本與所選擇的調查方法也息息相關，若選擇的調查方法所需經費低，給予問卷加長的空間時，研究者可以作彈性的調整。不過，考慮到受訪者的合作意願，提升完訪率，若無必要則建議盡量不增加問卷題數為原則。尤其是郵寄問卷與面訪調查，因為受訪者可以親眼看到問卷本身，問卷很厚時，受訪者會以占用時間為由拒絕填答或接受訪員的詢問。若問卷困難度或敏感度較高時，對於調查完訪率更是雪上加霜。即使剛開始受訪者有配合填答或接受訪問的意願，但她／他們很有可能因為問題太難瞭解、事不關己、或者有侵犯個人隱私而中途拒訪，如此則前功盡棄，可謂可惜。

問卷長度多少無絕對的標準，但確定是影響訪問品質的重要因素。根據 Bradburn and Sudman (1979) 的建議，若題目對受訪者來說有威脅性，會產生訪答效應，故在設計具有威脅性的題目時，不僅問卷不要太長，問題的字數也最好不要超過 30 個字。若在電話訪問中，一般受訪者在接受訪問 15 分鐘之後的忍耐度會大減，可以接受的題數大約是 45 題。而面對面訪問在 30 到 40 分鐘對回答問卷效度最佳。Dillman (1978) 建議若問卷回答需時超過 10 到 15 分鐘，最好

用郵寄問卷而不用電話訪問，這樣可以降低調查成本。綜觀前人的調查研究，我們不乏看到在美國或臺灣的大型調查中，面訪問卷有 20 頁之多（如：臺灣社會變遷基本調查），而電訪調查為時半小時以上（如：美國 PSID 收入動態追蹤調查）❶。

　　不過，由於社會現代化之後，民眾注重個人隱私或個人資料保密等問題，若問卷過長，對一項調查品質絕對是負面的影響。若從研究架構避免失焦的觀點來看，問卷設計者需要自我訓練的是盡量不流水帳地設計許多可能與研究目的及研究架構無關的題目，相反的應該從問卷設計的過程當中，扣緊題目與題目之間的關聯而慷慨地割捨一些無關的題目。事實上，我們不難發現許多研究者常常無法達到以上的自我要求，這著實是需要自我警惕之處。當然，為了達到其研究目的所需要的題數實在很多且無法放棄任一題時，Fowler, Jr. (2002) 建議將問卷分成幾組，分別對調查樣本（有代表性）中的次樣本作調查。這種方式，尤其是在電腦輔助電話訪問中讓電腦幫忙作隨機分配樣本個案的方式解決。

(二)題目與答項次序

　　問卷題目的編排次序會影響一項調查資料的品質，其主要理由是不同的排列方式所獲得受訪者的回答可能會有不一致性。也就是，若發生不當的題目次序，前一題的回答很有可能會影響後一題的回答，造成同一位受訪者回答相同題目時，由於其在問卷中的不同位置而有不同的答案，這種不穩定的答案所造成的是低效度的問卷題目 (Babbie 1990, 2004)。一般而言，題目次序顯得重要是當各題目互

---

❶　根據 Dillman (1978: 54–55) 還有其他 20 分鐘到一小時不等的電訪調查似乎是當時可接受的範圍內，而面訪問卷 12 頁到 24 頁者的問卷回收率也不差。

相之間的內容有相關或影響時。Converse and Presser (1986: 32) 以婚姻及生活快樂感為例的研究值得我們參考。他們實驗設計了測量兩種快樂感的題目。第一個是綜合性的快樂感，包含健康、工作、婚姻等。題目是「總的來說，請問您這幾天快樂嗎?」第二個是特定只針對婚姻的快樂感。題目是「總的來說，請問您的婚姻生活快樂嗎?」結果發現當婚姻快樂題先放時，綜合性快樂感的回答會受到影響，使受訪者要回答綜合性題目時，其判斷的參考會被侷限在婚姻生活而不是周延到其他的生活層面。相反的，若婚姻快樂題放在綜合性快樂題之後，快樂題的回答則不受到一般快樂題之回答的影響。

如何有效的將所設計的題目順序的編排，在一般的通則中除了注意到上下題間互相的內容影響之外，還需注意盡量以最自然鋪陳且符合人性心理或熟悉的方式排列題目，且排列的結果盡量不造成受訪者的反感，相反的能盡量引起受訪者的注意與興趣 (Peterson 2000)。我們可以從題目與答項兩個層次說明具體的原則。

在題目層次上，有三種與題組順序相關的原則可參考。第一個是**時間順序**，就是若問卷主題是需要受訪者回憶，例如：工作史、婚姻史、或教育史，則題目的安排最好是在利於訪問的前提下依序排列，可能的作法是從最近到以前的時序排列。第二個是**類別順序**，是將題目僅僅依據其性質加以分類排列。例如將無特殊目的的基本問題、行為、或態度題以及需考慮理論架構的題目加以分開放置。這種排列通常若在題目大題組之間的順序不會影響到受訪者的回答內容時使用。但是大部分的問卷，尤其是較長，難度較高或包含敏感性題目的問卷，需要第三個原則，就是**內容順序**。

內容順序的通則是盡量將題目由簡到難、從淺到深，其主要目的是避免受訪者反感，相反的希望能引起她／他們對問卷的興趣。以下更具體的說明詳細的注意原則。

(1)**容易回答的題目放在第一題：** 問卷中的第一題是關鍵題，盡量不要造成受訪者有任何威脅感，例如：題目讓受訪者覺得有被拷問或被挖瘡疤的感覺。通常應在第一題設計**事實性題目**而不是態度、意見、或信仰等需要稍微思索的題目。需記得的是，第一題需要與研究主題配合，Oppenheim (1992) 建議若是屬於生活哲學方面的問卷，第一題問性別或年齡最恰當且是文獻中常見的。這個原則尤其是在電訪與郵寄問卷中需注意，因為這兩種方式無法讓訪員「當面」跟受訪者解釋研究目的或作更進一步的說服與慰留 (Frey 1989; Mangione 1995)。

(2)**會引起受訪者興趣的題目放在前面：** 通常是受訪者熟悉的問題放在前面，這個原則尤其需在設計自填問卷時多注意。但是，敏感度高的題目雖有趣但容易引起拒答。Babbie (2004) 的建議是，屬於單調的人口統計資料盡量放在自填式問卷的後面。不過若所使用的是面訪調查，這些容易回答的資料也許是建立友好訪問關係很重要的題目，所以，雖然這些人口資料題很單調，是可以放在前面的。

(3)**敏感性題目放在後面：** 若屬於性行為、性態度、政治敏感、收入隱私、或其他會造成受訪者有防衛心理的題目，通常需要放在問卷的最後面，否則很容易產生訪問之初的拒訪或者中途拒訪。可能因為相同的邏輯，教科書通常建議將個人背景基本題放在問卷最後 (Peterson 2000)。

(4)**開放式問題放在後面：** 由於**開放式問題**需要較多時間思考與表達（回答或填答），尤其是當受訪者對問卷主題一點興趣都沒有時，開放式問題若放在問卷中的較前面處，很容易造成回答意願的下降，甚至受訪者的反感。背後簡單的理由是開放式問題放在前面，會造成她／他們第一印象是訪問會花較多時間 (Oppenheim 1992)。

⑸ **相同主題的題目盡量放在一起**：盡量按話題的集中性來組合題目。此方式的優點是可以避免題目重複提問，讓敏感的受訪者很可能認為設計問卷者不用心而隨便作答。若是有訪員可以幫忙說明前因後果，例如：重複可能是特殊設計，受訪者回答真實性的問題可能會減輕 (Frey 1989)。不過如非必要，還是建議不要重複類似的題目，研究者可能認為只是相似非完全重複，但是，只要是對受訪者來說都差不多時就要警覺是否有重複的必要。

⑹ **態度量表題目安排**：態度量表題目是否應該放在一起說法不一。放在一起的主要目的是方便訪員與研究者操作。不過，分散量表題目的好處是可以避免受訪者在同一組類似題目中的回答有一定的傾向，且這種回答傾向是不經思考的結果。例如：對知識性題目的猜題行為，以及同意程度題目上傾向回答同意。解決的辦法是可以在這一題組中穿插其他主題且回答選項均相同的題目 (Oppenheim 1992)。

⑺ **避免規範性題組或敏感性題組的順答行為**：與上一個注意事項類似，但此處的順答行為指的是一些社會規範或敏感題目上面，受訪者的回答很可能會傾向社會規範要求的方向（通常是同意），或者在敏感性題目上傾向保持緘默。可以避免這種訪答誤差的原則是將題目隨機的分散於問卷中 (Oppenheim 1992)。

⑻ **信度檢查題分開放置**：有些研究者可能有目的的設計另外一個題目，以便檢查受訪者在前一個相同內容的題目是否回答屬實或有回答矛盾的情形。這兩題最好不要緊接在一起，且即使分開放置也仍然要注意是否容易被受訪者發現。

⑼ **綜合性題目與特定性題目的組合運用**：這兩類型題目的順序應該如何，重要的考慮在於是否前一題的回答會影響下一題的回答。文獻中有兩大類前後題的互相影響關係。第一大類是**同化效應**

(assimilation effect)，或稱**一致效應** (consistency effect)，**增益效應** (salience effect, carry-over effect)。就是，受訪者很有可能參考前面題目的回答進而回答後面的題目。其背後的心理歷程很可能是有目的的為了顯示其回答的一致性，刻意改變其原有的態度；也可能是從前一題自動暗示其該如何回答下一題；或者前面的一些問題會造成受訪者有心理準備該如何回答下一題的題目。這些情況尤其容易發生在對受訪者來說較不熟悉或難度較高的測驗題與態度量表上。

Tourangeau and Rasinski (1988) 提醒我們在受訪者的回答心理歷程中的任何階段（從理解題意、思索可能的答案、思考判斷、到決定回答）均可能產生前一題的資訊有利於後一題更迅速的理解或回憶，讓受訪者可以立即回答的情形。這種**題目次序**產生的訪答效應對**綜合性題目**該放在哪裡尤其重要。例如：在他們的實驗研究中將⑴詢問是否支持預算法案的題目放在詢問受訪者通貨膨脹的態度題組之後，⑵將通貨膨脹態度題分散穿插在無相關的題目中，結果發現，比較起來，第⑴組受訪者支持預算法案的比例明顯比第⑵組高出許多（近 20%）(Tourangeau et al. 2000)。

第二大類效應是**對比效應** (contrast effect)，指的是受訪者的回答會因題目放置的順序而有很大的差異，亦即，前後題的回答有不合邏輯的矛盾現象。**特定性題目**通常不會因其次序造成訪答效應，但是**綜合性題目**則會。Schuman and Presser (1981: 36–39) 提出綜合性的墮胎行為與特定性的墮胎行為，兩者間不同的相對位置與回答結果即是一個典型的例子 (Babbie 2004; Peterson 2000; Tourangeau et al. 2000)。他們在同一次問卷調查中設計了包含**綜合性題目**與**特定性題目**，且兩種題目在次序問法的實驗研究中，**綜合性題目**是「請問您孕婦若是已婚且不想再生小孩是否可以進

行合法的墮胎?」（原文 Do you think it should be possible for a pregnant woman to obtain a legal abortion if she is married and does not want any more children?）。**特定性題目**是「請問您孕婦若因小孩畸形的可能性很大是否可以進行合法的墮胎?」（原文是 Do you think it should be possible for a pregnant woman to obtain a legal abortion if there is a strong chance of serious defect in the baby?）。結果顯示當**特定性題目**先問時，支持已婚孕婦只要不想生小孩即可墮胎者的比例明顯的增加。相反的，若**綜合性題目**先問時，支持若嬰兒很有畸形之可能時，孕婦可進行合法墮胎的比例不會明顯變化。換言之，**特定性題目**通常不會因其次序造成訪答效應，但是**綜合性題目**則會。

⑽**回答選項的次序：** 回答選項的次序若在回憶或者研究者疏於說明於題目上會造成受訪者偏差的回答。首先，回憶題仰賴受訪者的記憶力，但不管記憶力多好，人性的習慣是對較近期發生的事情記憶猶新，但較久遠的事情則可能無法完整的回想，因此受訪者很容易多報前者而少報後者。可能的解決辦法是提供受訪者參考資料。參考資料可以是受訪者自己擁有的記錄資料，例如，問到看病的次數可請受訪者拿掛號或醫藥收據出來看。或者如時間日誌調查中請受訪者回憶一天的活動時，我們可以提供一般人可能從事的活動一覽表讓受訪者參考 (Frey 1989)。

其次，若沒有詳細的說明，受訪者通常傾向回答選項中最前面（**初始效應，primacy effect**）或者最後面（**時近效應，recency effect**）的那個。但是，若在態度題目上，受訪者很可能傾向選答無意見或不知道，若是與社會規範相關的題目，受訪者無緘默的機會則很可能回答「同意」或者中間選項 (Frey 1989)。

綜合以上，有些研究者想用隨機編排來解決題目次序產生的訪

答效應，但是通常是不可行的，反而容易製造更多答題者或者訪員操作或解釋的困難。尤其是那些教育程度高的受訪者很容易注意到問卷題目次序的影響 (Babbie 2004)。所以，即使乍看之下，**題目次序**似乎不會影響受訪者的回答效度或信度，我們還是需注意以上原則之間可能存在的互相影響情形，也就是這些原則不能單獨來考慮，而是整合的考慮與綜合的運用。若題目次序對研究結果的影響很大時，建議可以模擬多種順序版本的問卷，作重複的檢查。當然，記得一定要作問卷前測，再確定問卷題目順序 (Babbie 1990)。

㈢分支、續答、跳答

前人許多研究發現面訪調查中，題目的排序對受訪者回答會造成影響。題目排序對郵寄問卷的影響則不至於很大，其主要原因是受訪者自填郵寄問卷時可以瀏覽整份問卷而有梗概的瞭解，且隨時可以修改之前的回答 (Mangione 1995)。由於電話訪問比較依賴語音溝通，與面訪所面臨的狀況有所不同。例如提示卡與圖示的輔助運用對受訪者與訪員都無濟於事，而且訪員也無法觀察受訪者臉部表情與受訪者周圍的情境，從而對受訪者的回答做較深入的判斷。因此，在題目次序上需要多注意是否有依據該有的邏輯加以順序排列、邏輯跳題是否正確、以及換下一題之前（尤其是換另一主題）的轉折是否合理等幾件事 (Frey 1989)。

常用的問卷題目次序排列法之一是**漏斗型邏輯排序法** (funnel techniques)。這種方式通常較適用在先問綜合性或甚至開放性題目時，就是先問綜合性題目再一步步的問特定性或更特定性的題目。**跳題設計**（又稱**列聯式問題** contingency question）也是常用的邏輯排列法。Babbie (2004) 舉避孕問題為例，因為不需要問男生是否吃避孕藥，因此避孕題不適用在男生，男生可以跳過這一題 (Babbie

1990; Oppenheim 1992)。好的跳題設計是符合常理的邏輯跳題。不過，除非必要，還是建議盡量少用跳題設計。若是使用電腦輔助的電話訪問，跳題邏輯因為完全電腦化，只要設計得當對訪員在操作上不會造成很大的困難。但是若使用面訪或自填問卷法，問卷跳題規則用文字說明清楚的話，不僅需注意題組改變時要善用轉折敘述，同時也要注意提問與記錄的方式要一致。除此之外，**矩陣式排列法**則多用在量表題組中。就是將題目條列在左邊，回答選項在右邊 (Babbie 1990, 2004)。以上的三種排列方式可以綜合運用。漏斗排列法搭配跳題設計就像 Peterson (2000: 110) 在其書中的圖 7.2 的例子一樣（附錄 4–1）。

㈣版面安排

一份問卷的版面安排除了需按照以上的邏輯順序外，還有以下與美感、文字表達、整體排版、回答選項格式等等方面的注意事項。

(1)**字體、行間距與段落：** 不要為了訪員攜帶方便或節省經費，將許多題目盡量擠在一頁之中。相反的，需提供適當的行間距（通常是 double spaced）與字體的大小（通常是 12），切忌將一個題目分散在兩頁之間 (Lavrakas 1987)。

(2)**多利用箭頭圖表來指示跳題：** 盡量提供明白的閱讀指引，例如圖表與箭頭指示等。這個注意事項尤其是針對自填問卷與面訪問卷，前者提供受訪者參考，後者則提供訪員參考。

(3)**減少需要文字敘述的答案：** 尤其是在自填問卷中，因為沒有訪員在旁協助說明，最好以圖表表示。而面訪問卷則可提供提示卡輔助。

(4)**提供訪員可依循答題的方法且與真正的問句清楚區分：** 在面訪問卷中，可適當的在題目旁，提供問法或問卷內容的說明。這種提示最好是以不同顏色或字體表示 (Lavrakas 1987)。問卷主題若比

較多重時，需善用主題與主題之間銜接的轉折說明，例如，換到下一主題之前，敘述為何設計下一題組的原因 (Babbie 2004)。

(5)**回答選項的格式：** 為了避免訪員操作複雜或者在自填問卷中受訪者的填答困難，最好是在選項間以方框分隔好，讓填答者將答案以打勾的方式適當的勾在每一選項前面的方框中。也有人認為在每一選項前直接畫圈圈比較方便。使用圈圈法時則需注意清楚的指示，否則很可能因為使用習慣不同，有人會以打叉方式填答 (Babbie 2004; Lavrakas 1987)。

(6)**問卷結束的致謝：** 禮多人不怪。無論是任何一種調查方法都需要在問完所有題目之後向受訪者致上萬分的感謝，感謝中多使用一些祝福詞，如：健康快樂，事事如意等等。

(7)**整體設計的美感：** 美感的要求見仁見智，在自填問卷與面訪問卷尤其重要。另外要注意的是，相同題型的排列需要一致。

四、評估問卷題目：代結論

問卷題目究竟是否適用？問卷題目是否可信而又有效地測量了研究者所設定要研究的課題？是在設計問卷中隨時要特別強調的，在問卷設計完成後也必須逐題加以嚴謹的評估。由於調查研究要有足夠大的樣本，尤其是全國性的抽樣調查，樣本數相當大，往往不是研究者可以獲得充分的經費資助來進行的。於是愈來愈多的研究者多會利用既有的問卷調查資料。在這樣的情況下，研究者也必須對問卷題目從事全面深入的評估工作。

一般而論，問卷題目應該達到下面三個標準：

(1)內容標準，就是指問卷題目問得對不對。

(2)認知標準，是指受訪者是否對問題有一致的瞭解？受訪者是否有

　　足夠的資訊來回答問題？他們是否願意而且有能力回答問題？
⑶可用性標準，是指受訪者和訪員能否順利地完成問卷調查。

　　從以上三個標準來檢驗問卷題目，在實際技術上，學者多年來發展出幾種方法 (Groves et al. 2004: 241–250)。其中包括**專家檢視** (expert review)、**焦點團體**討論、**認知訪談**、**實地預測**等。關於焦點團體討論和認知訪問，本書在下一章將做深入而完整的說明和討論，在這裡，我們只提出專家檢視來討論。

　　專家檢視，是指研究專家來仔細檢視每一個問卷題目是否為研究之所需，也就是符合上面所提的三個標準。任何使用問卷調查資料進行分析研究者就是研究專家。根據許多學者的研究，發現研究者在檢視問卷題目時，要注意 12 個問題 (Graesser et al. 1999)：

⑴不常見的專門術語。很少有受訪者知道問卷題目中用語的意義。

⑵模糊或不精確的述詞或相對用語。述詞，即主要的動詞、形容詞、副詞模糊，讓人無法在特定的尺度上進行比較。

⑶模糊或含混的名詞片語。名詞片語、名詞或代名詞指涉模糊。

⑷語法複雜。問卷題目的文法複雜不清。

⑸記憶超載。問卷題目中的文字、片語或子句太複雜，一時間受訪者的記憶負荷不了。

⑹誤導或不正確的預設。

⑺問題類屬不清楚。不知道所問的問題是哪個類屬。

⑻混合了一個以上的問題。問卷問題可能包括了兩個以上的問題。

⑼問題目的不明。受訪者不知道為什麼會被問到這個問題。

⑽問題和答項不能相配。

⑾取得回答問題特定所需資訊有困難。

⑿受訪者不可能知道答案。受訪者不知道答題所需的資訊。

附錄 4-1   漏斗型題目排列法（Peterson (2000: 110): 圖 7.2）

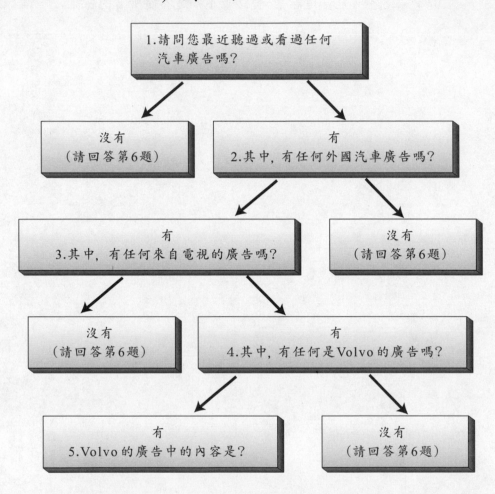

 參考書目

中央研究院調查研究專題中心，2005，《「臺灣地區基因體意向調查與資料庫建置之規劃」計畫執行與資料分析報告書》。臺北南港：中央研究院。

Babbie, Earl, 1990, *Survey Research Methods*. Belmont, California: Wadsworth Publishing Company.

Babbie, Earl, 1998, *The Practice of Social Research* (8th edition). Belmont, CA: Wadsworth Pub.

Babbie, Earl, 2004, *The Practice of Social Research* (10th edition). CA: Wadsworth, Thomson Learning.

Bailey, K. D., 1994, *Methods of Social Research*. NY: Free Press.

Bishop, G. F., R. W. Oldendick, A. J. Tuchfarber, and S. E. Bennett, 1980, "Pseudo-Opinions on Public Affairs." *Public Opinion Quarterly* 44 (2): 198–209.

Blair, E. A. and S. Burton, 1987, "Cognitive Processes Used by Survey Respondents to Answer Behavioral Frequency Questions." *Journal of Consumer Research* 14: 280–288. 引述自 Bradburn et al. (2004).

Bradburn, N. S., S. Sudman, and Associates, 1979, *Improving Interview Method and Questionnaire Design: Response Effects to Threatening Questions in Survey Research*. San Francisco: Jossey-Bass. 引述自 Bradburn et al. (2004).

Bradburn, N. S., S. Sudman, and B. Wansink, 2004, *Asking Questions: The Definitive Guide to Questionnaire Design—For Market Research, Political Polls, and Social and Health Questionnaires* (revised ed). San Francisco, CA: Jossey-Bass.

Cannell, C. F., K. H. Marquis, and A. Laurent, 1977, "A Summary of Studies of Interview Methodology." *Vital and Health Statistics* 2 (69). Rockville, MD: National Center for Health Statistics. 引述自 Bradburn et al. (2004).

Cannell, C. F., L. Oksenberg, and J. Converse, 1977, "Experiments in Interviewing Techniques." *NCHSR Research Report* 78–7. Hyattsville, MD: National Center for Health Services Research. 引述自 Bradburn et al. (2004).

Clark, H. H. and M. F. Schober, 1992, "Asking Questions and Influencing Answers." In *Questions About Questions: Inquiries Into the Cognitive Bases of Surveys*, edited by J. M. Tanur. New York: Russell Sage Foundation.

Converse, Jean M. and Stanley Presser, 1986, *Survey Questions: Handcrafting the Standardized Questionnaire.* Newbury Park, California: Sage Publications.

de Vaus, D. A., 1995, *Surveys in Social Research* (4th edition). Australia: Allen & Unwin Pty Ltd.

Dillman, D. A., 1978, *Mail and Telephone Surveys: The Total Design Method.* New York: John Wiley & Sons.

Dividio, J. F. and R. H. Fazio, 1992, "New Technologies for the Direct and Indirect Assessment of Attitudes." pp. 204–237 in *Questions About Questions: Inquiries Into the Cognitive Bases of Surveys*, edited by J. M. Tanur.

Dividio, J. F. and S. L. Gaertner, 1991, "Changes in the Nature and Expression of Racial Prejudice." pp. 201–241 in *Opening Doors: An Appraisal of Race Relations in Contemporary America*, edited by H. Knopke, J. Norrell, and R. Rogers. Tuscaloosa, AL: University of Alabama Press. 引述自 Dividio and Fazio (1992).

Dividio, J. F., J. Mann, and S. L. Gaertner, 1989, "Resistance to Affirmative Action: The Implications of Aversive Racism." pp. 81–102 in *Affirmative Action in Perspective*, edited by F. Blanchard and F. Crosby. New York: Springer-Verlag.

Fisher, R. P. and K. L. Quigley, 1992, "Applying Cognitive Theory in Public Health Investigations: Enhancing Food Recall With the Cognitive Interview." in *Questions About Questions: Inquiries Into the Cognitive Bases of Surveys*, edited by J. M. Tanur. New York: Russell Sage Foundation.

Fink, A., 1995, *How to Ask Survey Questions.* Thousand Oaks, CA: Sage Publications.

Fink, A., 2003, *How to Ask Survey Questions* (2nd edition). Thousand Oaks: Sage Publications.

Fowler, F. J., Jr., 1995, *Improving Survey Questions: Design and Evaluation.* Thousand Oaks: Sage Publications.

Fowler, Floyd J., Jr., 2002, *Survey Research Methods.* Thousand Oaks, California: Sage Publications.

Frankfort-Nachmias, C. and D. Nachmias, 1996, *Research Methods in the Social Sciences.* New York, NY: St. Martin's Press.

Frey, James H., 1989, *Survey Research by Telephone.* Newbury Park: Sage Publications.

Gaertner, S. L. and J. P. McLaughlin, 1983, "Racial Stereotypes: Associations and Ascriptions of Positive and Negative Characteristics." *Social Psychology Quarterly* 46:

23–30. 引述自 Dividio and Fazio (1992).

Graesser, A., T. Kennedy, P. Wiemer-Hastings, and V. Ottati, 1999, "The Use of Computational Cognitive Models to Improve Questions on Surveys and Questionnaire." pp. 199–216 in Sirken, M. et al. (eds.), *Cognition in Survey Research*. New York: Wiley.

Groves, Robert M., Floyd J. Fowler, Mick P. Couper, James M. Lepkowski, Eleanor Singer, and Roger Tourangeau, 2004, *Survey Methodology*. New York: Wiley

King, G., C. J. L. Murray, J. A. Salomon, and A. Tandon, 2004, "Enhancing the Validity and Cross-Cultural Comparability of Measurement in Survey Research." *American Political Science Review* 98 (1): 191–207.

Lavrakas, Paul J., 1987, *Telephone Survey Methods*. Newbury Park: Sage Publications.

Liao, P.S. and S.H. Tu, 2006, "Examining the scalability of intimacy permissiveness scale in Taiwan." *Social Indicators Research* 76: 207–232.

Lin, N., 1976, *Foundations of Social Research*. NY: McGraw-Hill Books.

Mangione, Thomas W., 1995, *Mail Surveys: Improving the Quality*. Newbury Park, CA: Sage Publications.

McConahay, J. B., 1986, "Modern Racism, Ambivalence, and the Modern Racism Scale." pp. 91–125 in *Prejudice, Discrimination, and Racism*. Orlando, FL: Academic Press, edited by J. F. Dovidio and S. L. Gaertner. 引述自 Dividio and Fazio (1992).

Oppenheim, A. N., 1992, *Questionnaire Design, Interviewing and Attitude Measurement*. London: Continuum.

Pearson, R. W., M. Ross, and R. M. Dawes, 1992, "Personal Recall and the Limits of Retrospective Questions in Surveys." in *Questions About Questions: Inquiries Into the Cognitive Bases of Surveys*, edited by Judith M. Tanur. New York: Russell Sage Foundation.

Peterson, Robert A., 2000, *Constructing Effective Questionnaires*. Thousand Oaks, California: Sage Publications.

Raghubir, Priya and Gita Venkataramanai Johar, 1999, "Hong Kong 1997 in Context." *The Public Opinion Quarterly* 63 (4): 543–565.

Rugg, D., 1941, "Experiments in Wording Questions: II." *Public Opinion Quarterly* 5: 91–92. 引述自 Raghubir, Priya and Gita Venkataramanai Johar, 1999, "Hong Kong 1997 in Context." *The Public Opinion Quarterly* 63 (4): 543–565.

Schuman, H. and S. Presser, 1979, "The Assessment of 'No Opinion' in Attitude Surveys." *Sociological Methodology* 10: 241–275.

Schuman, Howard and Stanley Presser, 1981, *Questions and Answers in Attitude Surveys: Experiments on Question Form, Wording, and Context.* New York: Academic Press.

Tourangeau, Roger and Kenneth A. Rasinski, 1988, "Cognitive Process Underlying Context Effects in Attitude Measurement." *Psychological Bulletin* 103 (2): 299–314.

Tourangeau, Roger, Lance J. Rips, and Kenneth A. Rasinski, 2000, *The Psychology of Survey Response.* New York: Cambridge University Press.

第**5**章

▍問卷研擬的質化方法

◆ 一、焦點團體與認知訪談

◆ 二、一段爭論的往事

◆ 三、焦點團體訪談的發展

◆ 四、認知訪談

◆ 五、結　語

一、焦點團體與認知訪談

　　社會科學研究者從事訪問調查的目的是為了從真實世界中取得民眾對特定議題的意見與態度。在訪問調查中，原有第一人（研究者）所設計出來的問題需經過第二人（**訪員**）的傳譯、與第三人對訊息的接收與應答，才能從受訪者處得到答案。然而，在這過程中，每一個環節都有可能出現偏差，從而也使得回答結果偏離「真實的結果」。在理論上，雖然偏差在所難免，但是若研究者能在訪問前找出其中出錯的原由，並提出解決之道，偏差才會減少，也才能得到接近「真實的」調查結果。

　　面對著這一段看似簡單、其實很不簡單的調查訪問過程，在1980 年代前後，調查研究領域最重大的進展就是在封閉式問卷調查為主的情況下，於問卷設計、前導研究、預試、甚至在訪問完成後，再搭配質化的研究方法，對題目設計、調查情境、與受訪者接收與回答上的各種陷阱，進行深入的剖析，以取得更具開放性、深度、與周密的資訊，並補正原有設計上的缺失，加強對調查結果的解釋能力。在這段新發展中，**焦點團體訪談法** (focus group interview) 與**認知訪談** (cognitive interview) 正是其中最為重要的質化訪問方法。本章的目的就在於說明問卷調查中如何使用焦點團體與認知訪談。

　　在討論訪問調查中添加這些具有質化研究色彩的方法前，讓我們先回顧一場在美國 1940 年代初期的論爭，以瞭解當時的研究者對問卷調查的看法與主張，以及這些論爭的結果對後來訪問調查研究的影響。

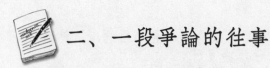 二、一段爭論的往事

　　1940 年代初期的美國正處於二次大戰時期，也正是調查訪問研究的初期。當時由於美國政府亟需瞭解人民對參戰的看法，並調查國內物資的儲備狀況，使得美國國務院情報局 (US Bureau of Intelligence) 轄下的民意調查部門 (the Division of Polls) 與計畫調查部門 (the Division of Program Surveys) 成為儲備訪問調查人才的主要單位所在，積極地投入到各種調查中。

　　雖然民意調查與計畫調查部門從事的都是與訪問調查有關的工作，但對如何進行調查卻存在著完全不同的看法。民意調查部門因為注重大規模的隨機抽樣，因此一向主張使用封閉式問卷來進行調查，而計畫調查部門則經由先前在農業部從事 Iowa 農村調查的經驗，發現封閉式問卷調查因為問題不夠清楚、答項又不完整，使得訪問結果容易淪為訪員的主觀判斷，並未反映出受訪者的真實意見。有鑑於封閉式問卷調查在登錄結果上不夠詳實與紮實，並且研究結果也容易趨於虛浮，當時計畫調查部門的負責人李克特乃主張改用趨近於質化調查的開放式問卷調查。雖然李克特曾在 1932 年創立了著名的**李克特量表**用於封閉式問卷調查中，但他此時毅然決然地主張以封閉式的問題與開放式的答案 (fixed questions/free answers) 的方式進行資料的蒐集。在多年以後，李克特在訪談中提起這段往事，並指出他當時主張的開放式問卷調查至少包含以下五點特色 (Converse 1987: 195–198)：

　　(1)訪問必須貼近日常生活的交談形式，即令訪答的結果可
　　　　在選項中找到，也必須在旁邊加上受訪者原有的字句，

以為備註；

(2)訪問進行的目的是要翔實地釐清受訪者的原意，訪員不
能以個人的主觀看法，為受訪者做判斷；

(3)訪談過程需要心理諮商與溝通技巧，訪員對不清楚的回
答，要進行盤問，並且要協助受訪者克服溝通上的心理
障礙；

(4)此種訪問方式使得開放式問卷調查需要教育程度高的訪
員，訪員費用自然也比較高昂；

(5)回答的結果以歸納的方式建立答項的編碼，因此開放式
問卷的編碼較封閉式問卷調查更為精細。

李克特主張的範圍甚廣，包括問卷的設計、答案的登錄、訪問
情境的控制、訪員的角色、與訪問的深度等面向，幾乎是封閉式問
卷調查主張的全面反省，於是形成了重要的調查方法上的爭論。美
國密西根大學教授 Jean Converse 就在其著作中道出了這段已故政
治學大師拉薩斯費爾德 (Paul F. Lazarsfeld) 介入調停調查研究領域
中一段爭論的往事 (Converse 1987)。在這段幾乎已經為一般調查研
究學者遺忘的往事中，民意調查部門主張採用**封閉式問卷**的調查形
式，不僅因為這種由設定的選項中選擇答案的作法，將使得調查更
加趨向標準化，更由於這是一種較為節省成本的方法。反方的計畫
調查部門則認為**開放式問卷**的效用是讓受訪者使用自己的語言，去
描述他們的反應，而這種作法更能夠深入探測到受訪者的態度與意
見，因此開放式問卷不能為封閉式的問卷型態所取代。調停這場爭
論的拉薩斯費爾德後來的決定是，此兩種方法所得到的資料品質是
不相上下的，但開放式調查卻無疑地是成本較高昂的資料蒐集方法
(Lazarsfeld 1944)。

由於正處於二次大戰期間，調查經費不足之故，拉薩斯費爾德的決定在當時產生立即的影響。計畫調查部門的預算首先遭到縮編，最後被迫解散。在此後的近半個世紀中，封閉式的問卷調查成為訪問調查的主流。大規模進行的各種抽樣調查，不論是**面對面訪問調查、郵寄問卷調查、電話訪問調查、**甚至是上述各個**模式混合的調查** (Mixed mode survey)，大多以封閉式的問題形式為主，而開放式的問題，不但寥寥可數，在比例上，往往也屬於一些次要的、不會影響調查進程的問題。對於其評價，一般也認為此種問題形式雖然可能使得受訪者填答時，更為深入與周全，但卻花費較多的時間、甚至使得受訪者不耐煩，從而造成拒答。在郵寄問卷調查上，開放式問卷調查更被認為是徒增受訪者作答的困擾，更是不可行的作法（盛杏湲 2003）。

平心而論，我們可以說這些對於開放式問題的評價相當允當，但是當時也參與調停，後來撰寫《美國選民》(*American Voters*) 一書的政治學者 Angus Campbell 的說法或者可以讓我們以更大的視野來看待此場論爭中李克特的開放式問卷調查的主張。在 1946 年為此次爭論做總結時，Campbell 便認為，儘管開放式問卷調查的主張在研究經費上不切合當時的環境，但對未來的調查研究提出了開創性的構想。其中某些主張，例如，在調查中加入有意義的預試與更周全地使用多重問題偵測各人意見的不同層面等，都應該成為主張封閉式問卷調查者在調查時應加以留意的事項 (Campbell 1946)。在此，Campbell 的意思是，我們不應狹義地面對主張開放式問卷者的意見，而是要從廣義的角度，衡量封閉式問卷的弊病，並在訪問調查適當的階段中，採納他者的意見，以便讓受訪者「真實的意見」呈現出來。

但是很不幸地，Campbell 的說法並沒有挽回當時主張開放式問

卷調查者的命運。在研究經費大幅縮水的情形下，主張開放式問卷調查者改採小樣本的方式，以正式調查的前置階段為實踐其主張的研究場域，開發一些如焦點團體訪談的調查研究。此種情形一直到1980 年代後，隨著**認知研究取向在心理學**取得重大的進展，以及大規模樣本調查資料的效度愈來愈為調查機構與研究學者所關切，調查研究領域才開始重新認識質化調查的重要性，並以其來補充原有調查方法的不足。新一波型態的調查研究方法乃逐漸產生，認知訪談方法的運用正是這一波浪頭中的主要角色，帶動調查研究領域中主流的量化研究與質化研究的結合。

因此，對於訪問調查發展史上這一場重要的論爭，我們大致可以得到如下的結論。第一、這場爭論中的贏家（即主張採用封閉式問卷調查者）對於訪問調查的主張並不是完全正確的，只是由於作業方式比較配合當時經費的考量。第二、當時的調查研究已開始認識到封閉式問卷調查在題目的設計、訪員的執行、受訪者的聆聽與回答、以及訪問情境上的一些缺點。因此，注重訪問結果的「真實性」，從而強調運用更細緻的方法進行訪問調查並不是全新的主張，而是自訪問調查的萌芽期就已存在的。焦點團體訪談正是其中發展最為成熟的質化研究；而認知訪談則是 1980 年代以後，訪問調查研究領域結合認知心理學的觀點與技術後，才出現的主張，是訪問調查研究領域發展史上另一次重要的轉折 (Jabine and Tourangeau 1984; Krosnick 1999)。

 # 三、焦點團體訪談的發展

焦點團體訪談研究法可回溯到 1940 年代，從美國哥倫比亞大學拉薩斯費爾德教授所建立的應用社會研究處開始。而實際成為一套

具體並有效的研究方法則有賴於當時剛剛進入哥倫比亞大學教書、後來成為著名社會學家的墨頓的努力。根據墨頓的說法，他在進入哥大後不久，便參與了拉薩斯費爾德一項有關二戰時期美國民眾對於政府戰時廣播文宣的意見調查的計畫。此計畫在最初是以實驗的方式進行，在 12 人為一組的團體中，由研究人員唸出問題，受訪者若覺得滿意，則按下位子上的綠燈，若不滿意，則按紅燈。墨頓對於這種封閉式問卷的回答方式並不滿意，認為受訪者的主觀感覺應該不是這麼簡單的對立式答案。於是在其他同仁的協助下，建立了一套訪談的程序作業模式，目的在於：⑴讓受訪者以**回溯內省** (retrospective introspection) 的角度，去描述他們心中的感受，與⑵運用跨組間的比較去顯現團體間的差異。此次研究的結果後來在 1946 年的《美國社會學期刊》(*American Journal of Sociology*) 發表，可算是最早的焦點團體訪談的研究成果 (Merton and Kendall 1946)。

　　然而，或者用語艱深晦澀之故，墨頓等人的研究方法並未獲得廣大的回響。作為一種調查方法，焦點團體訪談一直要到 1960 年代以後，經過 Greenbaum 將焦點團體訪談應用到商業研究上，此種質化的研究方法才廣為訪問調查領域所重視 (Morgan 1997; Bloor, Frankland, Thomas, and Robson 2001; Morgan 2002)。也由於這一層原因，焦點團體訪談常被誤認為是一種市場調查的研究方法。

㈠焦點團體訪談是什麼？

　　焦點團體訪談是指針對某特定議題,經過研究者的設計與安排,以團體討論的方式進行資料收集的方法。這項研究方法的優點除了省時間外，最重要的是小團體的訪談情境容易激發參與討論者彼此之間公開的對話、討論與互動,不但可觸及到個人內心世界的想法,也能顯現所關心的研究議題在**社會聚會** (social gathering) 情境中發

酵的情形。因此，這種研究方法被認為較一般問卷調查更能夠提供資料，讓研究者深入瞭解研究對象的內心世界以及對研究議題的諸多看法。

焦點團體雖然是團體訪談的方法之一，但有別一般的團體訪談。在焦點團體訪談中，除了重視一般團體訪談中各個成員在某一特定議題上的表現外，更在於探討參與成員的互動 (Morgan 1997)。因此，**焦點團體訪談的重要特色**之一就是由參與成員的互動中，取得參與者之觀點、並區分何者為個人觀點，何者為團體互動下所形成的觀點。另外，焦點團體訪談的運用是具有彈性的。視研究的目的與需要，在問卷設計時、預試時、進行訪問調查的同時、甚至在調查訪問後，都可以進行焦點團體訪談。

在問卷設計階段所舉辦的焦點團體訪談大多與研究資訊的發掘有關，目的在增加研究者對研究主題複雜性與研究對象特性的瞭解，從而建立與研究議題有關的假設 (Krueger 1998)。在預試前進行的焦點團體訪談中，由於研究者對研究的主題與對象已經有些初步的看法，對使用概念之間的假設連結也有一些想法，因此，在此時所進行的焦點團體訪談較為側重於瞭解問卷中擬設定的問題在測量上的缺失，以及研究議題的敏感度。以上這兩種在訪問調查執行前所進行的焦點團體訪談都特別適用於研究者對研究主題未有充分的掌握時，例如，缺乏過去的研究文獻，或不容易取得的研究對象的資訊（如具有偏差傾向的團體）(Vaughn, Shay Schumm, and Sinagub 1996)。

焦點團體訪談也適用於訪問調查進行的同時、甚至在調查完成後。而在此時所進行焦點團體訪談，主要目的是比對問卷調查的結果，進而瞭解研究對象在行為態度上的深層意義，以補充問卷調查在解釋上的不足。例如，在英國，由於研究發現部分民眾相信捐血

是感染愛滋病的主要來源之一，該國之捐血組織因而認為此一發現帶有血荒警訊的意味。針對此一看法，Kitzinger 及其同事所進行的焦點團體訪談結果發現，一般人心中是存在著捐血帶有感染愛滋病的風險看法，但研究更顯示捐血其實是快樂的善舉（包括前面認為捐血是危險者），因此，只要風險控制得宜，一般民眾仍會繼續捐血 (Kitzinger 1994a)。在興建核電廠一類的環保議題上，國外的焦點團體訪談研究也發現，受訪的社區民眾在接受此類調查時，大多具有對於此方面議題的反省能力 (reflexive capability)，反映在受訪者認為調查的結果不僅影響核電廠的興建與否，更會影響到他們社區的生計與工作機會。因此，他們對於此類議題的態度相當複雜、也有所保留，並非如問卷調查中所呈現出來的涇渭分明 (Waterton and Wynne 1999)。

　　因此，由舉辦的時機來看，焦點團體訪談是一種相當具有彈性的資料蒐集方法，既可以被當成一種輔助性的研究工具，彌補其他資料蒐集法上的不足，也可以是獨立進行的資料蒐集法。研究者可以針對研究階段上的需要，決定何時與如何進行焦點團體訪談。

㈡進行焦點團體訪談的要點

1. 訪談前的準備

　　凡事豫則立，不豫則廢。在焦點團體訪談上，此一原則更是重要。事先的準備不但是必要的，對研究的結果影響更是深遠的。以下整理各家的說法，區分為訪談前的準備、訪談中的作業要點、與訪談後資料的處理與解釋等三個階段，分別敘述於後。此外，本章的附錄 5-1 提供焦點團體訪談要點檢查表，可作為執行焦點團體訪談之參考。

　　在準備訪談時，研究者首先要決定參與者的人數與參與資格。

參與一次焦點團體訪談的人數沒有太大的限制，但大都是將參與人數限定在 6 至 10 人間，最多達到 15 位之多。成員人數的多寡會影響參與者表達意見的時間長短、甚至意見內容的深度。一般的焦點團體訪談大多以兩個小時為限，若參與人數過多的話，表達意見的機會就容易受到限制，甚至連發言的深度與豐富性都受到影響。人數少的話，不但個別發言的機會比較多，時間也比較長，更有可能讓訪談觸及到更深層次的議題；但是，人數少、發言機會多也意味著參與成員更容易受到其他參與者言論的影響。因此，在人數少的團體訪談中,研究者要特別注意其中出現的觀點是個人私下的觀點，還是團體互動下所產生的觀點。

對於焦點團體訪談的舉辦次數上，並沒有定論。但依據質化研究中由 Glaser and Strauss 所提出著名的**紮根理論** (grounded theory) 的說法，當焦點團體之議題討論達到**理論飽和** (theoretical saturation) 狀態時，即焦點團體的討論結果接近下列的條件時，就可以不用再舉辦了：(1)當討論主題沒有新的觀點或資訊進來時，(2)雖然還有一些新的說法，但其含意基本上仍與前面舊有的說法屬同一類別 (genre) 時，與(3)由焦點團體討論中產生的意見已經被驗證 (validated) (Glaser and Strauss 1967; Strauss and Corbin 1990)。在應用此一觀點時，有些學者就認為，若焦點團體之參與成員同質性高的話，第三次（含）以後的焦點團體討論就會很容易出現意見重疊的情形。因此，若參與成員的同質性高，則舉辦次數可以少一些。相反地，若參與成員背景差異大，則舉辦次數便需要增加 (Krueger 1994)。

在舉行地點上，比較標準的地點是焦點團體訪談實驗室，配備電腦、幻燈片投影機、錄音機、錄影機、與投票器等設備，並有黑色單面鏡牆，提供其他研究者在不影響受訪者的情形下，觀察訪談

的進行。不過焦點團體訪談也可以在其他場地（如會議室、一般住家、租來的場地）舉行。一般而言，舉行焦點團體訪談要在讓參與者感到安全且安靜的地點為宜，使用的設備可以簡單，也可以複雜，但以對參與者不構成干擾為最重要。

在參與者的資格上，一般焦點團體訪談成員的挑選並非隨機取樣，而是比較接近立意抽樣。在挑選參與成員時，年齡、性別、教育程度、與經濟狀況等個人背景常是最主要的考慮條件，但研究者可以就研究議題的需要，考慮其他條件。例如，若研究主題是關於臨床醫療照顧的議題，則參與者的身體狀況便很可能用來作為挑選的條件了。

當參與訪談者的條件設定完成後，接下來就要確定參與人員了。由於焦點團體訪談中，團體互動下形成的影響是不可避免的，而為控制這層因素所造成的影響以及分析時的便利，因此在參與成員分組時，研究者應維持組內同質性高，組間異質性高的原則。除此之外，有些研究者為了更瞭解團體成員互動的影響，可要求參與者在參與討論前先填寫問卷，以便與訪談後的結果進行比較，以瞭解參與者訪談前後態度的變化。

進行焦點團體訪談前，除了要準備好訪談作答的輔助工具（如圖片、答案卡等）外，**討論指引** (discussion guide) 的準備是必要的。焦點團體訪談可以說是半結構式的訪談 (semi-structuralized interview)，亦即訪談中要問的問題需事先準備，但是回答方式則為開放性的。因此，準備「討論指引」就是設定討論的方向與層次，有系統地、一層一層地向研究者所關心的議題處挖掘。在形式上，「討論指引」可分為兩類，一是以問題為導向，一是以議題為導向的指引。下表列出此二類指引之特點與需要注意之處：

表 5-1　兩種討論指引的特點

	問題導向的討論指引	議題導向的討論指引
事前準備	要細，所以需要較長的準備時間。	不必太細，準備時間較短。
形式與討論順序	必須是「問題」的形式，對如何發問與問題的次序都要事前安排妥當。 例如： 1. 在您所居住的社區中，一般的家庭與青少年都面臨哪些問題？ 2. 您剛剛提到幾項問題。現在讓我們將焦點轉到青少年喝酒、抽煙、與吸毒上。這些問題與您前面提到的問題比較起來會是怎樣的程度？ 3. 您居住的社區中，對抽煙接受的情形是怎樣的？ 　A. 成人 　B. 21 歲以下的年輕人 　C. （若有差異），為什麼有差異？	只需要在事前準備議題大綱，列出討論的主題與各子題。 例如： 1. 社區中家庭與青少年的問題 2. 社區問題與青少年喝酒、抽煙、與吸毒比較 3. 對抽煙的接受度 　A. 成人 　B. 21 歲以下的年輕人 　C. （若有差異）原因
主持人特點	適用於各場次主持人不同時。 主持人對討論的議題較不熟悉時。 主持人基本上複述問題，會更貼近研究計畫者的原意。	適用於各場次主持人同一人時。 不但是有經驗的主持人，還對議題很瞭解。 主持人需要將議題轉化為問題形式，並且在轉化時具有一致性，不會混淆問題的意義。
訪談情境	與日常交談狀態不一樣。	較為自然，對突發問題的處理靈活。
與結果分析之間的關係	由於問題的遣詞用句差異少，更能進行有效的分析。	分析時須注意主持人在遣詞用句、甚至語氣上的差異。

2.主持人在訪談中應注意的事項

在焦點團體訪談時，主持人 (moderator) 的角色非常重要，且具有挑戰性，因此主持人的挑選必須慎重 (Greenbaum 2000)。最主要的條件是主持人必須對研究議題熟悉，同時具有良好的交談與溝通技巧，能夠傾聽他人的意見，身段柔軟，不是過度執著己見的人。此外，在焦點團體訪談前，主持人必須就各個討論主題的時間控制與方向，與研究者溝通，瞭解其研究目的以及他們對訪談的看法與意見。假若一個計畫中有多位焦點團體主持人的話，他們之間也必須先做角色的分工協調，取得作業程序上的一致性，例如其中一位擔任訪談秩序的維持者的角色，而另一位則做記錄與錄音的工作。

對於研究者而言，舉辦焦點團體訪談之目的是希望藉由團體討論情境的刺激，不但激發出受訪者的對話意願，更能夠說出與研究議題相關的個人主觀經驗與觀點。為了達到此一目標，焦點團體訪談的主持人必須注意到下列這些可以做的與不可以做的事項 (do's and don'ts)：

⑴訪問的過程必須盡量依循「討論指引」上的安排，由主要議題層次、進入子題層次，控制時間，循序漸進，從而讓討論的議題呈現高度集中的情況。特別要注意的是，參與成員在描述其內心感受或事情時，常常一下講東、一下講西、說話主題不集中、運用概念也不清楚，對探討主題不瞭解的情形更是常見。此外，團體討論中，也很容易產生討論內容被其中喜歡講話的成員所支配的情形。以上種種都很可能將談話的內容引入到與研究議題無關的事項上，此時唯有訪談主持人能夠將討論主題拉回到要談論的概念、層次、內容或項目上。因此，主持人的角色就格外重要了。

⑵主持人要表現出開放的態度，增加討論成員對主持人的信任感，並且願意以坦誠的態度參與討論。舉辦焦點團體訪談最重要的目

的是讓受訪者對研究主題提出個人內心、不受環境拘束的主觀看法，作為深層分析的素材。因此，在進行討論時，主持人不應該在受訪者講完話後，表現出個人的偏好與意見，特別是不應該表現出贊同或反對的態度，以免讓參與者受到影響，更不能讓其中某幾位受訪者的發言變成會議的焦點，而造成彼此之間針鋒相對的場面。

(3)主持人的角色就是訪談過程的控制者 (controller)。為避免討論過程被某幾位參與者冗長的發言所控制，主持人必須要讓每位參與者有同等討論與發言的機會。

(4)主持人也是訪談過程的推動者 (facilitator)，必須設定訪談進行的快慢節奏，也具有協助受試者安定情緒、釐清團體討論目的、以及加強成員之間的互動等功能。因此，為了讓討論的焦點集中，主持人也可以排除一些非必要性的意見，但在進行時，不應讓受訪者產生意見不受尊重的感覺。除此之外，主持人有時為了提供討論的機會，或打破沈默的局面，可以描述以自己所觀察到的成員之間的意見差異作為話題，以啟動討論。但此時要注意的是：盡量不要顯現個人的態度傾向，以避免其言行對於其他參與成員的影響。

3. 問題設計的要點：問題安排與問法

在焦點團體訪談中，發問是重頭戲：主持人的發問是討論方向的樞紐，更可以帶動參與者的互動與討論時的氣氛。因此，問題的順序與問法會影響焦點團體訪談的效益與品質，是不可忽視的重要議題❶。

---

❶　在討論指引上，雖然存在著「議題導向」與「問題導向」之分，並且較為精簡的「議題導向」版本可以暫時替代「問題導向」版本，但是到了實際訪談階段，也都必須由主持人以口語化的方式，將議題轉化

　　在實際訪談階段時，問題的安排與問法是有一定章法的。在問題的安排上，一般常分為「開場白問題」(opening question)、「引言式的問題」(introductory questions)、「轉折式的問題」(transition questions)、「關鍵的問題」(key questions)、與「結束時的問題」(ending questions) 等幾類別的問題 (Krueger 1994)。以下簡單介紹各題型之功用與要點。

(1)**開場白問題：** 用於訪談開始的時刻，由每位參與者輪流回答。在內容上，此類問題應以「事實」的問題為主，而非態度問題，目的是讓參與者表現其個人特點，增加參與者彼此的熟悉度。

(2)**引言式的問題：** 此類問題的重點是讓參與者逐漸由個人的自身經驗連結到研究主題。這一類的問題雖然不是關鍵問題所在，卻屬於「暖場式」的問題，使得參與者醞釀與主題有關的交談與互動的情緒，更有助於活絡討論氣氛。

(3)**轉折式的問題：** 發問的重心是活絡個人對研究主題的思維，讓參與者對研究主題不但有較清楚的認識，在思考框架也更為開闊。在此類問題中，參與者應該更能意識到焦點團體訪談中所要討論的主題。因此，此時的發問雖尚未進入正題，但討論的重心已經與正題有些關係了。

(4)**關鍵的問題：** 這是與研究主題最有關連的所在，應有充分的時間討論其中的各項議題。若舉行焦點團體訪談的時間為 2 小時，則訪談開始後半小時左右（約 1/3 的時段）就應該展開關鍵問題討論。關鍵問題可以有很多題，而題目之間的意義的連貫，則有助於討論的進行。

(5)**結束時的問題：** 目的是讓參與者有機會補充其發言內容。可分為

為問題的形式，以便發問。

以下三種:

(ⅰ)**總結式的問題** (All things considered questions): 要求參與者補充前面的發言內容,並做出一些結論。

(ⅱ)**摘要性的問題** (Summary questions): 主持人根據手邊的記錄,以口頭的方式,對每位參與者個人的意見做出摘要性總結,並詢問此一摘要是否翔實。

(ⅲ)**最後的問題** (Final question): 主持人回顧此次訪談的重要內容,在總結完畢後,提出此次訪談的最後問題。

下頁表 5-2 是焦點團體訪談問題鋪陳的範例。對於焦點團體的初學者,建議於各問題的後面,特別註明該問題之探詢重點,以便能更清楚掌握問題之主旨。

至於在發問的技巧上,一些重要的原則如下:

⑴問題一定要清楚,不可含混。此處所謂的「清楚」有三個條件。第一、問題中的用詞一定要意義清楚,避免使用雙重意涵的字詞。第二、問題不要過長,因為篇幅過長的問題不但使得問題的意思混淆,更容易使得聆聽者將注意力轉移至其中某些用詞上,從而影響其對於整個問題的理解。第三、問題只能有一個意思。在焦點團體的情境中,主持人常為了增進參與者聆聽問題時的瞭解,將問題(或「議題導向」的議題)口語化。此一作法固然有其緣由,但很容易在口語化時,改變了原先問題的意義。例如,主持人的發問為:「在您心中,在臺灣民主化過程中,哪項議題是最重要的? 例如,對於臺灣的政治狀況,您最先想到的議題是哪個?」。在此,主持人在原先的問題中,以舉例的方式,添加「最先想到的議題」一項。此一問法實際上就使得發問變成兩道問題,因此有些參與者可能是對第一道問題作答,但有些參與者的回答就很可能是第二道問題了。如此一來,此一問題就失去其測量的意義了。

表 5-2　焦點團體訪談範例

題目型態	例　子
1.開場白問題	參與者介紹其年齡、教育程度（學校）、職業與工作性質。 （探詢重點：讓參與者之間彼此熟悉、認識）
2.引言式的問題	⑴在新聞中（電視、廣播、報紙、與雜誌等都算），常有一些有關醫學方面的報導。請問您對此類新聞有多留意呢？還是沒有留意？請描述您的狀況。 ⑵那您對於 SARS 或禽流感等新聞有多注意呢？ （探詢重點：參與者對醫學、流感等意識度）
3.轉折式的問題	⑴什麼是遺傳？ ⑵您有沒有聽過「基因」？什麼是「基因突變」？請告訴我們您的瞭解。 ⑶您覺得醫學與基因之間的關連可能會是怎樣？ （探詢重點：對於遺傳、基因、基因突變等名詞的認識） （在本段討論結束後，唸出「基因」之定義）
4.關鍵的問題	⑴您對改變人體基因組成的方式有什麼看法？ 　　──治療癌症等重大疾病 　　──預防下一代得到遺傳疾病 　　──改變下一代外貌（身高、體重、面孔、膚色等） ⑵有人認為「改變人體的基因是不道德的」。您有什麼看法？ ⑶科學家正進行許多跟「基因醫學」相關的研究，您對這些研究的想法是怎樣的？ 　　──複製動物（如複製羊、複製貓） 　　──複製人 （在討論關鍵問題時，主持人應容許討論者有停頓思考的時間，也需要對模稜兩可或太簡略的回答，進行追問）
5.結束時的問題 　5.1 總結式的問題 　5.2 摘要式的問題 　5.3 最後的問題	 整體來說，您覺得對一般人而言，基因醫學好處多？還是壞處多？ 剛剛將您的說法所做成的摘要，是否與您的想法相同？請指正或補充。 我上述的說法，是否漏掉什麼？請予以指證。對於您所提的意見，還有沒有要補充的？

(2)焦點團體訪談的問題應以開放式問題為主，在發問時，主持人應盡量不要用「是／不是」、或「有／沒有」一類的問法。其中的緣由在於此類問法雖然簡單與直接，但卻很難激發討論的氣氛。

(3)應盡量不要使用「為什麼」這一類的問法。在訪談的對話情境中，「為什麼」一類問題的使用是有其限制的。第一、此類問題帶有「理性」的意涵，迫使參與者在作答時以理性的角度去進行思維，而非以平常的態度。第二、此類問法在語氣上近乎盤問，也可能迫使參與者啟動「心理防衛機制」。第三、在具有爭論性的議題上，此種問法也很可能使得作答者採取較為社會接受的觀點，以避免無謂的爭議。

(4)主持人在發問時，應該先問一般性的問題，然後才轉入特殊的問題上。同時，主持人應盡量不要在問題中給予提示，而若一定要提示的話，有提示的問題 (cued questions) 應以追問的形式發問❷。主持人發問的目的是希望由作答者處得到一些新的觀點，因此在發問時最好不要給予任何提示。然而，有時為了澄清討論者的觀點與立場，就必須使用到提示，以便讓討論者的發言更為清晰。

(5)在有些題目上，主持人可以採取一些特定的問法，以達到作答標準化的目的。在此，「填充題式」的問法 (sentence completion)、「概念對映」(conceptual mapping) 或「認知對映」(cognitive mapping) 等都是可以參考的作法（方法見表 5-3）。

(6)如同一般在團體中討論的情形一樣，討論失焦、觀點陳述過於簡單、或者模糊不清等都是焦點團體訪談常出現的情形。在發生此類情況時，主持人所採用的基本策略有二：（i）5 秒停頓思考

---

❷　提示的問題應盡量簡短，以避免內容的冗長與重複，同時也節省了訪談的時間。

(5-second pause)，或(ii)追問 (probing)。在此，5 秒左右的停頓思考是讓先前發言者有機會去思考其原先的觀點，也讓其他參與者有時間去消化對方的觀點，也因此有助於舒緩討論的節奏。此外，主持人也可以採用追問的技術，要求發言者提供更為清楚的觀點。

(7)在焦點團體討論中，偏離討論大綱的發言是無可避免的，甚至有時此類發言的內容對研究主題是相當重要的。因此，主持人在態度上不應全盤否定偏離討論大綱的發言。但是此類發言容易將會議討論帶離原先的主題，使得討論更難以集中。有鑑於此，主持人不妨先以比較委婉的態度，告知發言者，其發言所提及的內容並非討論大綱上的議題。私底下，主持人可以衡量此一發言內容與研究主題之間的關係。而若覺得其間的關係是重要的，是必須探討的議題，則主持人可在討論結束前，提出與前面離題發言有關之「**偶發問題**」(serendipitous questions) 的討論，使得焦點團體的討論也能夠達到原先開放性目標下的暢所欲言。因此，在安排討論時程中，主辦單位應該空出最後的 5 至 10 分鐘，以便有多餘的時間討論臨時突發的問題。

表 5–3　作答標準化範例

「填充題式」的問法
在「填充題式」的問法中，主持人先將試題印出，要求參與者一一填答。例如，在有關管教子女的議題上，試題為： 當我發覺子女瀏覽黃色網頁時，我會 ＿＿＿＿＿＿＿＿＿＿。 當我發覺子女抽煙時，我會 ＿＿＿＿＿＿＿＿＿＿。 當我發覺子女穿著暴露時，我會 ＿＿＿＿＿＿＿＿＿＿。
概念對映
概念對映是心理實驗常用的方法，目的在找出相似概念（或人、事、物、機構）之間不同的位置。例如：為了瞭解一般人對於政治人物的評價，可以利用座標軸或尺度的方式，要求參與者將所列出來的各個政黨或政治人物，放到其心目中的點上。例如在「臺灣選舉與民主化」調查中，下列題目就可以

在焦點團體訪談中採用「概念對映」的方法，作為測量時的輔助工具：
——社會上有人強調保護環境，有人強調發展經濟。如果強調保護環境的看法在一端，用 0 代表；強調發展經濟的看法在另一端，用 10 代表。那麼，
　　——請問您比較靠哪裡？
　　——您看國民黨比較靠哪裡？
　　——您看民進黨比較靠哪裡？

4.訪談後的處理與資料分析上的限制

　　焦點團體訪談所留存的資料大約可分為三大類，即：(1)當時之會議討論記錄，(2)主持人與幕後觀察者的現場筆記，與(3)錄音帶與錄影帶。對於處理這些資料精細與嚴謹的程度，其間的彈性很大。研究者應該在研究的目的、資料處理的時間、人力、與物力等因素的考量下，盡早決定有關質化資料處理的方式，而其中，研究目的更是重要的衡量因素 (Silverman 1993)。

　　一般而言，若並不太講求研究上要達到嚴密精確的程度，則質化資料處理可以很簡單。在有些市場調查的分析中，由於贊助廠商希望能夠立刻得知結果，資料處理就可能採取最為精簡而快速的辦法，即「記憶為主的分析」(memory-based analysis)，也就是贊助廠商先在幕後對焦點團體訪談進行觀察，會後則由主持人憑藉著個人記憶與現場筆記，向贊助廠商進行焦點團體訪談的結果簡報。無可否認地，在執行此一方法時，所需要的主持人不僅是嫻熟焦點團體訪談的主持技巧，更必須是此方面研究的專家才行。因此，這種最為精簡的資料處理方法卻是極端仰仗個人記憶、經驗、與專業能力判斷，也是在品質上相當不穩定的作法。

　　若資料分析上比較側重於描述分析，而不在於建立的通則 (general rules) 的話，資料處理可以將重心放在訪談記錄與現場筆記上，並將整理出來的結果與現場錄音帶（或錄影帶）中情形比對。

雖然這也不是最為嚴謹的資料處理方式，但這種方式是比較節省時間與人力，卻又可以達到資料驗證目的的方法。此外，這種資料處理的方式也保留未來資料繼續開挖的空間。若研究者由初步的分析中發現重要的結果，更可以對資料進行更為細緻的處理。因此，這也是一種比較符合實際需要的方法。

　　若研究的目的是要從資料中得到因 A 則 B 一類的解釋性假設命題，或是要有系統地比較訪談者在意見與態度上的差異時，則資料處理上就應接近到**逐字登錄** (transcript) 的程度。逐字登錄資料是有其處理上的難度。如同 Kitzinger 所指出的：質化的資料在本質上具有豐富、散亂、與複雜的特性，不僅表現在發言的啟動機制的不同（例如，有些發言是自發的，但有些是被他人的言論所激發的，有些發言容易被他人誤會，而有些則被他人發言干擾而停止，有些發言甚至會遭到嘲諷等），更包括臉部的表情、手勢、語氣等情緒、以及當時其他成員互動情形的描述等 (Kitzinger 1994b)。

　　面對著如此複雜的資料內容，而文字謄寫的時間往往又是數十倍於錄音的時間，一般質化資料的處理要點為：

⑴文字謄錄的工作應該是以每次的發言 (speech) 為主。此處所謂之「每次的發言」的意思是所有當時的發言情況，包括完成的與未完成的發言，而發言者也不僅只是當下的主要發言者，也包括旁邊其他人當時的言語狀況。

⑵登錄時應盡量地貼近當時發言用字與情形。登錄者不能為了字句意義的需要，將所聽到的真實發言情形進行字意上的修飾。

⑶登錄每次發言時，應同時盡可能地對當時說話者的情緒反應、身體與面部動作等做出註記，也不要忽略其他聆聽者的反應。

⑷登錄時要盡可能地確定誰是發言者，若不清楚的話，要隨時向焦點團體訪談主持人請教，以避免誤判。

　　總之，焦點團體訪談的資料處理的基本意義是透過文字，將訪談當時的情況記錄下來，使得閱讀這份質化資料的他人能夠由其中「抓取到」或「看到」訪問現場的情境及發言的意義。在這其中，資料處理的結果應具有可驗證性。

　　對於這種資料，我們應該如何去分析呢？質化資料的分析是社會科學中重要的研究方法；近年來，也有相當多有關此方面的著作發表。因此，要在這短短的篇幅中，將其中的分析方式與觀點說明清楚，是完全不可能的。對此，我們在此處所述說的是一些基本原則。讀者若要詳細瞭解質化資料的分析方法，可參閱陳向明 (2002)與高敬文 (1996) 等學者之著作。

　　基本上，在分析焦點團體訪談資料時，我們要注意的重點如下：

(1)對於發言者的用詞要有精確的瞭解，特別在比較各參與者之間態度或行為的差異時，對於其間用詞的差異更要謹慎地瞭解。有時，即使是使用相同的用詞，其含意其實是不一樣的，而這正是研究者要留意的。

(2)在瞭解參與者的發言時，應由講話的脈絡中瞭解，而非只針對其中某一語句。因此，在閱讀發言記錄時，應該順著問題與發言的順序，來理解其中的意義，並試圖組合意義中所存有的共同特性，進行主題 (theme) 的詮釋。

(3)在分析重點上，研究者不妨以同一發言者「前後態度的改變與否」作為入手觀察重點。個人意見的改變很可能是焦點團體討論的特色。在一般個人單獨的訪談中，受訪個人順著其思維脈絡發言，前後意見的落差不會太大。然而在焦點團體討論中，在團體互動的情境下，意見前後的不同是比較容易發現的。而若是發現有改變時，則

　　我們要去瞭解造成意見改變的因素。在此，當時的情境、
　　發言脈絡、與發言的意圖等都是值得注意的因素。

⑷在焦點團體討論中，我們也要注意哪些議題比較樂於討
　　論與比較容易產生意見的對立。意見沈默的議題很可能
　　就意味著參與者對這一類型的題目沒有太多興趣，而對
　　於容易產生意見對立的議題，則要注意到討論者對於問
　　題理解的一致性。

⑸在觀察發言記錄時，若發現比較沈默者開始侃侃而談，
　　多話語者開始少言，講話慢的開始急急而談，而講話急
　　者開始慢了下來等狀況時，都意味著討論時意見的強度
　　(intensity) 已發生了變化。這些都是值得研究者特別留意
　　的狀況。

⑹要留意「場面話」與「內心話」的區別。一般而言，若
　　參與者對於問題一直以「第三人稱」或者非個人化的方
　　式作答，則其作答的態度便比較接近「場面話」。例如，
　　「此項政策是好的，大家都對這個政策感到滿意」之回
　　答便比較是場面話。反之，若作答時，常用第一人稱、
　　強調個人的感受，則此回答便可能接近其內心的真正想
　　法。例如，我覺得此一政策是重要的，因為我曾經受惠
　　過，而我感到滿意。

⑺在瀏覽資料時，以上所談到的細節固然重要，然而研究
　　者本身也要保持清醒，不要過於計較其中的細節，而忽
　　略了與研究主題有關的重要見解。

⑻在撰寫訪談報告時，研究者對於「次數」或「百分比」
　　的使用要特別小心。焦點團體訪談是小樣本，且選取參
　　與者時並不會特別留意樣本的代表性。因此，若純以發

生「次數」或「百分比」的方式來描述意見的分布狀態時，則研究結果的結論便需要小心，不要推論到社會群體上。對此，研究者不妨以「有幾位參與者」、「百分之多少的參與者」或「大多數參與者」等修飾語來表示參與成員在意見或態度上集中的程度。如此一來，則可避免了質化研究中過度推論的問題。

(9)焦點團體訪談的研究分析與報告應該是禁得起驗證的。此處所謂之「驗證」有兩重意義。一是基礎意義，即資料分析的觀點與內容應該在文本中，有脈絡可尋。二是**同儕驗證** (peer verification) 的意義，即分析結果與報告應該交由熟悉質化研究的同仁與至少兩位焦點團體參與者研讀其中的感受、觀點、及詮釋，以探索到其中隱含或需要再思考的部分 (Lincoln and Guba 1985)。

(三)焦點團體訪談研究法的限制

每一種研究方法都有其弱點，焦點團體訪談也不例外。雖然有些弱點可以在會前周全準備與有經驗的主持人的協助下，得到緩解，但有些弱點還是難以避免的。首先，由於焦點團體訪談在性質上是開放的，訪談的過程完全按照事先的規劃進行幾乎是不可能的，臨時狀況的發生不僅難以避免，甚至也可能是研究者所希望看到的。在此情境脈絡下，訪談主持人對於訪談的情況與過程的拿捏就很困難了。例如，在訪談中，參與者彼此私下的交談或問問題都是可能的，而訪談主持人便很難去禁止這類行為。若參與者表現懷疑而不配合的態度，訪談主持人往往也莫可奈何，若對其苛責勢將影響整個訪談的氣氛。

　　焦點團體訪談的另一項弱點也與訪談的情境有關。訪談的目的是瞭解個人的意見與態度，但團體討論過程中出現的意見就時常受到當時討論情境的影響。因此，團體討論的結果有時反而使得研究者難以分辨真正個人觀點與團體討論中取得的觀點。此外，一些敏感的私人議題更難在團體討論中啟齒，從而選擇被動或沈默對待，而難以顯現參與者真正的意見了。

　　第三、焦點團體也有其組成上的弱點。一方面，由於是小樣本研究，抽樣代表性不足，另一方面由於無匿名性，不願在眾人面前表達己意者，較不願參與。更甚者，由於這是對話為主的情境，口才不流利者、缺乏自信者、或言語溝通有障礙者都很可能在最初的選樣過程中被排除在外。

　　儘管焦點團體訪談仍存在著某些弱點，但在過去的 20 年間，此一方法仍受到學術界相當的重視。以 1994 年前後在西方重要期刊上所發表的學術論文為例，其中就有超過 100 篇的論文與焦點團體訪談的研究有關 (Morgan 1996)。近年來，一些專門處理質化資料分析的軟體問世（如 Ethnograph、NUD‧IST），更有助於強化焦點團體訪談研究的深度。

四、認知訪談

(一)認知訪談的發展

　　在調查研究領域發展的歷程上，認知訪談是晚近的事，一直到 1980 年代以後，此方法才由認知心理學引進，用來減少在收集資料上的誤差，並進而提升問卷設計與測量的功效。雖然在 1980 年代以前，資料誤差議題已經為訪問調查研究領域所關切，並且在有關個

人記憶、題目的設計、訪問脈絡對於訪問調查影響的研究上，也都累積了相當的成果 (Neter and Waksberg 1964; Sudman and Bradburn 1973)。但是早期的研究大都從**行為主義** (behavioralism) 的角度，將作答的過程視為刺激—反應過程，而忽略了此一過程在解釋知覺的形成、記憶的取得、及提出問題答案時的心理思考狀態 (Schuman and Presser 1981)。由認知心理學的研究中，將認知訪談應用到訪問調查上的重要性不僅在於修正了早期研究中行為主義的刺激—反應兩階段的思維，更在於提升問卷預試的作用，認識到問題作答背後的認知形成過程及其影響因素。因此，近年來，由於認知訪談的引進，認知心理學所發展的概念與方法由點而面地應用到問卷設計上，而使得問卷預試之功用愈形重要。因此，自 1980 年代以來，當代調查研究上最重要的進展之一，就是以認知心理學的論點來探討受訪者答題時的訊息處理過程，並以此一學科之學理為基礎，開發認知訪談技術，以協助問卷預試工作的進行 (Jabine and Tourangeau 1984; Jobe 1991)。

㈡認知訪談與預試

1. 傳統的預試作業模式

在認知心理學的影響下，訪問調查研究開始重新審視問卷預試的作業重點與執行狀況。雖然在此之前，經過多年經驗的累積，預試已經是一項必要的訪問調查例行作業，然而在找出受訪者作答有困難的問題時，傳統的預試執行與預試結果檢查方式卻異常的鬆散與簡陋。對於有疑問、需要修改的問卷題目認定，主要來自訪員的報告與研究者對預試結果的看法。在此，訪員的報告是比較印象式的 (impressionistic)，大多憑著自己的訪談經驗、將焦點放在訪問過程中出現解釋困難、意義不清、或受訪者難以瞭解的題目上；而研

究者對預試結果的看法則以「拒答」或「不知道」比例偏高的問題，作為修改問題的依據 (Nelson 1985; Bischoping 1989)。以此來檢驗預試結果是相當有問題的，尤其是訪員報告部分。首先，訪員大都沒有能力去研判受訪者作答時的思考與心理轉折狀態，因此，他們對於受訪者作答時思考的說法，以臆測的成分居多。其次，訪員在界定「有疑義的問題」上，不但鬆散、不一致，而且訪員之間對於問題的界定更不盡相同，以至於形成有些訪員認為某一題有問題、需要修改，而其他的訪員則不認同此一說法的局面。到了最後，問卷修訂的方式只有留給研究者自己決定了。上述這種經由傳統預試方式來修正問卷的作法，未達到問題判定時一致性的要求，也欠缺理論的根據。

2. 行為編碼預試作業模式

近年來，為了使得預試的進行、資料檢驗、與問卷修正更加系統化，上述這種傳統的預試作業方式正逐漸遭到揚棄，而行為編碼 (behavior coding) 則是逐漸受到重視的方法之一。此一方法可以與認知訪談配合使用，且其建構的資料可使用量化方式進行分析。但是，就涵蓋面而言，行為編碼研究的重點是比較狹窄的，只著重訪員與受訪者對問卷問題的反應。

在進行預試時，行為編碼運用第三者去觀察訪員與受訪者對問卷題目的反應。若發現訪員或受訪者出現研究者所列舉的狀況時，訪員就立刻在發生問題的題目上，做出註記，標出問題的狀況。然後，研究者就根據登錄的結果，找出問題發生頻率高的題目，作為問卷修正的依據 (Miller, Cannell, and Oksenberg 1981; Fowler and Cannell 1996)。這些常為研究者列舉出來、需要標記的狀況如下：

⑴訪員在問問題時，發現無法順利唸出問題的困難。

(2)訪員對問題的理解是錯誤的。

(3)受訪者需要訪員解釋。

(4)受訪者對問題的發問過多。

(5)受訪者對題目的解釋是錯誤的,

(6)受訪者不能即刻給予答案,

(7)受訪者在作答時, 出現答案不清楚或不完整的狀況,

(8)受訪者在作答時, 表現出迎合或遮遮掩掩的態度傾向。

行為編碼可以說是相當簡潔、直接的預試研究方法, 其目的就是要加強預試問題在檢驗上的一致性。曾有學者將行為編碼與傳統預試做比較, 發現在認定受訪者或訪員有困難的題目上, 利用行為編碼所取得的資料在信賴度上比傳統預試為佳, 也會比認知訪談所得到的結果更具有一致性 (Presser and Blair 1994)。就此而言, 行為編碼的確是相當好的方法。

不過, 行為編碼是有其限制的。首先, 由於這種方法將探討焦點鎖定在訪員與受訪者的言語上, 所以在找出問題的措辭、題目型態的安排、與題目次序效應上是相當有效的, 但是對於非言辭行為的觀察 (特別是訪員與受訪者之間的互動) 卻是有限的。第二, 就理論而言, 行為編碼仍然偏重於「刺激一反應」的二元論, 而非認知心理學重視之「刺激一認知一反應」的過程, 也因此在發現訪問出錯的狀況時, 難以對出錯的原因提出解釋, 更無法提出有說服力的解決方案。在這兩點上, 認知訪談就是更為有用的預試方法。

(三)認知訪談與問卷調查

在有關家庭關係的調查中, 常常出現下列的題目:

　　⑴請問在過去的一年裡，您曾經與家人爭吵的次數？

　　⑵請問在最近的一個星期裡，您曾經與家人爭吵的次數？

　　對於以上的兩個問題，有些人可以很爽快地回答，但有些人就有問題了，很可能的情況是：大多數的人很容易回答第二題，對第一題卻有困難。若是以上述行為編碼的方式來處理這兩題，研究者在修正問卷時，就很可能放棄第一題，只用第二題。但是，這兩題其實指涉不同的議題。第一題屬於長時段中通常出現的家庭事件，是每個人都會有的經歷，而差別在多寡之分。第二題的時段則是剛剛過去的一個星期，答題非常容易受到事件有無發生之影響：有些人上星期可能沒有吵架的事件，但前幾個星期中卻經常發生。就記憶而言，根據 Winkielman 等學者做的研究，第一題屬於**回想性的報告** (retrospective report)。由於時間久遠，一般人難以獲得完整的記憶，因此比較容易由記憶中提取少見的、不尋常、與比較尖銳或激烈的事件。第二題則是**同時性的報告** (concurrent report)，而一般人所舉出的爭吵事例往往只是日常生活瑣碎的小事。因此，由結果來看，除了時間點的遠近不同外，這兩題所要提取的記憶存在著回想性與同時性之分別 (Winkielman, Knauper, and Schwarz 1998)。若是如此，研究者在決定題目取捨時，就必須從研究的意義考慮，而不是僅憑著行為編碼的結果。

　　又如在問題的設計上，我們常見到「直到目前為止，您認為您的生活有多成功？（請用數字大小表示）」一類的題目。在此，雖然問卷設計者常喜歡選用分數尺度的方式讓受訪者作答，但卻常因選擇適用的刻度，而爭執不休。例如，有些研究者想用 0–10 的尺度（0 代表沒有很成功，10 代表很成功），而有些研究者則想用 –5 到 5 的尺度（–5 代表沒有很成功，而 5 代表很成功）。對於這一類問題

上的爭執，用行為編碼去探測很可能是無解的。但認知訪談則有助
於增加我們對刻度數字意義的理解。

　　上述例子中的兩種不同的刻度在意義上是不同的。Schwarz 等
學者的研究中，就發現在 0–10 的尺度上，34% 的受訪者的答案是在
0–5 之間；而在 –5 到 5 的尺度上，13% 的受訪者會落在 –5–0 之間。
根據此一發現，Schwarz 等人認為，雖然都是使用 11 個刻度，但是
當刻度的數值改變時，受訪者對問題的理解就不同了。在 0–10 的尺
度上，受訪者所感受的意義比較是「由沒成功到很成功」，而在使用
–5 到 5 的尺度時，雖然也包含「成功的程度」的意義，但是其中 –5
到 0 的刻度的意義就不是「成功的程度」，而是「失敗的程度」
(Schwarz, Knauper, Hippler, Noelle-Neumann, and Clark 1991)。換言
之，分數上刻度數值的變化影響了受訪者對於題意的認知方向。

　　在今日歐美的訪問調查研究中，認知訪談的影響極為廣泛，而
以上所舉出的例子僅為其中一二而已，但都對訪問研究的題目設計
產生極為深遠的影響。這正是前面所描述過的預試方法所難以企及
之處。另外，由以上研究的案例來看，認知活動與歷程對作答的影
響是巨大的。唯有增加對認知活動與歷程的瞭解，問卷設計的方向
才能做出有意義的調整，而正是認知訪談對訪問調查最重要的影響
所在。

㈣認知形成的階段

　　對於問題作答的認知歷程，很多認知訪談的學者皆把受訪者的
認知形成分為四個階段：⑴在接觸到問題時的領會 (comprehension)，
⑵記憶資訊的回溯 (memory retrieval)，⑶對回答資訊的判斷
(judgment)，與⑷對回答反應的編輯 (response edit) (Strack and Martin
1987; Tourangeau, Rips, and Rasinski 2000)。這四個認知階段的區分

對認知訪談的進行是十分重要的。大多數的認知訪談就是以這四個階段去開發受訪者在作答時認知的歷程。因此，在討論認知訪談的技術前，我們有必要對四個認知階段多做瞭解，方能掌握執行認知訪談的重點與竅門。

1. 接觸到問題時的領會

在訪問調查中，接觸到問題時的領會是認知歷程的第一個階段。根據 Cannell 等學者的說法，領會有兩個方向，一是對**問題本身的領會**（包括問題的安排形式、問題的提示、問題的次序等），一是對**訪問情境的領會**（如訪員的外貌、身分地位、言行或暗示等）(Miller, Cannell, and Oksenberg 1981)。對於前者，領會同時包括對問題的文字意義 (semantic meaning) 的瞭解與對研究意圖，即**實用意義** (pragmatic meaning) 的領會。而在訪問情境的領會上，就比較側重於實用意義。前面所舉出的測量尺度的問題就與文字意義的領會有關，在此，所設定的尺度數值改變了受訪者對於題目文字意義的瞭解。

2. 記憶資訊的回溯

記憶資訊的回溯是作答時認知歷程的第二階段。此時，受訪者的認知活動不但進行個人的記憶搜尋，也開始進行記憶回溯的策略選擇，並建構可以激發記憶的方式，從而產生對不完全的記憶進行填補與推斷的工作。在受訪者開始由記憶中搜尋時，若事件具有特殊性，問題中的措辭與專有名詞容易與受訪者自己的認知編碼產生契合作用，問題中的答項能夠提供清楚的測量尺度，受訪者的記憶存有類似於問題所指涉的事件經驗，事件是近期發生的，則在記憶回溯上會簡單許多。若情況不是如此，記憶回溯就會非常困難，並會影響下一個階段的判斷或推斷。

3. 對回答資訊的判斷

記憶回溯的完成並不表示受訪者對於問卷問題已經產生了明確

的答案，而答案的滋生需要受訪者先在腦海中做出判斷。在這認知歷程的第三階段中，受訪者的認知活動所做的工作就是對前階段的記憶回溯的成果做出判斷或推斷。在這個階段，有時候下判斷是很簡單的，只要記憶是完整的，或是對問題的理解符合自己記憶上的認知編碼。但在大多數情況下，做判斷是複雜的工作：受訪者要去判斷記憶回溯的正確性，也要循著已有的記憶對發現的記憶缺口部分進行添補式的推斷，更要將零零碎碎的記憶整合成為單一的總體判斷。

在事實的問題上，上述的說法比較容易理解，因為事實問題與記憶有直接關係，而判斷的基礎則來自記憶。然而態度問題是否也需要經過如此繁瑣的認知過程呢？長久以來，大多數有關態度的研究在行為主義的影響下，都傾向於認為態度是既存的，而回答態度問題是可以跳過記憶回溯的過程，直接做出判斷 (Fazio 1989)。然而，認知訪談的研究否定了這類說法，其因至少有二。

首先是大多數的受訪者對某些議題的態度並沒有既存的特定態度，而所做出的判斷往往受到措辭與問題次序的影響。在 Strack 對於幸福態度的研究中，便發現態度的改變與題目次序存在緊密的關係：若前一問題在意義上是從屬於下一問題（如前一題是對婚姻的滿意，而後一題是對生活的滿意），則回答下一題的態度反應容易與前一題產生一致的現象，形成兩題之間的同化效應，使得前一題的資訊成為後一問題下判斷的依據。但若將這兩題放置的間隔拉遠或將次序顛倒，結果就不同了 (Strack 1992)。

態度問題需要做判斷的第二項原因來自於問題所設定的情境迫使受訪者去做判斷。例如，在美國基本社會調查 (GSS) 中就發現，在回答「被強暴者應該被允許去墮胎」的問題時，即令是極端贊成生命權的受訪者都會出現停頓、需要反覆思考的情形。其中的原因

就在於他們被問題所設定的情境逼到難以迴避的角落，而需要較長時間，做更周延的思考。若是如此，在臺灣的調查中也很可能出現類似需要反覆思考的問題，例如，主張統一者要在「臺灣人、中國人、臺灣人也是中國人、中國人也是臺灣人」的選項中挑選出一個答案時，所考慮的因素必定很多，也必定會嘗試由記憶中搜尋自己過去的舉止言行，作為判斷的依據。因此，即便是態度問題，判斷也是必須的認知過程。

4.對回答反應的編輯

在判斷的過程結束後，作答的動作並未就此停止，受訪者必須進行第四階段的認知活動，即對於所擬出現的回答進行整理、修改、與加工等思維過程。在這被稱作「編輯回答反應」的階段中，受訪者至少還會進行兩項認知活動：一是將自己的判斷轉換對應到問題中的答項（或答項中的分數），一是衡量訪問情境與答案的後續影響（例如，社會的可接受性、前後答題的一致性、或其他未知的原則），從而對想要表現的反應做出編輯與修改。要注意的是：雖然此時作答的認知歷程已到最後階段，影響的因素還是相當複雜的，尤其在單選題上。例如，在態度問題上，受訪者往往就不知道該選「很贊成」，還是「贊成」而已。在事實問題上，受訪者也會對「有些時候」(sometimes) 或「常常」(usually) 的答項產生困擾。在這重要時刻，有些受訪者會很用力地去找出他認為最理想的答案，但有些受訪者則比較沒這麼認真，只挑選最先出現的答案，更有些受訪者就乾脆填答「不知道」或「拒答」了事。在比較敏感的題目上，受訪者的考慮就更複雜了：做出答案前，不但要進行上述的考慮，更要將訪問的情境(如匿名的程度)、回答的後果與風險等因素納入考慮範圍中。

(五)認知訪談技術的作業模式

在歐美的調查研究的實際作業上，認知訪談的技術是有相當影響力的。以美國為例，愈來愈多的學術調查研究中心、統計機構、與調查公司都開始設立**認知實驗室** (cognitive laboratories)，專門從事預試的認知訪談以及認知訪談技術的開發工作。因此，近年來，在歐美的訪問調查領域中，認知訪談已經不再是紙上談兵的理論與說法而已。經過了多年的反覆嘗試與實際演練經驗，認知訪談的規則與作業程序已有一定程度的累積，並要開始形成一套標準化作業程序 (Fowler and Mangione 1990; Sudman, Bradburn, and Schwarz 1996; Maynard 2002)。在本章最後部分提供的附錄 5–2 為認知訪談填答表的通用格式，附錄 5–3 則為其說明。讀者在進行認知訪談時，可參閱之。

這套標準作業程序的主軸就是前述的四個認知歷程階段，並在這主軸下，採用**出聲思維** (think-aloud) 與**言語探測** (verbal probing)等二項訪談技術來探測受訪者的認知活動 (Ericsson and Simon 1980; Willis, DeMaio, and Harris-Kojetin 1999)。「出聲思維法」是讓預試受訪者在回答問題後，用自己的言語對問題作重新陳述、並描述其想法。此種方法的執行重點有三處。首先，請受訪者使用自己的語言，將想法講出來，目的是去瞭解受訪者對題意瞭解的程度。其次，若問題中包含專有名詞的話，也要請受訪者解釋該詞彙之意義。第三，若受訪者在回答過程中，出現遲滯或停頓的情形，則訪員要請其描述思考形成答案的過程。

「出聲思維法」對於瞭解受訪者如何領會問題的意義是有幫助的，也能夠偵測到受訪者是怎樣得到答案的。這些都是「出聲思維法」的優點。但是，在應用這種方法時，必須要知道在「出聲思維

法」中，受訪者的角色是相當吃力的，不但要具備足夠的言語與思考能力、願意暢談個人的想法、也要在談話時不偏離主題。因此，在使用「出聲思維法」做認知訪談時，受訪者的思考、聯想、與暢談能力都是重要的，而這正是此種技術應用到預試時的弱點。也因此，認知訪談所挑選的對象就會偏向於教育程度較高或社會歷練較深的受訪者。若是這種情形，就要特別注意這些對象發言的代表性了。

　　由於以上「出聲思維法」的弱點，越來越多的認知訪談開始採用「**言語探測法**」，以較為結構化的訪談技巧，刺激受訪者的認知活動。在此，受訪者除了要再次陳述問題、並解釋對問題的理解外，也被要求對記憶與回答的可信度進行評量。在作法上，「言語探測法」有六個基本重點。重點如下：

表 5-4　言語探測法的六個基本重點

探測重點	範　例
領會／詮釋的探測	在「一年看醫生的次數有多少次？」的問題中，請問對「看醫生」一詞，您的瞭解是什麼？
題目陳述的探索	對於本題，您可否用自己的話來問？
作答正確性的探測	您對本題所做出的答案，有多肯定？您是否可以告訴我們，為何這樣肯定？
記憶的探測	您是如何記得這個答案的？為什麼會將這件事的記憶記成這樣？
一般的探測	您是如何得到這個答案的？ 對您而言，這是容易、還是難的問題？ 您似乎在回答這一題時，想了很久，可否告訴我們您當時是怎樣想？是想些什麼？
其他的探測	您是不是大病、小病都會去看醫生？ 您最近一次看醫生是多久以前？

　　運用上述六項重點做「言語探測」是針對某一個題目所進行的探測。這種方法也被稱作「**同時性探測**」(concurrent probing)。雖然

此種方式使得認知過程與細節均能被偵測到,卻由於詢問過於仔細,反而產生受訪者為了迎合訪員的發問而編造答案的情形。此外,這種問答方式也非常不同於問卷調查正式執行的情境。為此,有些研究另闢「回溯性探測法」(retrospective probing),在受訪者填完問卷後才開始進行探測。雖然,在進行回溯性探測時,受訪者會記不起作答當時的想法,但此種方法有其特殊適用性。例如,在郵遞自填問卷調查中,此種方法可以讓研究者瞭解問卷中的輔助性說明是否有用,受訪者是否會仔細閱讀等問題。此外,由於是在受訪者填答完畢後才開始進行認知訪談,此種方法有助於瞭解訪問情境對受訪者的影響,也因此比較適用於預試的最後階段,也就是問卷已修正完畢、但還未交付印刷的時候 (Tanur 1992; Sirken 1999; Stone 2000)。

除了同時性與回溯性探測之分外,言語探測也存在著**腳本探測** (script probing) 與**自發探測** (spontaneous probing) 的分別。顧名思義,腳本探測是訪談按照研究者事先規劃之詢問內容與方式進行,是認知訪談的基本作業模式,而自發探測則容許訪員根據訪談當下所需,臨時起意脫稿探問。此二種方式都有其優缺點。其中,一式通用的腳本探測是比較理想的作業方式。在經驗較淺訪員所進行的訪談中,腳本探測可使得訪談的品質維持在一定水準之上。此外,若問卷中有一些專有名詞時,此種探問方式有助於瞭解這些用詞對一般大眾的適用程度。與腳本探測比較,自發探測則是比較具有彈性,並能配合訪談情況所需的探問方式,適用於經驗豐富、熟稔訪問調查者所主持的認知訪談。在這種較為接近自然交談狀態的探問方式中,這些有經驗的訪員比較有能力聽出話中的其他含意,並對不清楚的回答繼續追問,從而挖掘出更具研究意義的問題。因此,在一般認知訪談中,研究者最初可能以腳本探測的方式進行認知訪談,但在把握訪談的竅門後,自發探測不失為一種更好的作法。其中的分寸

拿捏只有靠研究者自己去體會了。

㈥認知訪談的侷限

近年來，認知訪談的重要性相當為歐美的訪問調查研究領域所體認，並且不遺餘力地開發與之關連的技術。在 Jobe 與 Mingay 的研究中，就曾指出在訪問調查的研究上，至少存在著下列 9 種認知訪談的技術 (Josbe and Mingay 1989)。

⑴同時性出聲思維法：受訪者回答問題時，將其想法盡量口語化。

⑵回溯性出聲思維法：在訪談的後段中，或在全部題目作答完畢後，受訪者描述其答案形成的思考過程。

⑶在團體討論中，以「半結構方式」進行的認知訪談（例如，焦點團體訪談）。

⑷對問卷問題作答確信度的衡量 (confidence ratings)。

⑸對問卷問題的解說與複述。

⑹就問卷問題的相似性（或其他的意義的量表）所進行的排序測驗。

⑺作答反應時間的測量。

⑻由接觸到問卷問題起、至作答完畢過程中，對問卷問題的認知程度所進行的探測。

⑼記憶提示法：以各種輔助工具協助受訪者抓取記憶的作法。

無疑地，以上這些認知訪談技術或多或少都有助於提升調查資料的品質。然而，上述百花齊放的情形也顯示這一門新穎的技術仍有多處亟待改善的空間。首先，上述 9 種方法所得到的資料是非量

化為主的（第(4)項與第(7)項除外），但是在這些資料的處理上，大多
只停留在「文字登錄」的階段，很少研究能夠做到變項編碼的地步。
由於此故，在做出認知訪談的結論時，大多數的研究就只憑著研究
者閱讀「文字登錄」資訊，而其分析也往往只是「印象式分析」而
已，並非細緻的質化資料分析 (Tourangeau et al. 2000: 328–331)。

其次，認知訪談所得到的資料對於調查訪問正式執行時的助益
仍有待進一步的分析。在訪問情境上，認知訪談究竟是不同於正式
的訪問調查。在認知訪談中，訪員會仔細地去盤問受訪者作答時的
各項細節，從而看到的很可能只是問卷調查的一些問題點而已，而
非問卷調查執行時之主要問題全貌。在正式調查訪問時，在時間的
壓力下，訪員根本上無法做到類似於認知訪談實驗室中的仔細盤問
方式。因此，即令認知訪談能協助研究者找到問題的產生源由，但
未必能在實地訪問中解決問題。

第三，訪問情境不僅與實地調查不同，甚至會因為其中盤問過
多，反而造成受訪者在認知上的扭曲。因此，有些學者甚至認為，
認知訪談所得到的結果對實際調查是無用的。此種說法或許太過極
端，然而在認知心理學的研究中，就曾提出認知活動是有其限制的
說法。例如，在記憶上，有些事件就是水過無痕，根本無法追憶，
而若要勉強為之，不但會導致受訪者強加解釋自己的記憶，從而扭
曲了原有的情況，甚至產生編造答案的情形 (Nisbett and Wilson
1977; Wilson, LaFleur, and Anderson 1995)。對於這點忠告，研究者不
可不瞭解到認知訪談與實際調查在訪問情境上的差異，以及在認知
訪談中，「訪員」角色的重要性。

認知訪談與焦點團體訪談都是小樣本的資料蒐集方式。在挑選
樣本時，也都以符合研究目的為優先考慮，而不是樣本的代表性。
在採用這兩種質化方法於問卷調查時，「訪員」的角色是非常重要的。

在前面焦點團體訪談中，我們已指出了主持人的重要性，此處就不再贅言了。在認知訪談中，「訪員」最好由訪問調查的專家擔任，而不是計畫研究者本人，更不是一般的訪員 (Memon, Holley, Milne, Koehnken, and Bull 1994)。其中的原因在於，訪問調查專家不但瞭解問卷設計與訪問情境的陷阱，更熟悉認知訪談的執行策略與探測的技術，是執行認知訪談的理想人選。在這兩種小樣本的質化研究中，由於「訪員」是訪談主題、氣氛與進行節奏的控制者，對研究結果的影響遠較一般訪問調查中的訪員更為深遠。這是研究計畫的主持人必須切記的要點！

 ## 五、結　語

　　在過去 20 年之中，社會科學研究者越來越認識到質化資料蒐集與研究的重要性。此種趨勢不僅表現在質化研究的方法與分析上的創新，成為 Kuhn 在《科學革命的結構》一書中所認為的一種新的研究典範 (paradigm) 的產生，也表現在一向是以量化分析為基礎的訪問調查領域中，以更積極的態度向質化研究中吸取研究觀點與分析技術。雖然量化與質化這兩種研究方法各有其內涵與主張，甚至在某些看法上出現針鋒相對的情形，然而偏重於量化研究的問卷調查中採納焦點團體訪談與認知訪談等這兩種質化的方法，是有其特殊意義的：在面對複雜多變的社會現象時，認識到大規模的隨機抽樣調查的侷限。因此，在訪問調查領域中，最新的發展趨勢就是在大規模的正式調查前，先以小樣本的方式，對個案進行仔細的探討，作為瞭解複雜的社會現象或行為的深層意義的入口點。這種反省在相當程度上不但避免了過去的抽樣調查過於形式化與簡單化的缺點，更帶動了此一領域在視野與技術上的革新。

　　訪問調查中質化研究的重要性也在近年來為臺灣學術界所重視。然而，起步較晚之故，迄今為止，訪問調查中有關質化調查方法探討的中文著作仍非常少，並且大多集中在焦點團體訪談上（賴世培、丁庭宇、莫季雍 2000；鄭夙芬 2003）。在國內的訪問調查學術期刊上，也大多是焦點團體訪談的研究成果（周雅容 1997；游清鑫 2002；鄭夙芬 2004）。與之對照，國內在認知訪談的研究上就非常少，而僅出現的研究則為田芳華應用此一方法於「假設市場評價法」上的論文（田芳華 1999）。儘管如此，這種現象並不代表認知訪談不受到國內學術界的重視。相反地，國內的許多大型調查計畫便時常在正式調查訪問前，通過認知訪談去瞭解作答問題時的困難，並以訪談的結果，作為修正問卷的依據。以「臺灣社會變遷基本調查計畫」為例，認知訪談就已經成為訪問調查標準程序的一部分（瞿海源 1996）。由此可見，在訪問調查中採納認知訪談的重要性已逐漸為國內學術界所熟悉，而欠缺的只是更有系統的介紹與討論。

　　在本章中，我們希望透過有系統的介紹，不但讓讀者瞭解焦點團體訪談與認知訪談的來龍去脈，也熟悉此二種方法的執行面，以便有助於建立一套標準的執行準則。在本章最後的附錄中，附上執行焦點團體訪談的檢查表、與認知訪談的表格與執行重點整理，希望有助於執行時的方便與規則化，以提升質化資料蒐集與研究法的「品質」。

附錄 5-1　焦點團體訪談要點檢查表

一、訪談前的準備

    1. 確定舉辦時間與次數

    2. 確定參與者人數

    3. 挑選參與者的條件

    4. 確定是否需要在訪問前填答問卷

    5. 確定主持人的條件與角色分工（若有兩位或以上）

    6. 準備訪談使用的機器與設備

二、訪談時

    1. 主持人所扮演的角色

      (1)要表現開放的態度，不要表示個人觀點

      (2)訪談的主題要集中，離題時，主持人要盡量拉回主題

      (3)要盡量不讓焦點團體討論被某個參與者的觀點所影響

      (4)要控制個別參與者的發言時間

    2. 訪談記錄

      (1)錄音還是錄影帶

      (2)訪談當場的記錄

      (3)主持人在訪談後的感想與總結

三、訪談後

    1. 資料處理進度估計

      (1)完成時間

      (2)人力與物力的估計

    2. 資料處理的原則（例如，逐字記錄、還是重點記錄）

附錄 5-2　認知訪談填答表的通用格式

頁次：＿＿＿＿＿，題號：＿＿＿＿＿
問題本身與答項（研究者在訪談前填入）

要探詢的重點：（研究者訪談前填入，訪員可於訪談時視情況添加）
（除列出問題外，也說明設定該問題的原因）

回答結果：（訪員訪談時填入）

修改建議：（訪談後填入）

附錄 5-3　認知訪談通用格式記錄重點說明

1. 受訪者對問題的瞭解程度
   (1) 問題的主旨：
   　(i) 受訪者是否能夠以他自己的用語與措辭再次陳述該問題？
   　(ii) 受訪者認為該問題是要問什麼？
   　(iii) 受訪者最初聽到（或閱讀到）此問題時，認為該問題是想問什麼？會不會有誤認？
   (2) 詞彙的意義：對於受訪者而言，問題中的特定名詞與語句所代表的意義為何？

2. 受訪者在記憶回溯時的掌握程度
   (1) 資訊回溯性：
   　(i) 受訪者記得清不清楚？
   　(ii) 回答問題時，受訪者是否需要去追溯與推斷？
   (2) 記憶回溯的方式：在資訊取得上，受訪者所習慣的是哪一種方式？例如，在有關過去曾經去過某地方多少次一類的問題上，受訪者的習慣是以個別次數相加的方式，算出總次數，還是習慣於作總體估計？

3. 受訪者在判斷與作答時
   (1) 動機：
   　(i) 受訪者在回答問題時，是全神貫注、前後徹底想過後再回答，還是很輕快地回答問題？
   　(ii) 受訪者是如何獲得答案的？
   　(iii) 受訪者對其答案確信的程度？
   　(iv) 受訪者會不會很難回答此問題？
   (2) 答案與答項的對應：受訪者是否能夠自己找出與設定答項相類

似的答案?

(3)敏感性／社會期望性: 受訪者在回答問題時是敢於告訴真相?
還是選擇讓他覺得安穩 (或合於社會期望) 的答案?

 參考書目

田芳華，1999，〈認知訪談在調查研究上的應用：以假設市場評價法為例〉。《國家科學委員會研究彙刊：人文及社會科學》9 (3): 555–574。

周雅容，1997，〈焦點團體在調查研究上的應用〉。《調查研究》3: 51–73。

高敬文，1996，《質化研究方法論》。臺北：師大書苑。

盛杏湲，2003，〈問卷設計〉。頁 127–192，收錄於陳義彥等人編，《民意調查》。臺北：五南出版社。

陳向明，2002，《社會科學質的研究》。臺北：五南出版社。

游清鑫，2002，〈政黨認同與政黨形象：面訪與焦點團體訪談結合〉。《選舉研究》9 (2): 85–115。

鄭夙芬，2003，〈民意調查的執行〉。頁 193–250，收錄於陳義彥等人編，《民意調查》。臺北：五南出版社。

鄭夙芬，2004，〈臺灣民眾眼中的政黨：一個焦點團體研究法應用實例之初探〉。《選舉研究》11 (2): 185–216。

賴世培、丁庭宇、莫季雍，2000，《民意調查》。臺北縣蘆洲市：國立空中大學。

瞿海源，1996，《臺灣地區社會變遷基本調查計畫，第三期第一次調查計畫執行報告》。臺北：中央研究院社會學研究所籌備處。

Bischoping, K., 1989, "An Evaluation of Interviewer Debriefing in Survey Pretests." *New Techniques for Pretesting Survey Questions*. C. F. Cannell, L. Oskenberg, F. J. Fowler, G. Kalton, and K. Bischoping. Ann Arbor, MI: Survey Research Center.

Bloor, M. et al., 2001, *Focus Group in Social Research*. London: Sage.

Campbell, A., 1946, "Polling, Open Interviewing, and the Problem of Interpretation." *Journal of Social Issues* 2: 67–71.

Converse, J. M., 1987, *Survey Research in the United States: Roots and Emergence, 1890–1960*. Berkeley: University of California Press.

Ericsson, K. A. and H. A. Simon, 1980, "Verbal Reports as Data." *Psychological Review* 87: 215–250.

Fazio, R., 1989, "On the Power and Functionality of Attitudes: The Role of Attitude Accessibility." pp. 153–179 in *Attitude Structure and Function*, edited by A. Pratkanis, S. Breckler, and A. Greenwald. Hillsdale, NJ: Erlbaum.

Fowler, F. J. and C. Cannell, 1996, "Using Behavioral Coding to Identify Cognitive Problems with Survey Questions." *Answering Questions*, edited by N. Schwarz and S. Sudman. San Francisco: Jossey-Bass.

Fowler, F. J. and T. W. Mangione, 1990, "Standardized Survey Interviewing." *Minimizing Interviewer-Related Error*. New York: Sage.

Glaser, B. G. and A. L. Strauss, 1967, *The Discovery of Grounded Theory: Strategies for Qualitative Research Hawthorn.* NY: Aldine de Gruyter.

Greenbaum, T. L., 2000, *Moderating Focus Groups: A Practical Guide for Group Facilitation*. Thousand Oaks: Sage Publications, Inc.

Jabine, T., M. Straf, and R. Tourangeau, 1984, *Cognitive Aspects of Survey Methodology: Building a Bridge Between Disciplines*. Washington, D.C.: National Academy of Science.

Jobe, J. B. and D. J. Mingay, 1991, "Cognition and Survey Measurement: History and Overview." *Applied Cognitive Psychology* (5): 175–192.

Jobe, J. B. and D. J. Mingay, 1989, "Cognitive Research Improves Questionnaires." *American Journal of Public Health* (79): 1053–1055.

Kitzinger, J., 1994a, *Focus Groups: Method or Madness? Challenge and Innovation: Methodological Advances in Social Research on HIV/AIDS*, edited by M. Boulton. London: Taylor and Francis.

Kitzinger, J., 1994b, "The Methodology of Focus Groups: The Importance of Interaction Between Research Participants." *Sociology of Health and Illness* 16 (1): 103–121.

Krueger, R. A., 1998, *Focus Groups: A Practical Guide for Applied Research*. London: Sage.

Krosnick, J. A., 1999, "Survey Research." *Annual Review of Psychology* 50: 537–567.

Krueger, R. A., 1994, *Focus Groups: A Practical Guide for Applied Research*. London: Sage.

Lazarsfeld, P. F., 1944, "The Controversy Over Detailed Interviews: An Offer for Negotiation." *The Public Opinion Quarterly* 8 (1): 38–60.

Lincoln, Y. S. and E. G. Guba, 1985, *Naturalistic Inquiry*. London: Sage.

Maynard, D. W. e. a., ed., 2002, *Standardization and Tacit Knowledge: Interaction and Practice in the Survey Interview*. New York: Wiley.

Memon, A. et al., 1994, "Towards Understanding the Effects of Interviewer Training in

Evaluating the Cognitive Interview." *Applied Cognitive Psychology* 8: 641–659.

Merton, R. and P. Kendall, 1946, "The Focused Interview." *American Journal of Sociology* 51: 541–557.

Miller, C., P. Cannell, and L. Oksenberg, 1981, "Research on Interviewing Techniques." pp. 389–437 in *Sociological Methodology 1981*, edited by S. Leinhardt. San Francisco: Jossey-Bass.

Morgan, D. L., 1996, "Focus Group." *Annual Review of Sociology* 22: 129–152.

Morgan, D. L., 1997, *Focus Groups as Qualitative Research*. London: Sage.

Morgan, D. L., 2002, "Focus Group Interviewing." pp. 141–159 in *Handbook of Research Interviewing: Context and Method*, edited by J. E. Gubrium and J. A. Holstein: Sage Publications.

Nelson, D., 1985, "Informal Testing as a Means of Questionnaire Development." *Journal of Official Statistics* 1: 79–88.

Neter, J. and J. Waksberg, 1964, "A Study of Response Errors in Expenditures Data from Household Interviews." *Journal of the American Statistical Association* 59: 17–55.

Nisbett, R. E. and T. D. Wilson, 1977, "Telling More Than We Can Know: Verbal Reports on Mental Processes." *Psychological Review* 84: 231–259.

Presser, S. and J. Blair, 1994, "Do Different Methods Produce Different Results?" pp. 73–104 in *Sociological Methodology*, edited by P. V. Marsden.

Schuman, H. and S. Presser, 1981, *Questions and Answers in Attitude Surveys: Experiments on Question Form, Wording, and Context*. New York: Academic Press.

Schwarz, N. et al., 1991, "Rating Scales: Numeric Values May Change the Meaning of Scale Labels." *Public Opinion Quarterly* 55: 618–630.

Silverman, D., 1993, *Interpreting Qualitative Data: Methods of Analyzing, Talk, Text, and Interaction*. London: Sage.

Sirken, M. G. e. a., ed., 1999, *Cognition and Survey Research*. New York: Wiley.

Stone, A. e. a., ed., 2000, *The Science of Self-Report: Implications for Research Practice*. Mahwah, NJ: Lawrence Erlbaum Associates.

Strack, F., 1992, "Order Effects in Survey Research: Activation, and Informative Functions of Preceding Questions." pp. 23–44 in *Context Effects in Social and Psychological Research*, edited by N. Schwarz and S. Sudman. New York: Springer-Verlag .

Strack, F. and L. Martin, 1987, "Thinking, Judging, and Communicating: A Process Account of Context Effects in Attidude Surveys." pp. 123–148 in *Social Information Processing and Survey Methodology*, edited by H. Hippler, N. Schwarz, and S. Sudman. New York: Praeger-Verlag.

Strauss, A. and J. Corbin, 1990, *Basics of Qualitative Research: Grounded Theory and Procedures and Techniques*. Newbury Park, CA: Sage Publications, Inc.

Sudman, S. and N. Bradburn, 1973, "Effects of Time and Memory Factors on Response in Surveys." *Journal of the American Statistical Association* 68: 805–815.

Sudman, S., N. Bradburn, and N. Schwarz, eds., 1996, *Thinking About Answers: The Application of Cognitive Processes to Survey Methodology*. San Francisco: Jossey-Bass.

Tanur, J., ed., 1992, *Questions About Questions: Inquires into the Cognitive Bases of Surveys*. New York: Sage.

Tourangeau, R., L. J. Rips, and K. Rasinski, 2000, *The Psychology of Survey Response*. Cambridge University Press.

Vaughn, S., J. Shay Schumm, and J. Sinagub, 1996, *Focus Group Interviews in Psychology and Education*. London: Sage.

Waterton, C. and B. Wynne, 1999, "Can Focus Groups Access Community Views?" *Developing Focus Group Research: Politics, Theory, and Practice*, edited by R. Barbour and J. Kitzinger. London: Sage.

Willis, G., T. DeMaio, and B. Harris-Kojetin, 1999, "Is the Bandwagon Headed to the Methodological Promised Land? Evaluation of the Validity of Cognitive Interviewing Techniques." *Cognition and Survey Research*, edited by M. Sirken, D. Herrmann, S. Schechter et al. New York: Wiley.

Wilson, T. D., S. J. LaFleur, and D.E. Anderson, 1995, "The Validity and Consequences of Verbal Reports About Attitudes." pp. 91–114 in *Answering Questions: Methodology for Determining Cognitive and Comminicative Processes in Survey Research*, edited by N. Schwarz and S. Sudman. San Francisco: Jossey-Bass.

Winkielman, P., B. Knauper, and N. Schwarz, 1998, "Looking Back at Anger: Reference Periods Change the Interpretation of (Emotion) Frequency Questions." *Journal of Personality and Social Psychology* 75 (3): 719–728.

第6章

調查研究中的信度與效度

◆一、前　言
◆二、測量誤差
◆三、信　度
◆四、影響信度係數的因素
◆五、信度對於統計分析值的影響
◆六、效　度
◆七、其他效度
◆八、結　語

一、前　言

調查是透過問卷訪問的方式，就研究者所關心的議題，獲取受訪者的資料、態度或意見。但調查的目的或重點卻不是受訪者本身，而是要瞭解受訪者所代表的群體或社會在這些方面的特性或態度。以調查為工具的研究者，獲得受訪者的各種資訊後，利用統計法整合分析，藉以推論受訪者在相關方面的特質，再進而推論樣本所代表的社會在這方面的整體情形。

當然，要能正確推論受訪者本身的情況，研究者所得到的資料，必須是真實描述該受訪者的各種質性。而要正確推論社會在某方面的整體情形，其先決條件則是：接受調查的樣本所具有的特性，必須能代表母體在該方面的特性。這兩方面任何的誤差都會造成對母體描述的誤差 (error)。受訪者所提供的資料沒有正確描述他自己的狀況時，我們所觀察到的資料誤差，稱為「**觀察誤差**」(error of observation) 或「**測量誤差**」(measurement error)；當受訪樣本的組成與母體的組成不符時，兩者間的差距稱為「**非觀察誤差**」(error of nonobservation，也就是因為沒有觀察到而導致的誤差，例如：母體有許多的失業者，樣本卻缺乏這類失業者)，也就是樣本估計值與母體的實際數值之間的差距。本章不再詳細討論代表性方面的誤差。

這兩種誤差，基本上涵蓋了調查大部分的誤差，但仍然有部分不屬於這兩種誤差。圖 6–1 的流程圖顯示了調查的整個流程及各種的誤差來源。從圖 6–1 可發現，在整個調查過程，從問卷設計開始，到最後以調查結果作推論的流程裡，幾乎每一步都有產生誤差的可能；這個架構也就稱為「**整體調查誤差**」架構 ("total survey error" framework)(Groves et al. 2004)。

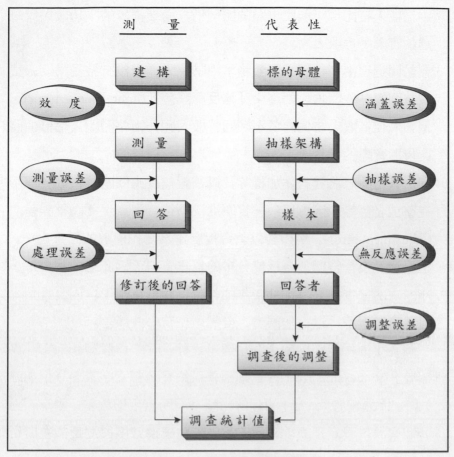

圖 6-1　整體調查誤差架構

　　圖 6-1 的右邊涵蓋了所有的非觀察誤差，也就是樣本的母體代表性，從抽樣到調查的過程中持續演變而產生的誤差：

(1)從定義標的母體 (target population) 進展到實際可進行抽樣的抽樣架構之間，會產生「涵蓋誤差」(coverage error)，例如標的母體是全國人民，但抽樣架構只包括有固定居所的人，沒有包括遊民。

(2)從抽樣架構中抽樣時，因為運氣或巧合，致使某些特質的人被抽中的比例較高或較低，則產生「抽樣誤差」，例如抽中樣本所含的

中低收入者比例可能比母體的比例低，而使樣本的平均收入比母體的實際平均收入高。

(3)在訪問過程中各種因素而致樣本中某些人完全沒有接受訪問、或沒有回答某些問項，則產生「無反應誤差」(nonresponse error)，例如假使低收入者偏向於不願回答收入題，則整體收入估計值將比母體實際的平均收入高。

(4)利用其他訊息將資料作加權等，以補救無反應問題時，因資訊不完整或老舊等原因，以致與實際狀況不符，則產生「調整誤差」(adjustment error)，例如若以教育程度作為製作權數的元素之一，但臺灣並沒有整體教育程度分布的逐年資料，因此必須利用每十年一次的普查結果，推估各年的教育程度分布情形；因為推估本身就會有誤差，以之作調整，自然還是有一些誤差。

圖 6-1 的左半部則除了測量誤差之外，還有（建構）效度及「處理誤差」(processing error)。處理誤差可能是詮釋文字資料（例如職業）時，因過錄者 (coder) 的理解判斷不同而產生的誤差；本章不討論非觀察誤差與處理誤差，而將重點放在**建構效度**與測量誤差所衍生的議題——信度與效度。

所謂「**建構**」，是指調查研究者想找尋的訊息 (Groves et al. 2004)；這項訊息也許利用一個問項就能得到答案，也可能必須綜合好幾個問項的結果之後才能得到答案。從心目中想找的訊息轉化成問卷題項的過程，會因為建構的複雜度或抽象度，而使得建構與受訪者對問項的詮釋以至於回答，兩者之間會有或多或少的差距；差距愈小，建構效度愈佳。本章稍後會更詳細討論建構效度。

建構效度是指受訪者對於題項的意義詮釋，是否與研究者所想要表達的及想瞭解的內容相同？測量誤差所關心的則是，受訪者的回答是否真實反映他的情形。受訪者可能因為記憶的限制，例如記

不清一年內到底看過幾次醫生；選項的限制，例如選項分得太過粗略，也許忽略了一些重要的區別；或其他如社會讚許等心理因素，例如，不願承認沒有去投票或不願透露收入等；問卷資料或多或少都可能產生測量誤差。訪問所得的測量數值與真實狀況間的差距，就是測量誤差。測量誤差不大，也許不致影響推論太大；如果測量誤差太大，不但可能使推論無效，甚至可能作出與事實相反的推論。因此，測量誤差所衍生的議題，是所有量化研究（包括調查研究）的學者都必須關心瞭解的問題。這些議題包括了各種的信度與效度。大致上，**信度**要探討的是：受訪者個人的調查結果前後或相關的各方面一致的程度；而**效度**要探討的是：受訪者的回答能反映真正情況的程度。本章首先進一步討論測量誤差的內容，再進一步討論各種信度與效度，及使信度或效度降低的可能因素（或稱「**威脅**」，threats）。

　　此外，坎伯爾與庫克 (Campbell 1957; Cook and Campbell 1979) 還提出另外三種效度概念：**統計結論效度** (statistical conclusion validity)、**內部效度** (internal validity) 與**外部效度** (external validity)。統計結論效度關心的是：統計法是否正確？統計分析的結論是否正確？**統計檢力** (statistical power) 是否足夠？等問題。而內部效度與外部效度則是實驗研究必須討論的問題，似乎跟調查研究比較無關。然而，如果研究者使用長期追蹤調查，用以探討某種因果關係時，就須討論研究的內部效度與外部效度。因此本章參考 Shadish 等人 (2002) 對這些效度的討論，再依據調查研究的情境與需要，大致介紹這些效度的意義及對它們的威脅。

二、測量誤差

古典測量理論將觀察得到的資料所包含的訊息分成：(1)**真實分數**（true score，以 T 代表），及(2)**測量誤差**（error，以 E 代表）。所**觀察到的數值**（observed scores，以 O 表示），是 T 與 E 的總和，也就是 $O = T + E$。

這種古典測量模型將一次的調查，看作無限多個相同調查中的一次嘗試。一位受訪者的某一特性，有一個真正不變的程度 (T)，而每次調查的測量誤差 (E) 可能不一，使觀察到的 O 也不一定相同。

測量誤差在概念上又可分為兩種：一是**偏誤** (bias) 或稱**系統誤差** (systematic error)，另一則是**隨機誤差** (random error)。偏誤或系統誤差是指因為題項內容與心理因素或社會壓力的交互作用，使得絕大多數受訪者的回答都一致比他真實的情形偏高（低）。例如題項的用字，使受訪者誤解題意或受到引導，而傾向於選擇某個答案。其他如敏感的題項內容，例如，收入或一些公認的不良（犯罪）行為，像缺乏公德心或吸毒等，由於受訪者怕招致麻煩或被訪員投以異樣的眼光，而低報或不願承認等；相反的，為社會所認可稱許的行為（如去投票或公益捐款等），則容易多報，產生另一個方向的偏誤。調查結果中整體的選舉投票率都比實際投票率高，正是確定有偏誤的最佳例子。由於偏誤的誤差方向一致，再大的樣本也無法減低偏誤對推論的危害。

隨機誤差無法預測也無法預防，各種因素都可能讓受訪者的回答前後不一，例如受訪者受訪當天心情不佳，也許對各種事物的態度都會比較負面悲觀；訪問時配偶在場，也許使得受訪者在某些題項不敢說真話；訪問環境吵雜也可能使受訪者心煩意亂，不想認真

回答；許多事先無法預料的情況都可能造成隨機誤差。要減低隨機誤差誤導結論的機會，最好能使用大樣本，使受訪者間的誤差互相抵銷（統計學家的夢想），而得到正確的母體參數估計值，正確反映社會的情形。

　　然而，這些誤差的分類只是概念上的想像；除非有其他可信度極高的資料來源（例如報稅資料、管區犯罪記錄或實際的投票記錄等）跟調查資料相比，或修改問卷或另作實驗；否則，絕大部分的時候，我們無從將實際得到的資料切割成真實分數與誤差，更無從將各種誤差分類。

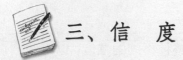

三、信　度

　　如果測量誤差 (E) 的變動太大，使得調查結果 (O) 的變動也很大，不穩定，這時我們說調查的「信度」低。換句話說，調查工具的信度，是指所得到的資料是否具有一致性或穩定性。

　　假定測量誤差 (E) 不會因真實分數 (T) 的高低而改變，也就是假定兩者沒有共變 (covary) 或沒有相關 (uncorrelated)，則 O、T、E 三者的變異數之間的關係是：

$$Var(O) = Var(T) + Var(E)$$

　　信度是以 $\rho_{xx'}$（發音為ㄖㄡ）表示，它的定義是：真實分數的變異數 $Var(T)$ 占整體變異數 $Var(O)$ 的百分比：

$$\rho_{xx'} = \frac{Var(T)}{Var(O)}$$

例如，真實分數的變異數是 5，測量誤差的變異數是 2，則測量結果 O 的變異數是 $5 + 2 = 7$，則信度 $\rho_{xx'}$ 是 $\frac{5}{7}$。事實上，研究者就是因為不知真實分數為何，才作測量（調查），因此上述公式，只是信度的理論概念。實際操作時，會以兩項測量結果的相關係數，作為信度係數的估計值。也就是：

$$\hat{\rho}_{x_1 x_2} = r_{xx'} = r_{x_1 x_2}$$

其中 $r_{x_1 x_2}$ 是測量一，x_1，與測量二，x_2，的相關係數。當然，x_1 與 x_2 之間必須密切相關，此信度係數才有意義。

因 x_1 與 x_2 之間的關係不同，可產生幾種不同的信度，以下我們說明兩者幾種可能的關係所產生的信度。

⑴**再測信度 (test-retest reliability)：**對同一批人在不同的時間點，詢問完全相同的問題，這些人的回答是否前後一致？例如探討個人社會網絡的研究者，利用十個題目詢問 100 名受訪者與朋友親戚往來的情形。一個月以後，再利用完全相同的十個題目詢問同一批受訪者。同一受訪者在這十個題目的兩次回答模式，是否相同？兩次調查結果的相關係數，就是信度係數。

　　大致而言，兩次調查之間的時間愈短，**記憶**和**練習**的影響愈大，再測信度就有高估之虞；但經過的時間愈長，受訪者本身**實際改變**的機會愈高，則容易低估再測信度。除此之外，讓受訪者重複回答相同的問題，可能覺得**厭煩**而亂答，或有些受訪者也許在第一次調查完畢之後，立即與他人討論有趣的問項，這些狀況都會干擾到再測信度的正確性或意義。

　　調查研究幾乎沒有再測信度的議題。畢竟，作追蹤調查而重

複詢問相同問項時，就預期受訪者在這方面可能產生變化；這時的再測（無）信度就會跟真正的改變混淆在一起。

(2) **複本信度 (equivalent form reliability)**：同樣的概念以兩套不同的題項訪問，且兩套問題的測量誤差變異數 $(Var(E))$ 與真實分數的變異數 $(Var(T))$ 都相同（稱為「複本」(equivalent form)），這時受訪者在兩套問題的表現一致程度，即是複本信度。例如：同樣關於兩性平等的問題，在第一套問題之下顯得觀念比較平等開放的受訪者，在第二套問題時是否也如此？有時研究者須要重複測量相同的能力或特質（如前測與後測），但不希望使用完全相同的問項（避免記憶、練習等非測量內容的影響），就必須使用複本。複本信度的估測，跟再測信度一樣，會遭遇到記憶、練習、厭煩、及**成長成熟**等問題所干擾。

　　此外，不同的人觀察同一批人或同一情境（例如受訪者與家人互動的情形）時，這些評量結果是否類似？同一個人在不同的時間重複觀察同樣的人事物時，他所做的評量是否類似？這些也是複本信度應用的範圍。不同的觀察者的結果間是否一致，稱為「**評量者間的信度**」(inter-rater reliability)，而同一個觀察者重複做的評量之間的信度則稱為「**評量者本身的信度**」(intra-rater reliability)。這些信度係數，也是兩者之間的相關係數。

(3) **內部一致性 (internal consistency)**：前述兩種信度，都必須對同樣一群人施行兩次調查，但內部一致性的估測，只須要作一次調查即可。內部一致性關心的問題是：用來測量某個建構的一組問項，是否只測量這項建構而已？或者摻雜了其他的建構或面向？例如，宣稱為測量「攻擊性」的量表，其中的題項是否只包含攻擊的症狀，還是含有其他的面向？

　　探討量表的內部一致性，依據題項的特徵或研究者的目的，

有幾種信度係數可選擇；此外，因素分析大概是最常被用來分析量表內容的工具，因為它相對於其他信度係數的最終只得到單一個數值，因素分析還可依據資料的內容，利用數學模式，幫助研究者觀察題項內容對於量表的貢獻，並簡化資料。以下分別介紹這些信度係數及因數分析。

⑴ 複合量表 (composite scale) 的信度

同一題組內的題項之間，相關愈高，表示內部一致性愈高，所測量的性質愈相近，所摻雜的誤差愈少。另一方面，題組的信度也與其長度（題項數）有關，如果題組題項所測量的內容，不致相差太多，這時題項愈多，內部一致性也愈高。例如，如果量表 y，有 k 個同等的（equivalent，也就是各量表間，測量誤差變異數都相同，真實分數的變異數也相同）次量表 (subscale) x，且每個次量表的信度 $\rho_{xx'}$ 都相同，則使用整體量表 y 時的信度是：

$$\rho_{yy'} = \frac{k\rho_{xx'}}{(k-11)\rho_{xx'}}$$

⑵ 克倫巴 α 信度係數

然而，在調查結果中，同一題組內的各題項或各小部分題項之間，變異數常不相等；這時就不能使用前述公式，而必須使用克倫巴 α (Cronbach, 1951)。當兩半的量表是同等時，克倫巴 α 是整體量表的信度，而當兩半的量表並不同等時，α 係數代表的是**整體量表的最低限 (lower bound)**：

$$\rho_{xx'} \geq \alpha = \frac{2\lfloor \sigma_y^2 - (\sigma_{x_1}^2 + \sigma_{x_2}^2) \rfloor}{\sigma_y^2} = \frac{2\lfloor 2\sigma_{x_1 x_2} \rfloor}{\sigma_y^2} = \frac{4\sigma_{x_1 x_2}}{\sigma_y^2}$$

其中 σ_y^2 是整體量表的變異數，$\sigma_{x_1}^2$ 與 $\sigma_{x_2}^2$ 各是半個量表的變異數，$\sigma_{x_1 x_2}$ 是兩個半量表的共變數。由上式可看出兩個半量表之間的共變數 $\sigma_{x_1 x_2}$ 愈大，克倫巴 α 愈高，內部一致性愈高。

　　事實上，克倫巴 α 並不只限於應用在一分為二的情況，還可擴充為將每個題項都看作是次量表的概念：

$$\alpha = \frac{k}{k-1}\left(1 - \frac{\sum_i \sigma_{x_i}^2}{\sigma_y^2} \right)$$

其中 k 表示量表 y 的題數，x_i 是量表的第 i 題，$i = 1, 2, \cdots, k$。$\sigma_{x_i}^2$ 是第 i 題的變異數。例如，某一題組有三個題項，題項一的變異數是 2，題項二的變異數是 2.2，題項三的變異數是 1.8，且整個題組的變異數是 12，則：

$$\alpha = \frac{3}{2}\left(1 - \frac{2 + 2.2 + 1.8}{12} \right) = .75$$

同樣的，如果所有的題項 $i = 1, 2, \cdots, k$ 都是測量相同的建構，克倫巴 α 是該量表的信度；如果無法作這項假定，則 α 是量表的信度最低限。

⒤二分變項的信度係數——KR20 信度係數

　　另一種內部一致性是 Kuder and Richardson (1937) 的 KR20；它跟克倫巴 α 在概念上完全相同，而且幾乎是在同一時間被發展出來。Crocker and Algina (1986) 直接稱克倫巴 α、KR20 都是 coefficient alpha（係數 α）(Crocker and Algina 1986: 138)。當題項的得分非 0 即 1（稱為**二分變項** (dichotomous variable)）時，必須

使用 KR20；當題項的得分可視為連續變項時，則使用克倫巴 α。
KR20 公式如下：

$$KR20 = \frac{k}{k-1}\left(1 - \frac{\sum_i p_i q_i}{\sigma_x^2}\right)$$

其中所有其他符號的意義與前同，p_i 是題項 i 的答對率，$q_i = 1 - p_i$。$p_i q_i$ 即是二分變項的變異數。

(iv)因素分析

另一方面，調查研究者最常用來探討內部一致性的工具，非**因素分析** (factor analysis) 莫屬。因素分析假定題組內的每個題項是由兩項元素組成：(1)**共同因素**（common factor, F，以下簡稱因素），假定沒有任何誤差，一個題項可能不只包含一個因素；(2)**題項獨特因素** (specific factor, S)，除了該題項特有的變異之外，獨特因素還包括該題項的測量誤差。並假定三者之間相關都為零。可以把一個題項 i 想成是一個複迴歸分析裡的依變項，z_i 是受訪者在題項 i 的回答；而因素與獨特因素都是自變項；λ, b 則分別是它們的係數：

$$z_i = \lambda_{i,1} F_1 + \lambda_{i,2} F_2 + \cdots + \lambda_{i,m} F_m + b_i S_{ii}$$

跟一般的複迴歸不同之處是：因素與獨特因素之間是設定為沒有相關，但因素之間可以依據研究需要讓它們彼此有相關；而且獨特因素是某一題項特有的因素，但因素則是每個題項都有的「自變項」；各題項 i 被視為因素 F 的指標。

作因素分析時，首先關心的是共同因素的係數，λ，也稱為因

素負荷量 (factor loading)，這是題項與因素之間的相關係數。$\lambda_{i,1}$ 是第一個因素 F_1 在題項 i 的因素負荷量，也就是題項 i 與因素 F_1 間的相關係數；$\lambda_{i,2}$ 是第二個因素 F_2 在題項 i 的因素負荷量，因素 F_1 在題項 $i+1$ 的因素負荷量是 $\lambda_{i+1,1}$，以此類推。因此，每個題項裡，共同因素 F 的因素負荷量值 λ 都不一樣。例如，假定一共有 I 個題項，跟因素 F_1 有關的負荷值，包括 $\lambda_{1,1}$、$\lambda_{2,1}$、$\lambda_{3,1}\cdots$，直到 $\lambda_{I,1}$；$\lambda_{i,1}$ 值愈大，表示因素 F_1 對該題項的貢獻愈大，且因素 F_1 所萃取的內涵裡，題項 i 作為 F_1 的指標所占的比重愈高。因素的命名，也是依據在因素負荷量大的各題項所共同代表的面向來建立。

根據 Thurstone (1947) 的**簡單架構標準** (simple structure criteria)，任何一個題項最好都只在一個或兩個因素有高負荷量，而在其他因素的負荷量很低或為零。例如性別角色的觀念，常由多個題項共同作為指標；而足以作為該因素指標的題項，其因素負荷量必須足夠大。在社會學領域，題項在某個因素的負荷量通常必須至少達到 .5 或更高，才認為該題項是該因素的指標之一。回到內部一致性的問題，如果題組內所有（或絕大部分）的題項在一兩個因素下都有高負荷值，則該題組具有良好的內部一致性。如果有題項在任何一個因素的負荷量都不高，或自成一個因素，表示該題項跟題組內其他題項不一致，也許應該考慮剔除。

因素分析時，將題組的每一個題項都轉化成變異數為 1 的數值，因此題組的總變異數是該組題目的題項數。經過因素分析，一個題項的變異數可被所有因素解釋的量，稱為 communality，或**共同變異數** (common variance)。當因素之間沒有共變時，題項 i 的變異數可被所有因素解釋的多寡 (variance explained)，就是題項 i 在每個因素負荷量的平方和，也就是前述題項 i 的等式中之 $\lambda_{i,1}$ 到

$\lambda_{i,m}$，每項的平方之總和，$\sum_{k=1}^{m} \lambda_{i,k}^2$；若因素之間有相關，則 communality 的計算，還要考慮兩因素之間的相關，就比較複雜。因為每個題項的變異數已經被標準化為 1，所以每個 communality 都比 1 小。題項 i 的變異數中，無法被因素解釋的部分，是該題項獨特因素的變異數，稱為**獨特性** (uniqueness) 或**獨特變異數** (unique variance)。

　　上一段的敘述是從單一個題項的角度，去看因素負荷量與單一題項可被解釋的變異數之間的關係。若我們反過來，從單一個因素的角度，來看因素負荷量與整個題組可被解釋的變異數多寡之間的關係，則可瞭解每個因素對於整個題組的貢獻：假設有 I 個題項，如果因素之間沒有相關，則一個因素 k 對於整個題組的貢獻，是因素 k 在各個題項的因素負荷量之平方和，也就是 $\sum_{i=1}^{I} \lambda_{i,k}^2$。而所得的數值占題項總變異數的比例，就是一般所說的題組變異數可被某一因素解釋的百分比 (percentage of variance explained)。

　　例如，測量心理健康的題組一共有 14 題，則題組的變異數是 14。假設經過直交轉軸，第一個因素（解釋力最高者）在此 14 題的因素負荷量情形是：前五題的負荷量都是 .90，中間五題的負荷量都是 .85，最後四題的負荷量都是 .80，則該因素能解釋整個題組的變異數大小是：

$$5 \times .90^2 + 5 \times .85^2 + 4 \times .80^2 = 10.22$$

而 $\dfrac{10.22}{14} = .73$

所以第一個因素的變異數解釋量是 .73 或 73%，顯示只要一個因素，就能解釋題組 73% 的變異量。變異數解釋量是最常用來觀察因素分析結果的合適度的方法。

　　一般統計軟體呈現因素分析結果的方式，第一個因素都是最能解釋題組變異數的，接著再依照解釋量高低的次序排列，直到所有的變異數被解釋完畢；這時因素的個數幾乎都會與題項數相等，而且這時個別因素的變異數解釋量已經非常低。所以，要採用因素分析所得到的結果，通常只會利用最前面少數幾個變異數解釋量特別高的因素，忽略其他的因素。

　　因素分析的結果常會發現，有不少題項在多個因素中的負荷量（絕對值）不相上下，不容易看出哪一個題項是屬於哪一個因素；例如，智力測驗的次量表之間，常有高相關，若將這些次量表一起作因素分析，得到的第一個因素，各個次量表的負荷量很可能都頗高而且都是正的（因為高相關），但在第二、甚至第三個量表，可發現負荷量的絕對值都不低，但是有些負荷量卻是負值。這可能讓研究者疑惑不解。第一個因素很可能是表示一般的綜合智力 (general intelligence)，而第二個因素是次量表之間的差異。這樣的因素架構及詮釋，也許不適合研究者所需，也不符合 Thurstone 的簡單架構標準。

　　事實上，因素分析的負荷量估計值，並不像迴歸係數一般，是唯一的；因為因素 F（前述等式中的自變項）是憑空想像的，可以有無限多種的因素結構，例如因素間是否相關，多高的相關等；因而帶動產生無限多套可能的負荷量數值，只要這些數值的結構符合題項間的關係，都是合理的數值（更詳細的說明請見 Crocker and Algina 1986）。

　　所以，當初次的分析得到的因素負荷量的模式不符研究需要

時，研究者可利用所謂「轉軸」(rotation) 的方式，找到適合自己
研究所需的因素。「轉軸」是幾何學上的概念，我們不在此說明，
許多統計套裝軟體也直接提供轉軸的選擇，不必再由研究者自己
從頭學起。研究者必須知道的是，轉軸的方法分兩大類：**斜交轉
軸** (oblique rotation) 與**直交轉軸** (orthogonal rotation)。當兩因素經
轉軸後是直交（垂直）時，它們之間沒有相關。直交轉軸最常見
的 就 是 varimax rotation。 最 常 見 的 斜 交 轉 軸 法 則 是 direct
quartimin。斜交轉軸法所獲得的因素之間是有相關的，而它所獲
得的因素負荷量，也不再是因素與題項（次量表）間的相關係數，
而是等同於標準化的迴歸係數 (standardized regression coefficient)
(Crocker and Algina 1986)。轉軸使負荷量的值完全改變，因素也
不再相同，但是轉軸後的因素個數一定相同，且兩套負荷量的數
值所能解釋的題組變異數大小，也完全相同。

　　因素分析不但得到以上因素負荷量及因素解釋量，還能要求
統計軟體為資料中的每位受訪者，依據他在題組的每一題的回答，
及該題項在某一特定因素的負荷量，計算該特定因素的**因素分數**
(factor score)。例如，前述 14 題的心理健康題組，若將 14 題同時
納入研究分析，頗嫌冗贅，而且測量誤差可能過高。因此可利用
因素分析的方式。如果像先前的例子一般，第一個因素的變異數
解釋量已經很高，研究者就可以直接取第一個因素的數值來代表
心理衛生。如果經過轉軸後，第一個因素所能解釋的變異數之比
例不高（例如 35%），且第二個因素的變異數解釋比例比其他因素
明顯較高，則研究者也許須要考慮使用兩個因素，並分別依據因
素內負荷量高的題項內容命名。

　　至此，讀者也許已經注意到克倫巴 α 與因素分析之間的差
異：前者只提供一個信度指標，且假定題組內的每一個題項跟真

實分數（或潛在因素）的關係都相同（係數都是 1）；而後者不但容許題項與因素之間的關係不同，而且讓研究者對於建構的測量，不但有理論依據，還有統計數值（負荷量與變異量解釋量）作為支持；尤其，研究者還可以「提煉」出題組的因素分數，作為進一步分析之用。然而，一般的因素分析模型，都假定題項是**連續變項** (continuous variable)，但調查資料中，題項常屬於**順序變項** (ordinal variable)，像李克特量表即是，因此嚴格而言，不可使用一般的因素分析，而必須利用**潛在變項分析** (latent variable analysis) 裡的因素分析模型為之，現在有一些結構方程 (structural equation modeling) 套裝統計軟體，都能作順序變項的因素分析。

四、影響信度係數的因素

題組內的題項數愈高，信度愈高。但是，信度與題項數之間，並不是線性關係；當題項數很少時，增加題項（當然，必須測量同一建構），信度會增加得很快，但到了一定程度以後，再增加題項所能提高的信度非常有限。因此，增加信度的方法，如果題項數少（例如少於 10 題），則增加題項，可以較大幅地提升信度；但如果題項數已經足夠，信度仍然不佳，就必須設法改善題項，使題項盡可能測量相同或相近的面向。

題項內容也影響信度。題項詢問的內容或議題愈相近或愈相關，使得內部一致性愈高，信度也愈高。當然，如果只求信度高，而以很多題項測量非常狹窄的一個概念，則是浪費題目空間，但也許調查研究不太可能有這種奢侈。此外，題項本身的內容是否明確，也會影響信度。因為題項內容不夠明確，容許受訪者各自對題意作各種的詮釋與聯想，進而影響其回答，甚至不知如何回答。像是一個

題項裡包含了兩個問題的情況，例如：「我們要增強國家軍隊的戰鬥力，所以要增加國防預算。您同意嗎?」受訪者也許希望增強國家軍隊的戰鬥力，但不認為需要增加國防預算來達到目的，這時他也許不知如何回答，或者隨便回答。含糊不明的題意使測量誤差增大，減低信度。

另一方面，樣本數的多寡對於信度的影響不大，我們可以從信度的公式看出；當然，至少還是要有適當大小的樣本，才不致使抽樣誤差太大，每次的變異數差距大，會使得到的信度值本身也會不穩定。若調查樣本同質性愈高，變異數愈小；因為，若觀察值的變異數 ($Var(O)$) 維持不變，但這時因為樣本同質性高，使得真實分數的變異數比較小，就使信度變得較低。研究者若須要選擇市面上的量表，可以將該量表所使用的樣本與自己的研究對象相比較，如果研究對象比測試用的樣本較具同質性，則可預期所得到的信度係數會比量表手冊所報導的信度係數來得低 (Crocker and Algina 1986)。

此外，如果真實分數維持不變，但訪問的情境不一，例如訪員對於題項內容有不同的詮釋、訪員的訪問態度或方法不一、或每個受訪者接受訪問時的周遭環境之間的差異大，將使得測量誤差的變異數變大，信度降低。

 # 五、信度對於統計分析值的影響

信度對於統計分析值有明確的影響（可參考 Bohrnstedt 1983）。其影響結果分述如下：

(1)假定變項僅有隨機誤差，沒有偏誤存在，則平均觀察值與真實分數的平均值相等：因為可假定無數次的測量結果中，所有隨機誤差會互相抵銷。

⑵觀察值的變異數比真實分數的變異數大：還記得 $Var(O) = Var(T) + Var(E)$ 吧?

⑶兩變項間所觀察到的相關係數，都比真實的係數小：這是因為相關係數的分母，是兩個變項的變異數乘積再開根號，而由敘述 2，所觀察的係數之分母數值，一定比真實無測量誤差時的係數分母數值大。另一方面，若兩變項是 $O_y = T_y + e_y$，及 $O_x = T_x + e_x$，其中 O 表示觀察值，T 表示真實分數，e 表示測量誤差，且 $Cov(e_y, e_x) = 0$, $Cov(T_y, e_x) = Cov(e_y, T_x) = 0$。相關係數的分子是 $Cov(O_y, O_x)$；前述三項為零的共變數使得 $Cov(O_y, O_x) = Cov(T_y, T_x)$；所以兩變項間的共變數維持不變，係數的分子也就不變。因此，兩變項有測量誤差時，相關係數的分母變大，分子卻維持不變，使得整體的相關係數值比真實的相關係數值小。

⑷線性迴歸裡，若依變項的測量誤差與自變項沒有相關，則不影響迴歸係數的估計：假設沒有測量誤差，則迴歸方程式是：

$$y = \beta_0 + x_1\beta_1 + x_2\beta_2 + \cdots + \varepsilon$$

其中 y 是依變項的真實分數，所有的 x 都是自變項，β 是相對的 x 的迴歸係數，ε 是模型的誤差。如果沒有觀察到 y，而觀察到含有測量誤差 (e) 的 y^*，亦即 $y^* = y + e$，並假定 y^* 的測量誤差期望值為零，$E(e) = 0$；這時所觀察到的是：

$$y^* = y + e = \beta_0 + x_1\beta_1 + x_2\beta_2 + \cdots + \varepsilon + e$$

假定 e 與所有的 x 之間無相關，即 $Cov(e, x) = 0$（持續線性迴歸的

假定），因為 e 會和 ε 合流，y^* 的測量誤差，e，不影響迴歸係數 β 的大小，只是會使迴歸所得的誤差變大，誤差變異數變大，進而使迴歸係數 β 的標準誤也變大。這是因為，假定兩個誤差之間無相關，$Cov(\varepsilon, e) = 0$，則：

$$Var(\varepsilon + e) = Var(\varepsilon) + Var(e) > Var(\varepsilon)$$

(5)簡單線性迴歸裡，若自變項含有測量誤差 u，則有兩種可能：所觀察到的自變項 x^*，含有測量誤差 u，而非 x，也就是 $x = x^* - u$，並假定 $E(u) = 0$。原本的 $y = \beta_0 + x\beta_1 + \varepsilon$ 變成：

$$y = \beta_0 + (x^* - u)\beta_1 + \varepsilon = \beta_0 + x^*\beta_1 + (\varepsilon - u\beta_1)$$

這時，

①當 u 與觀察值 x^* 沒有相關，即 $Cov(u, x^*) = 0$，使得 $Cov(x^*, \varepsilon - u\beta_1) = 0$，$\beta_1$ 估計值 $\hat{\beta}$ 得以保持 OLS 估計值的優點，也就是其期望值 $E(\hat{\beta}_1) = \beta_1$，$\hat{\beta}_1$ 沒有偏誤且具有一致性 (consistent)；

②當 u 與真實值 x 沒有相關，即 $Cov(u, x) = 0$，反使 u 變得與 x^* 有相關，且：

$$Cov(u, x^*) = Cov(u, x + u) = Cov(x, u) + Var(u) = Var(u)$$

顯見 $Cov(u, x^*) = Var(u)$，這使得 $Cov(x^*, \varepsilon - u\beta_1) = -\beta_1 Var(u)$，而違反 OLS 的假定（自變項和誤差的共變為零），因此 β_1 估計值的期望值 $E(\hat{\beta}_1)$ 是有偏誤的且沒有一致性 (inconsistent)。

(6)三個以上的變項間，所觀察到的淨相關係數 (partial correlation coefficient) 及迴歸係數，通常比真實的係數小，但有時也可能比較大，偏誤的方向及大小不易直接以公式推導。

經濟計量學的教科書對 4, 5, 6 部分的說明最為清楚，讀者可參考 Greene (1990) 或 Wooldridge (2000)。

　　然而，信度高並不能保證調查結果的確真實反映現象；信度只是必要條件，而非充分條件。例如：每次都以同樣的英語聽說能力試題測量，每次測量所得也都非常近似；因此這些測量結果的信度很高，但如果我們欲以該測量結果來評斷受測者的語文能力，甚至數理能力，一定被指荒謬。同樣的道理，我們以題組訪問受訪者，即使內部一致性很高，但其實是其他因素使然，而非建構的因素，則結果仍無法反映研究者所希望瞭解的現象，甚至誤導研究者的瞭解，我們稍後會舉例。因此，除了信度之外，效度的檢驗更不可少。

六、效　度

　　所謂**效度**，在調查研究中是指調查題項的結果，是否真實反映研究者想瞭解的建構。例如，對學生家長作調查時，要求家長寫出學生的朋友的名字，並不是真的想知道這些人的姓名，而是據此推論家長對於學生交遊狀況的掌握。因此，效度並不是題項本身的特性，而是題項所得到的資訊的意義。例如：一份測量兒童心理衛生的量表，也許對兒童受訪者而言，具有良好效度，因為它確實反映了兒童某些層面的心理衛生；但對於成人而言，卻不盡然，因為有些題目對於成人可能具有不同的意義，因而減低了效度。

　　效度與信度類似，都屬於理論或概念。為了有更多的依據，會希望以其他的變項作為效度的佐證，因此，也常用相關係數來檢驗

效度。檢驗的過程中，常討論到的主要有下列幾種:

⑴**內容效度 (content validity)**: 如果量表的題項是屬於測量範圍內所有可能的題項之內，則該量表具有內容效度。Allen and Yen (1979) 將內容效度再分為**表面效度 (face validity)** 和**邏輯效度 (logical validity)** 或**抽樣效度 (sampling validity)**。當題項看起來是測量調查研究者想知道的現象，而無混雜其他的性質時，就具有表面效度。任何人都可以決定題項是否具有表面效度，無須專家的評論；相反的，要確定是否具有邏輯或抽樣效度，就必須經過專家的鑑定。所謂邏輯或抽樣效度，是指題項能涵蓋測量範圍，且分派的比例恰當。製訂量表時，必須經過仔細地定義所欲測量的行為或狀況，接著以有系統的方式從這個範圍內取樣出題，才可能達到邏輯或抽樣效度。

　　內容效度常被政治或社會學者忽略，一個重要的原因大概是必須問的題目已經太多，不太可能以很多題目測量一個建構。但 Bohrnstedt (1983) 的建議頗為中肯，研究者在製作問卷時，不妨多少參考他的意見。Bohrnstedt 建議，出題前應該小心蒐集文獻，掌握其他學者如何測量相同的建構，並運用自己的觀察與心得，加以增減。準備出題時，首先將要測量的建構作分析解構，決定該建構有哪些面向；例如，「無力感」可能包括政治的、經濟的、社會的、人際的、及家庭的。接著，再根據這些面向至少出個七到十題；再從中刪去表現不佳的題項；他也提醒，題項的表現永遠不能如所預期，因此要多出些題目，才不致在分析階段只剩下兩題能用，使得內部一致性不高。最後，再以類似母體的一群人來作預試，並且預試的樣本數要夠大，足以作一些統計分析，檢視題項的建構效度，再決定是否直接納入正式問卷，或必須修改抑或刪除。

⑵**效標關聯效度 (criterion-related validity):** 當調查結果可跟某一個標的（**效標**）相比對時，就是使用這種效度。例如，具有良好效標關聯效度的憂鬱症量表，其測量結果必須與實際罹患憂鬱病症有密切相關。效標可以是各種的結果，例如已經建立良好信度與效度的其他量表，實際的表現或其他方式的測量結果，都可以作為效標。效標關聯效度以相關係數 ρ_{xy} 來表示，也就是調查結果 x 和效標 y 之間的相關。效度的估算有兩種方法，分為同時效度係數 (concurrent validity coefficient) 與預測效度係數 (predictive validity coefficient) 兩種。當效標的取得跟調查是大致同時發生的，兩者的相關係數就是同時效度係數；效標的取得時間是在調查時間之後，則之間的相關稱為預測效度係數。預測效度最明顯的例子，是學測成績。排名比較前面的學校，常要求較高的學測成績，就是因為大家都認為學測成績具有良好的預測效度。

　　既然有統計公式可以算出效度係數，免不了有一些因素會影響係數的高低。Crocker and Algina (1986) 列出了五項因素：⑴效標本身若含其他的因素，會使效度看似較低；⑵調查結果的數值範圍若太窄，也使係數變低；⑶制訂效標者若也知曉調查結果，可能受到調查結果的影響，評分趨向一致，而使係數變高；⑷樣本數不夠大，會使抽樣誤差所占比例較大，使統計檢力變低；⑸量表與效標的信度不高，都會使相關係數變小。事實上，效度係數 ρ_{xy} 與量表 x 及效標 y 的信度之間有一定的關係：

$$\rho_{xy} \leq \sqrt{\rho_{xx'}\rho_{yy'}}$$

其中 $\rho_{xx'}$ 是量表的信度，$\rho_{yy'}$ 是效標的信度。也就是說：效度係數

絕不會比兩信度乘積的平方根高。因此，企求良好的效度，必須先建立良好的信度；但有了良好的信度，並不見得能獲得良好的效度（記得 "≤" 的符號！）；效度還受上述其他因素的影響。

(3)**建構效度 (construct validity)**：所謂「**建構**」(construct) 是名詞，在一般測量理論而言，是指心理學家經過研究，歸納出的想像，用以描述或歸類一些直接觀察到的行為 (Crocker and Algina 1986)；就調查的角度而言，則是調查研究者希望尋得的訊息 (Groves et al. 2004)。建構常無法直接觀察，必須多方觀察試探，最後才能推論某個人在這項建構的程度。Lord and Novick (1968) 認為，建構必須從兩個層面來定義：首先是操作上的定義，詳細說明測量該建構的步驟；而且要說明該建構的測量與(1)同一理論系統中的其他變項之間的關係，及與(2)真實世界中的其他效標之間的關係。一般以量化的方法來確立建構效度，但事實上，量化的方法只能看出哪些變項的相關較高，並不能確定該題項就是研究者心目中的建構；因此設計題項時，必須盡可能說明清楚建構的定義，以之作為操作化的基礎，並小心探討定義與操作化後的題項之間是否符合或多符合，盡可能減少兩者之間的落差。Shadish 等人就將建構定義的模糊不清列為**威脅**建構效度的第一項因素 (Shadish et al. 2002)。一般說到建構，通常是指變項（依變項或自變項）的建構；但 Shadish 等也**把人與情境**（例如，閩南或客家，北部或南部）**納入建構效度的定義範圍**，因為實際應用變項的建構時，人與情境的建構可能會使自變項對於建構的影響不一 (Shadish et al. 2002)。

確定建構效度常用的一個方法稱為「**複質複法**」(multitrait-multimethod)。這項方法是將不同的建構，同時以不同的方法測量。例如，測量焦慮、憂鬱、與敵意，都以是非題、選擇題

及完成句子三種方法測量；或者測量教養態度中的要求 (demand)、回應 (responsiveness)、溫暖 (warmth) 時，同時讓親代與子代填寫，並由受過訓練的觀察者評量親子互動在這三面向的情形，再觀察所有結果之間的相關係數大小或因素分析中凝聚的結果，藉以一窺建構效度的明確性，及建構受到測量方法影響的程度。這是將各變項間的相關係數區分為「聚合效度係數」(convergent validity coefficient) 和「鑑別效度係數」(discriminant validity coefficient)，再觀察聚合效度係數是否明顯比鑑別效度係數高。

　　兩種效度係數的區分，在於相關的兩變項之間在質性上的異同。以不同的方法測量同一建構，兩者的相關係數稱為聚合效度係數；例如教養方法中的「要求」由子代回答，和由親代回答，兩者的相關係數稱為聚合相關係數。不同建構之間的相關係數，不論是否以相同的方法測量，都稱為鑑別效度係數；例如都由親代回答的「要求」與「回應」兩種建構之間的相關係數，就是鑑別效度係數。如果建構效度良好，即使是由不同的人回答，或用不同的方法測量，相同的建構之間的相關（聚合效度）應該較高；另一方面，不同的建構即使以相同的方法測量或相同的人回答，相關（也就是鑑別效度係數）應該較前者低。因為前者表示建構受測量方法的影響（測量方法的偏誤）程度小，後者表示該建構能跟其他的建構作有效的區別，或表示它受測量方法的影響不大。要觀察這兩種效度係數，可將各變項同時作相關係數的分析，得到相關係數的矩陣，再依據建構與方法的異同，互相比較。

　　Shadish 等人 (2002: 73) 列出許多威脅建構效度的因素，但他們關心的主題是實驗與類實驗設計中的建構效度，因此我們選出幾個可通用於一般研究的威脅，並稍加修改成適合於調查研究的情況：

⑴**建構說明不夠清楚**：建構說明若過於廣泛籠統，對於研究的**操作化**（operationalization，亦即寫成問卷題項）不易有實質的幫助；若說明太狹隘，反而阻礙了操作化發展想像的空間，研究結果也無法引起太多共鳴。因此即使在操作化之前就已經將建構定義完畢，在過程中還是應該反覆檢討修改題項與建構的定義，使兩者之間密切吻合。Shadish 等人 (2002) 甚至認為，研究完畢後一定都要再檢討建構的定義；因為研究結果會讓人重新思考建構的恰當性，據以作修正。

⑵**建構的混淆**：在調查研究中很可能因為題項的設計不佳，導致結果包含的建構不只是研究者所想要知道的，而還有其他的建構混淆其中，甚或只是其他的建構而已。因此問卷設計的過程絕對必須小心謹慎，多方尋求專家的意見。而如果某一建構無法避免地隱含了另一建構，必須將兩個建構都說明清楚。例如，「外籍新娘的子女」這個建構，所包含的往往不止是東南亞各地的外籍母親，他們的父親往往也是社會中的弱勢。

⑶**單一操作的偏誤**：一些有名的量表或心理測驗、成就測驗之所以包含多個面向、許多題項，就是為了防止只以一種操作來測量建構，會產生以偏概全的結論。這也可以沿用於調查問卷的製作：愈抽象的建構，愈需要以多種問題來測量，否則容易以偏概全，增加錯誤的機會。

⑷**單一方法的偏誤**：即使能有多種操作（題項）來測量，如果都只使用一種測量方法，方法本身會影響結果，減弱建構效度。以調查資料作的分析研究中，研究者常發現，不同的建構由相同的人回答所產生的共變量，比相同的建構由不同的人回答之共變量還高，也就是所謂的鑑別效度係數比聚合效度係數還高！這就是明顯的單一方法所引起的偏誤。因此理想的調查研究，對於相同

的建構，不僅由不同的人回答，也有第三者作觀察與記錄。

(5)**建構與建構內的層級互相混淆：**這是另一種以偏概全的錯誤。如果研究者只研究了建構層內的某幾個層級，討論結果時，卻將這項事實略而不談，很可能因而對該建構產生錯誤的結論。另一種情形是，比較兩個建構時，都只比較了兩個建構中的某些層級，卻對整個建構作推論。尤其不幸的是，所比較的層級也許是非常不一樣的（一個很高，一個很低），因而認為一個建構較佳，另一個建構則無益。這些都是錯誤的結論。

(6)**因接受調查而改變的因素結構：**調查研究有時會發現，調查訪問的動作本身，就可能影響受訪者；受訪者因為各種原因而提供訪員各種非本意的回答，或因為被訪問而開始關心或思考某些事物。這些都會使結果與真實的情況產生落差；如果持續使用相同的方法或相同的題項，將永遠無法得知實際的情形。

(7)**研究者的期待：**研究者對某項問題答案的期待，有時透過訪員訓練傳遞給訪員，再由訪員傳遞給受訪者，暗示受訪者「應該」選的答案；有時則由題項措辭本身傳遞給受訪者，或受訪者誤以為某些措辭是在暗示自己該如何回答。這些也都會造成偏誤。

 # 七、其他效度

以下我們繼續介紹**內部效度、統計結論效度**與**外部效度**，並列出可能減弱（威脅）這些效度的因素。研究者在設計調查計畫或問卷時，可參考這些威脅，事先預防；在分析資料尋求推論的過程中，也可用它們來檢視結論與推論的合理性，使推論更周密；閱讀他人的研究報告時，也能以這些威脅作為標準，觀察研究的過程是否有發生這些威脅，或作者是否以任何的說明或論述來排除這個可能性。

這些都有助於研究智識的長進。但另一方面，誠如 Shadish (2002) 所言，隨著時代的改變，有些威脅可能不再出現，而新的威脅可能發生，因此這些威脅不可能囊括所有可能的錯誤，它們只是初步的提醒；在研究過程中還是得靠研究者自己的努力，發掘問題，解決問題。

㈠內部效度

內部效度考量的是：自變項是否真的造成依變項的變化？還是有其他因素使然？例如：若要強調「電視的暴力節目使兒童變得比較有暴力傾向」，即使研究結果確定兩者之間有顯著相關，還必須確定內部效度的成立，也就是確定自變項（看電視的暴力節目）出現的時間點，在依變項（兒童的暴力傾向）之前，而且找不到其他因素可以合理解釋兩者間的關係。第一項問題（自變項發生在依變項之前），在實驗研究很容易就解決，因為作實驗時，操弄了自變項，才測量依變項。但在調查研究中，尤其只是橫斷式的調查，非常不容易確定，而必須仰賴長期追蹤調查。

但第二項問題（是否有其他因素可以合理解釋兩者間的關係），則必須由研究者小心排除各種可能的解釋因素。這些可能的解釋因素會發生在研究之始、或研究過程中，在研究對象之間、或研究對象以外的世界，但都因而影響到研究結果。所以研究者在調查的過程，除了盡力事先預防可能出現的威脅之外，還須要小心記錄曾經發生的各種事件，以供探討排除內部效度的威脅，確立良好的內部效度。以下列出幾項內部效度的威脅，我們所引用的是 Shadish, Cook, and Campbell (2002) 修改 Campbell and Cook (1979) 的版本，並略作修改以因應調查研究的情形，刪除其中跟調查研究無關的威脅。

⑴**時間的先後順序模糊**：事物的結果必須發生在我們所認定的原因之後；這是因果關係成立的基本條件。想以調查資料確立因果關

係，也許並非不可能，但確實不易。畢竟，研究者所以為的「因」
與「果」，都是在同一時間測量的，無法證明「因」的確發生在「果」
之前；尤其在真實社會中，很多現象都是互為因果。通常，想以
調查資料探討某社會現象的因果關係，必須倚賴縱貫研究，或串
連多世代的年齡人口群研究，加之以較複雜的統計方法。

(2) **歷史：** 雖然歷史的威脅似乎跟調查研究比較沒有關係，但有時社
會上發生的事件的確會一時特別吸引民眾對某些議題的注意，風
潮過了也許就不再關心。研究者必須能為調查結果中這種特殊的
情況說明原因。

(3) **迴歸的假象：** 只要是重複測量，都免不了會有「向平均值迴歸」
的情形，也就是在第一次的測量離平均值愈遠的受訪者，第二次
的測量結果可能離平均值比較近。使用信度良好的測量工具，能
降低向平均值迴歸的情形，但並不能完全消除。研究者因此不能
把結果的任何差距都視為真實的差距，而必須以統計機率的方法
來看待。

(4) **樣本的流失：** 樣本的流失是調查研究的一大痛。不論是橫斷式調
查中的拒訪或無反應，或縱貫式調查中樣本隨調查波次的升高而
逐漸流失，都不免使人對於調查結果所代表的意義存疑。研究者
所能做的，只有盡可能找到受訪者，提高受訪的意願，並盡可能
在研究報告中說明流失樣本的特徵，或其與留存的樣本之間的異
同，提供讀者關於樣本可信度的一些資訊，由讀者判斷調查研究
結果的價值或意義。

(5) **調查：** 以相同的題項重複作訪問，可能使測量結果因記憶、練習
或厭倦等因素，而產生誤差。這跟建立再測信度時必須擔心的問
題類似。

(6) **測量工具的使用：** 雖然為了觀察某一現象演變的情形，也許盡可

能使用完全相同的題項，或盡可能不更動題項的用詞用字；但有時測量工具或變項，在不同的時代、地區，或個人不同的階段，所代表的意義不同，所得出的結果也就不能一概而論。Shadish 等人 (2002) 建議，若要修改量表中的題項，最好將新舊題項都列出。

㈡統計結論效度

統計結論效度問的是：統計分析的推論中，兩變項之間的共變有多強？是否真有共變 (covariation)？是否有其他的因素影響了所觀察到的共變結果？

統計方法以**虛無假設顯著檢定** (null hypothesis significance testing) 來為資料及其假設作最後的結論宣判：如果達到顯著，就宣布虛無假設為非，而且兩變項之間的確有相關；沒有達到顯著，則宣布無法拒絕虛無假設（注意：這是表示「無法確定兩者之間是否有共變」，而不是表示「確定兩者之間沒有共變」）。宣判顯著檢定的結果時，卻不免有兩種錯誤。第一種是：統計分析結果顯示兩者有共變，但實際卻沒有，這稱為**「第一種錯誤類型」**(Type I error)，也就是 α 值，常用的錯誤率是 $\alpha=.05$；第二種是：統計分析結果顯示兩者沒有共變，但實際的確有共變，稱為**「第二種錯誤類型」**(Type II error)。統計結論效度關心的，正是研究者是否犯了這兩種錯誤中的任何一種？

值得一提的是，雖然最後的結論（是否達到顯著）可能是研究者最關心的事，然而研究界大致已經凝聚共識，認為在作統計推論時，僅僅報告 p 值（$p < .05$，所以拒絕虛無假設）或點估計值 (point estimate)，例如迴歸係數、平均數、平均差等，是不夠的，而必須報告**信賴區間** (confidence interval) 及**效量** (effect size)，或點估計值的標準誤（Shadish et al. 2002 有簡短的論述）。因為僅以 p 值與點估計

值兩項資料,讀者無法完整瞭解兩變項共變的大小及較詳細的情形,例如不顯著是因為點估計值太小?還是標準誤太大?而且只報告點估計值會給人錯覺,誤以為是精密準確的數值。

　　以下列出的統計結論效度的威脅,也是挑選修改自 Shadish 等人 (2002),以適用於調查研究的情況。

⑴**統計檢力低:** 所謂**統計檢力**是指,當自變項實際與依變項有相關時,統計的分析推論能察覺兩者有相關的機會之高低。如果能大約知道效量、變異數及樣本數,就能推算一項研究的檢力。原則上,效量或樣本數愈大,變異數愈小,檢力愈高。如果母體的效量小,變異數大,樣本數又不夠大時,由於檢力不足,就容易得到不顯著的檢定結果。一般作調查研究,常將樣本數訂為 1,067 左右,是因為這樣的樣本數最能有效迅速降低標準誤;超過這個樣本數之後,即使再將樣本數加大,標準誤的降低速度緩慢。然而,如果預期會將樣本分割成多個次樣本 (subgroup),分別進行分析,就必須再加大樣本數,盡可能使次樣本的樣本數不致太小(相對於 1,067),不至於因為檢力不足,而無法偵測出母體真實的差異。

⑵**統計檢定法的假定與資料不符:** 任何的統計檢定法,對於依變項的分布形式都各有一些基本的假定,因而有些適於分析連續變項,有些適於分析順序變項或二分變項,有些方法假定觀察值之間是獨立不相依的,有些則容許相依。如果資料的結構與統計檢定法的假定不符,將使點估計值或標準誤的估算錯誤,進而影響推論。例如,想找出李克特五點量表的因素時,使用潛在變項模型中的因素分析比使用一般的因素分析,會更恰當。

⑶**撈捕 (fishing) 與錯誤率 (error rate) 的問題:** 所謂「撈捕」,是指研究者在沒有理論或研究假設的引導下,為了要找出任何的顯著結果,而作了許多顯著檢定。雖然每一項顯著檢定表面的錯誤率

都是 .05；但事實上，顯著檢定作得愈多，犯下第一種錯誤類型（檢定兩變項間有相關，但實際沒有）的機會愈大，並非表面的 .05。例如，作四個顯著檢定，犯第一種錯誤類型的機會是 $1 - (.95)^4 = 1 - .8145 = .1855$。要修正這種錯誤率，可使用 Bonferroni's method，也就是將錯誤率除以要作的檢定次數，作為每個檢定所允許的錯誤率。例如，要作四個沒有研究假設引導的檢定，而希望將錯誤率維持在 .05，可將每項檢定的錯誤率訂在 $.05 ÷ 4 = .0125$。

⑷ **測量的信度不足：**測量的信度低，表示測量所含的誤差大，難以反映所測量變項的真實分數。我們在「信度對於統計分析值的影響」一節，已經簡略說明其影響。

⑸ **變項數值範圍的限制：**如果依變項的結果分布，大多集中在該分布的最大值（稱為「天花板效應」(ceiling effect)），或大多集中在最小值（稱為「地板效應」(floor effect)），或大多集中在任何一個小範圍內，都會降低檢力，減少顯著的機會。因此研究者在設計量表或問卷時，必須避免使很多受訪者都能達到變項的極大值或極小值。此外，將連續變項變成二分變項，或粗分成少數幾組的順序變項，一般也容易降低檢力；除非研究者有良好的理論依據，例如，研究者也許認為，不同層級的教育程度，不只是受教年數的不同，對於個人的影響，也有質化的差異，這時可以考慮將受教年由連續變項改為順序變項。否則一般不建議將連續變項轉變成二分變項或順序變項。

⑹ **調查執行的一致性不足：**調查訪問必須依賴訪員蒐集資料。如果訪員對於問卷題項的解釋不一，或訪員對於受訪者的要求不一，都是調查執行的不一致。可想而知，這些容易影響訪問的結果，增大誤差。一般認為實驗研究中，如果實驗對待的執行缺乏標準

化與一致性，會因此減低效量。調查研究領域也有主張訪問的標準化，以盡量減少訪員個人因素的影響。

(7)**調查場地的外來變異：** 雖然大部分的調查比較不像實驗一般，容易受到實驗場地變化，例如空調、噪音等等的影響，但有些對學校學生的調查也需要作類似成就測驗的調查，這時調查的時間安排及調查場地的任何干擾，都可能影響學生的作答，增加測量誤差。此外，調查研究者也猜測，訪員進行訪問時，如果有某些其他人（例如配偶、朋友、或父母）在場，可能影響受訪者的回答。訪員到家中逐一訪問家庭成員時，會要求單獨與受訪者共處，而不讓其他人在場，就是不希望外來變異影響到調查結果。

(8)**效量的估計錯誤：** 使用錯誤的統計方法、忽略某些重要的控制變項、或讓**極端偏離值** (outlier) 大幅影響了結果等，這些錯誤有時會使效量被低估，有時則使效量被高估，或分析結果的實際意義與研究者的原意不符。因此，在作任何進一步的統計分析時，最好能先檢查是否有極端偏離值。而正確使用分析方法與關鍵的控制變項，也是大家都已知是非常重要的。

(三)外部效度

在實驗研究裡，外部效度討論的是，研究中所發現的因果關係，在不同的人、情境、不同的結果變項或實驗對待不同的操作化之下，這項因果關係是否還能維持？在調查研究的領域裡，可將「結果變項與實驗對待」代換為「依變項與自變項」。這樣看來，外部效度對於以調查資料作研究還是有其重要性。

雖然沒有實驗對待，作調查研究就像作實驗一樣，真正的興趣並不是資料本身的結果，而是想要以資料代表某一群人、某些建構、及這些建構之間的關係，藉以瞭解這一群人、這些建構，或測試這

些建構之間的關係，也就是所謂的**擴論** (generalize)。要注意的是，不論是人，或建構的操作化，都是從人或操作化的母體抽樣出來的。因此，如果希望資料分析的推論結果具有外部效度，最基本的，調查的樣本必須能代表目標中的那群人（母體），而所使用的量表或題項，必須具有良好的建構效度。

然而，很多時候，研究者礙於經費或實際執行上的困難，無法獲得具有足夠代表性的樣本，或使用的題項無法完整代表相關的建構。這些都會使所得到的因果關係也許並不存在於母體，或不存在於某些特定的人群裡。因此，即使人的樣本是以隨機抽樣或機率抽樣得來，變項的測量還是可能無法完整或正確代表相關的建構。果真如此，研究者在討論結果時，應該明確交代這些限制，將實際使用的操作與樣本，和它們的標的母體（人與建構）相比較，確定得到的結果可以涵蓋推論的範圍。

以下列出外部效度的威脅也是修改自 Shadish 等人 (2002)。他們以交互作用 (interaction) 的概念作為外部效度的威脅，可說是簡明有力的方法。他們的交互作用並不限定於統計分析中的交互作用，而是它背後所代表的意義：從有限的資料得到的因果關係，可能只是該資料的某些特性（人、依變項與自變項的建構之實際操作化）互相影響，恰巧使這項因果關係成立；另取一個樣本或另以其他操作來代表依變項與自變項的建構時，因果關係可能就不成立。

⑴**因果關係與人的交互作用**：調查研究所使用的樣本特性，是否限於某種範圍之內？研究者想將因果關係擴論出去的標的母體，還可能有哪些特性的人？在這些人之中，因果關係繼續維持的機會有多少？為什麼？使用小樣本、區域樣本或次樣本的研究，都必須探討這個問題。而事實上，有些因果關係的確可能因人的年齡階段、性別、所處的環境背景等，而變得較強、較弱或不存在。

⑵**因果關係與依變項（自變項）測量的交互作用：**依變項（自變項）建構所使用的題項（組），是否影響了因果關係的顯著程度？例如：學生的學習成就若以教師評量當作指標，所得到的因果關係，也許不同於以成就測驗當指標所得到的因果關係。受訪者的心理衛生以 30 題的量表來測量所獲得的因果關係，是否同於以 10 題來測量時所獲得的因果關係？以觀察者評分的測量結果所獲得的因果關係，是否跟以自述方式的測量結果所得到的因果關係相同？研究者若欲以其測量擴論到整個建構，也許必須提供線索，證明他所使用的操作與其他人的操作具有一樣好的建構效度，或以多種操作來代表該建構。

⑶**中介變項的影響因情況而異：**研究發現的因果關係，有時因為其他因素的影響而改變。例如，教育政策對於學生學習的影響，極可能因為學校本身的行政風格、配套措施、教師文化、學生素質或學校資源而異。因此，研究者在討論因果關係的擴論時，將資料中與依變項或自變項相關的特徵（不一定是量化的資料）詳實描述，並探討它們對因果關係可能的影響，可讓有興趣的讀者更加瞭解研究結果的可擴論程度 (generalizability)，使讀者可自行判斷，研究結果是否被某些中介因素影響了，有助於發展他們自己的理論或進一步設計更完整的研究。

　　最後，何謂「因果關係維持不變？」只是數值上小比例的改變算不算維持不變？多少的改變才算有改變？研究者在這方面的共識是：原則上只要方向維持不變（正向或負向）即可 (Shadish et al. 2002)；但在一些醫學或藥理的實驗研究，也許絲毫的改變即攸關生死。因此雖然大致的原則是只要因果方向維持不變，即可算是因果關係的維持不變，但一些特殊而必須錙銖必較的情形下，效量必須維持穩定不變，因果關係才可說是維持不變。

八、結　語

　　本章介紹了調查的信度與效度，並且，除了一般常見的效度之外，也從調查研究的觀點出發，介紹了內部效度、統計結論效度與外部效度。事實上，我們發現這三者並不是只有在作實驗或類實驗研究才必須重視。只要是希望以有限的資料所獲得的結果，推論到較大的人群或某個廣義的現象時，都必須思考這三個效度。我們也介紹了可能威脅信度與效度的因素，這些因素將是在設計調查計畫（問卷），田野運作及撰寫報告時有用的參考資料。

　　信度的基本意義是一致性，包括時間上的一致性（再測信度）、不同版本間的一致性（複本信度）及同一量表內題項之間的一致性（內部一致性）。因此題項之間愈相似，測量的內容愈一致，題項意義愈明確，樣本異質性愈高，信度愈高。然而，有時題組所要測量的建構意義或範圍較抽象或較廣，不免對信度有影響。但基本上，題項數較多，信度都較高，直到一定程度以後，再增加題項對於信度的影響也不大；另一方面，所使用的人數對於信度的影響較少。我們也看到，必須要有良好的信度，才可能有良好的效度；信度不佳，由於測量誤差過大，效度一定都受到影響。信度不佳對三個（含）以上變項的統計分析影響不定，可能使估計值變高或變低。

　　效度的基本意義則是正確性，包括：內容是否正確（內容效度）、測量結果是否正確反映外在的標準（效標關聯效度）、是否正確反映建構的意義（建構效度）、在推論因果關係時，統計結論是否正確反映真實的因果關係（統計結論效度）、所發現的因果關係是否正確，抑或是有其他因素影響所致（內部效度），及因果關係在別的樣本、使用別的測量方式或不同的環境下，是否仍然維持（外部效度）。這

些效度中，有些可利用統計方法來檢驗，例如效標關聯效度。有些必須依賴專家的意見，例如內容效度與建構效度。有些則必須蒐集證據來顯示，例如：統計結論效度、內部效度及外部效度的建立，研究者必須從抽樣的方法、流失率、田野操作的情形、資料的型態等等，來排除可能的威脅，藉以證實因果推論的正確性。

　　最後，以上為信度及各種效度所列的各項威脅，數量是否很嚇人？事實上，一項研究絕不可能做到事先完全防範這些威脅；而誠如 Shadish 等人 (2002) 所說，好的研究也不必是防範了最多威脅的研究。畢竟，經費有限，受訪者的耐心及其他各項資源都是有限的；如果為了增加統計檢力而增大樣本，也許就沒有足夠的經費作事前的準備，例如準備信度良好的測量，而影響了內部效度，或無法事後深入探討資料結構與統計方法等，進而影響了統計結論效度；如果為了增加建構效度而設計了各種題項或操作，受訪者可能因厭煩而拒訪，造成了流失率的增加而影響了內部效度。因此研究者可能必須在這些威脅之間來回衡量，視研究的需要挑選最重要的威脅來預防，而無法有一個黃金原則。

參考書目

Allen, M. J. and W. M. Yen, 1979, *Introduction to Measurement Theory*.（2002 年由 Long Groves, Illinois: Waveland Press, Inc. 重新發行。）

Bohrnstedt, G. W., 1983, "Measurement." in *Handbook of Survey Research*, P. H. Rossi, J. D. Wright, and A. B. Anderson (eds.). Orlando, FL: Academic Press.

Campbell, D. T., 1957, "Factors Relevant to the Validity of Experiments in Social Settings." *Psychological Bulletin* 54: 297–312. 引述自 Shadish, W. R., T. D. Cook, and D. T. Campbell (2002).

Cook, T. D. and D. T. Campbell, 1979, *Quasi-experimentation: Design and Analysis Issues for Field Settings*. Chicago: Rand-McNally. 引述自 Shadish, W. R., T. D. Cook, and D. T. Campbell (2002).

Crocker, L. and J. Algina,, 1986, *Introduction to Classical & Modern Test Theory*. Orlando: Holt, Rinechart and Winston, Inc.

Cronbach, L. J., 1951, "Coefficient Alpha and the Internal Structure of Tests." *Psychometrika* 16: 297–334. 引述自 Crocker, L. and J. Algina (1986).

Greene, W. H., 1990, *Econometric Analysis*. New York: Macmillan.

Groves, R. M., F. J. Fowler Jr., M. P. Couper, J. M. Lepkowski, E. Singer, and R. Tourangeau, (eds), 2004, *Survey Methodology*. Hoboken, NJ: J. Wiley.

Kuder, G. F. and M. W. Richardson, 1937, "The Theory of the Estimation of Test Reliability." *Psychometrika* 2: 151–160.

Lord, F. M. and M. R. Novick, 1968, *Statistical Theories of Mental Test Scores*. Reading, Mass.: Addison-Wesley. 引述自 Crocker, L. and J. Algina (1986).

Shadish, W. R., T. D. Cook, and D. T. Campbell, 2002, *Experimental and Quasi-experimental Designs: for Generalized Causal Inference*. Boston: Houghton Mifflin Company.

Thurstone, L. L., 1947, *Multiple Factor Analysis*. Chicago: University of Chicago Press. 引述自 Crocker, L. and J. Algina (1986).

Wooldridge, J. M., 2000, *Introductory Econometrics: A Modern Approach*. Cincinnati, OH: South-Western College.

第 **7** 章

▎面對面訪問與電話訪問

◆ 一、前　言
◆ 二、面對面訪問
◆ 三、電話訪問
◆ 四、結　語

一、前　言

　　各種調查方法若從回答的方式來分，大略有**自填式問卷調查**與**訪談式問卷調查**。若從資料取得的途徑，主要可分成**面對面訪問調查**、**電話訪問調查**、**郵寄問卷調查**與**網路調查** (internet survey)；其中面對面訪問與電話訪問屬於訪談式問卷調查，而郵寄問卷與網路調查則屬於自填式問卷調查。當然，也有非郵寄的自填式問卷調查，例如，到學校對學生作集體的自填問卷調查。不過，這些衍生型問卷調查方法的原理與上述四種調查方法相似。因此本書將詳細介紹面訪、電訪、郵寄與網路四種調查方法。

　　在分別介紹這四種調查方法之前，本章先引用 de Vaus (2002) 整理四種調查方法之優缺點（如表 7-1），包含**回答率** (response rate)、**樣本代表性**、問卷設計、**回答品質**、與調查執行等的簡要說明，以便提供讀者選用適合自己需求之調查方法時可參考。本章下一節開始則會更深入的討論面對面訪問與電話訪問分別的優缺點。

　　首先，根據 de Vaus (2002)，問卷訪問的回答率受到問卷長度、樣本特性、問卷主題、選擇的調查執行方法等因素的影響。若是全體性樣本，面對面訪問與電話訪問的回答率通常比郵寄問卷及網路調查高。若是特殊樣本，例如：老師、護士、企業員工等特定的人，則郵寄問卷的回答率會提高。至於網路調查的回答率則會因研究對象在網路技術上的能力而定。

　　在樣本代表性上，我們可從**拒訪率**、掌握受訪者是誰、接近中選者與確定中選者在哪裡等四方面來比較。首先，郵寄問卷與網路調查需依賴閱讀與填寫或上網與打字的能力，因此拒訪率較高。因此，在這兩種問卷調查中，拒訪率高者通常是年老或低教育程度者。

面對面訪問與電話訪問因為有訪員協助實地或電話撥號方式拜訪家戶，拒訪率比起來較低。其次，自填式問卷調查較無法掌握填答者是否就是我們抽中的那一位；而且容易有受訪者重複填答的問題。重複填答問題尤其容易發生在網路調查上，同一個人若填答好幾次有時不容易被偵測出來。無法掌握受訪者是誰也會發生在電話訪問上。再者，由於面對面訪問耗時，又礙於調查時間無法如願的拉長，在有限時間之內不見得可以接近被抽中而預定要訪問的人，可能連碰面的機會都沒有。相對的，其他訪問方法比較沒有這種問題，不過，電話訪問有時因為某些受訪者的生活或工作型態較特殊，直到調查計畫結束，還是找不到人的頻率會越來越高。最後，面對面訪問因為地理、交通與時間的限制，最常會無法確定抽中的人在哪裡，如何可以找到他／她。這點在調查地區範圍廣闊時常發生。相反的，其他三種方法因為無此限制，而比較容易確定要訪問的人在哪裡。

表 7-1　四種調查方法的比較

1 = 差，2 = 普通，3 = 好	面對面訪問	電腦輔助電話訪問	郵寄問卷	網路調查
回答率				
全體樣本 (general samples)	3	3	3	1
特殊樣本 (specialized samples)	3	3	3	3[a]
樣本代表性				
避免拒訪誤差	3	3	1	2
掌握受訪者是誰	3	2	2	2
接近中選的人 (gain access to selected person)	2	3	3	3[a]
確定中選者在哪裡 (locating selected person)	2	3	3	3[a]

問卷設計

1. **掌握的能力**
   (ability to handle)

長問卷	3	2	2	2
複雜問卷 (complex questionnaires)	2	3	1	3
問題單調 (boring questions)	3	2	1	2
無效回答	3	3	1	3
跳題	3	3	2	3
題目順序可掌握	3	3	1	3
開放題	3	3	1	2

2. **回答品質**

減少社會讚許性	1	2	3	3
題目次序隨機性	1	3	1	3

3. 降低下列因素引起之回答扭曲的能力:

訪員的特徵	1	2	3	3
訪員的意見	1	2	3	3
他人的影響	2	3	1	2
容許諮詢的機會 (allows opportunities to consult)	2	1	3	3
避免訪員作假	1	3	3	3

調查執行

容易招募工作人員	1	2	3	3
速度	1	3	1	3
成本	1	2	3	3

註: a: 假設受訪者會固定的上網。
資料來源: de Vaus (2002) 的表 8.1。

　　在問卷設計上，我們可以從問卷掌握的能力、回答品質的控制與回答扭曲的避免三方面簡略比較各種調查方法的優缺點。首先，

郵寄問卷限制最多，並且需要多注意問卷複雜性與長度、版面格式、跳題邏輯與題目順序等等的掌握。紙本的郵寄問卷需讓不同年齡層、不同教育程度的人自己填寫回答。這些不同特徵的人是否都能明瞭問卷內容是關鍵。若問題的問法過長或過於難懂、題目順序排列中包含許多跳題、跳題及其他注意事項說明不清楚或版面讓人分心，那麼問卷回答的品質會因此降低。相反的，電腦輔助電話訪問與網路調查由於可依賴電腦的文書編輯解決問卷的跳題設計與題目順序的排列，受訪者不需要完全瞭解題目順序與跳題背後的原理，回答的心理負擔減少，在問卷設計掌握能力上比較占優勢。而面對面訪問因為是訪員與受訪者當面交談，訪談時間較無限制，且受訪者只需口頭回答，回答的記錄完全交給訪員，因此比較能應付較長、較單調或開放性的問題。

其次，在回答品質的控制方面，面對面訪問因為是與訪員面對面，不論是一對一單獨或有其他人在場的方式進行訪談，都很容易引起受訪者因為要博取他人稱讚、考慮符合道德規範或維護個人形象而扭曲自己的回答。這個缺點在自填式問卷調查比較能避免。至於隨機題目的設計只有在可以透過電腦輔助作問卷設計的調查方法中適用，因此只要是利用紙本的面對面訪問或郵寄問卷都無法在同一本問卷中設計隨機題目。最後，若想避免訪員引起受訪者扭曲回答，選擇自填式問卷比較理想。但是兩種自填式問卷也無法避免來自他人的影響，換言之，填答時有其他親朋好友在旁邊指點的情況很難避免。

從調查執行的總體來說，面對面訪問需要招募訪員，成本最高，且資料回收的速度最慢。執行速度最快的是網路調查與電腦輔助電話訪問。而郵寄問卷雖然不需擔心訪員人力且成本最低，但是問卷回收的速度卻較慢。

二、面對面訪問

　　面對面訪問是指一對一當面的訪談，此訪談包括擔任兩種角色的個人。一位是訪員，其角色是依據問卷題目，負責提問、解釋題目、人際溝通與記錄回答。另一位是受訪者，主要扮演接受訪問／被詢問的角色，需要在瞭解訪員提出的問題，考慮所有被提供的選項之後，進行判斷該選那一個選項，決定之後，即給予訪員一個適切的回答。訪問的進行可以是在受訪者的家中、學校或辦公室、或者其他特定地點 (Babbie 1990; Bryman 2001)。

(一)面對面訪問的特性

　　面對面訪問是一種訪員與受訪者在同一地點且面對面進行的**目的性對談**。**目的性對談**指的是由訪員主動發問而受訪者被動的回答。訪員的發問需遵循一定的規則，此規則又被稱為**標準化的訪問規則與方法**。例如，逐字唸題目、中立詢問、與受訪者維持一定的合作關係、適度的追問、不引導受訪者回答等 (Oishi 2003)。換言之，在整個訪問過程中訪員的行為或訪員如何與受訪者互動均需在一定的規範內，以便於避免來自訪員的誤差。

　　是否採用面對面訪問，除了可參考先前對四種調查方法的比較說明，也可參考以下針對面對面訪問之優缺點的詳細說明（Fowler（王昭正與朱瑞淵譯）1999; Bryman 2001; de Vaus 2002）。

1. 面對面訪問的優點

(1)回答率高

　　在面對面訪問中訪員需親自進行家戶拜訪，若抽樣中選的個案不在家或其他因素找不到人，訪員可以在不同時段作多次的拜訪。

訪員可以依照自己的判斷與經驗，適度的調整拜訪的時機。若仍有困難還可找其他訪員支援。另外，一旦找到受訪者本人之後，若注意一些可以取信於人的基本原則，例如：注意衣著與態度、自我介紹時是代表某某機構、配戴訪員證等，均有利於取得信賴與合作，因而順利完成訪問工作。因此比起其他調查方法，面對面訪問獲得的回答率通常較高。

根據 Babbie (1990)，設計與執行均適當的面訪調查，回答率至少約 80-85%。不過，由於不同的抽樣設計或都市化發展之後個人隱私越來越被重視，回答率不見得能達到如此的高。國外調查由於抽樣母體是在訪問正式進行之前建立樣本清冊的方式蒐集，訪員需到各個街廓去挨家挨戶的清查戶口。所建立的樣本清冊基本上已經排除一些不符合母體定義的個案，因此回答率才可以如 Babbie 所說的這麼高。相較的，臺灣的面訪調查抽樣母體通常依據戶籍資料（這是全世界少數國家才有的），受限於約 20% 包含籍在人不在或人在籍不在的戶籍登記不實問題，則與使用不同抽樣清冊者比較之下，在與美國同樣是去除不合格樣本原則下計算出來的回答率是不太可能高到 80% 的。

(2)較容易掌握樣本的正確性

面對面訪問通常利用一定的樣本名單（例如：來自戶籍資料）且名單中包含中選者的名字、性別、年齡、與地址等。訪員通常被規定需要一一的確認所接觸到的中選者，且可從家戶成員、鄰居、派出所、或鄉里長等多種管道再次確認。經由多重的確認後，還可以幫研究者將不正確（亦即不符合母體定義）的情況一一記錄下來，成為回答率計算的參考。

(3)問卷設計的限制較少

面對面訪問的問卷因有訪員可以協助向受訪者解釋或進一步說

明而可以比較長或複雜；容許複雜的量表或結構表格題目，或者需受訪者評量等級的題目。例如：我們可利用一個大表格來問受訪者的家庭結構，同時蒐集家庭成員的性別、年齡、婚姻、居住狀況、工作狀況或其他資訊等。又例如以下問題的設計：

請問您哪一個是國內第二嚴重的問題?

	最嚴重	第二嚴重
人們貧窮、需求無法滿足	□1	□1
歧視女孩與婦女	□2	□2
衛生差又多傳染病	□3	□3
教育不均	□4	□4
環境汙染	□5	□5

　　除非面對面訪問允許受訪者自填，通常只要問卷上的標示與注意事項表達得非常清楚，而且訪員也清楚的瞭解問卷題目之跳題邏輯，跳題的設計比較不需要受訪者瞭解。不過，必要時仍可適度的利用圖示或提示卡輔助，減輕訪員解釋與受訪者理解題目的負擔，同時提高回答的品質。另外，題目順序的掌控對訪員來說比較有彈性。若被受訪者影響，而可能離題或跳題跳過頭時，訪員可隨時跳回來補問。附帶的，面訪調查中設計的開放題不需要受訪者填寫，好處是可以讓受訪者表達一些他們認為重要但研究者卻沒注意到的內容。

⑷較能掌握訪談過程

　　面對面訪談能否順利完成端視訪員與受訪者之間是否建立了友好的關係，有利於提高訪答品質。由於訪員可以確認回答者是否為樣本個案本人，也可以觀察在訪談過程中受訪者是否認真回答或誠

實表達。另外，為了達到訪員與受訪者雙方在題目理解上的一致性，訪談過程中訪員在澄清題意或回答上扮演著重要角色。若受訪者不清楚問卷題目或回答選項的意思，訪員可以在不離題意的情況下解釋清楚。若受訪者回答得不清楚，訪員則可以利用正確的方法在適當的時機進行追問，以便進一步的判斷受訪者真正想表達的意思。

2. 面對面訪問的缺點

(1)成本高

　　面對面訪問要完成一份問卷的單位成本通常比較高，這可以從執行時間與經費得知。由於面訪問卷通常比較長且訪問工作非常依賴訪員與督導，調查執行的作業過程中包括訪員的訓練與督導、訪問記錄、**過錄 (coding)** 與資料鍵入等工作均需要較龐大的人事費、差旅費、印刷與禮物費等。其中的人事費包括訪員費、督導費、訪員或督導的意外保險費、訪員或督導訓練課程所需費用、問卷回收之後的問卷檢查費等。印刷費包括問卷、需事先通知中選樣本個案的訪函或便條留言紙、公文、與訪員與督導手冊等等。無論是從人力成本或時間成本來說均比較高。

　　另外有一種在美國行之有年的**電腦輔助面對面訪問**（Computer Assisted Personal Interview，簡稱 CAPI），其問卷不是印成紙本的，而是經由電腦程式設計的某種文書軟體將問卷題目編輯好後放在筆記型電腦中，供訪員攜帶到家戶進行訪問。由於 CAPI 仰賴電腦，無論是硬體或軟體相關成本頗高，若僅用在一次調查，雖省下問卷印刷費或問卷資料鍵入或檢誤所需的人力費，相較之下則不太划算。但是，若能提供無限次之面訪調查使用，從長期投資或資料檢誤品質上而非經費方面來看，仍是值得調查機構考慮採用的。尤其，資訊科技發展迅速，資訊設備不僅越來越新穎且使用者友善度高，價格也越來越低的趨勢下，CAPI 在未來還是值得推廣的。

⑵樣本數與分布範圍有限

面對面訪問執行的樣本數及樣本分布的地理區域無法寬廣，主要是因為整個調查所需的時間較長、經費較多，且一位訪員只能在某一較小範圍的地區內進行，也就是訪員在一定期間與地區內的工作量很有限。若訪員跨區支援則更增加調查執行成本。

⑶來自訪員引起的樣本誤差與測量誤差較大

面對面訪問需完全仰賴訪員，訪員是否能有效的獲得受訪者的配合而順利進行訪問 (Goudy and Potter 1975–1976) 或正確的傳達問卷問題的原意，最後獲得受訪者提供的正確回答 (Hanson and Marks 1958) 均是影響此調查方法之樣本誤差與測量誤差的關鍵。來自訪員的可能誤差包括各位訪員之間不同的個人特徵、對面訪工作或對問卷題目的態度、工作經驗與訪問方式等 (Booker and David 1952; van der Zouwen et al. 1991; Morton-Williams 1993; Collins 2003)。

對於樣本誤差的影響是產生無法完成訪問的樣本個案。前人在**訪員效應** (interviewer effect) 的實證研究多集中在訪員個人特徵上。較年輕的訪員很可能遇到較年老受訪者的配合度低；男性訪員比較不受歡迎容易遇到受訪者拒訪；或者不會說與受訪者相同語言的訪員容易被拒訪 (Groves and Couper 1998; Hox 1994)。近期的研究則發現訪員對於說服受訪者持越正面態度或越不重視訪問自願性者獲得的完訪率越高 (Hox and de Leeuw 2002)。

進入訪談階段後，來自訪員的測量誤差可能是提問時不小心將自己既成的意見表達出來而引起受訪者也跟隨其意見；有訪員在場且訪問無法匿名，在一些道德規範相關的題目上，受訪者可能保留自己真正的意見，順從一般社會規範的方向回答；或者遇到個人隱私的問題時，受訪者傾向不回答等。換言之，尤其遇到敏感性較高的題目，由於訪員的特徵造成訪談關係的緊張或衝突，最後造成研

究者無法獲得有效或正確的資料 (Feldman et al. 1951)。已實證的研究結果是對於種族議題，受訪者會視訪員的種族是否與自己相同而提供有效回答 (Hox, de Leeuw, and Kreft 1991)；在政治敏感或個人隱私的敏感性議題上，接受女性訪員訪問的受訪者較不會回答不知道、無意見或拒答（Pickery and Loosveldt 1998, 2001; Dailey and Claus 2001; Voogt and Kempen 2002；杜素豪 2004；Tu and Liao 2007）。

⑷較難兼顧訪員的安全

由於訪員需要到受訪者的家或家附近做面對面訪問法，對研究者來說較難保障訪員的安全。除了替訪員投平安保險之外，也需在訪員訓練時提醒訪員遇到難纏的受訪者時需注意安全並見機行事；在訪問地點盡量飲用自己攜帶的飲料；衣著不暴露等事項。

3. 選用面對面訪問法的時機

綜合以上面對面訪問的優缺點並參考 Bryman (2001) 提供的建議，選用面對面訪問法的實際考量可以如下：

⑴若樣本數需要比較小或地理分布較集中時，因為花費的時間與經費成本較小則可採用面對面訪問法。

⑵若需提高樣本回答率，建議用面對面訪問法。

⑶若需要問的問題較多、格式需求較複雜、跳題情況較多時最好利用面對面訪問法。

⑷若需要設計不少開放題則建議盡量利用面對面訪問法。

當然，許多大型的學術性調查，例如：臺灣社會變遷基本調查，美國的基本社會調查 (GSS)，其樣本數的確較大且屬於全國性的面對面訪問調查。這類大型學術性調查之所以會選用面對面訪問方法主要是因為其問卷設計均依據特定的且較複雜的理論架構或研究設計，問卷題目數量較大，題目問法可能較複雜。這類全國性調查的

經費通常充足，樣本數也可大到 2,000 人左右。

㈡面對面訪問的樣本選取

　　面對面訪問的樣本選取與一般的抽樣原則相同，讀者可參考第 2 章抽樣。這裡則僅說明應用面對面訪問在臺灣較常用的抽樣原則，並以臺灣社會學界執行十餘年由行政院國家科學委員會補助執行的 **「臺灣社會變遷基本調查」** 為例❶。

1.母　體

　　無論是任何一種調查方法的抽樣，首先需要確定母體的範圍，例如年齡、性別與居住情況。臺灣社會變遷基本調查的母體是一般成年民眾，說得具體一點，則是有中華民國國籍，有戶籍，不居住在機構（如：軍事單位、醫院、療養院、學校、職訓中心、宿舍、監獄等）的 18 歲或 20 歲以上的居民，其中年齡的下限在早期調查中設定為 20 歲。

2.抽樣清冊

　　根據這個母體定義則可以利用內政部戶政司提供的戶籍資料當作抽樣清冊。不過，戶籍資料是不可能任意取得的。由於臺灣社會變遷基本調查的調查工作是由中央研究院調查研究專題中心負責，戶籍資料的取得是在政府機關對政府機關的模式下與內政部簽訂「內政部戶籍資料電腦檔案管理辦法」，其中明文制約抽樣執行者需嚴格遵守保護個人資料的義務與責任。因此中研院調查研究專題中

---

❶ 臺灣社會變遷基本調查類似美國的基本社會調查 (GSS)，早期由中央研究院民族所執行，民國 82 年起面訪調查工作委託當時的調查研究工作室（中央研究院調查研究專題中心的前身）執行。因此本文之部分內容參考此調查執行時所編輯的面訪員訓練手冊（侯佩君、杜素豪（主編）2006）。

心嚴格要求訪員不可以影印或洩漏樣本資料。

3.抽樣方法

　　抽樣方法因區域性調查或全國性調查會有很大的差異。區域性調查可以利用較簡單的隨機抽樣或複雜一點則是分層系統抽樣。在臺灣的全國性大型調查，考慮到地理區域廣大，通常會利用較複雜的分層多段抽樣方法。例如，「臺灣社會變遷基本調查」採用分層三段 PPS 等機率抽樣方法，先將全臺灣地區共 358 個鄉鎮市區❷，依據地區發展與都市化程度劃分成十個分層；再從每一個分層中依 PPS 等機率原則隨機抽取一定數目的鄉鎮市區，然後在每一鄉鎮市區中抽出一定數目的村里，最後在每一村里中抽出合乎母體定義的居民（章英華、傅仰止 2005）。

　　臺灣其他大型調查，雖然在分層的定義有所不同，但是在分段抽樣的原則有些與「臺灣社會變遷基本調查」一樣，例如，多半在政治大學選舉研究中心執行的「臺灣選舉與民主化調查」採用三段法分別抽鄉鎮，再抽村里，最後抽人。而國民健康局執行的調查中，三段抽樣是抽鄉鎮市區，抽鄉，然後抽人，若是兩段抽樣則是先抽縣市，然後是抽鄉；也就是抽鄉取代抽村里。

4.樣本名單

　　樣本名單是由工作人員整理出來包含抽樣中選者的基本資料，當作訪員拜訪家戶，確定受訪者正確性的依據。若是利用戶籍資料進行抽樣，訪員拿到的樣本名單中通常可以包含樣本個案的姓名、性別、出生年次、含有村里鄉的地址。除此之外，為了記錄訪員拜訪一般民眾的各種結果狀況，提供最後樣本回收分析的參考，通常

---

❷　此為最新公布的鄉鎮數，不含金門與馬祖地區的 10 個鄉鎮，詳見內政部統計年報之鄉鎮市區村里鄰數，網站為

　　http://www.moi.gov.tw/stat/index.asp

在樣本名單上會要求訪員一一的記錄拜訪的日期與時段以及結果狀況。其中關於拜訪時段，訪員需要依據不同天不同時段的原則做第二次以後的再拜訪。

5.合格樣本再確認

面訪訪員均會被訓練必須瞭解抽樣母體、母體來源以及抽樣方法等。即便如此，為了減少抽樣誤差，提高樣本代表性，並且避免工作人員利用文書軟體製作的樣本名單有錯誤，在面對面訪員訓練中，訪員通常會被提醒，在訪問之前需再次確定研究對象的合格條件。

㈢面對面訪問的執行流程與注意事項

面對面訪問的工作項目相當繁複，包括執行面對面訪問的前置工作、實地調查工作以及資料處理工作等。前置工作包括抽樣、問卷設計、督訪員的招募與訓練以及行政聯絡與資料準備。實地調查工作包括聯絡受訪者、訪問的執行與督導、**問卷檢查**、**過錄**與**複查**。資料處理工作包括**問卷編碼**、鍵入資料與**檢誤資料**。以上各項工作是環環相扣的，任何一個環節出差錯會連鎖的影響到工作進度、人力資源分配、與調查資料品質。因此，為了增進工作品質與效率，調查工作的設計者或執行者均須明瞭標準化作業是非常重要且必備的觀念。在每一項工作或執行流程中，參與調查工作的每一分子，從問卷設計者、調查執行規劃者、訪員與督導、乃至於問卷與資料處理者都須是遵守一定且相同的規則（Oishi 2003; Fowler and Mangione（黃朗文譯）1999）。

由於抽樣與問卷設計在之前的章節與本章中已說明，以下不再贅述。本節接下來將說明擬定調查執行進度、督訪員招募、督訪員訓練、預試與正式調查等的工作內容與標準化作業原則下的注意事項。通常在分層負責較嚴格的民意調查機構中，訪問工作除了訪員

之外還需督導的協助。本文將在訪員與督導工作分層的原則之下作以下具體的說明。

1. 擬定執行進度

面訪執行流程中的第一個步驟是擬定執行進度，將面對面訪問的前置準備、實地執行與資料處理等工作詳細的列出製成表格（游清鑫等　2001a）。以下條列進度表中幾個重要的工作項目與流程圖（見圖 7-1）。

(1)**督導與訪員的招募**：招募督導與訪員的工作至少需在訪員實地進行訪問之前一週完成，或更確切的說在督導訓練與訪員訓練的前一週。

(2)**督導與訪員訓練**：預試調查由於是小規模，通常不需督導而是由調查執行者負責輔導訪員的工作，因此只舉辦一天的訪員訓練。正式調查，除非樣本規模不大，通常大型調查最少需要兩天分別舉行督導與訪員的訓練。有些調查考慮到問卷內容或執行內容需要充分讓訪員與督導瞭解，需要更多天完成訓練課程。例如，臺灣地區國民營養健康狀況與變遷調查規劃一個星期的訓練課程，課程內容除了問卷說明之外，還有體檢說明，此外還安排讓訪員充分練習的時段。

(3)**訪問執行**：訓練課程結束即是訪問工作的開始。訪員工作時間多久端視調查執行者的需求。其決定因素包括訪員人力、經費與時間等。臺灣社會變遷基本調查規劃提供訪員三週完成訪問工作。

(4)**訪員會議**：訪員會議是由督導（或調查執行者）在訪員實地訪問之後召開；目的是瞭解訪員在問卷或訪問上的困難並解答訪員任何的問題。訪員會議該規劃幾次由調查執行者決定。不過，第一次會議越早越好，以便即早預防錯誤。臺灣社會變遷基本調查規定督導在實地訪問後的第一週之內需召開訪員會議。

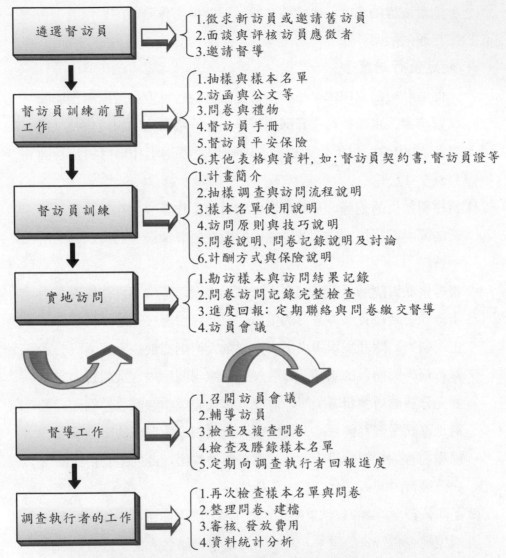

圖 7-1　面訪調查執行的流程圖

資料來源: 侯佩君、杜素豪（主編），2006，《面訪員訓練手冊》，中央研究院人文
社會研究中心，調查研究專題中心。

⑸**督導會議:** 督導會議由調查執行者召開，目的是透過督導蒐集問

卷、抽樣、與訪問執行上的問題。臺灣社會變遷基本調查規劃於

訪問工作開始（訪訓結束）的一週後召開督導會議。

⑹**督導工作：** 指訪員進行其訪問工作期間，亦即督導的工作期間，不過由於督導在蒐集了訪員完成的問卷之後，除了問卷檢查與過錄之外，還需進行個案複查訪問工作，因此當訪員工作結束時，督導工作仍持續。臺灣社會變遷基本調查規定督導在訪訓結束後的一個月內須完成交付的問卷檢查與複查等工作。

⑺**問卷整理：** 不同調查執行者對於是否需對再做問卷與樣本的檢查與確認工作有不同的要求。通常會建議再安排一個月時間作問卷總整理的工作，完成後再進行問卷資料鍵入的工作。

2.訪員與督導招募

以上是理想上執行全國性面對面訪問調查的進度；實際上由於一切仰賴訪員與督導，時間上可做一些必要的調整。如何遴選且訓練優秀的訪員與督導則變成是關鍵的一環。接下來將回答四個問題。訪員在訪談中的角色為何？督導在面訪調查工作中的角色為何？怎樣才算是理想的訪員與督導？又如何才能遴選到有這些潛力的訪員與督導？

⑴訪員與督導的角色與任務

根據 Oishi (2003)，訪員身負三大重任：提高回答率、說服受訪者接受訪問、以及進行適切的訪談。換言之，訪員需要能夠有耐心有毅力的面對交通的勞累、問卷的單調與民眾的反感；能夠降低拒訪率；掌握好人際接觸以及自我介紹的技巧；在面對陌生人時能不討人厭的說服樣本個案並引發其接受訪問的合作意願。一旦進入訪談階段時，訪員還需要能夠維持中立客觀的態度與受訪者交談；懂得保護受訪者回答內容的隱私；忠實的傳達問題的原意以及確切的記錄受訪者的回答。訪問結束之後，訪員需要有文書記錄的能力，清楚的記錄樣本拜訪的結果以及簡單描述訪問過程等 (Babbie 1990;

Oishi 2003; Fowler and Mangione（黃朗文譯）1999）。

督導的角色主要是協助研究者教導訪員如何表現應該扮演好的工作角色；其工作內容主要包括遴選訪員、教導與輔導訪員、檢查與過錄問卷、以及問卷與樣本的複查。在訪問執行期間則需定期舉行訪員會議、執行進度掌控與訪問工作的協調與調度。是否需要督導這個角色因研究者的需求而定。若調查的規模不大則不一定需要督導，研究者自己也可以擔任。

⑵訪員與督導的遴選

遴選一位能勝任又有熱情與耐力的訪員是面訪調查能否順利進行的首要關鍵。遴選的方式大致包括徵人廣告、面試與安排。以下分述其原則與注意事項。

徵人廣告的內容包括調查的主題、工作內容與條件、工作報酬與福利、工作地點與時間、及報名相關資訊。其中，工作內容與條件說明的目的是要篩選有潛力的訪員；雖然不同調查的要求有所差異，最好包含調查主題與訪員任務的簡單敘述，訪員的基本條件，訪員工作項目與評鑑原則。訪員的基本條件中通常需要高中或以上的學歷，表達能力佳，臺語流利。若是大規模全國性的調查，通常需雇用在地訪員。徵人廣告可透過傳統的海報張貼、登報、郵寄傳單與登 BBS 或人力銀行等。這些管道也需視所需要的訪員而定，若可以接受學生訪員，則可以將廣告寄給學校協助公告。

有興趣參與訪問工作的人陸陸續續的報名後，接下來是訂定一個日期進行訪員的面試工作。面試的內容可以包括語言表達能力、調查訪問經驗、訪問工作之時間與地區的配合度、交通工具、個人特質與工作態度、解答訪員對於訪問工作的相關問題、以及模擬測驗。其中，語言部分會強調臺語或客家話的流利程度，而應徵者會騎機車或開車，有自己的車者尤佳。工作時間很重要，若無法在夜

間進行訪問或訪問期間的訪問工作可能會中斷（如學生在寒暑假有安排活動）則需慎重考慮是否錄用。在個人特質與工作態度方面的評核需靠主持面試者敏銳的觀察力。其著重點是應徵人員是否親切、表達能力或應變能力如何、與工作態度是否認真。另外需觀察判斷的是透過模擬的訪問測驗來瞭解應徵者對問卷與訪問原則有無能力掌握得宜。

以上的項目通常會設計成**面試評核表**，面試員一一填答之後可以作敘述性或／與等級性（例如：A+, A, A−）的總評 (Oishi 2003)，面試結果便大致出爐。該依據哪一錄取標準則因調查執行者的要求而異。不過，通常下一階段之訪員工作安排需要根據訪員的各項客觀條件，考慮的重要因素是訪員的居住地區或者願意訪問的地區、交通工具以及先到先選原則（游清鑫等 2001a）。

督導的遴選嚴格來講應該是由經驗豐富的訪員中提升，其理由是希望此管道產生的督導更能以身作則且充分的勝任教導訪員的工作。遴選的原則大略是教導與人事管理的能力佳，不僅能與調查執行者充分溝通也能在不同特徵的訪員間協調工作進度。不過這種制度在專業的民意調查機構比較普遍，一般小規模調查執行者或不打算長期執行調查工作者可能不會有這種提升訪員為督導的資源與本錢。這時，通常擔任督導的是研究計畫的研究助理或研究者自己。儘管這不是推薦的辦法，在此不得已的情況下，無經驗的督導則需要充分瞭解督導的任務與角色，恪遵督導的工作原則。

3.督導與訪員訓練的前置作業

通常在訪訓之前需準備好的工作分述如下，這些項目是大型調查通常包含的項目，各調查執行者可視需要作取捨。儘管如此，樣本名單、訪函、問卷、督訪員手冊、與督訪員平安保險均為必備。

⑴**樣本名單：** 提供訪員在訪訓之後帶回訪問地區進行家戶拜訪，以開

始訪問工作。

⑵**各式公文：**視情況可以包括各區警察局或派出所、村里長、衛生所等相關單位。其主要的目的除了請各單位協助問卷調查之外，希望透過公正的其他單位取信於民。

⑶**寄出訪函：**事先郵寄方式聯絡受訪者，且在訪訓時也提供訪員副本以便進一步與受訪者再確認。

⑷**禮物或禮金（券）：**禮物需大方而不草率，且越輕越好，以便於訪員可以在訪訓結束之後攜帶。當然，若經費夠，為了減輕訪員的負擔也可以幫訪員郵寄禮物與問卷等。禮金用於郵寄問卷由來已久，但是用在面訪則是近十年來被確定可以比禮物更可增加回答率而漸漸風行。根據美國的相關研究，美國大型調查使用的禮金從 1 元到 100 元美金不等，不過，平均來說大約是 12 元美金 (Singer et al. 1999)。不過讀者需注意，這是十年前的價格。若調查經費不夠，無法提供合理的禮金，建議以大方的禮物取代為佳。

⑸**空白問卷：**問卷與禮物（金）的份數絕對不可以剛剛好。為了預防臨時急需以及訪員不夠情況擅自影印，份數需作適量的膨脹。

⑹**訪員與督導手冊：**訓練課程所需的手冊就像訪問的教戰手冊，需要盡早校對好，以免臨時勘誤造成訪員理解上的困擾。

⑺**訪員平安保險：**平安保險是以防訪員在調查執行期間的交通來往與工作時遇到意外的必要支出。保險期間應該涵蓋參加訪訓期間直到訪問結束為止。

⑻**其他資料與表格：**例如訪員與督導同意書、訪員證等。

4.訪員與督導訓練

　　訪員與督導的訓練課程在內容、長度與時間的安排上會因不同的調查計畫而有所差異，例如，政治大學選舉研究中心通常設計一天的訪員訓練；「臺灣社會變遷基本調查計畫」設計兩天的督導與訪

員訓練，「臺灣地區國民營養健康狀況調查」❸則需完整五天包括問卷與體檢訓練。以下則以「臺灣社會變遷基本調查計畫」為例，介紹督訪員課程的設計與進行。首先，考慮到無訪問經驗或即使有經驗卻不見得熟練訪問原則的錄取訪員，於正式訪員訓練之前規劃約半天到一天的**訪員基本訓練**。

此基本訓練的重點是放在抽樣調查的執行流程、抽樣的基本原理、訪問原則與技巧等。在抽樣基本原理中必須說明此調查所使用的抽樣方法、樣本拜訪的步驟、家戶拜訪的技巧與拜訪結果的記錄。拜訪結果的記錄內容可以參照**美國民意調查協會** (AAPOR 2006) 所建立針對面訪樣本訪問結果代碼（含成功與失敗）；大略分為完訪、各類型的拒訪、無法接觸到樣本個案、其他中止、不合格樣本（如：遇到機構，宿舍，空屋等）、與不知是否合格樣本但無法找到訪問地址等（表 7–2）。臺灣社會變遷基本調查即是在以上的原則下設計適合本土的訪問結果代碼，並且將這些代碼分類成需要再約訪、需追蹤、及不需再訪。這些代碼的定義均會在訪員手冊中說明清楚，以便訪員遵守一定的規則（表 7–3）。

---

❸　詳見中央研究院學術調查研究資料庫網頁 (http://srda.sinica.edu.tw/) 的大型學術調查。

表 7-2　AAPOR 面對面訪談的結果代碼

Table 2—Final Disposition Codes for In-Persons, Household Surveys	
1. Interview	(1.0)
Complete	(1.1)
Partial	(1.2)
2. Eligible, Non-Interview	(2.0)
Refusal and break-offs	(2.10)
Refusals	(2.11)
Household-level refusal	(2.111)
Known respondent refusal	(2.112)
Break-off	(2.12)
Non-contact	(2.20)
Unable to enter building/research housing unit	(2.23)
No one at residence	(2.24)
Respondent away/unavailable	(2.25)
Other	(2.30)
Dead	(2.31)
Physically or mentally unable/incompetent	(2.32)
Language	(2.33)
Household-level language problem	(2.331)
Respondent language problem	(2.332)
No interviewer available for needed language	(2.333)
Miscellaneous	(2.35)
3. Unknown eligibility, non-interviewer	(3.0)
Unknown if housing unit	(3.10)
Not attempted or worked	(3.11)
Unable to reach/unsafe area	(3.17)
Unable to locate address	(3.18)
Housing unit/Unknown if eligible respondent	(3.20)
No screener completed	(3.21)
Other	(3.90)
4. Not Eligible	(4.0)
Out of sample	(4.10)

Not a housing unit	(4.50)
Business, government office, other organization	(4.51)
Institution	(4.52)
Group quarters	(4.53)
Vacant housing unit	(4.60)
Regular, Vacant residences	(4.61)
Seasonal/Vacation/temporary residence	(4.62)
Other	(4.63)
No eligible respondent	(4.70)
Quota filled	(4.80)

資料來源：美國民意調查研究協會 (AAPOR)，http://www.aapor.org。

表 7-3　臺灣社會變遷調查訪問結果代碼

01	訪問成功

【需再約訪】
11	不得已的中止訪問：實在有事中斷，緊急事件
12	暫時不便接受訪問
13	短暫外出數小時，包括外出工作，當日往返
14	短暫外出數天，含出遊、求學、補習、工作，但在訪問期間內會回來
15	無人在家
16	家人代為拒絕
17	管理員阻止
18	語言不通
19	街道名稱錯誤
20	門號錯誤
21	服役

【須追蹤】
31	受訪者因求學或補習，不住在戶籍地
32	受訪者因工作，不住在戶籍地
33	受訪者寄籍在此，住戶不知其寄籍在此之原因
34	受訪者因學籍因素寄籍在此
35	受訪者因其他因素寄籍在此
36	受訪者因房屋出租給他人，不住在戶籍地
37	受訪者因婚姻或分家，不住在戶籍地
38	受訪者因其他原因，不住在戶籍地

【不需再訪】

51　受訪者本人拒絕一切訪問（自我介紹之後，主題介紹之前）
52　受訪者本人因主題拒絕接受訪問
53　有意的中途拒訪：失去興趣、不耐煩或不合作
54　不方便接受訪問（如：忌中、生重病）
55　身心障礙無法溝通
56　短暫外出，但調查訪問期間內不會回來（如：外出旅遊數週或出國）
57　外出不知去向，如失蹤等
71　樣本重複（應保留順位前面的受訪者）
72　年齡不合
73　受訪者戶籍遷出（如：出嫁、移民……等）
74　死亡
75　不具中華民國國籍，僅具居留權
76　服刑或通緝犯
81　該地址為軍事單位、醫院、療養院、學校、職訓中心、宿舍、監獄等機構
82　找不到地址（經鄉長、警察或其他人證實），山崩、地震或其他天災，
　　車子無法到達
83　空屋（經鄉長、警察或其他人證實）
84　房子改建（經鄉長、警察或其他人證實）
85　此戶中原本確實無此人

資料來源：侯佩君、杜素豪（主編），2006，《面訪員訓練手冊》，中央研究院人文
　　　　　社會研究中心，調查研究專題中心。

　　樣本個案接觸與訪問技巧可依據調查方法學所建立且應用數十年的**標準化訪問法**（Fowler and Mangione（黃朗文譯）1999）。訪問的標準化主要是在降低來自訪員對問卷品質所產生的誤差。所謂的問卷品質包含拒答，漏答，模糊回答（如：不知道、不記得、或沒意見）與錯誤回答（如：無關或無法過錄的回答）。因此，通用至今的標準化訪問法要求訪員忠實的遵循規定，對受訪者做適當的提問，技巧的獲得受訪者的回答意願、題意理解與正確的回答。具體而言，訪員需遵守的規則有八：

⑴問答過程中不談笑

⑵題目逐字唸出

⑶使用正確的追問方法

⑷不引導追問方向

⑸需要追問適當答案時，必須追問

⑹不對受訪者的答案給予不當的回應

⑺不涉及不妥當的個人交誼（際）行為

⑻開放題需逐字記錄答案

　　以上這些訪問原則與技巧光從書面的說明會顯得枯燥，在專業的民意調查機構中已經有教學錄影帶或光碟的製作，提供訪員較真實而動態的多媒體學習方式。

　　在嚴格的訪員訓練課程中，接受過基本訓練課程的訪員才可繼續參加針對調查計畫與問卷內容的一天訓練課程。這個課程基本上需包括調查計畫的簡介、占大部分時間的問卷說明、樣本使用說明、計酬說明、訪問演練與綜合討論。這一天的課程除了計畫主持人、問卷設計者與調查執行人員之外，還需督導從旁隨時解答訪員的疑問。而督導之所以能在訪員訓練中擔任形同助教的角色主要是因為她／他們在前一天已經參加過一天的督導訓練課程。此督導訓練課程內容與上面提及的訪員訓練課程內容大同小異，相同之處是計畫介紹、樣本使用說明、問卷說明與計酬說明，相異之處在樣本複查以及問卷檢查與過錄原則。

　　以上的訓練課程主要是針對正式訪問調查所設計。預試調查的課程可以彈性調整，其理由是一般預試調查的樣本數不會很大。因此找一些經驗豐富的訪員或督導來執行訪問工作即可，而督導工作則可由問卷設計者、調查執行者或計畫主持人擔任即可。

5. 預試與正式調查

　　大型調查在執行正式調查時通常規劃至少一個月期限給訪員完成訪問工作。不過期限的訂定會因樣本數大小有差異。樣本數大時，

在訪員人力有限情況下難免有不少新訪員，研究者常會遇到訪員落跑的情況，再加上現在訪問工作因民眾隱私敏感性越高而越來越難完成，諸如此類問題都容易造成調查工作延宕。

在訪問執行期間的工作主要包括訪員的訪問工作與督導的監督、樣本複查與**問卷檢查**及過錄工作。首先，通常為了預防勝於治療，在訪訓結束後的第一週之內，督導需召開**訪員會議**，以便蒐集訪員對於樣本或問卷上的任何問題。接著通常是在第一週的週末由調查執行者召開**督導會議**，讓督導反映訪員提出的問題，然後調查執行者與問卷設計者提供解答與說明。

其次，督導在指導訪員之餘需儘快檢查與**過錄問卷**、進行樣本複查工作，且需定期的回報工作進度。督導所檢查與過錄的問卷需於督導會議中繳交，以便調查執行者加以指正。在樣本複查方面，督導將被提供簡短的**複查問卷**，包含是否有訪員來訪，何時來訪，有無攜帶禮物，以及針對相同受訪者的基本背景與問卷核心問題。由於短時間內無法作全數樣本個案的複查工作，我們可以隨機方式選取一定比例的受訪者完成複查任務。調查執行者需提供簡便的隨機表以及使用說明，讓督導可以容易瞭解與方便操作。若取得受訪者的電話號碼，以電話訪問方式完成複查即可。若無電話號碼則需以面訪方式到府複查訪問。

訪問工作結束後還需進行訪問計酬及訪員費與督導費發放、訪員與督導工作表現的評估與績優表揚、問卷再次檢查、問卷編碼、鍵入資料與檢誤資料等。其中，訪員與督導工作表現的依據最好包括調查執行者與訪員或督導對於督導或訪員的主觀評鑑，以及包含樣本回收、進度配合、問卷品質、工作態度等項目綜合後的客觀評鑑。至於問卷編碼、鍵入資料與檢誤資料的說明請詳見本書第 9 章，在此不再贅述。

㈣面對面訪問的樣本與問卷回收：品質控管的注意事項

在樣本回收品質方面，有兩種策略可以降低因拒訪或其他訪問失敗引起的抽樣誤差；分別是事前的提高樣本代表性與事後的調整樣本代表性。

事前策略主要是樣本回收品質的控管，規定訪員在訪問期間針對所訪問的家戶遵照「不同時段不同天的拜訪，以及至多 3 次拜訪」的原則。拜訪次數規則通常不會少於 3 次，若想更嚴謹可以要求訪員至少在不同時段不同天原則下拜訪 6 次以上。訪員是否有遵守以上基本原則需督導及調查執行者確實的作**樣本名單的檢查**與**問卷複查**。樣本名單檢查主要是檢查訪員在記錄樣本訪問結果時在時間、訪問結果的記錄、與其他基本資料的邏輯合理性。問卷複查在文前已經說明，比起樣本名單記錄檢查是較治本的辦法。

事後樣本回收品質的控管策略是**樣本加權**法。加權法大略有兩種，**事後分層法**或者**反覆校正法** (raking)。無論哪一種方法均是針對母體與樣本在一些人口特徵或區域特徵（年齡、教育、性別、地區等）的差異產生一定的權值，以便於將來的分析結果可因此作權重的調整。至於步驟在本書第 2 章中已有詳細的說明。

問卷回收品質的控制需要透過**問卷檢查**與**問卷複查**，進而檢視問卷回答內容的情況，包括下列幾方面：

⑴無效回答的頻率是否過高？無效回答包括拒答、不知道或不瞭解題意、無意見等回答或者遺漏無回答。

⑵非選項範圍內的回答或不合理的回答比例是否過高？

⑶跳題回答錯誤的比例是否過高？在跳題設計較多的問卷中尤其需注意訪員是否有不合邏輯的記錄受訪者的回答。

⑷訪員是否有作假的情形？這點則可從問卷記錄的方式是否怪異，以及透過問卷複查得以瞭解。

⑸幾類**回答模式**及**社會讚許回答傾向**的頻率是否過高？通常需注意的回答模式有**極端回答、中立回答、正面回答（默許）**及**負面回答**。指的是在態度量表題組之間受訪者傾向某類的固定回答行為；以同意程度的回答選項為例，此行為將不論跨題組的主題有所不同，也不論量表題項已包含正負向敘述，受訪者回答同意、不同意、中間選項、或極端選項的比例 (Baumgartner and Steenkamp 2001)。若這些回答模式的比例過高，表示受訪者在回答訪員的詢問時可能是應付而已，回答的內容可能不經思索的隨便回答。社會讚許傾向的回答是指受訪者的回答均符合道德規範的建議。

㈤小　結

因不同的對談目的我們有多種訪問（訪談）類型，例如：記者的訪問，醫生問病人的症狀，心理諮商師的治療訪談等。不過，在社會科學研究中，除非採用的是探索性的質化資料蒐集方法，如個案研究、深入訪談、認知訪談等，以調查方法執行的研究，研究對象數目通常比較大，也有一定數目的訪員。為了降低調查方法所蒐集資料的來自各種來源的誤差，整個調查工作的作業流程，包括問卷設計，督導與訪員協助的實地訪問工作，問卷整理與資料分析等後續工作均需予以標準化，讓參與調查計畫的所有人員都有相同的依據可循，且對作業流程的任一環節均有一致的理解與共識。

在降低來自訪問互動的誤差上，因為訪談牽涉到的不是只有訪員，受訪者接受訪問的行為也很可能受到訪員行為的影響。我們只能透過一致化訪員訪問行為來降低因不同訪員造成受訪者回答內容的誤差，**標準化訪問**則是可以解決的辦法。標準化訪問在大型的面

對面訪問調查中尤其重要。這是因為訪員與督導因分布各地，與計畫總部相隔有一段距離，調查執行者比較難對訪員的面對面訪談工作進行高水準的品質控管。

這裡需再次強調，本書中所討論的訪員訪談的訪問調查均需遵循標準化原則。而標準化訪問是根據 Fowler and Mangione（黃朗文譯 1999）建議的基本要件與規則。標準化訪問的基本要件有二，第一，訪談的對話內容應該大部分包含問題與回答。第二，在訪談過程中，訪員與受訪者的角色需分明，一位是提問者，另一位則是回答者。關於適用在面對面訪問的標準化訪問規則，除了文前的簡介之外，讀者可以詳細閱讀 Fowler and Mangione 的原著或中文翻譯版。

 ## 三、電話訪問

電話訪問主要是由訪員透過電話對受訪者進行訪問 (Bryman 2001)。訪員大都集合在電訪辦公室，受訪者大多在家裡接受電話訪問。早期的電話訪問純粹用電話機進行，電話旁需備有紙本的問卷。除非是小樣本且無經費電腦化電話訪問，現在紙筆式的電話訪問已經不多見。現在**電腦輔助電話訪問 (CATI)** 已經非常普遍，這是透過軟體系統，讓電話與電腦連線，進行電話自動撥號、電話號碼抽樣、問卷設計、問卷答案輸入、訪問結果統計、訪員績效統計等的訪問方法。以下針對電話訪問之特性、抽樣、執行流程與回收品質控制等指的均是 CATI。

㈠電話訪問的特性

電話訪問的基本原理與面對面訪問相同。比較不同之處是電話訪問的訪員無法察言觀色，只能透過言語互動判斷受訪者的配合意

願，進而隨機應變的調整訪談的步調與改進訪問合作關係。電話訪問的成功與否除了仍須注意禮貌與談話技巧之外，比較需強調訪員音調的清晰以及問卷題目的口語化設計。另外，在一般的民意調查中是沒有樣本名單的，電話訪問的對象多半是靠家戶電話的聯絡找到可能或合格的受訪者。

參考前文四種調查方法的比較說明的同時，以下詳細說明電話訪問的優缺點與採用時機（Frey 1989; Fowler（王昭正與朱瑞淵譯）1999; Bryman 2001; de Vaus 2002）。

1. 電話訪問的優點

⑴樣本數或包含的地理區域範圍可以較大

由於只靠電話而不需要訪員親自到府拜訪，考慮到調查執行較方便，訪問的地區可以比較廣泛，短時間內可以訪問比較多人。因此電話訪問的優點是樣本數可以比面訪大。

⑵訪員的招募與管理比面對面訪問容易

雖然樣本數可以比較大，如前所述，訪員少了通勤時間，每一位訪員可以負擔的完訪數比較多，所需的訪員數比面對面訪問少，訪員比較容易找。由於電話訪問屬於集中型的執行方式，電訪員比面訪員更容易管理。第一個好處是調查執行者與訪員的互動可以隨時進行且比較密切，容易建立良好的關係。第二個好處則是可以維護訪員的安全，不必擔心訪員在遙遠的訪問地區，上山下海可能會遇到一些意外，例如，車禍或女性訪員在男性受訪者家中遇到無法控制的情況。

⑶訪問品質好控制，訪員效應較低

在訪問接觸階段，只要訪員的聲音好聽則訪問工作會事半功倍，不必擔心訪員的外觀或特質（如年齡，性別，省籍）影響到受訪者對訪員的第一印象，因而降低合作意願。在訪談階段，因為電腦輔

助電話系統中我們可監聽與監看訪談內容以及訪員與受訪者的訪談互動情形，一旦發現訪員在提問的態度、訪問方式或回答記錄上有任何不適當均可以立即予以指正與督導。

⑷調查執行所需的時間較短

由於訪員是集中管理，無論是問卷編輯、問卷回收過程、訪問時間統計、訪問結果的統計（圖表立即顯示）、甚至於訪員績效統計完全電腦化，也就是完全數位化，只要樣本與問卷的回收品質確定了，調查執行的速度會比較快。

⑸成本比面對面訪問低

綜合以上，與相同樣本規模的面對面訪問經費比較，電話訪問少了交通費用、來回拜訪樣本家戶的查址費、複查訪問費、問卷檢查與過錄費以及資料鍵入費等等，費用低很多。

⑹可作問卷跳題、隨機選題、隨機選項等高難度的設計

設計優良的電腦輔助電話訪問可以作問卷跳題邏輯的檢查，也可提供一些實驗設計，例如隨機題目、隨機答項、或前一題回答貼題到下一題的題目中等功能。有了電腦協助的結果，減少了調查執行者需面對的人工檢查或實驗設計的複雜性，比起紙本型的面對面訪問，電訪員在進行訪問時，在面對因不同受訪者有不同跳題狀況時，因為電腦會協助自動跳題，對訪員來說操作上比較簡易，不會有跳錯題的問題。

2. 電話訪問的缺點

⑴涵蓋誤差

容易產生樣本涵蓋誤差的原因大約有下列幾項。第一是住宅電話擁有率。在一般民眾的訪問中，若住宅電話普及率低的話，電話訪問的母體會產生涵蓋率 (coverage rate) 過低的抽樣誤差，造成樣本代表性低的問題。在臺灣有安裝住宅電話的比率十年來變化不大，

根據行政院主計處蒐集的臺灣地區家庭收支調查結果顯示，民國 83年是 96.5%，十年後的 93 年是 97.6%❹。因此在臺灣來自電話普及的母體涵蓋誤差不大。第二是非住宅電話。會有這樣的問題主要是早期的電話訪問，抽樣清冊來自電話簿。但是會有一些民眾不見得願意將自己的電話登記在電話簿中，為了能涵蓋到其他沒登記的住戶，通常會依據抽出來的住戶電話號碼作最後兩到四碼的**隨機撥號**（Random Digital Dialing，簡稱 RDD），產生最後提供給訪員的樣本電話號碼。即便是如此，用 RDD 的缺點是會有一定比例的空號。第三是一戶擁有多隻電話或手機的比例越來越高。此種趨勢所產生的誤差正好與前兩項相反，其誤差是來自重複樣本。

⑵樣本的正確性比面對面訪問難掌握

由於訪員無法當面看到所欲訪問的受訪者，認證是否本人接受訪問的難度會比面對面訪問還高。再者，電話訪問通常是需要在住戶中找到一位合格的受訪者，也就是需先對接電話的那一位進行簡單的訪問，進而進行一定的**戶中隨機抽樣**後，再決定最後須接受訪問的人。到底所找到的那一位受訪者是否**屬實**，只能透過真正開始進行訪問之前作確認。另外，不同的戶中隨機抽樣方法在樣本個案正確度上會有差異。例如：需要向接電話的人說明男或女性中第幾位年長或年輕的人，多一層受訪者的理解的結果可能不見得與原設計預期的結果一致。

⑶訪談關係的掌握比面對面訪問難

同上一缺點，由於電訪員無法親眼觀察到受訪者的表情，在判斷個人特質之後，對受訪者作說服策略的適當調整。電話訪問只能根據受訪者的音調和語氣判斷合作程度，尤其電話訪問有時間限制，

---

❹　詳見主計處網站或《主計月報》第 602 期中葉芳珠與呂光和所著的〈93年臺灣地區家庭收入與支出變遷分析〉。

訪員需在不到半小時之內有效率的完成訪談，以避免受訪者的不耐煩。在這種有時間壓迫的情況下，電訪員在訪談關係的掌握上面臨的挑戰比較大。

⑷回答率比面對面訪問低

電訪回答率較低的主要原因是較不容易找到受訪者，加上越來越多民眾不願意接受訪問。其可能的原因是現在外食或晚上加班的比例越來越多；民意或市場調查機構越來越多；選舉調查充斥擾民而市調公司被認為有推銷產品的嫌疑；電話答錄機或來電顯示功能方便一般民眾過濾電話；以及傳真機越來越多。儘管如此，電話訪問的回答率還是比郵寄問卷或網路調查還高。

⑸問卷長度或內容複雜度的限制較多

電話訪問的問卷不宜過長，建議以 15 分鐘為限；用字需簡單口語化；不宜設計開放題；答項不宜設計太多選項。這是因為電話訪問中受訪者靠語音的記憶力有限，很可能聽完一長串的選項之後只記得最前或最後的選項。換言之，許多受訪者的耐力有限，訪員從電話撥通之後，隨時會遇到受訪者不配合而隨手掛電話。在受訪者還沒掛電話卻表現不耐煩時，比較有說服力，而讓受訪者願意繼續接受訪問的理由是「馬上就可以結束」，「剩下的題目不多」，或「接下來的題目很簡單」。

⑹訪員產生的測量誤差

被來自遙遠且從未聯絡的人詢問，受訪者的回答可能較不確切，尤其是在敏感或隱私性問題上面，若訪員的訪問經驗不足，扭曲的回答可能很難被發掘。以作者親身聽過之訪問錄音訪談為例，一位新訪員先問到一位受訪者的職業，回答是理髮師。接著此受訪者回答其個人的月收入是一萬多元。此訪員無疑問的結束此題。此時反而是受訪者提醒這位訪員是否真的相信他的回答。交談之後，這位

受訪者確實表示之前的回答是騙人的，然後回答了一個較符合其職業的收入額度。

⑺隱私保護性低

由於電話訪問通常是打到受訪者的家裡，且對受訪者來說來訪的時間是臨時性的，我們常會遇到即使找到訪問的對象，但他／她臨時之間可能正好要外出或正在忙而無法接受訪問。除此之外，即使可以進行訪問，周遭可能有不少其他家人在旁邊，要達到一對一私下的訪問情境不太容易。因此，即使我們願意保密受訪者的回答，也多了一層困難。有其他家人或周圍的干擾時仍難避免受訪者不願意回答某些問題或者扭曲回答。

3.選用電話訪問法的時機

綜合以上電話訪問的優缺點並參考 Bryman (2001) 的建議，選用電話訪問法的時機最好是：

⑴若問卷內容簡單、可以較口語化、且問卷不需要很長時

⑵調查經費不多時

⑶調查執行的時間有限時

⑷需要提高調查資料品質時

㈡電話訪問的樣本選取

1.母 體

若一般民眾的民意調查中，電話訪問的母體應該是有住宅電話的家戶成員。在戶的層次上，非住宅電話、傳真電話或純粹網路使用的電話號碼應該不算在內。

2.抽樣清冊

要蒐集到可以代表母體的抽樣清冊其實不容易。我們可以利用電話簿；購買電話號碼資料庫；自己建立電話號碼資料；或利用電

話號碼局號（前面四或五位，有人稱之為號頭）。國外可以透過私人公司，例如信用卡公司，購得電話號碼。這種提供電話號碼的公司為數不少。在臺灣購買的 CATI 軟體系統也可加購電話號碼資料庫。不過，購買 CATI 軟體附帶的電話資料庫中，涵蓋的電話號碼數可能只是全臺灣電話號碼數的 60%❺。替代的辦法是利用**電話局碼**，由於已知的就是這四個或在都會區的五個號碼，其餘的號碼是利用電腦隨機產生的，用局碼的缺點是空號率比較高。

3. 抽樣方法

應用在電話訪問的抽樣原理可以與面訪相同，例如分層多段抽樣法。基本原理已在其他章節或本章前面說明，在此則不再說明。以下只介紹在臺灣常用的抽樣方法，包括三階段的抽樣設計。

第一階段是**分層比例抽樣**。分層的基準可以是縣市或鄉鎮市區。利用電話簿的抽樣清冊可以達到鄉鎮市區的層次。不過若抽樣清冊僅有局碼則無法判斷次局碼隸屬於哪一鄉鎮市區，那麼要在鄉鎮市區上作分層就會遇到一個電話號碼跨越兩個鄉鎮市區的問題。這個問題在臺北市或高雄市尤其嚴重。分層之後即可利用選取之第一初抽單位（縣市或鄉鎮市區）作電話號碼的隨機抽樣。

第二階段是利用所抽出的電話號碼，決定要在這些電話號碼的末幾位作 RDD 的電腦自動隨機撥號。越多位號碼隨機所得到的空號率可能越高。會需要利用 RDD 的目的主要是解決抽樣清冊在母體涵蓋率不足的問題。

---

❺　根據中華電信（見官方網頁 http://www.cht.com.tw/CompanyCat.php?CatID=241），臺灣市內電話大約 1,326 萬筆。經由電話詢問，其中非住宅用電話約 300 萬，也就是說住宅用電話已經破 1,000 萬。不過，其中一戶多支電話或有傳真專線的情形不得而知，因此確切的數字無法正確估計。

以上前兩階段完成的是家戶層次的抽樣，若研究對象是人時則需進行第三階段的戶中抽樣。這個抽樣步驟是否隨機很重要，但很多民意調查機構不見得做到戶中隨機抽樣。有些人甚至誤解，以為任意成人法就是一種戶中抽樣。其實**任意成人法**只是在電話接通之後，若接電話的那位合乎調查母體的定義（例如 18 歲的國民）即馬上展開訪問工作。

嚴格來講，戶中抽樣需要根據家戶人口數的一般分配之後，對一定人數之家戶中不同性別或年齡層的人進行隨機的選取。早期使用的戶中抽樣隨機表是美國統計學家 Kish 發展且應用在面對面訪問上。會發展這個戶中抽樣隨機表主要是在美國無戶籍資料的情況下退而求其次的辦法。Kish 隨機表的使用是先清查抽樣戶中所有符合母體定義成員，將其性別、年齡、與戶長的關係一一記錄下來且依照年齡大小排列順序。然後依照一定規則選用 Kish 所設計的表格。由於 Kish 隨機表需耗費較長的訪問時間，後來則有其他學者作進一步的修正（詳見洪永泰 2001：9–15）。

不過以上國外的戶中抽樣表主要是根據美國人口結構得來的，應用在臺灣則有適當性的問題。比較不受到人口結構影響的方法是**生日法**，可以用上一位、下一位生日或最近生日法。洪永泰 (2001) 研發的**電話號碼尾數戶中選樣表**是普遍應用在臺灣的戶中抽樣法。其原理是用電話號碼尾數的隨機性來調整不同性別與年齡的中選機率。洪教授利用 1990 年普查資料中提供之 20 歲及以上之常住人口結構與戶口結構對電話號碼尾數戶中選樣表在母體涵蓋性、戶中成員代表性的模擬比較分析，結果顯示洪氏戶中抽樣法是不錯的選擇。不過由於 2000 年普查已經完成，這個戶中抽樣方法是必須要盡快檢驗是否需要作更進一步的調整。這個調整也可考慮將常住人口的年齡層降低到 18 歲。

4.樣本撥號與訪問結果

電話訪問要達到可以開始進行正式的訪問通常需要經過撥號接觸的階段。幸運的話，第一次撥號即可成功找到該訪問的人選；或者第一次撥號就決定不必再撥號。不必再撥號的情況是確定所撥的電話號碼是非住宅電話、傳真機、空號、接通後被拒訪或者其他訪問失敗原因。但是通常會遇到無人接聽或答錄機，因此需要至少一次以上的撥號之後電話才能接通或才能找到受訪者。

有兩個策略可以增進撥號的效率。第一個是增加撥號次數，第二個是增加鈴聲次數。一般的電話訪問要求訪員在撥號之後若無人接聽，則讓鈴聲響 13 次。讓鈴聲響久一點的目的是也許有人接電話的速度比較慢；或有人不想接電話，鈴聲響久之後也許因為好奇誰打來或其他原因而回心轉意決定接聽。至於撥號次數，因研究設計者的要求不同可以有次數上不同的規定，通常是 7 次以上。文獻發現不同調查從 7 到 20 多次不等。不論如何，越多次所需的成本越高，訪問時間越久。

訪員需要一一記錄下每次撥號的結果以及每次訪問的結果，由於電腦軟體可以自動記錄訪問日期與時間，比起面對面訪問，電訪員的記錄工作簡單許多，只要根據電腦顯示的撥號與**訪問結果代碼**即可。撥號或訪問結果代碼可以參考**美國民意調查協會** (AAPOR 2006) 的設計。撥號與訪問結果代碼大略包括無人接聽、空號、傳真機、非住宅電話、電話答錄機等。而訪問結果代碼大略包含成功完訪、家人或本人拒訪、約訪、其他中止等（表 7-4）。

表7-4　AAPOR 電話訪問的結果代碼

Table 1–Final Disposition Codes for RDD Telephone Surveys	
1. Interview	(1.0)
Complete	(1.1)
Partial	(1.2)
2. Eligible, Non-Interview	(2.0)
Refusal and break-offs	(2.10)
Refusals	(2.11)
Household-level refusal	(2.111)
Known respondent refusal	(2.112)
Break-off	(2.12)
Non-contact	(2.20)
Respondent never available	(2.21)
Telephone answering device	
(message confirms residential household)	(2.22)
Message left	(2.221)
No message left	(2.222)
Other	(2.30)
Dead	(2.31)
Physically or mentally unable/incompetent	(2.32)
Language	(2.33)
Household-level language problem	(2.331)
Respondent language problem	(2.332)
No interviewer avaliable for needed language	(2.333)
Miscellaneous	(2.35)
3. Unknown Eligibility, Non-Interviewer	(3.0)
Unknown if housing unit	(3.10)
Not attempted or worked	(3.11)
Always busy	(3.12)
No answer	(3.13)
Telephone answering device (don't know if housing unit)	(3.14)
Telecommunication technological barriers, e.g., call-blocking	(3.15)
Technical phone problems	(3.16)

Housing unit/Unknown if eligible respondent	(3.20)
No screener completed	(3.21)
Other	(3.90)
4. Not Eligible	(4.0)
Out of sample	(4.10)
Fax/data line	(4.20)
Non-working/disconnected number	(4.30)
Non-working number	(4.31)
Disconnected number	(4.32)
Temporarily out of service	(4.33)
Special technological circumstances	(4.40)
Number changed	(4.41)
Cell phone	(4.42)
Call forwarding	(4.43)
Residence to residence	(4.431)
Nonresidence to residence	(4.432)
Pagers	(4.44)
Nonresidence	(4.50)
Business, government office, other organization	(4.51)
Institution	(4.52)
Group quarters	(4.53)
No eligible respondent	(4.70)
Quota filled	(4.80)

資料來源: 美國民意調查協會 (AAPOR) 的首頁 http://www.aapor.org。

㈢電話訪問的執行流程與注意事項

比起面對面訪問，電話訪問工作簡化多了，簡化的部分多半是
電腦軟體的幫忙。不過基本上仍然可以將電話訪問的執行流程分成
前置、實地調查與後置工作。前置工作包括進度擬定、戶中抽樣之
前的抽樣工作、問卷設計與電腦化編輯、督訪員招募、排班與訓練

等。實地調查則包括訪問執行、訪問督導、督訪員管理、與訪問結果定期的檢查與更正等。後置工作則包括調查資料的整理與轉出、調查資料的檢誤與分析、督訪員費發放與訪員績效評估等（游清鑫等 2001b; Fowler（王昭正與朱瑞淵譯）1999; Frey 1989）。

1. **擬定執行進度**

電話訪問所需的時間會因每天早上、下午與晚上三個時段是否均進行訪問或星期六與星期日是否也要執行訪問而有差異。星期一到星期五早上與下午時段的回答率很低，其主要因素通常是無人在家以至於電話接通率低。週末兩天的撥號效率雖然比星期一到星期五的白天還高，但也不見得高很多。因此，進度的擬定會因調查執行是否跨越週末，是否包含白天時段，預試天數，正式調查的樣本大小，以及訪員人數而有差異。儘管如此，執行流程與其中包含的重要工作項目通常如以下的條列，且通用於預試調查或正式調查。通常預計完成有效樣本數為 1,000，訪員數為 25，訪問只在週一到週五的晚上 6 點半到 9 點半進行，則一項包含預試的電訪調查約需 10 個工作天完成前置作業（不含問卷設計）；17 個工作天完成訪員訓練與實地訪問；一個星期完成後續的資料分析。

(1)前置作業

(i)遴選新訪員與聯絡舊訪員

(ii)訪員與督導排班

(iii)問卷定稿與問卷說明等

(iv)問卷編入 CATI 系統中

(v)抽樣

(vi)準備電話訪問所需資料，如：紙本問卷、問卷說明、CATI 系統操作手冊、戶中抽樣表等

⑵**訪員訓練：通常是在實地訪問執行的當天進行**

　　ⅰ問卷說明

　　ⅱ新訪員的 CATI 系統操作訓練

⑶**執行訪問**

　　ⅰ訪訓中問卷說明結束後，舊訪員開始訪問

　　ⅱCATI 系統操作訓練結束後，新訪員開始訪問

　　ⅲ若是預試調查，訪問最後一天結束前召開問卷討論

⑷**訪問後續**

　　ⅰ發放訪員費

　　ⅱ訪問結果資料輸出

　　ⅲ資料檢誤與分析

2. 訪員與督導的招募、遴選與安排

⑴**訪員與督導的任務**

　　類似面對面訪問中訪員與督導的角色，但是電訪員不需要面對交通勞累，卻需要電腦操作與打字的能力。而電訪督導則比面訪督導更依賴電腦，除了一般的督導任務之外還需要懂得 CATI 系統中的問卷編輯、訪問撥號與訪問結果的相關設定、結果資料處理、與訪員資料管理等。

⑵**訪員與督導的遴選**

　　訪員的招募與遴選在基本原則上與前面所述面對面訪問的原則相通。差別主要是在所需要的訪員人數比較少且電訪工作是在特定地點，招募訪員的廣告屬區域性即可，不像面訪，若屬全國大型調查會需要作全國性的訪員招募。若天時地利人和，電訪員的流動性可能比面訪低，招募電訪員的需求可能比較小。另外，遴選工作也比較好掌握，面談應徵的訪員時比較需要注意聲音禮儀，並且進行電話訪問的模擬測驗。

　　　　督導的遴選最好仍是從訪員中提升或者適合當督導且有當過電
訪員者。電訪督導需要對 CATI 系統中各種功能有較佳的操作能力。
電訪督導除了需有如面對面訪問之督導一般，具備教導與人事管理
的好能力，人際溝通或協調的能力，同時對於訪員隨時提出的問卷
相關與訪問相關的問題也有能力立即應變與解答。

⑶督導與訪員排班

　　　　敲定了督導與訪員之後，接下來的工作是排班。一般民調機構
在排班的原則上會有比較專業的考量，亦即儲備優秀的人力，並且
在人力績效上進行公平公正的考核。因此，對督導與訪員的參與天
數會有基本的要求，例如一項調查中訪員至少排 8 天（班），督導至
少 3 天（班）。另外，新舊訪員的班如何錯開也很重要，例如：游清
鑫等 (2001b) 的建議是新訪員最好不要超過訪員總數的 1/5，這樣可
以防止督導過於忙碌。無論哪一種排班，在電訪預試與正式調查時
所有訪員與督導均需參加第一天的訪員訓練。排班敲定之後，需讓
訪員（尤其是新訪員）瞭解自己的權利與義務，告知明訂的出勤、
請假與獎懲等規則。

3. 訪員與督導訓練

　　　　訪員訓練的內容基本上包括問卷說明、訪問系統的操作與訪員
工作的說明。問卷說明需調查計畫簡介（含計畫名稱，主持人等）、
研究目的與問卷逐題的說明。問卷說明結束之後，建議讓訪員輪流
練習以臺語或客家話唸出問卷題目。訪問系統的操作訓練除了書面
的說明之外，需要讓訪員作實地的模擬練習。中央研究院調查研究
專題中心已經製作教學光碟片讓訪員可以自我學習。訪員工作說明
需包括訪員工作管理規則與訪問原則與技巧。訪問原則與技巧與面
對面訪問相同，均需遵守標準化的訪問原則。訪問系統的操作訓練
與訪員工作說明主要是針對新訪員所設計，通常排在訓練課程的最

後面，以便讓舊訪員完成訓練後立即開始其訪問工作。

督導訓練的內容需要包括電腦操作、職責說明與問卷說明。督導不僅需要熟練 CATI 系統所有功能以及訪員端的操作，也需瞭解相連之硬體設備，例如：監聽機器、電話機與電話線問題、耳機等的詳細功能，以便於隨時幫訪員解決困難。以上方面的訓練必須是在訪員訓練之前即已完成。至於問卷說明則通常是與訪員同時接受訓練。

4. 預試與正式調查

對訪員來說，電話訪問執行期間需再進一步充分的瞭解問卷內容；多注意訪問技巧的改進；不要擅自扭曲問卷題目的原意。由於無法像面訪可以比手劃腳或利用提示卡協助受訪者瞭解問卷題意，訪問語言的使用常常是訪問是否順利的關鍵。訪員會遇到只會說臺語或客家話的受訪者，畢竟臺灣講臺語的人口比例較高，訪員若臺語不流利會影響訪問工作。至於遇到只會說客家話的受訪者，可以轉給會講客家話的訪員訪問。很有可能訪員會遇到需要國臺語並用的時候，如何流利的切換不同語言是一般電訪員須多加訓練的地方。對新訪員來說，比較具挑戰性的是 CATI 系統的操作、戶中抽樣的使用原則與提高受訪者合作意願的技巧。尤其是面對受訪者拒訪或任意掛電話的壓力常常是新訪員知難而退的重要原因。

訪問期間通常需要替訪員準備空白的紙本問卷與戶中抽樣表以及多張的開放記錄表。前者是為了便於電訪系統當機時仍可繼續電話訪問；而後者則是讓訪員寫下無法鍵入電訪系統中之開放題（如職業）的答案、有需要更正的答案、或其他需記錄下來的疑難問題。不過，訪員遇到任何問題，最好是在不會中斷訪問，浪費受訪者時間的情況下隨時向督導反映。

督導在訪問之前需安排好訪員的座位。通常訪員會被指定一個帳號才能進入訪問系統。在訪問初期的幾天中，督導可能需要隨時

因應訪問狀況來修改問卷。在訪問期間每天的例行工作中，督導需注意訪員在以上介紹的工作內容與注意事項上是否需要教導或提醒，此外還需負責以下幾件事：

⑴監聽訪員的訪問狀況，遇到問題立即指正與第二天提醒。

⑵隨時解答訪員在問卷，訪問原則與技巧，樣本使用原則等的問題。

⑶以上兩項還可以透過訊息 (message) 功能直接在督導工作站，傳簡訊給一位訪員或多位訪員，此簡訊不一定是矯正訪問行為，也可以鼓勵訪員或者提醒休息或下班時間等。

⑷訪問的第二天需要作資料的整理與修改，包括開放記錄表的整理與資料鍵入。

⑸同樣的在每一天訪問的次日需轉出累積的訪問結果與訪員工作表現等資料，以便於掌握進度。

⑹整理電話訪問室。電話訪問室中是禁止訪員帶任何食物或飲料的，儘管如此，督導在訪員離開之後仍需巡視清潔狀況，以及電腦是否關機或其他設備有無任何狀況。

⑺以上有任何需要提醒其他值班的督導，均可在固定的記事本中記錄下來。

　　整個電話訪問結束之後，督導需填寫訪員工作表現的評估表，最後資料的輸出，總檢誤與分析。

㈣電話訪問的樣本與問卷回收品質控管的注意事項

1.樣本回收品質

　　一般來說，解決無法回收到預定樣本數的辦法是膨脹樣本。根據經驗，1990 年代膨脹 3.5 倍還可以應付，但現在很可能至少要 5 倍以上。可能的原因如下：

⑴外食或晚上加班的比例越來越多的情況下，受訪者越來越不容

易找。

(2)民意調查機構越來越多，民眾可能對接二連三的電話訪問倦怠而
　　不願配合。尤其是在選舉期間，選舉調查充斥有擾民的嫌疑。

(3)電話通訊相關設備越來越現代化的結果，電話答錄機、來電顯示
　　功能、與傳真機越來越多。

(4)一戶擁有多隻電話的比例越來越高。

(5)大哥大擁有率越來越高。

　　針對以上的原因，除了以增加撥號次數與鈴聲次數之外，我們
可以透過改選較簡易的戶中抽樣方法來解決。臺灣比較普遍使用的
戶中抽樣法是利用洪永泰教授研發的隨機表，在不鼓勵用任意成人
法的前提之下，若有訪問時間或受訪者合作程度上的考量，我們可
以用生日法，請家戶中上一位或下一位生日者接受訪問。

2.問卷回收品質

　　在問卷回收品質的控制方面，遵守的原則與前面關於面對面訪
問者相同。除此之外，因電話訪問的特性是可即時監聽並校正訪員
的行為，而且每一個案的訪談內容均有錄音存檔，在訪問期間可隨
時或定期的進行訪談的複查。複查的原則是隨機抽取一定的比例。
CATI 電訪的優勢是此複查可以將該個案的錄音檔調出來聽，作整
份問卷的複查。

(五)小　結

　　綜合以上，若選擇以電話訪問方法蒐集調查資料，經費成本、
執行效率、訪問結果與資料品質的維護均不是大問題。然而，由於
執行完全仰賴電話、電腦、CATI 軟體與其他硬體設備，若沒有萬全
的準備，很可能因為突然停電或當機而影響執行進度甚至蒐集之資
料的毀損。因此萬全應變的準備是需要的。停電最多是計畫延期。

當機只好回歸紙本式電話訪問，需要不少空白問卷。這些都是比較好解決的問題。但是若存在電腦中的資料未小心且隨時的備份，則後果可能難以想像。所以，最後要提醒電話訪問執行者注意以上問題，按照進度作該作的資料備份，包括錄音檔與資料的燒錄備份，才能以不變應萬變。

 # 四、結　語

　　本章先簡單比較四種調查方法，然後進一步說明兩種需訪員進行的訪談式調查方法的優缺點，選用時機，執行流程與工作內容，以及問卷與樣本回收的品質提升。兩種方法主要的差異包括戶中抽樣、訪員與受訪者的距離或訪談方式、問卷長度、以及問卷與訪問執行的電腦化。電話訪問因採用戶中抽樣、訪問距離與訪談方式會延長每一個案所需的訪問時間，不過此類完訪時間卻不因此延長電話訪問調查資料之蒐集所需的時間，因為我們可以透過簡短的問卷與全靠 CATI 系統的問卷與資料處理來縮短電訪執行所需的時間。另外，集中管理電訪員與隨時瞭解訪談內容進而輔導訪員訪問行為的優點對於達到標準化訪問，以維護調查資料品質是非常關鍵的。因此，除非問卷需要較長或問卷困難度高而不適合電話訪問，通常會建議盡量採用電話訪問方法。

參考書目

杜素豪，2004，〈投票意向問題不同類型項目無反應之分析：以 2000 年總統大選為例〉。《選舉研究》11 (2): 111–131。

侯佩君、杜素豪（主編），2006，〈面訪員訓練手冊〉。中央研究院人文社會研究中心，調查研究專題中心。

章英華、傅仰止，2005，〈臺灣社會變遷基本調查第四期第五次調查計畫執行報告〉，中央研究院社會學研究所。

洪永泰，2001，《戶中選樣之研究》。臺北：五南書局。

游清鑫、鄭夙芬與陳陸輝，2001a，《面訪實務》。臺北：五南書局。

游清鑫、鄭夙芬與陳陸輝，2001b，《電訪實務》。臺北：五南書局。

American Association of Public Opinion Research (AAPOR), 2006, Standard Definitions: Final Dispositions of Case Codes and Outcome Rates for RDD Telephone Surveys and In-Person Household Surveys. 或網頁：http://www.aapor.org。

Babbie, E., 1990, *Survey Research Methods.* Belmont, CA: Wadsworth Publishing Company.

Baumgartner, Hans and Jan-Benedict E. M. Steenkamp, 2001, "Response Styles in Marketing Research: A Cross-national Investigation." *Journal of Marketing Research* (May): 143–156.

Booker, H. S. and S. T. David, 1952, "Differences in Results Obtained by Experienced and Inexperienced Interviewers." *Journal of the Royal Statistical Society* 115: 232–257.

Bourque, L. B. and E. P. Fielder, 2003, *How to Conduct Telephone Surveys.* London: Sage Publications.

Bryman, A., 2001, *Surveying the Social World: Principles and Practice in Survey Research.* Philadelphia: Open University Press.

Collins, Martin, 2003, "Interviewer Variability: A Review of the Problem." pp. 83–100 in *Interviewing*, edited by Nigel Fielding. London: Sage Publications.

Dailey, R. M. and R. E. Claus, 2001, "The Relationship Between Interviewer Characteristics and Physical and Sexual Abuse Disclosures Among Substance Users: A Multilevel Analysis." *Journal of Drug Issues* 31 (4): 867–888.

de Vaus, D., 2002, *Surveys in Social Research*. London: Routledge.

Feldman, J. J., Herbert Hyman, and C. W. Hart, 1951, "A Field Study of Interviewer Effects on the Quality of Survey Data." *Public Opinion Quarterly* (Winter): 734–761.

Fowler, F. J., Jr.（王昭正、朱瑞淵譯），1999，《調查研究方法》(*Survey Research Methods*)。Sage Publications.

Fowler, F. J., Jr. and T. W. Mangione（黃朗文譯），1999，《標準化的調查訪問》(*Standardized Survey Interviewing: Minimizing Interviewer-Related Error*)。Sage Publications.

Frey, J. H., 1989, *Survey Research by Telephone*. Newbury Park: Sage Publications.

Goudy, Willis-J. and Harry-R. Potter, 1975–76, "Interview Rapport: Demise of a Concept." *Public Opinion Quarterly* 39: 529–543.

Groves, Robert M. and Mick P. Couper, 1998, *Nonresponse in Household Interview Surveys*. New York: John Wiley & Sons, Inc.

Groves, M. G. (eds.), 1988, *Telephone Survey Methodology*. New York: John Wiley & Sons.

Hanson, Robert H. and Eli S. Marks, 1958, "Influence of the Interviewer on the Accuracy of Survey Results." *Journal of the American Statistical Association* 53: 635–655.

Hox, Joop J., Edith D. de Leeuw and Ita G. G. Kreft, 1991, "The Effect of Interviewer and Respondent Characteristics on the Quality of Survey Data: A Multilevel Model." pp. 439–461 in *Measurement Errors in Surveys*, edited by Paul P. et al. Biemers, New York: John Wiley & Sons.

Hox, J. J., 1994, "Hierarchical Regression Models: for Interviewer and Respondent Effects." *Sociological Methods & Research* 22: 300–318.

Hox, Joop and Edith de Leeuw, 2002, "The Influence of Interviewers' Attitude and Behavior on Household Survey Nonresponse: An International Comparison." pp. 103–120 in R. M. Groves et al. (eds.), *Survey Nonresponse*. New York: Wiley.

Morton-Williams, J., 1993, *Interviewer Approaches*. Cambridge: Dartmouth Publishing Company Ltd.

Lavrakeas, P. J.（王昭正、朱瑞淵譯），1999，《電話調查方法》(*Telephone Survey Methods*)。Sage Publications.

Oishi, S. M., 2003, *How to Conduct In-Person Interviews for Surveys*. London: Sage Publications.

Pickery, J. and G. Loosveldt, 1998, "The Impact of Respondent and Interviewer Characteristics on the Number of 'No Opinion' Answers." *Quality & Quantity* 32: 31–45.

Pickery, J. and G. Loosveldt, 2001, "An Exploration of Question Characteristics that Mediate Interviewer Effects on Item Nonresponse." *Journal of Official Statistics* 17 (3): 337–350.

Sapsford, R., 1999, *Survey Research.* London: Sage Publications.

Singer, E. and S. Presser (eds.), 1989, *Survey Research Methods: A Reader.* Chicago: The University of Chicago Press.

Singer et al., 1999, "The Effect of Incentives on Response Rates in Interviewer-Mediated Surveys." *Journal of Official Statistics* 15 (2): 217–230.

Tu, Su-Hao and Pei-Shan Liao, 2007, "Social Distance, Respondent Cooperation and Item Nonresponse in Sex Survey." *Quality & Quantity* 41 (2): 177–199.

van der Zouwen, Johannes, Wil Dijkstra, and Johannes H. Smith, 1991, "Studying Respondent-Interviewer Interaction: The Relationship Between Interviewing Style and Interviewer Behavior, and Response Behavior." pp. 419–437 in *Measurement Errors in Surveys*, edited by Biemer et al. New York: John Wiley & Sons.

Voogt, R. J. J. and H. V. Kempen, 2002, "Nonresponse Bias and Stimulus Effects in the Dutch National Election Study." *Quality & Quantity* 36: 325–345.

第 **8** 章

自填問卷：
郵寄問卷與網路調查

◆一、郵寄問卷調查
◆二、網路調查的特性與電子郵件調查
◆三、網頁調查
◆四、結　語

　　所謂的**自填問卷**調查是指，透過研究對象自行填答問卷而蒐集資料的調查方式。自填問卷可由填答問卷者掌控填答速度，不會有面訪或電訪可能產生的壓迫感，也較不會產生**社會讚許程度**較高的問題。自填問卷調查，以往主要是透過**紙筆技術** (paper-and-pencil technique) 執行。在這之中，**郵寄問卷調查**是學術調查中較常採用的方式。郵寄問卷調查的執行，是透過郵寄將問卷寄給訪問對象，由訪問對象自行填答完成後將問卷寄回。

　　根據美國的統計，1981 年在美國聯邦政府資助下完成的調查，郵寄問卷即占了 69% (Dillman 2000: 7)。而根據中央研究院調查研究專題中心的統計，在國內，國科會資助調查經費的研究計畫案中，2001 年有 40% 是採郵寄問卷調查的方式，而 2002、2003 年郵寄問卷調查的比例，則分別為 44%、26%。郵寄問卷調查普及的主要原因是，執行調查的成本低廉，且調查單位可獨立完成，無須借助專業的調查機構。

　　而近幾十年來，隨著網路科技的發展，透過網際網路進行調查，已成為新興的調查方式，為調查研究開拓了新的領域。**網路調查**（或稱**電子調查** electronic survey），目前主要的方式包括**電子郵件調查** (e-mail survey) 與**網頁調查**（web survey，或稱**線上調查** online survey）。電子郵件調查，是將問卷作為電子郵件的主要內容，透過電子郵件的發送進行調查。至於網頁調查，則是將問卷置於網頁上，由受訪者上網填答。網路調查不需要紙張、交通、郵資、鍵入資料等成本，成本較傳統調查低廉。而網路調查在資料蒐集與處理方面所需的時間，亦較面訪、電訪、郵寄問卷等方式少，可能在數日甚或數小時內，完成大規模的調查 (Schonlau et al. 2002)。

　　儘管郵寄調查、網路調查具有以上的優點，仍有非常多的限制存在。以郵寄問卷、電子郵件調查而言，最主要的問題是**回答率偏**

低，而影響到資料的代表性。此外，由於網路的普及程度仍屬有限，使得網路使用者並無法代表一般人口。如果以網路調查結果推估一般人口的特性，會產生極大的偏誤。因此，儘管部分學者預言，網路調查將會取代傳統的調查方式，仍另有部分學者持保留態度，認為網路調查有其限制，在應用時應戒慎小心。

　　在本章中，將分就郵寄調查與網路調查，說明兩種調查方式的優點與限制，以及選用的時機。另外，也將就兩種調查的執行，說明執行程序與執行時的特殊考量。

一、郵寄問卷調查

　　郵寄問卷調查是透過郵寄的方式，將問卷寄給受訪者，再由受訪者將填答完成的問卷寄回。在此節中，將說明郵寄問卷調查的優點、缺點、選用時機，並說明郵寄問卷調查的選樣、執行過程，以及問卷設計、調查執行所應注意的問題。

㈠郵寄問卷調查的特性

　　以下將分別說明郵寄問卷調查的優點、缺點，以及選用此種調查方式的時機。

1.郵寄問卷調查的優點

⑴執行成本低、空間限制少

　　相對於面訪、電訪等調查方式，郵寄問卷調查最主要的優點是成本較低。根據 Bourque and Fielder (2003: 9)，在相同的問卷長度、相同的調查目的下，郵寄問卷調查的執行成本約較電訪少 50%，較面訪少 75%。此外，郵寄問卷的調查對象即使散布各處，也沒有執行上的困難。相對於面訪，郵寄問卷比較不會受到空間的限制。

⑵執行容易

　　無論面訪或電訪，都必須經歷招募訪員、訓練訪員等程序，並就訪問過程加以監督。而電訪常透過 CATI 的方式執行，對於軟、硬體設備均有一定的需求。而郵寄問卷調查的執行過程相當簡單，只需要少量的人力即可執行調查。有意進行郵寄問卷調查的個人或單位，不一定需要透過專業的調查機構，只需調查研究者嚴謹妥慎規劃，就可以自行完成調查。

⑶因個人隱私因素所造成的拒訪少

　　在現代社會中，隱私權愈來愈受重視。訪問方式較具侵入性的面訪或電訪，可能會因為訪問對象的排拒，而遭到拒訪。尤其在都市化程度較高的地區，大廈、公寓較多，在進行面訪時，訪員往往會被拒於門外，不得其門而入。相對於面訪、電訪，填答者自主性較高的郵寄問卷調查比較不會受到調查對象的排拒。

⑷較不致產生訪員效應、社會讚許等誤差

　　在面訪、電訪的過程中，訪員的特性（如性別、年齡、省籍、語言能力）、訪問技巧等因素，均可能影響訪談結果，而有所謂的**訪員效應**問題。受訪者亦可能顧慮其答案是否迎合訪員的想法或符合一般社會大眾的想法，而有社會讚許的問題。前述這些問題，均可能造成回答結果失真，無法真實反映受訪者的想法 (Bourque and Fielder 2003)。

2.郵寄問卷調查的缺點

⑴回答率較低

　　一般的郵寄問卷調查，可能僅有不到 20% 的回答率。在提供物質誘因（如小禮物、現金、抽獎）、事先寄發通知、多次催收的情況下，回答率可能略為提高。但即使如此，其回答率往往低於電訪、面訪 (Bourque and Fielder 2003)。

⑵調查樣本必須具備自行填答問卷的能力

如果抽樣架構包含不識字人口、閱讀障礙人口，可能會影響回答率。即使回覆，填答的品質亦可能受到影響 (Bourque and Fielder 2003)。

⑶問卷方面的限制

顧及受訪者的填答意願，題數較多、需要填答者做較多文字說明、跳題結構複雜的問卷，並不適合採用郵寄問卷調查。此外，郵寄問卷的填答者可看到整份問卷，如果某組題目可能干擾、影響到填答者對另一組題目的填答結果，亦即，有所謂的**順序效應**問題，郵寄問卷可能不是合適的調查方式 (Bourque and Fielder 2003: 22)。

⑷無法確知填答者是否為樣本本人

自填問卷共通的一項限制是，無法確知誰是真正的填答者，也無法得知填答者在作答的過程中是否徵詢過他人的意見。因此，郵寄問卷的填答者是否為樣本本人、填答結果是否反映填答者的真實意見，仍不無疑問 (Bourque and Fielder 2003: 23–24)。

3. 選用郵寄問卷調查的時機

根據以上有關郵寄問卷調查優點、缺點的說明，可歸納出適合選用郵寄問卷調查的時機：

⑴受訪者沒有閱讀方面的障礙

如果訪問對象是低收入戶、低教育人口等族群，識字比例可能較低，而不適合採用郵寄問卷調查。

⑵受訪者具有較強烈的填答動機

如果調查的課題是受訪者較感興趣的課題，受訪者會有較強的填答意願。此外，若以特定群體作為母體（如某個大學的學生），受訪對象基於對群體的認同，也較可能願意填答 (Bourque and Fielder 2003)。

(3)問題數目不多、問題容易瞭解、問卷結構單純

如前所述，如果問卷長度太長、題數太多，均可能影響受訪者的填答意願，不適合採用郵寄問卷調查。而結構複雜、跳題較多的問卷，也不適合採用郵寄問卷調查。

(二)郵寄問卷調查的選樣

由於郵寄問卷必須取得受訪者的地址，如果以能夠獲取郵寄地址的特定群體為對象，比較不會有**可及性** (accessibility) 的顧慮。這些特定群體，可能包括特定行業、政治、宗教、社會組織的成員；企業組織內的員工；學校的學生或老師；某種產品或服務的購買者。如果可以取得這些對象的郵寄地址，即可透過郵寄問卷的方式進行調查。

對於取得的郵寄地址（**抽樣架構**），如果基於調查成本等因素，無法全部寄送，可考慮採用隨機抽樣的方式選樣。就建立的抽樣架構，先決定欲完訪的樣本數，再以**簡單隨機抽樣、系統隨機抽樣、分層隨機抽樣**等方法進行抽樣。

當調查者考慮樣本數要多大時，應該先決定研究所需要的完訪數是多少。在設定最低的完訪數之後，再估計所需的總樣本數（寄發問卷的份數）。在估計需要的總樣本數時，必須設想地址資料錯誤的比例，以及樣本可能的回答率。樣本的郵寄地址資料，可能因為資料未能及時更新而有錯誤，或在資料整理、鍵入的程序中出錯。在決定樣本數時，可藉由**前測** (pretest) 或**前導研究**的方式，先以少量樣本施測，以瞭解地址資料出錯（如查無此人、查無地址等）的比例，以及回答率的可能數值。

(三)郵寄問卷調查的調查誤差與調查設計原則

由於樣本來自母體，而樣本特性是透過調查得到的，在以樣本

特性推估母體特性時，會產生**調查誤差** (survey error) 的問題。為瞭解調查誤差與調查設計間的關係、如何藉由調查設計改善調查誤差，就必須先瞭解何謂調查誤差。依 Groves (1989) 等學者的歸類，調查誤差可區分為**涵蓋誤差、抽樣誤差、測量誤差、無反應誤差**四類，以下將分別介紹四種誤差，並說明郵寄問卷調查中可能的誤差來源：

1. 涵蓋誤差

這類誤差是指，**調查母體**（survey population，或稱**標的母體** target population）裡的某些**單位**（unit，可能為個人、家戶或廠商），出現在抽樣架構（或稱**架構母體** frame population）裡的機率，並不是已知且大於零的數值。所謂的調查母體，依 Groves (1989) 的定義，涵蓋研究者想研究或進行統計推論的所有對象。至於抽樣架構，則定義為選樣前所能列出的對象，或是在調查母體中能被界定而可能接觸到的對象。

以郵寄問卷調查而言，如果抽樣架構不完整，即可能產生涵蓋誤差。例如，青輔會的「專上畢業生調查」，是採用郵寄問卷的方式，以剛取得學位的大專畢業生為調查母體。如果青輔會取得的畢業生名單不完整，或地址未能及時更新，即可能造成涵蓋誤差。因此，在進行郵寄問卷調查時，就名單的完整性、地址的正確性予以檢核，均有助於降低涵蓋誤差。

2. 抽樣誤差

所謂的抽樣誤差是指，在由抽樣架構中選取樣本時所產生的誤差。抽樣誤差是因抽樣而產生的。如果採用機率抽樣，每個樣本中選的機率是已知的數值，因選樣而造成的誤差較低。而如果採用**便利抽樣** (convenience sampling)，任意樣本中選的機率不明，抽樣誤差會相當大。

在進行郵寄問卷調查時，如果研究者無法調查抽樣架構的完整

名單，而必須自抽樣架構中選樣，應盡可能採機率抽樣的方式進行抽樣，以控制抽樣誤差。例如，在抽取學生作為調查樣本時，可依學校、班級分層，再進行抽樣。

3. 測量誤差

　　測量誤差是指，填答者填答的答案與真實的測量間出現差異而產生的誤差。這項誤差產生的原因，可能與問卷的題目設計不當、說明不清有關，也可能與調查執行過程、受訪者答題心態等因素有關。

　　研究指出，在進行郵寄問卷調查時，由於沒有訪員，並不會出現如面訪、電訪的訪員效應問題。另外，郵寄問卷是由受訪者自填，在問及敏感問題（如性經驗、吸毒）時，填答者無須顧慮訪員的想法，因社會讚許而產生的誤差較面訪、電訪為低。不過，郵寄問卷調查仰賴受訪者自行閱讀、填答問卷，如果問卷題目的題意不清、填答指引不清、跳題複雜，都可能造成測量誤差。而如果受訪者教育程度較低或年齡較大，測量誤差會相對較高。

4. 無反應誤差

　　無反應誤差是指，未能完訪的樣本如果得以完訪，其答案的分配與完訪者不同所產生的誤差。無反應誤差又可區分為**單位無反應** (unit nonresponse) 與**題項無反應** (item nonresponse) 兩類。前者是指，受訪者整份問卷均未作答；而後者是指，受訪者未填答特定題項。

　　在郵寄問卷調查中，最主要的考驗即來自無反應誤差 (Dillman 1978, 2000)。由於郵寄問卷調查仰賴受訪者自行填答，其完訪率往往較相同類型的面訪、電訪為低，導致單位無反應誤差也較為嚴重。此外，在一般的郵寄問卷調查中，並無法瞭解哪些樣本未完訪，也難以比較未完訪樣本、完訪樣本的特性是否有顯著差異，進而釐清無反應誤差問題的嚴重程度。

　　除了單位無反應之外，題項無反應也是郵寄問卷調查中常見的

問題。在郵寄問卷調查中，受訪者可能因為不瞭解題意、跳答說明不清、沒有適當的選項可以選擇等因素，而未填答題目。

透過問卷設計、調查執行過程的改善，可有效改善回答率，降低無反應誤差、測量誤差 (de Leeuw 1992; Dillman 2000)。然而，在改善執行程序以致力於降低調查誤差的同時，調查成本也會因此提高。在設計執行過程時，研究者必須兼顧執行成本、調查品質等方面的考量，以設計出符合研究目的又能兼顧時間、預算限制的執行程序 (Fowler 1993)。接下來，將討論如何藉由問卷設計、執行流程的改善，降低調查誤差。

㈣郵寄調查問卷設計的注意事項

在自填問卷中，由於沒有訪員的指引、說明，問卷設計的好壞，對於受訪者填答正確與否，具有非常重要的影響。以郵寄問卷而言，跳答指引是否清楚，乃至於字體大小、紙張顏色等看來微不足道的因素，均可能影響到樣本的回覆意願，以及填答的正確性。改善問卷的效果，儘管不如執行程序的改善來得大，但設計一份對受訪者友善的問卷，仍有助於提高回答率。根據學者就美國人口普查 (U.S. Census) 所做的研究，在改善問卷設計後，回答率提高約 3%–7.5% (Dillman 2000)。除降低無反應誤差外，改善問卷設計亦有助於減少測量誤差。

除了第 4 章所提到的問卷設計原則之外，在設計郵寄問卷時，還有一些額外的考慮，包括題數不能太多、問題盡可能簡短而容易理解、盡可能減少開放式問題、選項應包容所有可能的情況、盡量減少跳題。將受訪者最感興趣的題目放在問卷最前面，由簡單的問題開始問，可以提高回答率，並減少「題項無反應」誤差。

而在格式方面，應考慮到填答者直接面對問卷，問卷的格式對

受訪者愈友善愈好。即使看來微不足道的問題，如紙張顏色、版面大小、行距間隔、字體大小、字體顏色、字型種類等細節均需注意。對問卷細節的重視，可以讓受訪者感受到調查者對調查的用心與重視，影響回答率以及填答品質。以字體為例，一般受訪者可採用 12 號字體，但如果受訪對象主要為中老年人，應考慮採用更大的字體（如 14 號）。另外，在設計問卷時，可採用適當的框格、箭頭、陰影等，提示受訪者在填答時應注意的事項，或指引受訪者如何跳題。也可以將字體以粗體、斜體、加底線等方式標示，以彰顯題目的重點。然而，太過花俏的設計，可能分散受訪者的注意力，影響到填答品質 (Dillman 2000; Bourque and Fielder 2003)。

而在郵寄問卷調查中，可採用前測或前導研究的方式施測，以改善問卷內容與執行過程。對郵寄問卷調查，前測可採用**焦點團體** (focus group) 或面訪的方式進行。至於前導研究，是以少量樣本，採用整份問卷與預設的執行程序進行調查。透過前測與前導研究，可以瞭解受訪者是否瞭解題意、題目的說明是否適切，以適時修正問卷內容。而透過前導研究，可預估蒐集資料所需的時間、預算，並評估執行過程是否需要調整。

㈤郵寄問卷調查的執行流程

郵寄問卷調查的回答率，依調查性質、受訪對象、執行過程而有極大的差異。而影響回答率最主要的因素，在於執行過程 (Bourque and Fielder 2003; Dillman 2000)。

研究發現，在郵寄問卷的執行過程中，要使回答率提高，最有效的方式是增加聯絡次數。其次，提供報酬亦有助於提高回答率。而事先提供金錢誘因（如小額現金），要較承諾在收到問卷後再提供報酬有效。此外，學者指出，採用個人化的信函、附回郵信封等方

式，亦可有效提高回答率。然而，同一項訣竅不見得能在不同的調查中發揮相同的作用。因應調查性質、受訪對象的不同而調整執行流程，或許是較好的方式。

　　如前所述，提高聯絡次數，可有效提高回答率。但是，隨著聯絡次數的增加，執行時間、成本也會增加。研究者必須有所權衡，以決定合宜的聯絡次數。對於最適的聯絡次數，不同學者有不同的觀點。Mangione (1995) 指出，要達到 75% 的回答率，至少需要聯絡 4 次。Dillman (2000) 則建議，理想的聯絡次數為 5 次。對於郵件的內容，Mangione (1995) 的建議是，在第 1、3 次聯絡時寄發問卷（包含給受訪者的信函、回郵信封），第 2、4 次則以明信片或信函聯絡即可。Dillman (2000) 則建議，在寄發問卷之前，先以信函通知受訪者問卷即將寄出，接下來的幾次聯絡，則與 Mangione (1995) 的建議相仿。以下就 Dillman (2000) 建議的 5 次聯絡，分別進一步說明如下：

⑴**事前的通知郵件：**事前聯絡的主要用意是，避免受訪者將隨後收到的問卷視作垃圾郵件，並讓受訪者預先有心理準備。這封郵件的內容，旨在說明近日內受訪者將會收到一份問卷，並解釋調查的目的與重要性、對受訪者的配合預先致謝。Dillman 建議，這封信函的內容應簡短，並採用受訪者個人化的稱謂方式。信函最好在受訪者收到問卷的前幾天至一週內寄達。如果時間間隔太遠，會失去效果。

⑵**首次問卷寄發郵件：**這份郵件的內容，包含問卷、給受訪者的信函、回郵信封。如果提供小額現金或小禮物，可在寄發問卷時一併附上，以提高填答誘因。給受訪者的信函，篇幅以一頁為限，除日期、受訪者稱謂、問候語、研究者署名、研究單位等基本內容之外，在信函中應說明調查訪問的目的、受訪者中選原因、調查的重要性、對受訪者隱私的保障、受訪者有疑問時可透過何種

方式詢問、如何回覆問卷、回覆問卷的期限，並對受訪者的配合表達感謝。如果提供金錢、抽獎等誘因，亦應於信函中說明。Mangione (1995)、Dillman (2000) 均指出，如果信函的設計、內容得當，可以有效的提高填答誘因，改善回答率。在範例 8-1 中，藉由一個虛擬的例子，說明郵寄問卷信函的內容。

範例 8-1　郵寄問卷的信函

個人稱謂 →	敬愛的 X 先生／小姐，您好：
調查目的 →	我們正在進行一項學術研究計畫。這項研究計畫是由國科會補助，目的在瞭解大學生的學費來源與日常經濟狀況。
樣本中選原因 →	據我們的瞭解，您目前就讀於大學。我們透過隨機選樣的方式，選取您與其他公私立大學在學學生，詢問學費來源、打工情況、日常生活狀況等問題。
調查的重要性 →	由這項調查的結果，有助於瞭解大學生的經濟狀況，並評估政府對教育的補助政策是否適當。
寄回方式 →	如果您肯花幾分鐘的時間分享您的經驗和看法，對我們的幫助將非常大。請您在問卷填答完成後，將問卷放在回郵信封中，封好後直接放入郵筒即可。
資料保密 →	您的問卷是完全匿名的，請您放心。而您的填答資料，將只會作為這次研究之用，不會作為其他用途。
贈品 →	隨函附贈一小小贈品，以感謝您的幫忙。
問題回覆 →	如果您有任何問題或建議，歡迎您提供給我們，我們必然會盡力回覆。除了寄信到信頭上所印的地址之外，您也可以撥打免費專線 0800-×××-×××（張美滿小姐）。
感謝 →	非常感謝您對這項研究的幫助。
署名 →	陳快樂　謹上 中央研究院調查研究專題中心 ××××年×月×日

⑶**催收信函或明信片：** 可以用明信片、信函等方式，在問卷寄出數日至一週內聯絡。如果以明信片的方式寄出，內容必須較為簡短，主旨在請尚未回覆的受訪者盡快回覆，對回覆者表達感謝，並說明受訪者有疑問時可透過何種方式連繫。如採信函而非明信片，

可再額外說明這項調查的重要性與目的、回覆問卷對調查的重要
性、對個人隱私資料的保障等。

(4)**第二次問卷寄發郵件：** 就受訪者再次寄發的問卷，郵件中所附的
信函，Mangione (1995)、Dillman (2000) 等均建議，內容最好不要
與第一次雷同。在所附的信函中，應該加強說明調查本身的重要
性、受訪者回覆的重要性，以及對受訪者隱私資料的保障。另外，
如果回收情況良好，可在信函中說明問卷寄回的情況，以提高受
訪者的配合意願。這份郵件，可以在問卷寄出後三至四週寄出。
附上問卷的主要原因是，避免第一次寄發的問卷已遺失或丟棄。

(5)**第二次催收信函或明信片：** 這封信函的內容，旨在說明受訪者回
覆的重要性。而 **Dillman** 建議，信函內容應該與之前的信函有所
差異。甚至在信封包裝、寄送方式方面，都應該盡量與之前的函
件不同。如果調查單位有受訪者的電話，亦可以採用電話連繫。
Dillman 的觀點是，一再雷同的接觸方式，不僅會讓受訪者誤以為
重複收件，也可能讓受訪者認為調查單位不重視受訪者，而欠缺
配合意願。

　　有關聯絡次數，4 次或 5 次僅是原則性的建議。Bourque and
Fielder (2003) 的建議是，調查單位逐日記錄回收的問卷數目，以決
定催收的次數。在各次接觸的時間間隔方面，Bourque and Fielder
(2003) 建議，可以十天的間隔為原則，再視問卷回覆的狀況調整間
隔。例如，如果樣本回覆狀況顯示，在第一次催收問卷後，即已達
成預定回答率的 80%，再進行一次催收或許已經足夠。如果第一次
催收問卷後，僅達成預定回答率的 20%，可以增加催收次數，並將
催收的時間間隔拉得更近。

　　就回覆的郵寄問卷，還要經過後續的資料處理程序。先檢查問
卷是否出現不當的跳題或選項，再進行**資料鍵入** (data entry)。一般

的文書處理軟體、試算表軟體（如 Excel）或其他的統計軟體（如 SAS、STATA 或 SPSS），均可用來鍵入資料。有關資料處理、檢誤的程序，在第 9 章中有更詳盡的說明。

 # 二、網路調查的特性與電子郵件調查

網路調查目前主要包括兩類調查，一類是電子郵件調查，另一類是網頁調查。電子郵件調查是透過電子郵件發送問卷，而網頁調查是將問卷置於網頁上，由網路使用者自行填答。兩者的共通特色是，可以超越時空的限制，以低廉的成本蒐集大量的資料。然而在問卷設計、執行方法上，兩者有相當大的差異。電子郵件調查較容易執行，但在問卷的設計上能提供的變化，不如網頁調查來得豐富。

㈠網路調查的特性

在此，將說明網路調查的優點與限制，進而說明適合採用這類調查的時機。

1.網路調查的優點

在郵寄問卷調查的部分，曾談及郵寄問卷調查具有某些優點，包括執行成本低、空間限制少，因個人隱私因素所造成的拒訪少，以及較不致產生訪員效應、社會讚許等誤差。這些優點，也同樣是網路調查所具有的優點。除此之外，網路調查的時效性，優於傳統的面訪、電訪、郵寄問卷等調查方式。

以電子郵件調查而言，問卷可透過電子郵件即時發送給訪問對象，而填答者在填答完成後，可透過電子郵件軟體「回覆」的功能，立即將問卷傳回給調查者。而在網頁調查中，資料一經填答者鍵入，研究人員即可進行即時分析，無須經過資料鍵入的程序。無論是電

子郵件調查或網頁調查，所需的執行期間都相當短，可能在 1–2 天內得到大量樣本的完訪問卷。相較於傳統的調查方式，電子郵件調查、網頁調查的時效性較佳。

而網頁調查的問卷，透過程式的設計，可以容許較複雜的問卷形式，並減少跳答錯誤或不合理值出現的情況。以問卷形式來看，相較於其他自填問卷調查，網頁調查容許較複雜的跳題、以**跳出視窗** (pop-up box) 的方式指引填答、以下拉選單的方式列出選項、插入圖片或影音檔案，可以突破傳統紙筆問卷調查的限制，提供研究者更大的想像空間。

2. 網路調查的缺點

網路調查的限制之一，來自於「網路人口」的定義不明，造成母體範圍界定上的困難。其中涉及的問題包括，所謂的網路人口，是指能接觸到網路設備的人口，還是能使用網路的人口？網路使用人口的測量，是否僅包括擁有私人連網設備的人口，抑或將公司、學校、網咖等連網設備的使用者都涵括在內？而對擁有連線設備的家庭，是將所有的家庭成員都列為網路使用人口，還是只將其中使用網路的個人納入？直至目前，有關網路人口的界定仍有爭議，也未見一致的衡量方式（Schonlau et al. 2002；李政忠 2004）。

除了網路人口的定義曖昧不明外，網路調查最主要的問題在於**涵蓋率**的不足。不同於電話，電腦、網路的普及率仍屬有限，許多家戶、個人沒有電腦或電子郵件地址。以科技發達的美國而言，2002年底時，網路人口占總人口的比例，約為 1/2 到 2/3 之間 (Best and Krueger 2004)。而在美國的網路人口（總人口）中，約有 89% (56%)左右使用電子郵件，81% (51%) 使用網際網路。有機會接觸、使用網路者，以年輕、已婚、教育程度較高、經濟狀況較佳、居住於都市者居多 (Bourque and Fielder 2003)。

　　至於臺灣的狀況，可自資策會網站提供的資訊瞭解最新概況。
資策會電子商務研究所 (ACI-FIND) 定期自各種網路連線服務（含
固網業者、網際網路接取服務業者、教育部電算中心、中華電信公
司等）統計網路用戶數目，再推估網路人口數目。2005 年第一季的
分析顯示，臺灣經常上網人口約 925 萬，上網人口的比例約為 41%。
至於家庭網路連線的情況，根據資策會 2004 年 8 月的調查，在臺灣
的家戶中，擁有電腦的比例為 73%，而連網的比例為 61%。在這些
連網家戶中，約有 78% 使用寬頻，而在寬頻中又以 ADSL 為主，占
連網家庭的 73%。另外，值得注意的是，同一項調查顯示，臺灣東
部的家戶中，擁有電腦的比例為 53%，而連網的比例僅有 41%，遠
低於臺灣的其他地區。顯示臺灣不同區域的連網比例仍有相當大的
差異（參見資策會 ACI-FIND 網站）。

　　不論美國或臺灣，網路的使用仍不夠普及。如果將網路調查的
母體設定為一般人口，會產生嚴重的涵蓋率問題。許多調查母體中
的人口，不會出現在抽樣架構中，使得樣本的代表性產生疑問。此
外，網路人口、非網路人口的人口特性並不相同。由於網路人口無
法反映人口的全貌，如果研究者想以網路調查結果推估一般人口的
特性，會產生相當嚴重的偏誤。如果以特定的族群作為調查母體（如
學生、老師、企業員工、專門技術人員），涵蓋率不足的問題會比較
小，但仍無法完全避免。

　　相較於電子郵件調查，網頁調查在樣本代表性方面的問題更多。
網頁問卷的填答者，可能由調查者主動透過電子郵件聯絡，請收件
者上網填答；也可能採取被動的方式，由看到調查訊息的網路使用者
自願上網填答。不論透過何種方式，樣本的選取往往是經由便利抽樣
產生，而非透過隨機抽樣而來。由於統計推論奠基於隨機抽樣，在便
利抽樣的情況下，並不能由樣本的調查結果推論調查母體的特性。

　　此外，採用網頁調查時，網路使用者不像面訪或電訪中的受訪者，有居住地址或電話可資辨別身分。在網路世界中，難以辨識網路使用者的真實身分。即使以**識別號** (personal identification number, PIN) 過濾填答者，仍然很難確認填答者的真實身分與登入者是否一致，或避免重複填答的問題。

　　而自填問卷調查共通的特性在於，調查對象對於填答與否，具有相當強的自主性。以網路問卷填答者而言，其人口特性可能與未填答者不同，對網路的看法、在網路上的行為也可能與未填答者有所差異（傅仰止 2001）。因此，網路調查所得的調查結果，不見得對一般民眾具有代表性。

　　除了前述有關母體、樣本方面的問題之外，相對於郵寄問卷、電子郵件調查，網頁調查對調查執行者的設備、技術有較高的要求，而對受訪者的設備、能力亦有一定的要求。就網頁調查的執行者而言，為因應多位填答者同時上網填答的狀況，在電腦的硬體設備方面至少需要具備一定的規格。而網頁問卷的設計，不論自行撰寫程式或透過現有的網頁軟體設計，操作者均需要具備相當能力。與郵寄問卷調查相比，網頁調查在設備、技術方面所需的門檻都比較高，執行也較為困難。

　　至於填答者的能力，在郵寄問卷調查中，不識字的人口、有視力障礙的人口，會被排除在填答者之外。這些限制，在網路調查中同樣存在。而在網路調查中，填答者除了閱讀能力之外，還必須具備操作電腦的能力，並有電腦、連線等軟硬體設備。相較網頁調查，電子郵件調查對填答者能力、軟硬體設備要求相對較低，只要填答者具有基本的電子郵件收發能力，即可順利填答、回覆問卷。就網頁調查，網路使用人口擁有的電腦軟硬體（如採用的連線方式、作業系統、瀏覽軟體、螢幕設定等），可能影響到網頁瀏覽速度，以及

填答者所見的網頁是否正常顯現。而受訪者操作滑鼠、鍵盤的能力，亦關係能否順利完成填答。這些問題，都較紙筆即可完成的郵寄問卷複雜。

3. 選用網路調查的時機

基於以上的討論，我們可以瞭解，如果調查母體為特定的群體，而且研究者能取得群體成員的電子郵件地址，可採用電子郵件或網頁調查。例如，針對某所大學的學生、特定企業的員工、特定政府組織的成員，在取得電子郵件地址的情況下，可採用電子郵件的方式調查，或透過電子郵件請收件者上網填答網頁問卷 (Schonlau et al. 2002)。

如果研究的母體限定在網路使用者，而研究目的又容許便利抽樣，可藉由網頁上的廣告、**新聞群組** (newsgroup)、**聊天室** (chat room) 甚或傳統媒介（如報紙、雜誌）等方式，吸引網路使用者進入問卷網頁，進行網頁調查。但值得注意的是，透過便利抽樣選樣，由於抽樣架構不明，無法設算回答率，也無法由樣本的填答結果推論母體的特性。在分析結果時，必須審慎處理，而不能過度引申 (Schonlau et al. 2002; Best and Krueger 2004)。

㈡電子郵件調查的調查設計

由於電子郵件調查、網頁調查的執行程序並不相同，而電子郵件調查的執行程序與郵寄問卷較為相近，在這一小節中，將先討論電子郵件調查的執行程序，於下一節再討論較為複雜的網頁調查。

如同郵寄問卷調查，電子郵件調查的首項工作是決定調查母體，進而蒐集樣本的電子郵件地址，以建立抽樣架構。每位電子郵件使用者，都有各自的電子郵件地址，然而部分電子郵件使用者擁有兩個或兩個以上的電子郵件地址。而電子郵件地址不像戶籍地址一樣，

有全國的造冊建檔資料可供取用，或像電話號碼一樣，可用 RDD 的方式產生。假使研究者希望以所有的電子郵件使用者作為調查母體，會有實際執行上的困難。因此，只能以特定的群體作為調查母體，在遵循調查倫理的前提下，取得電子郵件地址名單。也因為如此，直至目前為止，臺灣完成的學術性網路調查，主要是以學生作為調查樣本（李政忠 2004）。

1.電子郵件格式的設計原則

透過電子郵件進行調查，必須讓受訪者相信其收到的郵件並非垃圾郵件、沒有夾帶病毒，以提高回覆意願。因此，在設計電子郵件格式時，有一些原則可供遵循 (Dillman 2000)：

⑴**寄件者**：讓受訪者愈熟悉愈好，而且最好是研究者所屬的機構名稱，以免收信者誤以為是垃圾郵件。

⑵**收件者**：最好是單一的收件人，避免大宗寄發郵件。

⑶**主旨**：避免郵件過濾軟體將郵件分類為垃圾郵件的字眼，同時最好藉由主旨傳遞郵件內容的正當性（如研究或計畫主題）。

⑷**副本或密件副本**：最好保持空白。如有「副本」，會讓收件人知道郵件傳給哪些郵件地址。以「密件副本」寄發給所有的受訪者，可避免前述問題，但以「密件副本」寄發時，收件者的稱謂只能採用一般的稱謂（如敬愛的受訪者），效果可能不如寄發給特定受訪者來得好。

⑸**附加檔案**：最好不要採用附加檔案（如將問卷作為附加檔案），以免收件人不敢開啟郵件，或是被郵件過濾軟體擋下。

因此，最好以個別樣本為對象一一寄送，並避免以副本（或密件副本）的方式同時寄給所有受訪者。另外，如同郵件問卷調查，電子郵件的收件者可採個人化的稱謂，以顯示對受訪者的尊重。

2. 與樣本的接觸

　　如同郵寄問卷調查，在進行電子郵件調查時，透過多次的接觸，可有效提高回答率。而寄發的郵件，可依循以下幾項原則設計：

(1)**首次問卷寄發郵件：** 信函與問卷兩個部分，最好讓信函在前，問卷緊接其後，而不要將問卷置於附加檔案中。問卷的內容應盡量簡短，讓受訪者有機會在打開信件後，看得到第一個題項，以吸引其注意。在信函中，應簡短說明研究目的、如何填答與回覆、有疑問時的聯繫方式、研究人員姓名及所屬機構。由於某些郵件過濾軟體可以自郵件內容中抓取關鍵字詞、圖檔或連結，應避免廣告信函常用的用語，並避免附加檔案（含文書檔案、圖檔、影音檔案等）。另外，在信函中可以說明，受訪者可透過電子郵件以外的方式回覆（如郵寄、傳真）。對於不習慣在螢幕上作答（或較習慣用紙筆作答）的受訪者，可提供更多選擇，同時也可以紓緩受訪者有關資料隱密的疑慮。

(2)**感謝（提醒）函與第二次問卷寄發郵件：** 研究發現，與分開寄發相比，同時寄發有助於提高回答率。而如同郵寄問卷中所提的建議，此次的信函內容應該與前一次有所區隔，以提供受訪者正面的回答誘因。另外，前述的電子郵件內容原則，仍適用於此項郵件。

　　由於電子郵件寄送的速度較傳統郵件快，各次聯繫的時間間隔可較郵寄問卷為短。例如，事前通知與問卷寄送的間隔時間，可縮短為 2-3 天。研究發現，如果混合傳統郵寄、電子郵件的方式寄件（如事前通知以傳統郵遞寄送），並不會改善回答率。但如果同時有受訪者的地址與電子郵件地址，可透過郵遞寄送小額現金或小禮物，以提高受訪者的回覆意願。

　　另外，電子郵件調查的問卷，如同郵寄問卷，以簡短為原則，

力求減少題目數目、題目長度、選項數目。另外，電子郵件調查的問卷，不能採用複雜的跳問，而由最有趣而容易回答的問題開始問，可以提高回覆意願。如果一開始的問題無聊、冗長，受訪者可能不耐填答，而直接將電子郵件刪除。在填答的欄位方面，要求受訪者註記的符號，應選擇較容易鍵入的符號（如 "x"）。而如果研究者採用電子郵件調查與其他調查混用的調查方式，應盡量採用相同的問卷格式，避免因問卷格式的不同，導致調查結果的差異。

三、網頁調查

網頁調查是將問卷置於網頁上，由填答者自行上網填答。在本節中，將說明網頁調查的選樣方法、調查誤差的來源、調查設計原則、問卷設計注意事項、執行流程，以及網頁調查的前景與挑戰。

(一)網頁調查的選樣

如果由抽樣方法區分網頁調查的類型，可大致區分為便利抽樣、機率抽樣兩類 (Couper 2000; Schonlau et al. 2002)。以下分別就兩類抽樣方式予以說明：

1. 便利抽樣

在網路使用人口不明，抽樣架構難以建立的情況下，多半的網頁調查採用便利抽樣的方式進行選樣。常見的方式是，在網路上張貼廣告，或經由新聞群組、BBS 站等方式宣傳，吸引網路使用者上網填答問卷。上述各類填答樣本，均非經由隨機抽樣產生。而是接觸到網頁調查資訊的網路使用者，基於對問卷的興趣而主動填答。由於這類選樣方式屬於非隨機抽樣，調查母體中的各個單位不見得都有可能成為填答者，難以由填答樣本推論調查母體的特性，也無

從判斷樣本對調查母體是否有足夠的代表性。

　　然而，透過便利抽樣進行網頁調查，可以找到一些難以透過傳統調查接觸的樣本。以 Coomber (1997) 為例，其調查對象為全世界的毒販。Coomber 的作法是，透過在新聞群組上刊登廣告的方式，指引調查對象到網站填答。藉由這樣的方式，Coomber 找到了橫跨四大洲的 80 位填答者。而在採用便利抽樣完成的網頁調查中，Coomber (1997) 的調查是極少見的學術研究。目前透過便利抽樣完成的網頁調查多用於商業領域，以市場調查為主。

　　在非隨機抽樣下，要由填答樣本推論調查母體的特性，可採取**事後分層加權** (poststratification weighting)、**屬性分數加權** (propensity scoring weighting) 等方式予以調整。事後分層加權通常是以全國性調查作為參考資料，依人口特性將樣本予以分組，再進行加權調整。而網路、非網路人口除了人口特性外，在態度、行為方面也可能有差別。屬性分數加權的方式，是透過網路樣本、非網路樣本在態度、行為等變項的相互配對，進行加權調整。屬性分數加權需要以另一項傳統調查（如電訪或面訪）資料作為比對的基準，而在傳統調查、網路調查中必須問相同的問題，以便將兩組樣本的相同變項進行配對，進而計算屬性分數。規模龐大的 Harris Interactive 網路調查公司即採用此種方式，調整其網頁調查資料。然而，採用事後分層加權、屬性分數加權等方式調整網頁調查資料，能否有效解決問題，目前仍有爭議（李政忠 2004；Schonlau et al. 2002）。

2. 機率抽樣

　　在機率抽樣之下，抽樣架構中的每個單位被選中的機率為已知、非零的數值。在進行網頁調查時，只有在調查母體限於某個群體，而群體中的個人都能接觸到，而且能夠被辨識出來的情況下，才能進行機率抽樣。滿足這些條件的母體，有幾種可能。其中一種是以

特定群體（如公立機構的公務人員、學校老師、私人企業員工）作
為調查母體，並取得所有成員的電子郵件名單，以此作為抽樣架構，
再進行機率抽樣。在進行網頁調查時，額外增加樣本所增加的成本
不多，因此這類調查常以樣本全查的方式進行。

　　除了上述方式外，某些大型的網路調查公司是以**固定樣本**
(panel) 的方式進行網頁調查。例如，Knowledge Networks 公司先以
RDD 的方式找到願意持續參與的個人，每隔一段時間即要求參與者
上網填答問卷。然而，研究指出，在參與者持續接受調查的情況下，
可能會產生倦怠感，不願再配合調查，或是傾向選擇「不知道」的
答案敷衍了事。

　　另一種常見的方式，是透過系統抽樣，依網路使用者造訪網頁
的順序，以固定的間隔進行抽樣。例如，每隔 10 位網頁瀏覽者即跳
出視窗，邀請瀏覽者上網填答問卷。如果將造訪特定網頁的瀏覽者
當作母體，這類抽樣可視為一種機率抽樣方式。

㈡網頁調查的調查誤差與調查設計原則

　　以下將先說明網頁調查的調查誤差問題，再討論如何透過調查
設計改善調查誤差。在調查誤差方面，分別就涵蓋誤差、抽樣誤差、
測量誤差、無反應誤差予以說明：

1. 涵蓋誤差

　　在執行網頁調查時，最大的考驗來自於涵蓋誤差。由於網路的
普及程度有限，網頁調查並不適合以一般人口作為調查母體。而網
頁調查的結果，也不適合用於推論全體人口的特性。如果調查母體
限定為網路使用人口，或是特定的群體（如特定公司的員工、特定
組織的成員、大學學生、大學老師等），涵蓋誤差會較為輕微。

2. 抽樣誤差

以面訪而言，如果將調查母體設定為常住人口，可透過內政部的戶籍資料檔建立抽樣架構,由戶籍地址按圖索驥找到個別受訪者。但就網頁調查而言，如果將母體設定為使用網路的人口，研究者並沒有類似「戶籍地址」的資訊，得以找到個別的網路使用者。以目前網路的發展來看，網路使用者的 IP 地址，在概念上與戶籍地址較為接近，但一般的 IP 地址是由伺服器隨機分派，而非固定的數值，難以透過某個 IP 地址追溯到特定的網路使用者。

因此，目前在進行網頁調查時，主要是透過網頁廣告，或電子郵件名單、新聞群組、BBS 站等途徑散播訊息，讓有意填答者自願上網填答。由於填答樣本的選取，主控權仍在樣本本身，抽樣誤差是無可避免的。

3. 測量誤差

由於網頁調查沒有訪員，相對於面訪、電訪等方式，其訪員效應、社會讚許誤差等問題較為輕微。另外，在網頁調查中，可透過程式設計跳答，讓填答者跳答錯誤造成的誤差降低。而填答者填答完成的答案,直接進入資料庫中,可減少因輸入資料而產生的誤差。即使如此，如果網頁調查的問卷設計不良，仍可能產生相當嚴重的測量誤差。

4. 無反應誤差

無反應誤差的產生,主要在於完訪者與拒訪者的填答結果不同,致使完訪者的填答結果不具代表性。就網頁調查而言，由於填答者是自願作答，網路使用者可能基於個人特質、對調查主題感興趣與否而選擇是否作答。也因為如此，填答者的人口特徵、對調查主題的態度可能與未填答者有所差異。而傅仰止 (2001) 亦指出,自願填答問卷的網路使用者，在線上聯繫等價值觀方面，與其他網路使用

人口有相當大的差異。

　　儘管無反應誤差是傳統調查、網路調查均面臨的問題，在網路調查中，無反應誤差的問題可能更難釐清、解決。在傳統調查方式中，可以經由調查設計提高回答率，減少無反應誤差。但一般的網路調查，由於欠缺明確的抽樣架構，無法確切計算回答率的分母，也就難以設算回答率。而在抽樣架構混沌不明的情況下，要就填答者、拒答者的差異予以比較亦有困難。

　　基於前述的調查誤差問題，在設計網頁調查時，研究者應考慮填答者的立場，讓填答者覺得愈友善愈好，以降低調查誤差。以下是一些基本的設計原則：

(1)如果研究者並非採用便利抽樣進行網頁調查，應提供填答者**密碼**(password)，以保護填答者的資料隱私，並避免填答者重複填答問卷。常見的方式是，在透過 e-mail 聯絡受訪者時，將密碼提供給受訪者，請受訪者在上網填答時輸入密碼。

(2)考慮網路使用者在電腦軟硬體設備方面的差異，應盡可能讓問卷填答不會受到硬體設備、瀏覽器軟體以及連線方式的限制，有相同的填答機會。因此，研究者在開始調查之前，應先測試不同電腦系統、瀏覽器、連線方式之下，所顯示的問卷頁面是相同的。另外，也應採用前測等方式，避免問卷程式上可能出現的問題，並適時修正不當的問卷設計。

(3)在設計網頁問卷時，應考慮網路使用者操作電腦的方式，以及可能的填答習慣。在填答紙筆問卷時，手眼協調較容易。然而在填答網頁問卷時，眼睛瀏覽網頁，而手則用以操控滑鼠、鍵盤。研究者在設計問卷時，如果能減少填答者在手眼協調上耗費的心力，對提高回答率將有正面的助益。此外，上網者所具備的電腦操作能力並不相同，應該加入適當的說明輔助填答。

⑷在設計網頁調查時，應考慮與其他調查方式混用的可能性。顧及網路使用人口有限，當研究者有其他調查方式可選擇時，可考慮採用混合模式調查，兼採網路與傳統調查方式進行調查。例如，當研究者握有受訪者郵寄地址、電子郵件地址等資訊時，可考慮就網路使用樣本採用網頁調查，對無法藉由網路接觸到的樣本採郵寄問卷調查。因此，研究者必須考慮各個調查方式下的問卷形式，據以設計問卷，盡量讓網頁問卷、其他調查方式的問卷呈現相同的內容，減少測量誤差。

另外，為提高填答意願，在郵寄問卷調查部分提及的誘因，在網頁調查中亦非常重要。然而，在一般的網頁調查中，研究者並沒有受訪者的地址，如何將現金、禮物提供給受訪者是個問題。可行的解決方式是，採用網路商店提貨券、抽獎等方案。此外，將調查結果以電子郵件寄給受訪者或公布在網頁上，亦可增加填答者的參與感，提高回答率。

㈢網頁調查問卷設計的注意事項

一般紙筆問卷的設計原則，也適用於網頁調查問卷。然而，如前所述，研究者在設計網頁問卷時，應從填答者的角度思考，什麼樣的網頁頁面對填答者較容易瀏覽、較容易作答。Dillman (2000)、Schonlau et al. (2002) 指出，在實地設計網頁問卷時，有些基本的原則可以參考：

⑴設計能引發填答動機的**首頁** (welcome screen)，由首頁引導填答者進入問卷網頁。在首頁中，可說明填答所需的時間，並指引填答者如何進入問卷開始之處。

⑵問卷的第一個題項，可選擇所有填答者均可作答，而多數填答者感興趣、容易理解的題目。個人基本屬性的問題（如年齡、教育

程度、所得、婚姻狀況），並不適合放在問卷的前頭。而在網頁的設計上，最好讓填答者不須捲動螢幕，即可看到完整題目。

(3)考慮多半的填答者具有填答紙筆問卷的經驗，可盡量讓網頁問卷呈現的效果，與紙筆自填問卷相似。例如，採用白色背景、黑色字型、圖形，避免因色彩干擾填答者的認知，以免造成不必要的測量誤差。對於填答指引說明、題號等較具引導功能的部分，則可採黑白以外的字型呈現。

(4)避免因螢幕設定、作業系統、瀏覽器軟體等方面的差異，造成不同填答者見到的問卷內容不一。研究者最好事先以不同的軟硬體測試，盡量讓問卷在不同的軟硬體下呈現相同的效果。

(5)在網頁問卷的設計上，**按鈕** (radio button)、**勾選** (check box)、下拉式選單等均是常見的填答方式（參見下頁圖 8-1 的範例）。問卷設計者可在問卷適當的位置提供說明，指引填答者如何進行填答，以減少測量誤差。而填答說明，可直接以文字陳述，或採用跳出視窗等方式。

(6)網頁調查的優點之一是，可藉由程式設計，強制填答者未答完一題不能接著答下一題，避免漏答題目。但 Dillman (2000)、Schonlau et al. (2002) 均不建議在網頁調查中強制作答。主要的原因是，如果填答者無法就某題選出適切的選項，而又無法跳過該題進入下一題，可能中途放棄填答，而造成更嚴重的單位無反應問題。

(7)如果研究者基於某些理由，必須強制填答者作答，最好在選項中加入「不知道」、「拒答」等選項，讓填答者有選項可選。但在面訪、電訪的訪問過程中，訪員通常不會主動提示這類選項。在網頁問卷中加入「不知道」、「拒答」等選項，其調查結果可能難與同樣的面訪、電訪比較。

(8)過去的研究顯示，在未提示作答進度之下，填答者可能「為山九

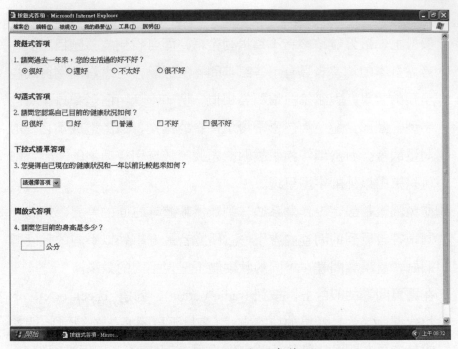

圖 8-1　網頁調查問卷範例

仍，功虧一簣」，在僅剩數題之下放棄填答。在網頁問卷上說明填答進度（如採用跳出視窗的方式說明），可以減少這類狀況。

(9)盡量避免多選題或選項太多的情況。在網頁調查問卷中設計多選題，可能產生選項順序效應，因填答者傾向選擇最前面的選項而產生測量誤差。另外，在下拉式選單中，減少選項可減輕填答者的負擔，並降低選項順序效應。

(四)網頁調查的執行流程

網頁調查如何執行，取決於網路之外，是否有其他方式可以接觸到樣本。如果有樣本的電話號碼、郵寄地址、電子郵件地址，可採用混合模式調查，以多種方式接觸樣本。例如，透過郵寄的方式，將小額現金或小禮物寄給受訪者；以電子郵件、電話催收問卷等。

而在實際執行的過程中，視研究者擁有的資訊、預算，可透過下列
幾種方式接觸樣本：

1. 透過電子郵件名單，以電子郵件邀請收件者上網填答

　　電子郵件名單的來源，可能來自公立機構、學校、企業等單位
所建的名單，也可能來自網路上的公共資料庫（如 AOL, MSN,
Yahoo, whitepages.com）。在透過電子郵件尋求填答者時，必須讓收
件者相信其所收到的郵件並非垃圾郵件、沒有夾帶病毒。至於郵件
內容，可參考電子郵件調查的郵件設計原則，採用個人化的設計，
並在寄件者、收件者、主旨、信函內容等方面審慎斟酌用語、格式。
而在郵件中，可透過**超連結** (hyperlink) 的方式，方便填答者點選進
入問卷網頁。

2. 以網路廣告吸引填答者

　　這類方式通常是藉由跳出視窗，讓網路使用者瀏覽到特定網頁
時，跳出網頁調查的廣告，以吸引有興趣的網路使用者上網填答。
但這些方式會有廣告費用的相關支出，而瀏覽人次愈多、愈熱門的
網頁，廣告費用愈高。

3. 透過特定網站、新聞群組、BBS 站等管道徵求填答者

　　前述的廣告跳窗、電子郵件寄發方式，對某些網路使用者而言，
可能是較不禮貌、較具侵犯性的方式，也可能被誤為商業廣告、垃
圾郵件而受到忽略。在這樣的考慮下，透過社群網站、新聞群組或
學術網路的 BBS 站張貼宣傳，是另一種可行的方式。由於社群網站、
新聞群組、BBS 站的參與者具有較高的同質性，如果調查題材能吸
引群組成員的興趣，會比較容易吸引網路使用者上網填答，樣本也
會有比較高的同質性（Wright 2005；林承賢 2004）。

4. 混合模式調查

　　這類調查方式，是兼採網頁調查與傳統調查方式進行調查。常

見的一種方式是，先採用網頁調查，再就未填答的樣本以傳統調查方式（如郵寄問卷）調查。另有部分調查，容許受訪者有機會選擇自己方便的填答方式（如網頁問卷或郵寄問卷）。然而，採用混合模式調查能否有效提高回答率，目前尚無定論 (Schonlau et al. 2002)。

　　另一種常見的混合模式調查，是先以傳統調查方式建立抽樣架構，再以隨機抽樣抽出樣本。在取得樣本同意之下，提供上網的相關設備，再透過網路進行調查。如美國的 Knowledge Networks 公司，先透過 RDD 的方式接觸樣本家庭，提供這些家庭網路電視等設備，並要求家庭成員配合網路調查作為回報 (Huggins and Eyerman 2001)。

　　進行網頁調查時，由於無法辨識填答者的真實身分，會有填答者非調查樣本、**樣本重複填答** (multiple response) 的問題。為避免這些問題，可藉由識別號等方式，設法掌握填答者的身分。而為解決樣本重複填答的問題，某些網頁調查會要求填答者填寫電子郵件地址，藉由比對電子郵件地址，避免同樣的電子郵件地址重複填答問卷。然而，以上的解決方案仍然難以防堵所有的漏洞。例如，由識別號登入問卷網頁的可能並非樣本本人、同一樣本可能有兩個或兩個以上的電子郵件地址等。

　　在執行網頁調查時，要提高樣本的填答意願，可能的方式之一，是提供物質方面的誘因，如小禮物、小額現金等。然而抽獎在網路詐騙橫行的狀況下，可能具有反效果，為網路使用者帶來疑慮，也可能誘使填答者重複填答 (Wright 2005)。然而，在一般的網頁調查中，研究者並沒有受訪者的地址，如何將現金、禮物提供給受訪者是個問題。可行的解決方式是，採用網路商店提貨券、抽獎等方案。此外，將調查結果以電子郵件寄給受訪者或公布在網頁上，亦可增加填答者的參與感，提高回答率。

　　對於郵寄問卷調查，已經有相當多的文獻，透過調查實驗等方式，探討執行過程對回答率的影響效果。然而就網頁調查，截至目前為止，相關的研究不多，Porter and Whitcomb (2003) 為其中之一。在該文中，是以接觸過某大學而未提出入學申請的高中學生，作為抽樣架構。作者將電子郵件寄發給樣本，讓有意填答的樣本透過超連結自動登入到調查網頁。在這項研究中，分析個人化的電子郵件、調查單位與署名者的權威性對回答率的影響。其結果顯示，這些因素對回答率的影響不大，與一般郵寄問卷的發現不同。作者指出，電子商務郵件氾濫，再加上許多商業郵件採用收件人個人稱謂、看似專業的署名，均可能影響到調查郵件的可信度。

　　在執行網頁調查時，無論在技術、人力方面，都有一定的限制存在。目前，學術研究者在進行網頁調查時，部分仰賴現有軟體，部分則自行撰寫程式。網頁調查軟體的功能，可能包括網頁問卷設計、樣本選取、資料整理、資料分析等。現有的網頁調查軟體種類繁多，功能亦有相當大的差異 (Crawford 2002; Wright 2005)。基於網路環境、軟硬體設備等方面的考量，直至目前，臺灣學術界所做的網頁調查，主要應用於校園網路，以學生為主要的調查對象（林承賢 2004）。

　　而因應電子商務的興起，許多網路市場調查公司應運而生。前文提到的 Harris Interactive 網路調查公司、Knowledge Networks 公司，規模都相當龐大。而臺灣首家本土網路市調公司「**數博網**」(SuperPoll)，成立於 2000 年 10 月，同年 Iamasia、Netvalue、**尼爾森** (ACNielsen) 等跨國企業相繼進入臺灣市場，呈現百家爭鳴的景況。這些公司的調查方式，多和 Knowledge Networks 公司相近，先透過網路調查取得網路人口的抽樣架構，在徵求上網者同意後，建立起固定樣本。就這些固定樣本，將偵測軟體安裝在樣本的電腦上，以

瞭解樣本的網路使用行為（如樣本瀏覽的網頁、網路購物行為等），據此得到樣本造訪網頁及使用線上服務的數據。除了前述專業網路調查公司之外，部分搜尋引擎、入口網站也透過網頁調查蒐集資料。而調查的主題，以網路行為、網路態度與意向居多。

 # 四、結　語

傳統認為，要執行全國性、大規模的調查，以面訪為首選、電訪居次。然而，隨著資訊科技的發展、社會結構的改變，自填問卷調查方式愈益有其優勢。在資訊科技的發展方面，電腦技術的進步以及網路的興起，使得資訊的傳遞突破空間的限制。至於社會結構，以往必須透過人際接觸所能完成的活動，朝向無人化、虛擬化的方向發展。像是網路與電視購物取代店面交易、自動櫃員機取代銀行櫃臺、電腦選課取代紙筆選課等。凡此種種，顯示人們逐漸習於自行完成某些活動，人與人接觸的必要性減弱。也因為如此，Dillman (2000) 等學者認為，自填問卷的調查方式，在未來會益趨重要。

相較其他調查方式，網頁調查在執行成本、時效方面，具有相當大的優勢。此外，網頁調查可以避免面訪、電訪對受訪者帶來的威脅感，對於較敏感的題目，測量誤差的問題可能較少。而網頁調查的問卷可以納入圖像、影音效果，提供雙向互動的溝通方式，突破傳統紙筆問卷的想像空間。因此，部分學者預言，隨著網路的普及，網頁調查可逐漸取代傳統的調查方式，成為未來的主流。

然而，也有部分學者對網頁調查的未來抱持著悲觀的想法。這些學者的主要理由是，網頁調查的涵蓋率偏低，可能造成樣本代表性不足。而如果研究者想進行全國性的網頁調查，由於缺乏完整的電子郵件地址作為抽樣架構，會造成統計推論上的困難。而網路使

用者的真實身分難以辨識，可能造成重複填答等問題。即使以識別號等方式區辨身分，仍無法完全避免冒用他人身分填答的情況。

　　而相較於傳統調查，網頁調查的回答率較高抑或較低，目前尚無定論 (Sheehan and Hoy 1999; Schonlau et al. 2002)。以 Couper (2001) 的實驗性質研究為例，他將 7,000 名密西根大學學生樣本隨機分為兩群，一群以郵寄問卷調查，另一群則採網頁調查。其結果發現，網頁調查的回答率為 62%，較郵寄問卷調查的 41% 為高。而 Jones and Pitt (1999) 自網路取得 10 所大學的教員名單，分別以網頁問卷、電子郵件問卷、郵寄問卷的方式進行調查，回答率分別為 19%、34%、72%。由上述實例可知，在比較各類調查方式的回答率時，往往因調查對象的不同，而產生極大的差異 (Bourque and Fielder 2003: 17)。

　　無論網路調查或郵寄問卷調查，回答率偏低均是經常遭受的批評。而近年來，回答率有逐年下降的趨勢，對調查的進行帶來嚴苛的挑戰。然而研究指出，透過嚴謹的調查設計，可大幅改善自填問卷調查的回答率。以美國 2000 年的**人口普查** (Census 2000) 而言，即是透過郵寄問卷的方式執行調查。在執行調查之前，**美國人口普查局** (U.S. Census Bureau) 費了相當多的心力更新、檢查郵寄地址，並賣力宣導。而在郵寄問卷之前，事先寄發通知信函；在郵寄問卷寄發之後，以明信片提醒尚未回覆的受訪者盡快回覆；接下來再就未回覆的受訪者，以電話連絡或登門拜訪的方式催收問卷。此次人口普查的回答率達到 67%，高於前一次調查（1990 年）的 65%，在回答率普遍逐年下降的趨勢下，極為難能可貴（參見美國人口普查局網站）。

　　而回答率降低的趨勢，不僅見於網路調查與郵寄問卷調查，面訪、電訪亦面臨同樣的趨勢 (Dillman 2002)。垃圾郵件的氾濫、詐騙

事件頻繁，危及受訪者對調查的信任，以及配合調查的意願。而隨著都市化程度的提高，大廈、公寓等住宅型式逐漸取代傳統的住宅，造成訪員入戶困難，影響到面訪的完成率。上述這些趨勢，不僅造成調查執行的困難、調查成本增加，也影響到樣本的代表性。因此，如何提高回答率，是各類調查面對的重要課題。

　　Dillman (2002)、Schonlau et al. (2002) 指出，在面訪、電訪、郵寄問卷、網路調查的單一調查方式之外，結合多種調查方式的**混合模式調查**，可能有助於改善回答率，並降低調查成本。然而，在採用混合模式時，仍必須留意其可能的限制。研究指出，不同的調查方式之下，可能會得到不同的答案，而產生**模式效應** (mode effect) 的問題。尤其態度或意向方面的題目，更可能如此。在採用混合模式調查時，需要綜合考慮回答率、模式效應等因素，審慎進行調查 (Voogt and Saris 2005)。

 參考書目

美國人口普查局網站，網址：http://www.census.gov。

經濟部技術處創新資訊應用研究計畫／資策會 ACI-FIND，網址：http://www.iii.org.tw/。

李政忠，2004，〈網路調查所面臨的問題與解決建議〉。《資訊社會研究》6: 1–24。

林承賢，2004，〈近五年來臺灣傳播學界博碩士論文使用網路問卷研究方法之後設分析〉。《資訊社會研究》6: 25–58。

傅仰止，2001，〈網路人口的樣本特性：比較網頁調查追蹤方法與個人網絡抽樣方法〉。《調查研究》9: 35–72。

Best, Samuel J. and Brian S. Krueger, 2004, *Internet Data Collection*, London: Sage Publications.

Bourque, Linda B. and Eve P. Fielder, 2003, *How to Conduct Self-Administered and Mail Surveys*, 2nd edition. London: Sage Publications.

Coomber, R., 1997, "Using the Internet for Survey Research." *Sociological Research Online* 2: 14–23.

Couper, M. P., 2000, "Web Surveys a Review of Issues and Approaches." *Public Opinion Quarterly* 64: 464–481.

Crawford, Scott, 2002, "Evaluation of Web Survey Data Collection Systems." *Field Methods* 14: 307–321.

de Leeuw, E. D., 1992, *Data Quality in Mail, Telephone, and Face-to-Face Surveys*. Amsterdam: TT Publications.

Dillman, Don A., 1978, *Mail and Telephone Surveys: The Total Design Method*. New York: John Wiley & Sons, Inc.

Dillman, Don A., 2000, *Mail and Internet Surveys: The Tailored Design Method*, 2nd edition. New York: John Wiley & Sons, Inc.

Dillman, Don A., 2002, "Navigating the Rapids of Change: Some Observations on Survey Methodology in the Early 21st Century." Presidential Address to the American Association for Public Opinion Research.

Fowler, F. J., Jr., 1993, *Survey Research Methods*, 2nd ed., Applied Social Science Research Methods Series, vol. 1. London: Sage Publications.

Groves, Robert M., 1989, *Survey Errors and Survey Costs*. New York: Wiley.

Huggins, V. and J. Eyerman, 2001, "Probability Based Internet Surveys: A Synopsis of Early Methods and Survey Research Results." Paper Presented at the Federal Committee on Statistical Methodology Research Conference, Arlington, VA.

Jones, R. and N. Pitt, 1999, "Health Surveys in the Workplace: Comparison of Postal, E-mail and World Wide Web Methods." *Occupational Medicine* 49: 556–558.

Mangione, Thomas W., 1995, *Mail Surveys: Improving the Quality*, Applied Social Research Methods Series, vol. 40. London: Sage Publications.

Porter, Stephen R. and Michael E. Whitcomb, 2003, "The Impact of Contact Type on Web Survey Response Rates." *Public Opinion Quarterly* 67: 579–588.

Schonlau, Matthias, Ronald D. Fricker, and Marc N. Elliott, 2002, *Conducting Research Surveys via E-mail and the Web*. Santa Monica: Rand Publications.

Sheehan, K. B. and M. G. Hoy, 1999, "Using E-mail to Survey Internet Users in the United State: Methodology and Assessment." *Journal of Computer Mediated Communication* 4. (http://www.ascusc.org/jcmc/vol4/issue3/sheehan.html)

Voogt, Robert J. J. and Willem E. Saris, 2005, "Mixed Mode Design: Finding the Balance Between Nonresponse Bias and Mode Effects." *Journal of Official Statistics* 21: 367–387.

Wright, Kevin B., 2005, "Research Internet-Based Populations: Advantages and Disadvantages of Online Survey Research, Online Questionnaire Authoring Software Packages, and Web Survey Services." *Journal of Computer-Mediated Communication* 10. (http://jcmc.indiana.edu/vol10/issue3/wright.html)

第 **9** 章

建立資料檔

◆ 一、資料的準備
◆ 二、資料過錄編碼
◆ 三、資料整理與檢核
◆ 四、特殊資料檔
◆ 五、結　語

　　資料用以代表在研究中以測量工具記錄下來的受訪者回答類型，調查訪問資料亦被視為由**重要報導人** (key informant) 所提供的資料 (Bateson 1984)，因為是由受訪者就問卷的問題所提供的訊息，與一些由研究者所直接觀察的記錄有所差異。調查訪問資料的內容與形式和前面各章節所討論的抽樣設計、調查訪問形式、量表編製、以及測量等工作息息相關，這些研究設計的環節會影響資料的組成方式與大小。舉例而言，**橫斷研究**通常以大數量的受訪者為對象進行一次調查訪問，就單一受訪者而言，所收集到的資料為單一時點之資訊，在資料檔的建立上以符合一般原則為準。相對而言，對單一受訪者進行多次調查訪問的**追蹤研究**，可收集到同一受訪者不同時間點的資訊，對於此類研究通常會依照各次的訪問而個別建立資料檔，然而研究者多希望能串連不同的資料檔來分析**跨時趨勢**，因此在資料檔中所提供的資訊除了包含當次訪問的變項資料外，還必須建構可供資料串連的變項；對於重複測量的變項，則需注意在變項的命名上能區別不同時點的資料，以免在分析時誤用。此外，追蹤研究對受訪者進行多次訪問，所獲得的資料極為豐富，在數量上亦通常具備一定的分量，因而在進行檢誤工作及編寫製訂**編碼簿** (codebook) 時，更需謹慎小心，以避免**非抽樣誤差**的產生。

　　無論研究設計為何，當資料收集的工作完成後，在進行分析之前，都必須先將資料整理為所需之形式，建構符合分析軟體要求之資料格式，同時依據資料的內容建立變項，並記錄變項之敘述、選項與特殊代碼等，以製作編碼簿。建立正確的資料檔之目的在於提供無錯誤、邏輯合理或乾淨的資料。編碼簿則屬於**後設資料** (metadata) 的性質，詳實記載資料檔中可提供之資訊，使得利用這筆資料的研究者，瞭解資料檔的內容，並可根據其研究分析之目的與需求，合併或刪除變項資料之選項，或者另行建構新的變項。

　　本章第一節將說明建立資料檔的準備過程，包含資料的整理分類、數據資料的輸入與儲存、新變項的建立與記錄等。當資料檔建立後，必須記錄資料的內容與相關資訊，第二節將說明資料的**編碼** (coding) 原則，以及如何建立具後設資料性質的編碼簿。由於調查訪問資料在田野記錄與數據輸入的過程當中可能出現錯誤，因此必須依據問卷中量表與測量變項的設計來檢測不合理值，並檢核資料是否符合邏輯，這些資料檢誤與合併資料檔、建立新變項的方式將於第三節中介紹。最後一節則說明一些特殊資料檔，例如固定追蹤樣本與時間序列資料等，在建構資料檔時所需注意的各項事宜。

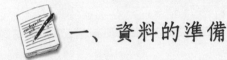 # 一、資料的準備

　　調查訪問所得到的資料被稱為**原始資料** (raw data)，必須經由不同形式的轉換、整理之後才可被用在後續的分析。將原始資料**轉換**的目的有二 (Lin 1976)：首先，原始資料是最初始的材料形式，研究者必須確認這些資料不會被錯置或遺失；其次，為便於後續在計算機具上的處理和利用，需要讓所有資料都被儲存為特定的**系統化格式**。這些量化的調查資料具備以下三種特性 (Kent 2001)：

⑴調查資料是由受訪者對於問題的回答而得，為系統化的
　記錄；
⑵調查資料包含了特定受訪者的一組數值，而每一個數值
　都和一個特質或變項有所關連；
⑶調查資料的格式以**資料矩陣** (data matrix) 的方式呈現，
　記錄了所有受訪者的全部變項之所有數值。

　　矩陣是有著欄與列交叉的**格狀系統** (grid)；舉例而言，如果一個研究者由五位受訪者處收集了他們的性別、出生年與就業狀況，資料矩陣可以如下呈現：

受訪者編號	性　別[a]	年　齡	就業狀況[b]
001	2	42	1
002	1	68	2
003	1	37	2
004	2	29	1
005	1	56	1

a：1 是「男性」；2 是「女性」。
b：1 是「有工作」；2 是「無工作」。

　　上面這個矩陣由四欄、五列交叉而成；每一欄表示一個變項，每一列代表一位受訪者。我們可以用每一列中第一欄內的數字來區分受訪者（001、002 等），這些數字便是「受訪者編號」這個變項的類別編碼 (code)。接著第二欄是性別的編碼，其中 1 是男性，2 是女性；再過來這一欄是年齡。而每一列的最後一欄則是關於受訪者的就業狀態，其中 1 是有工作，2 是無工作。因此，從以上的矩陣資料，我們可以得知第一位受訪者 001 是有工作的 42 歲女性，第二位受訪者 002 是無工作的 68 歲男性，以此類推。若是以另一個角度來看，則可知性別變項的類別有男性及女性；而就業狀況則包含有工作及無工作二個類別。同時，在這個資料矩陣中，每一個受訪者在某一個變項中只屬於一種類別，因此受訪者不能夠同時是男性又是女性，也不能夠同時有工作又無工作。

　　仔細檢視資料矩陣的內容可以看出，上面這個矩陣是**編碼**後的**數據資料格式**，每一個變項通常對應到問卷中的某一個題目，而每

一個回答類別則會經由編碼的程序轉換為數據，再將該數據編碼輸入資料矩陣中。因此原始的性別變項所具有的兩類回答（男性與女性），在經過編碼轉換後成為 1 與 2 的數值資料。同樣地，受訪者對於「就業狀況」這個問題（變項）的回答也經過編碼轉換，因此回答「有工作」的受訪者在就業狀況的變項資料便以數值 1 來代表原始的記錄。關於調查資料的編碼原則與程序，在本章的下一節會有更詳盡的說明。

㈠事先規劃資料檔

在建構資料矩陣之前必須經過系統性的規劃，研究者必須先決定資料的**分析單位** (unit of analysis)、鍵入格式與變項數目。分析單位可以是家戶、個人、或者其他單位，端視其研究議題為微觀或鉅觀而定。在社會科學的調查研究中，最常見的分析單位為個人，研究者可能有興趣瞭解社會中的個人對某一議題的態度、想法及行為是否有所關連，例如徐火炎 (2004) 以 1998 年與 2001 年兩次立委選舉的調查資料為基礎，討論臺灣選舉的符號政治，其分析單位便是個別民眾的資料。另一方面，研究者也可能從鉅觀的角度來探討組織變遷或因應趨勢，此時分析的單位就應該是組織而非個人；例如江義平與郭崑謨 (1998) 探討臺灣中小企業應如何配合亞太營運中心計畫發展策略聯盟，以掌握未來之成長發展機會，同時在日益激烈的競爭環境繼續生存。其分析資料是根據 185 家臺灣中小企業之調查結果作為依據，因此資料矩陣便是以單一企業體作為建構之分析單位。

資料的鍵入格式應該有統一的標準，例如時間單位是否包含年分、日期，或者直接轉換為日數、時數等單位。資料矩陣中的變項單位通常會依循調查問卷中的各問題回答類別而定，例如詢問年齡

時，問卷題目為出生年、出生月份，則資料矩陣會依據問卷中的原始資料予以記錄，以免造成編碼者或資料輸入者的混淆與困擾。研究者可根據個別需要將這些數據轉換為以年或月為單位的年齡變項，再進行後續的分析工作。

此外，變項的數量必須事先確定，例如複選題通常以多個小題來處理，而非單一題目，因此變項數目會依據複選項目的數量而定。確定變項數量不僅可協助資料鍵入人員確認資料矩陣的內容是否有所遺漏，亦有利於過錄編碼簿的建置，以使後續的資料檢誤與分析工作可順利進行。然而，有時候研究者依據所需的資料整理了所有的變項內容，但是在分析時卻無法精確說明結果。假設下列資料為六個城市的人口數、犯罪案數與犯罪率：

人口數（千人）	發生犯罪案	每千萬人之犯罪率
163,090	5,301	325.04
132,694	3,568	268.89
215,532	7,319	339.58
207,303	4,723	227.83
316,977	6,881	217.08
114,144	1,808	158.40

我們可以用這些資料中比較犯罪率的高低，但是卻無法曉得最高或最低的是哪一個城市，因為資料矩陣中遺漏了可分辨個別受訪對象的最重要變項——**識別碼** (identification number) 或**識別變項**。在此例中識別變項為「城市」，其他則可能是以受訪者編號或地區代碼等，對於建構資料矩陣較無經驗者常容易忽略識別變項，而對分析結果的詮釋造成困擾。

㈡鍵入調查資料

隨著科技的發展，尤其是電腦運算技術的改革開發，調查資料的鍵入與儲存早已摒棄過去的紙卡打洞方式，而發展出以電腦為介面，具備多種功能的各式資料處理工具。目前的調查訪問資料大都仰賴電腦軟體的運用，尤其是一般常見的運算表或統計軟體多提供欄列整齊的格子方便資料鍵入，較大型的資料檔亦可利用資料庫軟體來處理。問卷資料在鍵入電腦之前，通常會先檢查原始資料是否有問題或出現錯誤，這些可能的問題包括邏輯不一致、數值超出界定的範圍、或是編碼錯誤等。待錯誤修正或問題排除後，再依據調查問卷中**事前編碼** (precoding) 的內容或基本的編碼原則，將每一位受訪者（分析單位）的每一個變項之數據資料逐一鍵入，並儲存為可供辨識的電腦檔案格式。

資料鍵入的工作應該由受過訓練的鍵入人員來執行，以冀符合檔案格式的要求。同時，為了減少鍵入過程所造成的資料錯誤或遺漏，所有的問卷資料應該由兩位鍵入人員個別完成資料檔建置的工作，亦即**重複鍵入** (double key-in)；然後再由第三人檢查兩份資料檔的內容一致性，找出差異處，並依據原始問卷內容予以訂正。然而這樣的檢查方式還是可能有遺漏之處，如果兩份資料檔同時將某一些欄位的資料鍵入錯誤，檢查人員無法由比對資料檔發現差異，因此需要後續的資料檢誤工作來作進一步的修訂。

㈢資料檔的儲存

在電腦檔案的格式當中，大部分的原始資料（無論為文字或數據）已經轉換為數據資料，因此每一筆變項資料的長度或位數以所需的字元數來決定，在調查資料檔中被稱為「**資料欄位**」。例如「教

育程度」這個變項的回答類別可能有二十多種，亦即每位受訪者對該變項的回答可被視為兩位數的數據資料，那麼在資料矩陣中所占的欄位便是兩位；對於變項中每一個數據所代表之類別的說明文字則稱為「欄位定義」。由於每一個變項或題目所獲得的回答有長有短，為了避免不同變項的資料移位混雜而造成錯誤，宜如前所述事先確認變項數目，以及個別變項所需的欄位數。當資料矩陣建構完成後，可依據所使用之資料檔建構軟體而存成不同的格式。有時為了符合不同軟體的需求，研究者會將資料檔存成最簡單的文字檔 (*.txt)，但是如此作法會損失原本建立的變項名稱與欄位定義等資訊，並且經常造成在讀取資料時因無法區辨不同的變項資料而產生錯誤。為使得不同的運算軟體能夠辨識，最佳的方式是存成 ASCII 相容的檔案格式，或是常見的運算表相容格式。

　　由於調查資料檔的建置內容多依據原調查問卷中的問題與回答內容來加以記錄，當研究者在進行資料分析時常需要將資料的形式轉換為符合其分析方法或策略的形式，例如將出生年轉換為調查訪問當時的年齡；或者調整變項的測量尺度，將原本為等距尺度的年齡改為順序尺度的年齡層或**出生世代** (cohort)。因而必須建立新的變項以因應需求。最常見的則是將答項的**向度反轉**，例如將原本態度題目所回答的「非常同意」由最低分變為最高分，以符合數個問題或題組的概念方向。類似的變項資料轉換常會改變原始資料檔案的內容，為避免資料內容的改變影響後續的分析結果，研究者會以建立新變項的方式來取代，因此宜詳實記錄資料檔的變動內容。

　　有時資料的建構與儲存內容正確無誤，但是讀取資料的語法檔出現瑕疵，會使研究者分析結果偏差而不自知。例如詢問受訪者平均每天花多少時間看電視新聞？原始資料包含小時與分鐘的數值各兩個欄位，但是在讀取資料時卻不慎將這個變項的答案視為具有四

個欄位的單一變項，使得原本應為「1 小時 30 分鐘」的資料可能被讀取成「130 分鐘」；讀者們可以思考應如何將此錯誤資料轉換為正確的 90 分鐘或 1.5 小時。

 ## 二、資料過錄編碼

為了讓資料分析工具能夠讀取問卷調查所蒐集到的資訊，原始資料要轉換成適切合理的數據資料，此一過程有賴於過錄編碼的程序。**編碼**是在研究設計中將各個題目的回答歸類到某個有意義的類別當中；亦即以數字或其他符號將變項的類別給予**代碼**或**分類碼**的過程，以方便後續資料分析的進行。當相同條件存在時（即同一變項或題目中），此代碼在不同的個案或分析單位中，應該具有一致性。舉例而言，婚姻狀況的類別如下：

1. 未婚　　2. 已婚　　3. 同居

4. 離婚　　5. 喪偶　　6. 其他＿＿＿＿＿

這個變項的回答類別共有六類，數值分別由 1 到 6，若受訪者回答「已婚」，則該受訪者在此一變項的數值應為 2；同樣地，我們也可從此變項的回答為 1，來推測出該位受訪者的婚姻狀況應為「未婚」。

為了能在進行資料編碼時有系統化的標準可供依循，使得調查資料的變項代碼具有一致性，研究者應建立一套**編碼系統** (coding schemes) 來將回答的語言文字轉換為數據 (Frankfort-Nachmias and Nachmias 1996)。換言之，編碼系統是用來將相關於單一題目或變項的回答或行為加以分類的系統。以「教育程度」此一變項為例，以一般成年民眾為研究對象的編碼可以簡單包含了小學及以下、國

（初）中、高中（職）、大專院校和研究所以上等不同層級；但是對於想要細究技職體系與一般教育體系差異的研究者來說，會希望在分類上能區辨出這兩類受訪者的回答，而需要將高中與高職、一般大學與科技大學等分別編碼，這些研究者可能因此建立一套不同的編碼系統。

　　研究者亦可使用代碼來將一項概念的不同類別加以分組。以職業為例，在調查資料中蒐集到的受訪者職業有許多不同的類別，分類的依據也各有不同。目前國內的調查研究對於職業分類的依據包括行政院主計處出版修訂的《中華民國職業標準分類》、職業分類國際標準碼、或學者自行研究發展而得的分類碼（如黃毅志 1998, 2003）。若以臺灣社會變遷基本調查之職位分類表（附錄 9-1）的編碼來將文字資料的餐廳廚師轉換成數據資料的 513，在這個分類表中可看出職業的分類共有三碼；換言之，這個變項的資料欄位為三位，最多可有 999 種類別。同時，職位分類表中區分了管理人員與實務工作者；在實務工作者中又依據技術水準區分為專業、半專業、事務性、非技術工等四個層級。

　　而另一個由國際勞工組織 (International Labour Organization) 所發展出來的職業分類國際標準碼 (International Standard Classifications of Occupation, ISCO) 則將職業作更進一步的細分，它採取四位數的編碼，可區辨出更多類似但仍具些微差異性的職業類別。該編碼系統是以個人所執行的主要工作內容與責任性所定義，並依據工作的技術性與專業程度是否相近而決定編碼。不過無論是哪一種編碼系統，研究者可以根據研究所需使用適當定義的較大分類，如前例的廚師在 1988 ISCO 分類上的編碼為 5122，但也可歸為較大分類的「家事及餐飲服務工作人員」，編碼為 512，而不必使用原先的細目分類。

㈠編碼原則

變項類別的代碼常符合**直覺判斷力**，以較高的編碼表示較高的數值，且這些編碼通常可反映出測量尺度的類別間順序排列或等距差異。以態度量表中的李克特量表為例，從「非常不同意」到「非常同意」的五點量表中分別以 1 至 5 的數值表示，則我們可知道數值越大表示同意程度越高。此外，若是一個人的受教育年數比另一個人多，那麼該受訪者的受教育年數就應該用比較高的代碼來表示。因此一個有大學學歷的人接受了 16 年的正式教育，其受教育年數的代碼為 16；而一個有高中學歷的人接受了 12 年的正式教育，其代碼應該比大學學歷者低，而可以標示為 12，諸如此類的編碼方式即符合直覺判斷。

然而有些（名目尺度）變項的數值代碼並無此類順序性的關係，有些人的性別代碼為 1（代表男性），並不比性別編碼為 0（代表女性）具備更高程度的性別；同時，將這些類別的編碼分別改成 3 與 5 或 4 與 2 並不會造成任何差異，因為這些編碼只是為了區分不同的回答類別而給予的代碼。一般對於名目尺度變項的編碼都由 0 或 1 開始，依序對增加的類別給予編碼。

編碼除了符合直覺的判斷力，有時也需要考慮到理論、互斥性、周延與詳盡等因素。研究者常企圖以量化資料來檢驗自理論衍生而來的假設，因此所使用的編碼系統應該與其所希望支持或質疑的理論相結合 (Frankfort-Nachmias and Nachmias 1996)，對於開放式問題的答案編碼應特別注意此一議題。驗證理論可以使研究者預期受訪者可能有的反應與想法，不過問題常具有多種面向，因此必須先釐清問題的不同面向。例如要瞭解青少年快樂的原因，由理論可預期其來源至少包含家庭、學校與人際關係等面向，因此在編碼時應予以分類。

　　此外，實際的編碼應符合**周延**與**互斥**兩項特性。「周延」指的是該納入的類別皆應納入，也就是讓每一種回答都可被納入某個類別。研究者必須能完整地將受訪者所有可能的類別都考慮到，而盡量不使用另外的代碼來表示「其他」這一項。以「婚姻狀況」這個變項來說，一般研究者會區分出「未婚」、「已婚」、「離婚」、「喪偶」等四類，若受訪者屬於「同居」的狀態，便無法被歸到任何一類去，因此此種編碼類別並不符合「周延」的要求。此外，對於樣本為兒童或少年的研究，這些編碼類別則變得沒有意義，因為幾乎所有的兒童與少年都是未婚。

　　「互斥」則是指編碼的類別與類別之間彼此不可有重疊的定義，亦即每種回答只能被歸到某一類別中，而無法被重複歸類。我們經常可看到在詢問平均月收入時，受訪者可選擇的類別為：(1)一萬元以下、(2)一萬元到三萬元、(3)三萬元到五萬元、(4)五萬元到七萬元、(5)七萬元以上等；若受訪者回答三萬元，編碼者應該將答案歸在(2)還是(3)呢？事實上研究者應該將編碼規則修正為範圍不相互重疊的類別，例如「一萬元以下」、「一萬元到三萬元以下」、「三萬元到五萬元以下」、「五萬元到七萬元以下」、「七萬元以上」等五類，那麼受訪者回答「三萬元」時，便可被歸到第三類。

　　將調查資料過錄為數據編碼時，必須注意到資料不完整的問題。某一些受訪者可能拒絕回答上一次的總統選舉投給了哪位候選人；有些受訪者則對於問卷的題目無法瞭解或沒有答案而回答「不知道」。有時候題目並不適用於某些受訪者的情況而必須略過該題，跳答至後面適用的問題，例如未婚的受訪者應跳過配偶職業的問題。自填問卷則容易出現受訪者忽略或跳過了應該回答的題目，而產生資料遺漏的狀況。這些拒答、不知道、不適用或跳答、以及資料遺漏都屬於所謂的「**題項無反應**」，由於這類的回答通常不在研究者的

理論預測當中，對資料分析亦無法有所貢獻。然而，若因為部分題目無法獲得實質回答而捨棄整筆資料並非解決之道，所以這些回答會被給予特定或數值較高的編碼。經過編碼的問卷資料必須再經過整理與檢誤，以確定無反應的題目在鍵入電腦時已經經過處理。在調查研究方法的相關文獻上，討論題項無反應的成因與影響則為重要的議題。

　　編碼時應該在每一筆記錄（亦即每一個分析單位）的最前面留下足夠容納這筆資料識別碼的空間，識別碼或識別變項可以包括研究編號，以及每個研究個案所對應的獨特編號。國內的大型面訪調查通常會包含地區代碼、村里編號與受訪者編號等三個識別變項。有些大型調查訪問在建置資料庫時會在識別變項後加上卡號的欄位，這是由於過去的電腦程式只能處理每列長度在 80 個字元以內的資料，也就是 80 個欄位；然而每一位受訪者的全部調查資料往往超過 80 個欄位，因此鍵入者會將資料分為好幾列，這些列便以卡號來表示，亦即每位受訪者的資料會有好幾卡。目前電腦所處理的資料格式已經沒有長度的限制，但是在調查問卷與相對應的資料檔有時仍然可看到如此設計。

　　進行過錄編碼時應盡可能地保留最詳盡的資訊，特別是等距尺度和等比尺度的變項，這些訊息能為資料分析提供較多的變異。此外，詳盡的資料編碼也可使二手資料使用者依據個別的研究需求重新進行分類編碼。對於「教育程度」的編碼，會隨著教育體制的改變而產生許多新的類別。大部分研究者只需要單純地辨別出中小學與高等教育的學歷差異，有些研究者則企圖進一步比較二年制技術學院與二專學歷的受訪者教育分流的狀況。對於後者而言，教育程度的編碼必須能區辨兩者的差別，而非將二年制技術學院與二專同樣歸類於「大專院校」一類，保留詳盡的資訊方可讓資料發揮如此

功效。重新組合以產生不同類別的工作可留待後續使用資料的研究者自行處理。

㈡編碼的方式

目前最常見的過錄編碼方式是在問卷的最右方附上過錄格以及欄位數，調查訪問的工作完成後，問卷資料的初步編碼工作便可進行，同時可以確認資料在電腦檔案格式中的位置。這樣的編碼方式又稱為**邊緣編碼法** (edge coding)(Babbie 1998)，在問卷中呈現的方式如下：

請問您的出生年是? 民國＿＿年　　　　　18–19 □□

目前為止，以出生年的問題來獲知受訪者年齡的方式可得到的回答至多占兩個欄位，因此在最右方附有兩個空格（即過錄格），由編碼者將回答登錄在格子中。同時依據過錄格旁的欄位數可知，這個變項資料應該被登錄在一筆記錄的第 18 到第 19 格欄位。

有時原始資料並非逐一記錄在問卷上，而是運用**答案卡劃記**或**條碼設定**的方式來記錄受訪者的回答，那麼資料檔的建置便不是以人工鍵入數據資料的方式進行，而是要使用讀卡機或者條碼機進行光學掃描來將資料輸入至電腦檔案中。以「臺灣選舉與民主化調查研究」為例，研究者在問卷題目的回答項下方設定條碼 (barcode)（範例 9–1），在資料蒐集完畢後，使用整合電腦輔助電話訪問系統與條碼輸入系統的讀碼機將問卷資料輸入電腦，以降低人為因素造成資料鍵入錯誤的機率（朱雲漢 2003）。

欲降低人為因素造成之錯誤，另一種資料鍵入方式為「**直接鍵入法**」(direct-data-entry)(Babbie 1998)。正如同前面所介紹的電腦輔

（在開始訪問時，請訪員務必唸下列句子:）

現在我們就開始今天的訪問。如果在訪問中，任何時候您覺得有聽不清楚的地方，請您立刻告訴我，我會再為您重新唸一遍；或者我們的問題您覺得有不方便回答的，也請您告訴我，我們就跳過去。

訪問開始，訪員請記下現在時間___月___日，星期___，___時___分

A1・去年（臺: 舊年）立法委員選舉期間，有些人花（臺: 用）很多時間去看報紙上的選舉新聞，有些人沒有時間看，請問您那時平均每天花（臺: 用）多少時間看報紙上的選舉新聞?

| 01. 30 分鐘以下 | 02. 31-60 分鐘 | 03. 一小時到一小時半 |

| 04. 一小時半到二小時 | 05. 二小時以上 | 06. 偶爾看 |

| 07. 完全不看 |

➤跳問第 A4 題

| 95. 拒答 |

| 96. 看情形、不一定 | 98. 不知道 |

A2・去年立法委員選舉期間，請問您在看報紙時，對選舉新聞是非常注意、有點注意、不太注意，還是一點都不注意?（訪員請出示 1 號卡片，並追問強弱度）

| 01. 非常注意 | 02. 有點注意 | 03. 不太注意 | 04. 一點都不注意 |

| 96. 看情形、不一定 | 97. 無意見 | 98. 不知道 | 95. 拒 答 |

範例 9-1 條碼回答之例

資料來源: 朱雲漢，2003，《2002 年至 2004 年「選舉與民主化調查」三年期研究規劃 (II): 民國九十二年民主化與政治變遷民調案 (TEDS 2003)》報告書。

助電話訪問系統 (CATI)，它是利用電腦程式語言預先設定各變項合理的數值範圍，訪員以電腦為介面將受訪者的回答直接勾選或鍵入

該題的過錄格中，因此當鍵入的數值不在該設定範圍內，系統便會提出警告，直到錯誤修正後方可繼續進行。此外，對於問卷結構複雜的跳題設計，也可以運用軟體程式的設定，減低回答邏輯不一致的問題；同時在要求問卷題目應被依順序作答的情況下，可因此避免訪員漏問而產生資料不全的情形。

　　然而，有沒有可能在系統設定後，還是會出現錯誤的資料呢？答案是肯定的。例如對「快樂感」的回答由「很快樂」、「快樂」、「不快樂」到「很不快樂」分別給予 1 到 4 分，對於「不知道」、「無法選擇」、「拒答」及遺漏值分別給予 6 到 9 分，所以欄位設定為一位數，可接受的答案範圍為數值 1 到 9。但是實際上數值 5 並非合理的回答，像此類的錯誤就必須在資料檢誤時檢查出來，並予以訂正。

(三)事前編碼與事後編碼

　　數值資料的編碼可以在問卷記錄時進行，也可以待訪問完成且題目已經被回答後來作。對於事先在問卷中給予過錄編碼的**封閉式問題** (closed-ended questions)，應該要保留這些編碼規則，以避免混淆或錯誤出現。在封閉式的問題中，研究者通常可以事先決定所要分析的答案範圍及如何區隔問題的答案，並將這些研究所需的答案給予號碼（數字）。除了提供圈選外，這些號碼也常保留予資料鍵入與分析之用。此種在受訪者回答問題前就預設好編碼的方式，稱為**事前編碼**，例如電腦輔助電話訪問系統所使用的過錄編碼方式就屬於此類。

　　事前編碼指的是將問卷中的數字集結，並用於答項的最後編碼，以轉換為電腦可辨識的格式。例如：

　　請問您的性別是？　　　　□(1)男性　　□(2)女性

其中代碼 1 為男性，2 為女性，顯示在回答項的旁邊，編碼者可以直接將問卷題目上的類別編號轉換成編碼；亦即在編碼簿上記錄男性編碼為 1，女性為 2，若有其他遺漏資料的類別再予以補充。由於事前編碼使得問卷內容與編碼簿的相似程度大為提高，有些研究者甚至直接在問卷題目上加註變項名稱並補上無反應或遺漏資料的類別編碼，而將空白的問卷用來作為編碼簿。不過當補充的類別過多時，反而容易讓問卷內容變得凌亂而不易辨認出編碼系統的規則。總而言之，在將調查訪問資料轉換為電腦可辨識之數據格式的編碼過程中，事前編碼節省了許多時間，同時減少了錯誤編碼的機率，使得編碼信度提高，有助於後期資料分析的工作效率。

事後編碼 (postcoding) 常用於**開放式問題**的過錄。由於研究者在訪問前不易掌握受訪者可能回答的答案，通常是待問卷回收之後，才來檢視受訪者回答的答案有哪些，依照研究需要及回答的狀況設計過錄方式。例如研究者常希望瞭解受訪者的詳細工作內容與職業，以便區分職業類別。然而隨著新興科技產業的發達，許多過去不曾出現的職位或工作內容都逐漸可在訪問資料中看到，因此在整理受訪者的回答時，常會發現原本未考慮到的類別，在編碼時就必須**新增類別**。有些情況則是訪員在訪問當時無法判定受訪者的回答應歸到既有類別中的哪一項，而另行記錄答案，再由編碼者或研究者來判斷是否可歸併到原有的類別當中，或者是另行增加一類。

事前編碼有兩個主要優點 (Bailey 1994)：第一，可以節省大量人力，因為在訪問當時受訪者便已指出該變項的數值編碼，而不需要編碼者重新閱讀問卷資料再進行編碼。第二則如前所述，已經對編碼加以定義的問卷可作為編碼簿使用。然而，當研究者無法預測受訪者的回答內容，或者難以判斷特定的問題應包含多少回答類別時，事前編碼反而顯得不切實際。事後編碼優於事前編碼的主要部

分在於前者是利用受訪者的實際回答來作編碼，如果事前編列了十個回答代碼，但是受訪者的回答可能只有三類，那麼該變項只需要三個代碼即可；且資料欄位只需一欄而非兩欄。採用事前編碼或事後編碼端視研究者的研究設計、時間與進度，以及受訪者的回答情況而定。當遇到原先設計的編碼不敷使用時，必須決定要增加新的編碼，或者歸入已有的類別中。

(四)開放式問題的編碼

開放式問題的回答十分多樣化，學者主張對開放式問題之回答的編碼工作屬於事後編碼 (Kent 2001)，同時對於這些回答的歸類編碼方式也可視為**內容分析** (content analysis)，這是一種將所觀察的記錄作量化分析的方法，回答內容多為文字，研究者必須先將回答類別列表，並分派數值代碼予各類別，然後將受訪者的回答逐一重新編碼。例如將「為什麼快樂／不快樂?」的原因整理出如工作、財務、人際關係等的類別，並可依出現次數的多寡排序且給予編碼，然後再一一將原始資料歸到適當的類別。開放式問題最常被用來獲知事實性問題的回答，但是因為回答的類別太多，若一一列出於問卷中會占用過多版面空間，因此以開放式問題的形式呈現。受訪者若能夠以數值回答問題，例如年齡，那麼調查資料可以不需編碼而直接鍵入資料矩陣中，這樣的方式可視為**經驗觀察編碼** (empirical coding)，因為編碼的數值可與所測量的量相對應 (Kent 2001)。當受訪者的回答無法明確被歸到某一類別時，需要提供編碼者必要的規則來決定如何歸類。例如被問到平均每天花多少時間看報紙時，受訪者可能會回答三、四十分鐘，這時可以要求編碼者用中間點的數值來將答案編碼，而記錄為 35 分鐘。

由於開放式問題的回答可能五花八門，因此必須先決定編碼的

規則，包含類別的數量、代碼以及相對應於各類別的清楚定義，為了將多達數十種，甚至更多的回答歸類為特定的幾種類別，規則的內容必須相當清楚且容易遵循。例如大學生在學校中可參加多個社團，而社團的性質各有不同，若要將一百多個社團歸為主要的類別，就必須有明確的定義，否則可能出現同樣屬於高中校友會的社團，被分別歸屬在學藝性和聯誼性之不同性質的類別中。

　　在將開放式問題的回答進行編碼前，應該先將全部的回答瀏覽過；不過當完訪的個案很多時，這樣的策略並不容易且不實際。對於大樣本的調查訪問，研究者可以抽取 20% 到 50% 的問卷，先行瞭解答案的分布範圍是否很廣，並且嘗試著將答案分組。如果初步分類後得到的類別數過多，宜依照相似程度將某些類別合併，一般建議將回答歸納為八、九類，不過還是要以研究目的與理論依據作為主要考量。當受訪者回答開放式問題的答案不只一個時，可以有幾種方式來處理。研究者可以只對其中一個答案進行編碼，通常會選擇第一個答案；其次可以將答案以**複選題**的方式處理；第三種方式為列出編碼的**優先順序**，例如只選前兩個答案，並區分其重要性 (Frankfort-Nachmias and Nachmias 1996)。

　　若決定選取一種以上的回答，或使受訪者列舉多個答案時，該題即視為複選題，在封閉式問題與開放式問題中皆可能出現。複選題的編碼方式與單選題不同；受訪者對於單選題的回答只有一類，在編碼時只需在該變項鍵入適當的類別數值。對於複選題的回答受訪者可以選擇一種以上的答案，訪員必須將所有答案都予以記錄；這些複選題可被視為題目重複的數個小題，但受訪者必須分別對所提供之不同答案逐一作選擇。因此在進行編碼時，通常會將複選題依其答案數編列相同數量的變項數目，而在回答的編碼則以 1 表示受訪者選擇了該答案，0 表示沒有選。最常見的複選題目為家庭結

構，受訪者需指出目前同住者的身分與數目，這些人可能包括好幾位兄弟姊妹或其他親友，因此應依身分分別列舉。如果受訪者與兩位兄長同住時，則該變項的回答編碼為 2；倘若受訪者並無弟妹同住，則此兩小題的編碼應皆為 0。複選題的編碼常因選項較多而占用許多編碼簿的空間，同時要注意的是，由於在問卷上未圈選的答案容易被忽略，而可能記錄為遺漏值，在編碼與資料檢誤的過程中應特別謹慎小心。

(五)建立編碼簿：變項設定、欄位定義、編碼內容

當編碼系統已經建立，研究者應該將編碼系統的所有訊息記錄在編碼簿中。編碼簿屬於後設資料的形式，亦即為描述調查訪問資料本身特性的資料，它匯集了所有蒐集到之變項與回答類別的相關訊息，包括問卷題號、變項名稱、欄位、選項代碼說明、編碼規則以及遺漏值的分類碼等。編碼簿提供了編碼者將原始資料轉化為可進行統計分析的輸入數值，同時作為欲使用該筆資料之研究者的參考依據。編碼簿應清楚地記載每一個編碼所代表的意義，便於日後資料整理與分析。一旦建立了編碼簿，就能夠將資料分類編碼，或轉化為可以輸入電腦進行儲存或分析的形式。

範例 9-2 為 2001 年「社會意向電話調查」的編碼簿中，第 1 到第 16 個欄位的編碼內容。編碼簿的第一欄為問卷題號，第二欄的變項名稱則是簡單地以題號加上英文字母 V 來表示；研究者也可取用題目中的關鍵字來為變項命名❶。欄位定義的部分說明了該變項的資料長度，例如變項快樂感 (V8) 的欄位是第 12 格，表示該變項為

---

❶　受到資料分析軟體的限制，目前變項名稱仍以英文字母加上阿拉伯數字為命名方式，同時不可超過八個字元，否則程式會將該變項名稱判讀為語法錯誤。

僅一位數的數值資料。**變項說明**的部分則詳載該變項在原始調查問卷中所使用的完整題目文句；若是複選題的編碼，則建議以選項內容作為變項名稱與說明內容的主要依據，並應注意相對應的題號。**選項數值說明**則清楚記錄了該變項的選項代碼，其中並包含「不知道」與「拒答」兩類題項無反應的回答。**備註欄**的部分則可讓編碼者或研究者對該變項提供關於編碼規則的額外說明，例如該變項由原有變項轉換而得的新變項，便可加註於此。

範例 9-2 2001 年社會意向調查編碼簿

社會意向電話調查 Si01A_2001 年 3 月過錄編碼簿

題號	變項名稱	欄位定義	變項說明	選項數值說明	備註
1	V1	1-2	您是民國哪一年出生的？＿＿年	97 不知道 98 拒答	
2	V2	3	您父親是哪裡人？【指籍貫】	1 本省閩南人 2 本省客家人	
3	V3	4	您母親是哪裡人？【指籍貫】	3 本省原住民 4 大陸各縣市 5 其他 7 不知道 8 拒答	
4	V4	5	請問您結婚了嗎？	1 未婚 2 已婚或結過婚 7 不知道 8 拒答	
5	V5	6-7	您自己不算，跟您住在一起的人總共幾位？		
6	V6	8-9	請問跟您同住的人裡面，有幾位是足歲 6 歲以下的小孩（不含滿 6 歲者)?		
7	V7	10-11	請問跟您同住的人		

			裡面，有幾位是滿 6 歲到 12 歲以下的小孩 (不含滿 12 歲者)?		
8	V8	12	整個說來，您最近的日子過得快不快樂?	1 很快樂 2 還算快樂 3 不太快樂 4 很不快樂 7 不知道 8 拒答	
9	V9	13–14	請問您平常一個禮拜裡面，有幾天是在外面吃晚飯?(指最近一個月)	97 不知道 98 拒答	
10	V10	15	您平均一天大概花多少時間看電視新聞? (指最近一個月)	1 不到半個鐘頭 2 半個鐘頭到一個鐘頭以下 3 一個鐘頭到兩個鐘頭以下 4 兩個鐘頭或以上 5 從來不看 7 不知道 8 拒答	
11	V11	16	一般來說，電視臺報導的新聞可不可以信賴?	1 很可以信賴 2 還算可以信賴 3 不太可以信賴 4 很不可以信賴 7 不知道 8 拒答	

註：9、99、999 表示為 missing value 或跳答。
資料來源：學術調查研究資料庫 (http://srda.sinica.edu.tw)。

　　在範例 9–2 這份編碼簿的每一頁下方皆加註了遺漏值的編碼。一般調查訪問的研究中，常見以 "9"、"99" 等來表示該變項為**遺漏值 (missing value)**，視其變項的欄位數而定。為避免資料檔中有空白欄位造成某些欄位定義程式讀取資料檔發生錯誤，建議盡量以數字來表示**無反應的回答**。此外，不同的「無反應回答」應該使用不同

的代碼。無反應回答可包括四類：受訪者**拒絕**回答；問題**不適用於**受訪者；受訪者**不知道**答案；以及**遺漏值**。編碼指導原則應該詳細說明不同代碼的使用方式，例如當受訪者表示「不知道」時，應確認受訪者是不瞭解題目的意義，或者是對於題目可理解但無法做出選擇，因為兩者在意義上大相逕庭。

範例 9–2 中將遺漏值與跳答同樣以 9、99 或 999 來編碼，有些研究者則會將遺漏值與跳答分別編碼。常見的基本編碼如下：

「是」、「有」代碼為 1
「否」、「無」、「沒有」代碼為 0
「無意見、無法選擇」代碼為 5、95、995、9995
「不願意回答、拒答」代碼為 6、96、996、9996
「不瞭解題意、不知道、不記得」代碼為 7、97、997、9997
「跳答、不適用」代碼為 8、98、998、9998
「遺漏值」代碼為 9、99、999、9999

由於這些無反應回答的編碼其個位數字由 5 開始至 9，當題目的選項超過五項時，為了區分選項與無反應而需有不同的編碼，此時無反應的編碼會以兩位數的 95 至 99 來表示。當然，如果研究者依其研究目的或理論假設，並不需要區分所有類別的無反應回答，則可考慮將某些無反應回答的類別合併或僅選取其中幾類，以減少所有回答的類別數量，同時減低欄位數增加的必要性。

變項的新增或轉換也應記錄在編碼簿中，屬於人口基本特徵的年齡是一個較常見的例子。若在問卷題目中直接詢問受訪者的年齡，容易出現國曆或農曆年齡不同的困擾，因此用出生年來詢問，有些還加問出生月份，再由研究者將資料轉換成訪問當時的年齡，而建

立一個新的「年齡」變項。有時為了呈現敘述性資料，編碼者會建立新的年齡層或世代的變項，這些新變項的編碼類別、產生方式、以及與原變項的關係都需一一註記於編碼簿中。若利用統計軟體或運算表工具來新增變項或指數，通常會逐一加列在資料矩陣的最末變項之後，因此在編碼簿上也應依照資料欄位順序增列新變項的各項編碼內容與說明。

㈥編碼的信度

許多方式可以提高編碼的信度，包括架構完整的編碼簿、事前編碼、封閉式問卷與適當的編碼訓練等 (Frankfort-Nachmias and Nachmias 1996)。對於開放式問題的回答，或者是未加以組織的變項資料，編碼者必須運用個人的判斷，來決定答案應如何歸類整併。當編碼的規則無法清楚地適用於特定回答時，不同的編碼者可能將相同的回答分成不同類別。尤其是開放式問題的編碼，應該有兩位經過訓練的編碼者，各自將相同的資料進行編碼，完成後相互比對編碼結果，討論差異處的編碼原則，直到兩位編碼者的獨立編碼結果相符為止，始可確定編碼的內容。

編碼的信度取決於編碼的方法，因此對於編碼後的內容應重新檢查、驗證。欲瞭解編碼者是否將正確的代碼記錄在適當的欄位中，需要另一名人員重新檢查並驗證編碼者的工作。為了增加編碼的信度，研究者應該盡可能簡化編碼規則，並提供編碼者充分的訓練。有時回答無法在事前以分類碼呈現出來，編碼者必須將這些回答另外列在一張表上。例如對於「其他」的回答，訪員會將該項回答的內容記錄在問卷，或是寫在另外一張開放記錄表中。編碼者應依據前述之開放式問題的編碼方式，將答案彙整分類，並且將這些新增的類別編碼詳盡記錄在編碼簿中。

　　為了確認編碼的信度，編碼者（如訪員或複查人員）與訪員的記錄必須能夠被清楚區辨。以中央研究院的調查研究專題中心對於督訪員過錄編碼之要求為例，訪員在訪問時應直接使用藍色原子筆記錄，若有記錄錯誤或受訪者更改答案的情況，則直接打叉劃去錯誤的地方，並在旁邊記錄更改後的答案；負責檢查與過錄編碼的督導則需用黑色的筆記錄各題目的回答代碼，如果發現問卷中有需要補正之處，則以紅色筆來補正。負責編碼的督導不可私自將訪員所做的記錄刪除或修改，如此才能讓後續的檢查人員驗證編碼的正確性。

三、資料整理與檢核

　　調查訪問資料依循標準化的訪問程序，並使用嚴謹的編碼系統鍵入電腦成為資料矩陣後，通常無法立即作為分析之用，研究者必須先將資料進行編輯和整理，同時檢查錯誤並加以修改或刪除，以確保資料品質。資料整理與檢核是資料處理過程中非常重要的步驟，並且應該在分析資料之前進行，否則會使得分析結果變成偏頗有誤。

　　資料錯誤的原因可能是鍵入過程的疏失，也可能是訪問疏失或編碼錯誤所造成。調查問卷在回收後應予以檢查，確認樣本為**合格**受訪者；非合格或不正確之樣本，可能影響樣本代表性，因此需予以刪除。問卷資料的遺漏值若是過多，常會被視為**單位無反應**(Groves and Couper 1998)，而不予鍵入資料矩陣中。此外，檢查者應注意變項的過錄編碼是否有錯誤或漏答，條件式問題的回答是否正確等。資料檔建構完成後，則必須檢查資料的**不合理值**，同時要詳細閱讀問卷，瞭解題目間的相關性，以檢核變項資料間**邏輯關係**的正確性。

　　一般在檢查資料檔時，應核對資料筆數是否和有效問卷的數目

一致，變項名稱、欄位等是否與編碼簿的記錄相同。如果遇到某些變項或受訪者資料的欄位移動時，應先確認資料處理程式有無錯誤，並加以修正；若程式語法正確，則需檢查是否欄位設計有誤，避免資料流失。此外，還需檢查資料中有無**重複樣本**，研究者可以用次數分配列出樣本編號的方式來進行，當某個樣本編號的次數大於 1 時，便可知有重複樣本存在。重複樣本的可能情形有兩種，包括問卷資料重複鍵入與樣本編號相同；前者可在確認後將重複的一筆資料予以刪除，後者則需比對原始問卷與樣本名單，以修正樣本的識別編號。對於變項數值的檢核，則包含了不合理值與邏輯檢核。

㈠不合理值的檢核

檢核調查資料中的不合理值，其主要目的在於找出編碼簿中未定義的類別或遺漏值。一般而言，**不合理值**有兩種：一種是不屬於編碼系統所設定的數值代碼；另一種則是界外值。以性別為例，應該只包含男、女兩個類別；若男性的編碼為 1，女性為 2，遺漏值編碼為 9，則其他未被定義的數值均為不合理值。名目尺度與順序尺度的變項可以用次數分配的結果檢視資料類別的分配狀況，當發現編碼簿未定義的數值時，應比對該筆受訪者的變項資料與原始問卷之編碼值，確定錯誤產生的原因，再進行必要的修正。

表 9–1　性別的次數分配

	Frequency	Percent	Cumulative Percent
1 男性	364	50.2%	50.2%
2 女性	357	49.3%	99.5%
4	1	0.1%	99.6%
9 missing	3	0.4%	100.0%
Total	725	100.0%	

　　假設表 9-1 為性別變項的資料檢核結果，從表 9-1 可看出，性別變項的回答類別包含了男性（編碼為 1）與女性（編碼為 2）兩類，所占次數分別為 364 與 357；另有 3 筆遺漏值（編碼為 9）。除此之外，其中還有一類的性別編碼為 4，這個代碼並非編碼系統所定義的類別，由於僅有一筆資料（次數為 1），可能是鍵入錯誤所產生。我們可判定此為不合理值，進而找出樣本編號，並比對原始問卷之變項資料來修訂錯誤。

　　連續性變項的檢核因為回答的數值範圍甚廣，常以描述統計的測量值或分配圖來檢視；例如平均數、最大值、最小值、直方圖 (histogram)、莖葉圖 (stem-and-leaf plot) 等。一般而言，連續變項皆具有合理的數值範圍，我們可由**最大值**與**最小值**來檢視該變項的數值是否符合，例如針對成年人口進行的調查訪問，年齡變項的數值若為 12，則可質疑該變項資料為不合理值，並檢查是否為鍵入錯誤或變項數值轉換過程有誤所造成。

　　除了鍵入錯誤之外，不合理值也可能是資料位移所產生，例如第 37 個欄位的值出現在第 36 個欄位，連帶使得後續的變項資料往前移一個欄位；此時必須檢查相鄰欄位的變項，並修正誤差。不合理值可以由變項的描述統計分析的結果檢核而得，但是邏輯問題則需進一步瞭解題目的性質，以及題目與題目之間的關連性後才容易判別。

㈡邏輯檢核

　　邏輯檢核用於確認變項資料應符合邏輯關係，程序上通常比不合理值的檢核來得複雜，依題目的性質主要可分為**跳答邏輯**與**一般邏輯**的檢核。跳答邏輯係指條件式問題的回答要能合乎過濾條件，而可依據跳答或續答的題目設計來檢核資料。以下面婚姻狀況的題目為例。

6. 您目前的婚姻狀況是？ 選項請逐一唸出

□ (01) 單身且從未結過婚（跳答下頁 B 大題）

□ (02) 已婚有偶（續答）

□ (03) 同居（除 6b、6c 外，餘續答）

□ (04) 離婚（跳答下頁 B 大題）

□ (05) 分居（續答）

□ (06) 喪偶（跳答下頁 B 大題）

□ (07) 其他（請說明）_____（跳答下頁 B 大題）

6a. 您的配偶（或同居伴侶）是什麼時候出生的？

民國_____年_____月（陽曆）

6b. 您是什麼時候結婚的？（再婚者指目前這次婚姻）

民國_____年_____月

　　我們可看出單身且從未結過婚的受訪者應跳過詢問配偶出生年月的問題，則「配偶出生年月」這個變項在該受訪者的資料中應顯示為跳答或不適用之編碼；反之，應回答該題目的受訪者（本題中包括已婚有偶與同居者）其變項資料則不應該是跳答或不適用之編碼。

　　一般邏輯的檢核則是指受訪者對於問卷中具有相關性的問題，其回答是否合乎邏輯。資料檢核者必須閱讀整份問卷，瞭解題目之間的相關性，才能夠正確執行檢核工作。例如對於婚姻狀況回答「已婚有偶」的受訪者而言，結婚年應該比出生年至少晚 15 年。倘若受訪者年齡為 20 歲但已結婚 10 年，便可發現此為有問題的回答，需要重新核對問卷資料。

　　此外，複選題的檢核也是相當重要的一環，因為其中的變項數較多，並且可能同時涉及不合理值與邏輯檢核，研究者更需要謹慎處理。由於編碼簿會將複選題中的選項視為個別變項，因此在編碼

時多以「有」、「沒有」或「是」、「否」來處理，如果受訪者沒有選取任何一個答案，則相關變項的編碼應該都為「沒有」或「否」。有時複選題會在選項中提供了「都沒有」的答案，若受訪者選答「都沒有」，則該項資料應為「有」的代碼，其他各個回答選項均不應勾選，而必須在資料矩陣中都給予「否」或「沒有」的代碼。以下面的社區參與題目為例：

Q: 你有沒有在你家社區附近參加過下列的活動?【可複選】
　　□①社區裡辦的活動
　　□②宗教活動（社區中教堂、廟所辦的活動）
　　□③利用社區公共設施從事活動（例如：去圖書館看
　　　　書、到運動場地打球）
　　□④其他，請說明＿＿＿＿＿＿＿＿＿＿＿＿＿＿＿＿
　　□⑤都沒有參加任何活動

　　若受訪者同時勾選了「其他」及「都沒有參加任何活動」，可能是誤認為如果題目所列之活動皆未參加過的話，就需要勾選「都沒有參加任何活動」，但實際上又因為曾經參加過其他活動而在「其他」答項中說明。研究者應檢查原始問卷資料中的回答，並給予必要的修正。而對於跳答題目的選項中穿插了複選題的設計，則建議先檢核複選題的編碼正確性，再檢核跳答邏輯（調查研究專題中心 2005）。

㈢資料檔的合併與部分抽取：增加變項、增加個案

　　經過檢核、比對，並修正錯誤的資料已可讓研究者用來作進一步的分析。不過有些情況下，研究者希望結合不同的資料來源以進行分析，尤其常見的是將政府統計資料中的地區性指標視為**鉅觀層**

次 (macro level) 之因素，以瞭解其對於**微觀層次** (micro level) 的影響效果。這些資料並未包含在調查訪問所獲得之原始資料檔中，因此需要另行以**合併** (merge) 資料檔，或是**新增變項**的方式來與原始資料檔整合，以利分析之用。當把微觀與鉅觀層次的資料合併時，屬於新增變項的程序，然而常遇到因分析單位的不同而出現個案無法逐一相互對應的情況；例如把鄉鎮市區的資料放到以個人為單位的資料檔中，通常是多個個案屬於同一個鄉鎮市區，但是鉅觀層次的資料檔中每個鄉鎮市區只有一筆個案，讀者可以想想如何利用統計軟體的合併功能或語法程式來轉換，以便讓每一個受訪者都具備所屬鄉鎮市區的資訊。

當以鍵入資料的方式建立新變項時，程序與一般建立資料矩陣的方式相同，但是要特別注意與原有資料矩陣中相對應的樣本位置；換言之，要小心別將樣本編號 0005 的資料鍵入到樣本編號 0006 的欄位上。有些研究者會先將新的資料來源另外建立一個新的資料矩陣檔案，然後再跟相關的資料檔結合成一個完整的資料矩陣。如此的資料檔結合亦屬於新增變項的方式，不過研究者不需先行建立變項名稱或欄位定義等，資料合併的指令通常會將新變項的相關資訊一併拷貝到合併後的資料檔裡。

為了使得新增變項能正確對應到各受訪者（或分析單位）的資料列位，欲合併之資料檔必須具備**共有的識別變項**。這個識別變項的內容必須是各個受訪者獨有、非重複性的資訊，同時在欲合併的各個資料檔中都需存在此一變項，通常為樣本編號。電腦程式會以識別變項為依據，區分屬於不同受訪者的變項資料，如此才能夠將新資料檔的變項資料正確無誤地逐一分配予原資料檔中相對應的受訪者資料列裡。

若資料檔的合併需要新增個案或受訪者資料，欲合併之資料檔

便不需要共同具備的識別變項，而是要具備與原資料檔相同變項名稱的資料。新增的受訪者資料通常會依序列在原資料檔最後一筆資料的後面，若新加入的資料並沒有原資料檔中的某些變項，那麼新受訪者的資料在這些欠缺的變項欄位上會自動被視為遺漏值，而以系統預設的遺漏值代碼來取代❷。

　　為因應特殊的研究目的，有時研究者需要從原有的資料檔中抽選**部分變項**或**部分樣本**，並另行建立新的資料檔。如此作法通常有兩個原因：一個是研究者只針對特定的受訪者進行分析，因此只需選取符合條件的**次樣本 (sub-sample)**；另一個是因為原有的資料檔案過大，可能是受訪者數目或者是變項數量過多，研究者在深入分析前想先瞭解資料的概況，而從資料檔中隨機抽選出個案數較少的次樣本，或僅選取有興趣的變項來進行分析。研究者可以用較費時費力的資料剪貼方式 (copy-and-paste)，或是以統計軟體的語法指令來建立次樣本的資料檔，過程中仍須留心的是保有所選取之樣本與變項的變項名稱、欄位定義、選項說明等相關資料，以免影響分析結果的正確性。

四、特殊資料檔

　　如前面各章節所討論的研究設計所示，調查訪問的執行需要大量的時間、金錢與人力成本，因此大部分的調查訪問研究為**橫斷面**的研究設計，所提供的資訊則屬於單一時點的資料性質。然而為了特定的研究企圖，有時必須設計不同對象或層次的抽樣方式，以蒐集多面向的資料，而形成與一般橫斷研究有所差異的特殊資料檔，這些資料檔包括配對樣本、多層次樣本、長期性調查、固定追蹤調查、以及時

---

❷　一些常見的統計軟體，例如 SPSS，會以 "." 來表示預設的遺漏值。

間序列資料等。此類資料的建檔通常仍依據樣本特性，區分為不同的檔案，若研究者需要同時分析不同特性的樣本時，可依照前述合併資料檔的原則，利用識別變項將個別的資料矩陣結合成一個包含所有樣本的檔案。目前已有部分資料檔收藏於中央研究院的「學術調查研究資料庫」❸中，並公開釋出以供資料庫會員下載使用。

(一)配對樣本

配對樣本資料是指進行研究設計時，以互有關連的對象作為受訪者，例如夫妻、親子、教師與學生等，其資料分析結果可相互比對，以探究彼此態度或行為等之共同點或歧異處。夫妻配對樣本的資料檔可以伊慶春、呂玉瑕 (1996) 的專題研究計畫〈經濟發展與婦女家庭地位：臺灣的家庭結構、婦女就業型態與家庭權力結構之關聯〉為例。調查訪問為該研究計畫的資料蒐集方法之一，主要著重於探討已婚婦女的家庭結構、就業型態以及家庭權力關係，其中夫妻樣本的選取則是以夫妻配對的方式抽出。

夫妻配對樣本資料可用以檢視夫與妻對於家戶內客觀事實回答的一致性（簡文吟、伊慶春 2004），研究結果指出無論家務分工或家庭決策，夫妻的答案都存在歧見，且不一致程度隨題目性質不同而有差異。該研究並說明夫妻態度與認知的歧異是臺灣家庭普遍的特徵，因此考察夫妻配對樣本有理論與實務的必要性。

由於配對資料的樣本彼此具有特定關係，因此在資料檔合併時，除需保留個別樣本的變項資料外，還需要建立新變項以說明樣本間的關聯性。以夫妻配對樣本為例，若將資料檔合併，相互配對的夫妻可能具有同樣的識別碼，供電腦程式作為辨識受訪者之用，同時亦可能有相同的變項名稱，以作為比較分析之測量。當資料檔合併

---

❸　參見網站：http://srda.sinica.edu.tw。

後，除了要注意重複的識別碼會被刪除之外，亦要小心名稱相同的
變項資料則可能被覆蓋而造成資料流失，或者無法辨識資料屬於哪
一個樣本群。建議研究者在建立資料檔時，即以不同但類似的內容
建立變項名稱，以避免前述問題的產生。

㈡多層次樣本

社會科學的研究除了以個人為對象之外，也常考慮到外在的**情
境因素** (contextual factors)，以期獲得完整而全面性的訊息，減低因
忽略了某些變項而造成的偏誤 (omitted variable bias) (Leventhal and
Brooks-Gunn 2000)。調查訪問的研究亦是如此，因此不僅蒐集分析單
位的資訊，也將分析單位的集合群體所具備之特性納入考量，例如探
討社區環境對青少年偏差行為的影響效果時，從理論觀點必須考慮到
社區的整合或疏離，因此在以實證資料分析理論模型時，就應將社區
特性與個人變項同時分析 (Simons et al. 1996)。在分析策略上不僅可
共同考量外在情境或集合群體與個體特徵對依變項的影響效果，亦可
依層次來探討微觀層次解釋依變項後的殘差，是否可為鉅觀層次的因
素所解釋，以及其程度如何（參見楊孟麗 2002；Tu and Liao 2007）。

由於外在情境或集合群體的特性對於所有身處於同一個情境或
群體的個案或受訪者而言皆相同，當集合群體的個數有限時，其變
項數值的變異性可能較小，使得該層次的分析變項數目在常見的迴
歸模型中亦可能受限制。因此在進行統計分析時，應留意不同層次
之樣本的大小，尤其是最高的**分析層次** (level of analysis)。多層次樣
本的建檔多依照樣本層次而分為多個檔案，資料矩陣中亦需識別變
項作為連結資料檔之用。為了保留最詳盡的資訊，檔案合併建議以
最小分析層次之檔案作為基底，再陸續加入較高層次的變項資料。

目前國內已有多項大型研究計畫從資料完整性的角度著眼，蒐

集個人與其外在情境之資料，並建立完整且具延續性的資料庫。以「臺灣教育長期追蹤資料庫」(Taiwan Education Panel Survey, TEPS) 為例，該研究計畫探討學校及家庭學習環境（制度及社會面向）對學生的影響，以調查訪問的方式蒐集不同的資料來源，包括學生個人、班級與學校等多個層次。問卷資料以劃記在電腦卡上的方式處理，回收後先以目視檢查電腦卡，並經過讀卡程序，而後進行不合理值與邏輯檢核。資料建檔則依據調查波次、學制、身分、版本等區別項目，依序給予不同的代號，作為資料檔案命名規則。變項的說明與命名原則則依據樣本為學生、家長、或老師而有所不同；學生樣本還分為國中、高中（職）與五專等。

為了資料連結的便利性，資料檔命名與所有和問卷相關之變項皆以第一個英文字母代表填寫者的身分，依序加上題項主題及題目順序；若為複選題則在最後另加上一碼數字順序。研究者可由檔案與變項名稱清楚辨識所使用的資料樣本為何，有關該資料庫之資料處理及檔案變項命名原則的詳細訊息，請參見學術調查研究資料庫網站連結 (http://srda.sinica.edu.tw/TEPS/index.aspx)，或「臺灣教育長期追蹤資料庫」網頁 (http://www.teps.sinica.edu.tw/) 的相關介紹。

㈢縱貫（貫時性）研究

縱貫研究（又稱**長期追蹤調查**）旨在瞭解社會一般民眾對於特定議題的態度與行為之長期趨勢與變化。不同於橫斷研究提供單一時點的資料，縱貫研究涉及一段長時間所蒐集的資料 (Bailey 1994)；同時，本節所討論者是於不同的時間點研究不同的對象，以瞭解特定議題的長期變化趨勢為主要重點，而非關切特定對象的發展與變化，因此也稱為**趨勢研究** (trend study)。

國內最著名的長期趨勢研究即為「臺灣社會變遷基本調查」，該

研究計畫以相同主題每五年進行一次的方式來蒐集調查訪問資料，並且每一次相同主題的調查皆保留部分的問卷題目，以蒐集兩個時點以上的資料進行比較分析，達到探究社會變遷的目標。資料檔依各年度分別建構，研究者除可分別討論外，亦可將多個相關的檔案串連來作分析❹。由於不同的時點有不同的研究樣本，因此所建構的合併資料檔必須考慮新（時間點）的變項與樣本。在研究變項（題目）與測量相同的情況下，可以用新增樣本的方式合併檔案，但研究者必須建立一個區辨不同時間點的識別變項，以避免樣本資料混雜。

㈣固定（追蹤）樣本

固定樣本的追蹤研究（panel study）雖然也是長期性調查的一類，但是與趨勢調查不同，固定樣本調查顧名思義是以相同的受訪者作為研究主體，進行多次的長期調查訪問，以探究樣本對象之態度與行為的發展和變化。因此資料檔的連結必須是將不同時間點的資料合併予同一受訪者；屬於新增變項而非新增樣本。為了瞭解受訪者的成長或發展趨勢，研究者會在多次的調查訪問中使用部分相同的變項或題目內容，因此在建構資料檔時可利用如前述的檔案與變項命名策略，協助分辨不同時間點所蒐集建構的資料，減少後續合併資料檔時的困擾。

由於追蹤研究是針對固定進行樣本多次訪問，部分基本變項的數值應維持一致，不受時間變化所影響，例如性別與出生年，這些事實性問題的答案亦有助於下一時點進行調查訪問時，確認受訪對象的身分之用。有些變項資料雖為事實性內涵，卻可能隨著時間的改變而有所變動，例如教育程度和婚姻狀況，受訪者可能在數年間

❹　使用「臺灣社會變遷基本調查」資料之相關著作書目可參見學術調查研究資料庫網站之相關書目連結。

獲得一個新的學位，或者經歷婚姻狀況的改變。當這些事實性的基本變項資料出現差異時，研究者應重新確認，以瞭解差異是問卷資料記錄或鍵入錯誤，抑或是受訪者本身的經歷改變所造成。追蹤研究常面臨的一個重要問題是**樣本流失**問題，因此常會在後期的調查訪問工作加抽補充樣本。

　　以固定樣本為對象進行調查訪問的研究已有數個，除了同時具備多層次樣本特性的「臺灣教育長期追蹤資料庫」之外，另一個大規模的追蹤研究為「華人家庭動態資料庫」(PSFD)。該研究計畫自 1998 年起對 1,000 位受訪對象進行調查訪問，隨後每一年進行固定樣本的追蹤研究，欲藉由持續觀察同一樣本，而建構出一組橫斷面跨時資料。除了第一年與後續加抽的主要樣本之外，並延伸至其親代與子代，因此資料結構相當複雜（範例 9–3）。

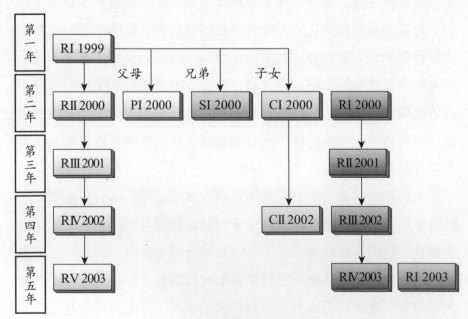

範例 9–3　「華人家庭動態資料庫」歷年資料檔結構圖

資料來源：「華人家庭動態資料庫」(PSFD) 計畫簡介 (http://srda.sinica.edu.tw/webpages/psfd/index.htm)。

㈤時間序列資料

時間序列的資料為經濟學家所常用，其資料特性在於以時間作為分析單位；一個時間的單位可以短至分鐘，例如股市交易情形；也可能長至年度，例如國民生產毛額。利用時間序列資料進行實證分析時，有三個問題需要注意 (Gujarati 1995)：第一，時間序列是否穩定 (stationary)；其次，以兩個時間序列的變項資料作迴歸分析時，可能產生虛假相關的問題；第三，當時間序列資料被用以預測未來趨勢時，應注意當時間序列不具穩定性時，該預測是否有效。

由於時間序列資料是以時間作為分析單位，分析上通常會包含時間趨勢或時間變項，以避免虛假相關的問題，因此時間單位的大小以及時間序列的長短容易影響資料檔案的大小。當分析單位以小時為單位時，一年的資料量就可能產生 24 小時 × 365 天 = 8,760 筆時間序列的資料；若分析單位為年度時，則 30 年的資料量僅為 30 筆分析單位的資料。

下頁表 9–2 為時間序列資料的範例，表中列出了自民國 70 年至民國 93 年的消費者物價指數基本分類。我們可將該表視為資料矩陣，由最左方的年度變項可知資料檔的（時間）分析單位為年度，所以這個資料檔中僅有 24 筆（年度）資料，各單位年度的變項數值依序列在各欄位中。由於資料比較的基準點為民國 90 年，因此該年度的各項數值設定為 100。從表中亦可看出變項的數值皆到小數點後第二位，所以各變項的欄位數長度為五位，且需設定其中後兩位為小數數值。

有時小數點後的最後一位數值若為 0，系統可能自動將其刪除。若以 ASCII 格式讀取資料檔，由於會遭漏變項名稱與欄位說明等資訊，可能造成欄位位移的錯誤，研究者應小心比對各變項的欄位長

度，以免影響後續的分析結果。

表 9-2　時間序列資料之例：消費者物價指數基本分類（民國 70 年至 93 年）

年　度	27PC0	27PC1	27PC2	27PC3	27PC4	27PC5	27PC6	27PC7
70	66.77	64.69	106.74	65.72	89.05	64.58	40.62	83.07
71	68.75	67.27	107.38	67.48	89.40	65.26	42.78	84.49
72	69.68	68.17	108.52	68.80	88.78	65.24	44.16	84.46
73	69.66	66.52	109.49	69.40	90.00	67.47	45.35	84.87
74	69.55	65.06	108.08	69.66	90.69	69.79	47.31	84.95
75	70.04	66.57	105.02	69.56	87.38	70.09	49.01	85.00
76	70.40	67.38	103.16	69.92	85.94	70.91	50.02	84.51
77	71.30	68.29	104.65	70.40	84.92	70.52	52.95	85.29
78	74.45	72.53	103.96	73.52	86.00	73.60	55.32	86.47
79	77.52	74.98	104.00	77.74	88.06	76.10	59.62	87.47
80	80.33	75.64	103.88	82.22	93.43	79.01	64.44	88.19
81	83.92	82.05	104.94	85.10	92.35	83.35	68.33	90.37
82	86.39	84.59	101.93	88.37	92.86	84.54	73.04	92.39
83	89.93	90.13	101.40	92.05	93.10	86.11	77.31	94.12
84	93.23	94.04	104.92	95.38	95.34	87.48	81.11	95.45
85	96.10	97.68	107.53	97.35	96.49	88.96	87.04	96.37
86	96.96	96.95	108.31	98.46	97.57	91.06	90.19	97.34
87	98.60	101.29	102.78	99.72	96.62	91.91	93.11	98.34
88	98.77	100.52	101.38	99.82	95.89	95.11	95.06	99.83
89	100.01	100.93	101.70	100.34	98.95	98.68	97.92	100.41
90	100.00	100.00	100.00	100.00	100.00	100.00	100.00	100.00
91	99.80	99.80	100.58	98.88	97.78	101.29	100.11	105.09
92	99.52	99.72	101.96	97.81	98.38	104.65	98.81	104.66
93	101.13	104.07	105.15	97.71	100.43	106.72	98.91	105.24

註：各年度資料以民國 90 年為基準點。
資料來源：內政部主計處「中華民國統計資訊網」。

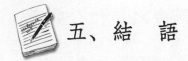 五、結　語

　　調查訪問資料的內容與形式因抽樣設計、調查訪問形式、量表編製、以及測量等不同而有所差異，必須經由不同形式的轉換、整理之後才可被用在後續的分析。建構資料檔必須有系統性的規劃，依據系統化的標準建立一套編碼系統，並將詳細資料記錄於過錄編碼簿。編碼應符合「周延」與「互斥」的原則，程序上可以分為事前編碼及事後編碼。編碼的信度取決於編碼的方法，因此對於編碼後的內容應重新檢查、驗證。

　　研究者必須將資料進行編輯和整理，同時檢查錯誤並加以修改或刪除，以確保資料品質。在檢查資料檔時，應核對資料筆數是否和有效問卷的數目一致，變項名稱、欄位等是否與編碼簿的記錄相同；對於變項數值的檢核，則包含了不合理值與邏輯檢核。複選題的檢核可能同時涉及不合理值與邏輯檢核，更需要謹慎處理。有時研究者希望結合不同的資料來源以進行分析，而需要增加變項或增加個案。為了特定的研究企圖，有時必須設計不同對象或層次的抽樣方式，以蒐集多面向的資料，而形成特殊資料檔，包括配對樣本、多層次樣本、長期性調查、固定追蹤調查、以及時間序列資料等，研究者可依需要將個別的資料矩陣結合成一個包含所有樣本的檔案。

附錄 9-1　臺灣社會變遷基本調查之職位分類表

管理人員：

110 雇主與總經理 （含董監事、董事長、郵電總局長、監察人、副總經理）	120 主管或經理 130 校長 140 民意代表	370 辦公室監督 （如股長、科長、課長、副理、襄理）

實務工作者：
學識技術層級

專業人員 （含工程師）	助理（半）專業人員 （含技術員）	事務性工作人員與其他類似技術層級者	非技術工
201 大專教師——研究人員	301 助教 302 研究助理 （不含行政、總務）	410 辦公室事務性工作 （如法律、行政事務性助理打字、文書、登錄、郵運圖書、複印、財稅事務）	910 工友、小妹
202 中小學、學前特教教師	303 補習班、訓練班教師		
211 法學（律）專業人員 （如律師、法官）	311 法律、行政半專業助理 （含海關、稅收檢驗員） 312 社工員、輔導員		
212 語文、文物管理專業人員 （如作家、記者、編輯、圖書館管理師）			
213 藝術、娛樂 （如聲樂家） 214 宗教 （有神職，如神父）	313 半專業 （如餐廳歌手、模特兒、廣告流行設計） 314 半專業 （沒神職）		

221 醫師 222 藥師 223 護士、助產士、護理師	321 醫療 (如無照護士、技術檢驗師、接骨人員、推拿、藥劑生) 322 運動半專業 (如裁判職業選手、教練)	420 顧客服務事務性工作 (如櫃臺接待、其他接待、總機、掛號、旅遊事務)		920 看管 (如門房、收票、帶位電梯服務員、寄物管理員、廟公、建築物管理員)
230 會計師及商學專業人員 (如投資分析師、專利顧問)	331 會計、計算半專業助理 332 專技銷售,仲介等商業半專業服務 (工商業推銷、直銷員拍賣、鑑定、採購、拉保險、勞工承包人、經紀人、報關代理)	431 會計 (含簿記、證券) 事務 432 出納事務 (含售票、收費櫃臺金融服務) 531 商店售貨 (含展售) 532 固定攤販與市場售貨 511 旅運服務生 (員) (含嚮導) 512 餐飲服務生 513 廚師 (含調飲料、飲食攤廚師) 514 家事管理 (如管家) 515 理容整潔 516 個人照顧 (如保姆、陪病、按摩) 520 保安工作 (如警察)		930 售貨小販 940 清潔工 (洗車、洗菜、洗碗、擦鞋、家庭清潔工、清道、廢棄物蒐集)
240 農學生物專業人員 (如農業技師)	340 農業生物技術員或助理 (含推廣人員)	610 農林牧工作人員 620 漁民 (含漁船駕駛)	810 農機操作半技術工 (如操作除草、噴藥機)	950 生產體力非技術工 (如挖溝體力工、手作包裝、捆紮繞線、封籤、簡單組裝體力工)
250 工程師 (含建築、資訊、測量師、技師)	351 電子機械技術員 352 化學冶金技術員 353 採礦技術員 354 工業工程技術員 355 製圖員 359 其他技術員 (含聲光、檢驗、廣電設備管制、技術師、攝影師)	710 營建、採礦技術工 (如泥水匠、板模油漆、裝潢、水電工) 720 金屬、機械技術工 (如裝修機器、鐵匠焊接、板金、試車工) 790 其他技術工 (如裁縫、	820 工業操作半技術工 (如操作鑽孔、紡織機、熔爐、發電、製藥設備) 830 組裝 (配) 半技術工 (如裝配機件、塑膠、紡織、紙、木製品)	960 搬送非技術工 (含送件、送報、搬運、球童、販賣機收款、抄表)

	360 航空、航海技術人員 （如飛機駕駛）	修鞋匠、木匠、麵包師傅、手藝工、手作印刷)	840 車輛駕駛及移運設備操作半技術工（含船面水手)	

志願役（職業）軍人　　　060 將官　　061 校官　　　062 尉官　　063 士官
　　　　　　　　　　　　064 士兵

預備役（義務役）軍人　　065 尉官　　066 士官　　　067 士兵

無正式工作者　　　　　　068 學生　　069 家庭主婦　　070 失業

資料來源：章英華、傅仰止 (2005)〈臺灣社會變遷基本調查計畫第四期第五次調查
　　　　　計畫執行報告〉。行政院國家科學委員會專題研究計畫執行成果報告
　　　　　(NSC 93–2420–H–001–001–B1)。

參考書目

朱雲漢，2003，《2002 年至 2004 年「選舉與民主化調查」三年期研究規劃 (II)：民國九十二年民主化與政治變遷民調案（TEDS 2003）》報告書。

伊慶春、呂玉瑕，1996，《經濟發展與婦女家庭地位：臺灣的家庭結構、婦女就業型態與家庭權力結構之關聯》，行政院國家科學委員會專題研究計畫。

江義平、郭崑謨，1998，〈臺灣中小企業策略聯盟發展方向之探討──以配合亞太營運中心計畫為例〉。《管理評論》，第 17 卷，第 2 期，頁 1–23。

徐火炎，2004，〈臺灣結、中國結與臺灣心、中國情：臺灣選舉中的符號政治〉。《選舉研究》，第十一卷，第二期，頁 1–42。

黃毅志，1998，〈臺灣地區新職業分類的建構與評估〉。《調查研究》，第 5 期，頁 5–36。

黃毅志，2003，〈「臺灣地區新職業聲望與社經地位量表」之建構與評估：社會科學與教育社會學研究本土化〉。《教育研究集刊》，第 49 期，頁 1–31。

楊孟麗，2002，〈利用多層線性模型瞭解題目無反應〉。《調查研究》，第十二期，頁 59–90。

調查研究專題中心，2005，《資料整理與檢核之實務》，調查研究資料整理與檢誤研習班講義。臺北：中央研究院調查研究專題中心。

簡文吟、伊慶春，2004，〈共識與歧見：夫妻配對研究的重要性〉。《臺灣社會學》，第七期，頁 89–122。

Babbie, E., 1998, *The Practice of Social Research*, 8th ed. Belmont, CA: Wadsworth Pub.

Bailey, K. D., 1994, *Methods of Social Research*. NY: Free Press.

Frankfort-Nachmias, C. and D. Nachmias, 1996, *Research Methods in the Social Sciences*. New York, NY: St. Martin's Press.

Groves, R. M. and M. P. Couper, 1998, *Nonresponse in Household Interview Surveys*. New York: Wiley.

Gujarati, D. N., 1995, "Time Series Econometrics I: Stationarity, Unit Roots, and Cointegration." *Basic Econometrics*. New York: McGraw-Hill.

Kent, Raymond A., 2001, *Data Construction and Data Analysis for Survey Research*. New York: Palgrave.

Leventhal, T. and J. Brooks-Gunn, 2000, "The Neighborhoods They Live in: The Effects of Neighborhood Residence on Child and Adolescent Outcomes." *Psychological Bulletin* 126: 309–337.

Lin, N., 1976, *Foundations of Social Research*. New York: McGraw-Hill.

Simons, R. L., C. Johnson, J. Beaman, R. D. Conger, and L. B. Whitebeck, 1996, "Parents and Peer Groups as Mediators of the Effect of Community Structure on Adolescent Problem Behavior." *American Journal of Community Psychology* 24: 145–171.

Tu, Su-hao and Pei-shan Liao, 2007, "Social Distance, Respondent Cooperation and Item Nonresponse in Sex Survey." *Quality & Quantity* 41 (2): 177–199.

第10章

調查資料庫的發展與應用

◆ 一、社會科學的經驗研究與調查資料庫

◆ 二、調查資料庫的演進

◆ 三、「社會科學後設資料」：網際網路時代的新發展

◆ 四、國際上重要的調查資料庫

◆ 五、臺灣重要的社會科學調查資料庫網站

◆ 六、結　語

　　中文世界中的「資料庫」至少有兩種涵意。一種用於電算軟體中，其英文為 database，是指相關連的資訊以表格 (tables) 的形式串連在電子檔案中，成為可管理資料的軟體或應用程式，以便快速搜尋與檢索資訊。我們平常聽到的電話資料庫、學生資料庫、與論文資料庫等，大多屬於這一類。另一類是 data archive，原意為存放大量文件、記錄與檔案等多種資料的機構，具有各種資料集合體之意。在本章中，我們所談的資料庫應屬後者，其全名應為「**調查資料檔案庫**」(survey data archive)（桂思強 2003；Stones and Matthew 2001）。直到不久之前，在調查資料檔案庫中，雖然有些資訊已經建立了表格上的關連性，可以用 database 來檢索，但是還有相當多的資訊，特別是文字資訊，未能整合到 database 的程式中，必須用傳統的紙本印刷的方式瀏覽與搜尋。近年來，由於受到網際網路的影響，調查資料檔案庫正迅速地整合，將文字性資料，納入到 database 中，與原有的數據資料庫連結，成為一個不但可以瀏覽網頁資訊，更可以執行資訊搜尋、檢索、甚至線上即時統計分析的整合性資料庫。

　　在功能上，調查資料庫是專門負責儲存調查資料的所在，其中存放的每一筆資料裡，都包含上百個、甚至上千個變項的縮寫名稱，變項的標示說明 (labels)、變項的數值代碼、以及其他的相關文件與資訊等。由這些變項與文件所構成的每一筆資料都是在特定時空下、針對特定研究主題、在研究者與調查工作人員的共同努力下所完成的調查結果。這些內容豐富的資料不僅是資料原開發者的基本研究素材，保存正確完整、且建檔公開後，更可以讓其他研究者在若干年後再次使用。因此，調查資料庫的建構其實是社會科學研究的重要基礎建設之一。其對於社會科學的重要性彷如歷史檔案庫之於歷史學研究一樣，是不可或缺的基本研究素材所在；而其良窳實關係到社會科學研究上的進展。我們常謂美國之社會科學研究之進步與

其優良的學術研究環境有關，然細究之，其完善的調查資料庫功能實為其中重要的一環。

在過去 10 年的歲月中，受到網際網路科技的影響，社會科學領域中的調查資料庫也經歷了極大的變革。在 1990 年代以前，查閱調查資料，基本上是透過紙本目錄的搜尋，找到需要的資料。當時，資料大多存放在面積如唱片大小的磁帶中，必須透過郵遞才能送到使用者手中。使用者若要瞭解其中的資訊，就要到系統主機房中，請技術人員將磁帶掛入主機上，才能在終端機的畫面中讀取到資料。在今日，這些作法幾乎已成為過去式。電子檔案早已取代了傳統的紙本資訊，終端機連結到主機的作法更被個人電腦、電腦內的硬碟、以及網際網路的資訊傳遞等完全取代，所謂的「調查資料庫」已陸續朝向「網路資料庫」的路途發展。這其間的轉變使得調查資料庫的使用難度已大幅度降低，資訊的連結、搜尋、展示、與釋出的能力越來越強，更容易為一般知識階層所使用。

在本章中，將探討調查資料庫的重要性、及其發展歷史。同時，由於我們正處於資訊處理邁向網際網路化的過程中，因此也將對網路資料庫的發展走向及其建構的過程提出說明。對於調查資料庫的瞭解，將有助於以後動手找尋資訊的方便，更有助於建構更公開、透明與方便的資訊空間。

一、社會科學的經驗研究與調查資料庫

自二十世紀以來，社會科學最重要的特色就是以經驗資料作為實證研究的基礎，並運用科學的方法對經驗資料進行描述與推論分析，試圖由其中找出社會現象與行為的法則。在此種被視為實證取向的經驗研究中，訪問調查所建構出來的資料是進行實證研究的重

要素材，其來源大致可分為兩大類，即**第一手資料**與**第二手資料** (primary vs. secondary data)❶。第一手資料顧名思義就是由研究者個人親自執行的調查中所建構出來的資料。在建構資料的過程中，研究者需要設定研究問項與抽樣架構，也要執行與監督調查的全程作業，並在資料分析前，對蒐集到的資料進行清理❷。一般的研究法教科書中所描述的研究程序大多包含上述這種資料的產生方式。對此，前面章節中已有詳細的討論，此處無須贅言。但是，我們必須強調第一手的資料雖然具有原創性，但其建構往往需要較長的作業期間，並需要人力與物力的配合，而研究經費的支持更是其中不可

---

❶ secondary data 有時亦翻譯成次級資料。此處不擬使用此一翻譯，原因在於中文的「次級」含有「品級較低一等、不是最好的」意涵，並非 secondary data 的確切意義。

❷ 資料清理是相當細緻與非常耗費時間的工作，其程序大多在研究者的監督下，由操作人員完成。在作業的過程中，雖然會有文字記載，卻很少見諸於研究文獻中，也因此往往容易忽略其重要性與工作過程的繁複。資料清理的一般通則是問卷設計越複雜，資料清理到乾淨程度的時間就越久，甚至可長達二至三年。資料清理的主要程序有三。首先對變項進行「有效值檢查」，即所謂之**範圍檢查** (range check)，目的在找出不屬於答項設定範圍中的數值，然後與問卷上的答案記錄進行核對，作為修改資料的依據。其次則是進行變項之間的**一致性檢查** (consistency check)，又稱作邏輯檢查 (logical check)，目的在挑選出變項之間不合理的答案。例如在受訪者的年齡與其父親僅相差 5 歲，則很可能是其中一方的記錄是有問題的。此時，資料檢查者必須核對原有問卷的記載，以為修改資料的依據。在資料清理的過程中，國內大多數的資料建構者會去進行有效值檢查，只有少數會去從事一致性檢查，但是更為細緻的一致性檢查則往往要等到資料分析時，才去進行與研究主題相關連的一致性檢查。資料清理的第三個步驟是建立一些衍生的變項，例如建立加權的變項。

或缺的條件。因此，並非每位研究者都具備從事第一手資料建構的條件。

　　由表面上看，第二手資料的建構應該比較簡單。資料是現存的，研究者若能找到與研究主題相關的資料、並取得資料使用權，資料分析就幾乎可以展開了。因此，在經費、時間與人力的考慮下，第二手資料反而是更為經濟與方便的，也是現行大多數實證研究主要的入手方式。在第二手資料分析中，雖然資料並非研究者個人原創，但這並不意味著第二手資料就是「次級的分析」。相反地，就知識累積而言，第二手資料分析可能更為重要。首先，第二手的資料分析不僅可作為前導研究，更可用來檢驗前人第一手的資料分析結果，是經驗知識累積的重要基礎。其次，在第二手的資料分析中，經由合併前人曾經使用過的資料，我們可以比較社會現象或行為在不同社會或不同時間點上的差異，而這正是第一手資料分析所欠缺的部分。因此，我們可以說，第二手資料分析是累積社會科學知識的重要組成，而現今社會科學中絕大多數的研究都是以第二手資料分析的方式進行的 (Hakim 1982; Hyman 1972)。在此，美國的「基本社會調查」（GSS，自 1972 年起調查）、「收入動態追蹤調查」（PSID，自 1968 年起調查）、國家長期青年人追蹤研究（National Longitudinal Survey of Youth，自 1979 年起調查）、以及國內社會學界開發之「臺灣社會變遷調查」（自 1984 年起調查）等都是常為學術研究著名的第二手資料。以「收入動態追蹤調查」為例，由 1968 年迄今，在 234 種期刊中便曾登載了超過 2,000 篇以上使用 PSID 資料所發表的論文，而其中絕大多數都是屬於所謂的第二手資料分析 (PSID 2005; Becketti 1988; Hill 1992)。

　　儘管第二手資料分析是比較容易切入研究議題的作法，也是大多數研究者進行研究探討的主要入手方式，但是其取得與使用並非

全然沒有任何困難。即令研究者有清晰的研究藍圖，也會在搜尋、取得、與使用第二手資料上發生困難。

首先、搜尋適合的第二手資料是非常花時間的。在開始時，研究者由研究議題切入，找尋到與研究議題相關的訪問調查資料。然而在此時，研究者並無法知道該資料中是否包含與其研究議題相近的變項。為此，研究者必須研讀該資料的編碼簿或者其中問項的說明，才能確定是否包含其研究所需的變項。因此，資料搜尋的過程雖大多由研究議題的層次展開，但是否採用該筆資料完全取決於變項層次的資訊適合程度。例如，問項與答項是否切合研究主題、分析法是否合於使用者所需等等。因此，資料搜尋的困難，特別是深入到變項層次的搜尋，是使用第二手資料時主要的障礙之一。

其次、第二手資料是智慧財產，是研究者或資料開發者建構的成品，其取得與使用必須徵得原有資料開發者或資料存放機構的同意。這是做研究的基本倫理，而由於不少學者不願意資料公開之故，也往往成為研究者無法取得最為合適資料的主因所在。

第三、第二手資料的使用存在著一定程度上的困難。造成資料使用困難的原因是多元的。一般而言，**編碼簿**不夠詳盡、或變項記載不清都增加了調查資料在使用上的困難。首先，由於有些第一手資料的建構是以個人研究目的為主，而非為了一般使用者的方便，也因此極容易漏掉一些在第二手資料分析時極為重要的資訊（例如，加權變項或一些衍生變項的建構），從而增加了第二手資料分析時的困難。其次，資料建構都是在資料蒐集完畢後才開始，而資料將近收集完成時，也是研究經費即將耗盡的時候。在後繼投入資源不確定的情形下，研究者只能以有限的經費達到資料為其所用之目的，而忽略了對「非其所用」資訊的留存。以上種種都造成使用第二手資料的困難。

　　使用第二手資料是有其困難度的。國際社會科學資料聯盟 (International Federation of Data Organizations for Social Science)❸ 的網頁中，其執行長 Mochmann 就對第二手資料的取得與使用提出相當傳神、卻又自嘲的描述，即：

> 自己擁有的資料不是自己所想要的資料，而所想要的資料
> 又不是研究上最適合的資料，而最適合的資料卻又是得不
> 到的 (Mochmann and de Guchteneire 2002)。

　　誠哉斯言!

　　有鑑於以上搜尋、取得、與使用第二手資料的困難，蒐藏豐富、且資訊完整的調查資料庫就比較能夠讓研究者找到最適當的研究資料。在此，調查資料庫提供的調查資料編碼簿就是其中最為重要的參考工具。以下，我們先介紹調查資料庫的發展歷程，並接下來敘述資料編碼簿的演變過程，從而使得讀者對調查資料庫的建構過程有所瞭解。

---

❸　國際社會科學資料聯盟簡稱 IFDO，是國際上重要的社會科學調查資料組織之一，其主要成員為歐美各國之調查資料庫，在亞洲僅日本與印度為其會員，臺灣並不在其列。近年來，IFDO 透過其影響力，是調查資料庫網路化的重要推手。此外，國際上最重要的資料庫協會為 IASSIST（全名為 International Association for Social Science Information, Service, and Technology）。IASSIST 每年均會舉辦論文發表年會，是發展調查資料庫存放與釋出技術的最重要的國際組織。至於在區域的合作上，歐洲各國調查資料庫由於資料交流上的頻繁以及比較研究上的需要也成立限定成員為歐洲各國的調查資料協會，名為 CESSDA（全稱為 Council of European Social Science Data Archives），也是較具影響力的調查資料庫組織。

二、調查資料庫的演進

　　訪問調查領域在上個世紀初才演變成為一套符合科學研究目的的資料蒐集方法。經過了二、三十年的成長，調查資料的數量逐漸增多，成立調查資料檔案中心，以便有系統儲藏這些調查資料的需要下乃逐漸成為學界的共識。國際上第一間調查資料庫是 1947 年在美國 Williams College 成立 Roper Center for Public Opinion Research。其後，在歐美各地逐漸產生的定期大型調查，使得資訊的處理更加細緻及標準化，而有必要將調查資料庫成為常設的機構，以便更有系統地處理這些大型調查計畫所產生的資料 (Converse 1987)，於是大型的調查資料庫乃陸續在世界各地應運而生。調查資料庫的成立不但增進了調查資料整理與儲存的品質，使得調查資料庫成為社會科學研究者從事第二手資料分析時重要的資料來源，更由於匯聚了一批與訪問調查相關的研究與作業人才，成為帶動訪問調查研究的最佳場域。

　　除了上述之外，調查資料庫的演進也受到其他兩項因素的影響。首先，調查資料的完成不僅只是研究者個人或其團隊努力，也在相當程度上憑藉著公共資源（如公共經費與設施）所成就出來的成果。在 1980 年代以後，各國政府逐漸認識到受到政府機構資助下完成的調查資料不能僅為原始資料的開發者所使用，必須如其他政府資助的計畫一樣，在符合社會公平原則下，能為更多納稅人所共享。因此，基於上述的考量，美國支持科學研究最重要的機構（即國家科學基金會）便開始明訂經由該機構資助下所完成之調查研究，其原始資料應交付於公共的調查資料庫、且能為他人使用 (Sieber 1991)。在此之後，此一原則也逐漸在其他國家通行。在臺灣，國科會亦採

取類似的政策，並對臺灣的調查資料庫業務的擴展產生重要的助力。

　　其次是近年來網際網路科技對於調查資料庫的影響。由於網際網路具有使用上的親和性，以及不受時段或地域限制等特性，不但加速了資訊的流通與交換，擴展了資料庫服務的範圍與對象，更發揮了調查資料在應用上的潛力。由表面觀之，網際網路的出現使得調查資料庫必須建立其網站，以收宣導之效。然而，更深層的變化則在於網際網路改變了調查資料庫傳統存放資訊的方式，促使其調整傳統作業流程，從而將資料庫由資料中介者的角色躍升至資訊的探勘者 (explorer)。

　　在這一連串受到網際網路影響的過程中，調查資料庫首先重新審視調查資料在內容上的特性，並製作出「後設資料」格式，從而發展出一套具有整合性的資訊保存與網上資料展示、檢索、甚至網上統計分析等作業方式。此一名為「資料文件奏議」（Data Documentation Initiative，簡稱 DDI）計畫對全球的調查資料庫未來的功能與面貌產生深遠的影響。有鑑於此一規格的重要性，將於第三節「社會科學後設資料」中討論。

　　網際網路的出現也對調查資料庫的作業流程產生重大的影響。下頁圖 10–1 所顯示的是傳統資料作業流程與新的 DDI 作業方式的對比。傳統的作業方式為資料入庫、資料清點與整理、建立資料索引與歸檔、與資料釋出等四個階段（如圖 10–1 的虛線所示）。在網際網路時代中，基於建構網路調查資料庫的考量，這四個階段的作業方式已在近年逐步擴充為六個階段，即(1)資料入庫、(2)資料清點、(3)後設資料格式轉換、(4)建立索引與詞庫、(5)網際網路作業平臺、與(6)資料釋出與展示（如圖 10–1 的實虛線所示）。

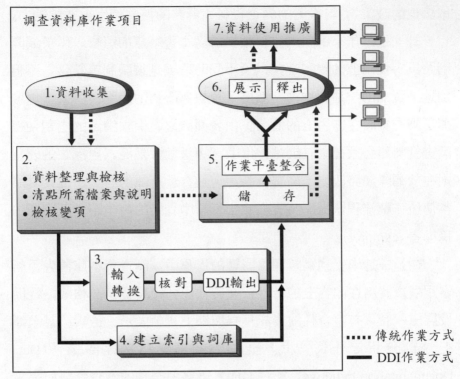

圖 10-1　調查資料庫建立流程與項目

　　儘管在網際網路時代中，調查資料庫在資料內容處理與作業程序上均做出根本性的改變，但是由過去至現在，資料獲得 (acquisition)、保存 (preservation)、釋出 (dissemination)、與推廣 (promotion) 等四項仍為大多數調查資料庫建立的主要目標。在表 10-1 中，我們分別列出調查資料庫的目標及其對應之作業程序，並在其後解說其間的詳情。

表 10-1　調查資料庫成立目標及其作業流程

目　　標	作業目標與程序
1 資料獲得 (data acquisition):	建立資料獲取的管道，以持續擴充其收藏。其作業流程為程序 1。
2 資料保存 (data preservation):	建立調查資料儲藏的作業準則，以方便大量存儲 (mass storage) 之需，即圖中的程序 2、3、4。
3 資料釋出 (data dissemination):	建立資料歸檔以及整合資料釋出的作業平臺，使得資訊易於與網頁的瀏覽和取得等功能產生整合，即圖 10-1 之程序 5、6。
4 推廣 (promotion) 與使用:	為達到資源共享的目的與加強資料的有效使用，調查資料庫提供釋出後的諮詢服務、資料分析訓練班等活動，在圖 10-1 中雖為程序 7，卻是調查資料庫經常性之活動之一種。

(一)資料獲得

　　一般而言，調查資料獲得來源主要有三種。第一種是來自於研究者個人或執行調查計畫機構的捐贈。第二種則為專業期刊中所提及之調查、而由調查資料庫與該調查計畫主持人聯絡，徵得其同意而取得的資料。第三種調查資料庫是由該資料庫本身的研究計畫下所生產的調查資料。對於調查資料庫而言，存有相當數量與高品質的資料固然重要，更需要在資料的重要性上具有一些「鎮庫之寶」的收藏，以便建立其在特定研究領域中的重要性。所以調查資料庫的第一個階段任務就是不但要建立有效的調查資料取得來源，並且要獲得在特定研究領域中具有重要性的調查資料。以國際上美國密西根大學的「政治與社會研究校際聯盟」(ICPSR)、德國科隆大學之「社會經驗研究中央資料庫」（Zentralarchiv für Empirische Sozialforschung，簡稱 ZA），及英國資料文獻庫（UK Data Archive,

簡稱 UKDA）等三大調查資料庫為例，除了資料收藏數量龐大外，也各自是其本國重要的調查資料與一些國際間比較研究的調查資料的長久保存地點。

在收藏的特性上，調查資料庫一向予人一種印象：即這是收藏量化研究的調查資料。這是實情，卻也是誤解。實情者在於，不論現在與過去，調查資料庫所收藏的調查資料均以抽樣調查下所產生的量化資料為主，而發展量化的研究方法也是其業務重心之一。令人誤解的則是：調查資料庫並不一定會排除質化原始資料的蒐藏。近年來，由於質化研究逐漸受到重視，在美國 ICPSR 網頁中有關資料捐贈的說明上，就特別指出該資料庫也歡迎以文字、錄音帶、錄影帶等方式存放之質化資料的捐贈。事實上，在過去二十年中，以個人電腦進行資料蒐集與研究已是司空見慣，大部分文字、圖像、與影音資訊也都可輕易的儲存為電子檔案。在此情況下，質化資料的蒐藏與儲藏技術開發勢將成為以後調查資料庫可發展的重點之一。

在網際網路時代中，由於國際上大型的調查資料庫憑藉著其資料處理作業上的豐富經驗與能力，以及聲名較為資料使用者熟悉之故，因此更有優勢去獲取國際間重要的訪問調查計畫的數據資料，成為這些重要資料的長久資料存放場所。

㈡資料保存

資料的保存為圖 10–1 中的程序 2、3、4 部分。這是資料庫無可替代的任務，而資料如何有效的被保存起來，並且被保存的資料如何快速且有系統的被抽取出來，則是資料保存技術與作業的關鍵所在。

在資料保存上，首先是資料的清點工作（程序 2），目的在保存訊息完整性，並且要確保樣本個體的匿名性。調查資料庫所進行的資料清點項目大致包括以下各項：

⑴空白原始問卷是否仍有留存?

⑵是否有原始的資料編碼簿?

⑶建立資料上的匿名性,以確保樣本個體之隱私。

⑷對於調查與抽樣方式說明是否完整?

⑸是否有其他輔助性的調查說明檔案?

⑹進行單一變項分析,找出異常分配的變項,以及檢查各變項中是否出現設定值以外的數值。

⑺建構統一的變項編碼,統一處理遺漏值、「不知道」、「拒答」等答項。

⑻確定各變項之標號 (labels)。

⑼建立資料處理備忘錄,並對原問卷中未有、資料蒐集完畢後才建構的變項提出說明。

　　近年來,在網際網路鋪天蓋地的影響之下,調查資料庫最重要的改變就是在執行資料保存的同時,對其內容的儲藏格式(即調查資料編碼簿)進行「後設資料」的處理,以期成為下一階段資料展示與釋出的基礎,以便達到快速資訊檢索的目的。這一套名為 DDI 的後設資料處理的步驟(即程序 3 與 4)是調查資料庫由傳統紙本為主的搜尋方式發展成為以網路為主體的資料庫的過程中,最關鍵與最新的進展所在,故將在 DDI 作業流程一節中詳述之。

㈢資料釋出

　　資料釋出的重點在於提供一個資源共享的環境,讓耗資龐大、集體努力下所成就之調查資料能為更廣大的學術研究社群所使用,以發揮調查資料的最大功效。近年來,在網際網路的影響下,在網頁中搜尋調查資料已經是一種慣用的搜尋方式,因此建立具有專業形象、容易搜尋、且內容豐富的網站已經是調查資料庫積極從事的目標。在圖 10-1 中的程序 5 與 6 的作業重點就是將前階段中建構

的「資訊內容」為基礎，搭配著網頁程式與美編，整合成為一體化的作業平臺。在網路化時代中，調查資料庫需要開發其網站已是不可避免，故而要如何將龐大而複雜的資訊定期地加以更新，並建構出具有廣度與深度的資訊展示、瀏覽、與分析系統已成為調查資料庫發展上最重要的課題。有鑑於此，在國際上調查資料庫中動見觀瞻的 ICPSR 便在 2000 年起，特別成立網路資源部門，專門從事該機構之網站開發工作 (Vardigan 2001)。網路作業平臺的整合對於調查資料庫的發展的重要性由此可見一斑。本文將在「DDI 作業重點之網路作業平臺整合」一節中，詳細介紹此一部分的工作，並在「四、國際上重要的調查資料庫」與「五、臺灣重要的社會科學調查資料庫網站」等處，介紹資料釋出上的功能。

㈣推廣與使用

在圖 10-1 中，推廣與使用被列入程序 7 僅僅是從單獨一筆資料建構的過程來看：當完成一筆調查資料的建構作業，調查資料庫會透過其網站、電子報、甚至電子郵件，向外宣布這項消息。但從一個廣義的角度來看，資料庫設立的目的就是為了提供研究者一個方便尋找所需研究題材的地方，所以對於已累積到一定程度資料的資料庫而言，推廣及介紹調查資料，協助使用者使用其資料，正是調查資料庫的刻不容緩的工作。就以 ICPSR 為例，在每年的暑假皆會舉辦暑期訓練班，吸引了全美各大學的研究生參加，在經過此一訓練後，這些學生在回到學校後，不僅可得到學分數，更學會且熟悉了如何使用這些調查資料的方法，在將來的研究生涯中，也會不斷的回到 ICPSR 使用其所熟悉的資料庫，利用資料庫中的資源進行研究，這樣就將 ICPSR 的資料發揮了最大的功效。在臺灣，中央研究院的調查研究專題中心也定期舉辦資料處理與分析的研習班，有興趣者可

瀏覽其網頁, 報名參加(網址為: http://www.sinica.edu.tw/as/survey/)。

 # 三、「社會科學後設資料」: 網際網路時代的新發展

　　調查資料庫一向重視電算科技在學術上的應用 (Tanenbaum and Taylor 1991)。在過去以大型主機 (mainframe computer) 為主要電算工具的時代中, 調查資料庫的資料處理是以大型主機的中央處理器為伺服器連線到電腦終端機, 是社會科學中應用集中式運算 (centralized computing) 的前導者, 為研究者提供調查資料在電算分析與操作上的各項技術訊息。1990 年代初所發展的全球資訊網 (World Wide Web, WWW) 配合網頁瀏覽器 (Web Browser) 的開發, 由於具有 24 小時無休、無遠弗屆、與容易使用等特性, 對調查資料檔案庫的業務方向產生極重大的影響, 不但加速了資訊的流通與交換, 擴展了資料庫服務的範圍與對象, 更發揮了調查資料在應用上的潛力。因此, 近年來, 世界各地的調查資料庫皆開始加強其調查資訊在網頁上的功能, 並以強化並創造調查資料的附加價值為重要的業務目標。

　　依此目標, 前述這些國際上著名的資料庫進行了以下幾項主要改變:

⑴**資訊內容出版形式的改變:** 在網際網路技術的影響下, 這些資料庫不再使用紙版印刷, 而以網頁的方式登錄資訊內容。此一舉措, 不但節省了可觀的紙本印刷經費, 更使得調查資料庫在資訊的傳播上更為迅速與容易, 也加強了資料庫與使用者之間的互動。

⑵**資訊釋出載體的改變:** 由於網際網路上傳輸的快捷與方便, 這些資料庫不再使用郵遞的方式傳送調查資料, 改以線上整筆下載或

點選分割下載 (subsetting) 的方式，加快了資訊流通的速度，也減少了郵遞的成本。

(3) **網上資料查詢功能的加強**：為了提升資料的瀏覽與查詢功能，這些資料庫採用動態網頁的方式，一方面開發與提升資料的瀏覽與查詢上的服務，幫助使用者找到所需要的資訊，另一方面更進一步開發線上統計程式，目的在讓使用者在網上瀏覽調查資訊時，就能夠立即在線上對數據資訊進行初步的統計分析，以瞭解該筆統計資料的特性。以上這些作法，不但提升了數據資訊的透明度，也降低了數據資料在使用上的困難度，具有拓展調查資料庫服務範圍與對象的潛力。

(4) **後設資料格式的開發**：開發後設資料格式，對調查資訊進行規格化的處理，保存資訊內涵、關聯性、與資訊控制等相關訊息，並建立資訊在描述上的屬性，以加強資料的控管、以及方便後續的網頁建構與資訊的檢索與瀏覽。

　　在以上四項主要改革中，以最後一項對於調查資料庫的網路發展最具基礎性。後設資料格式的改變亦即傳統「編碼簿」格式的改變，而其影響層面更可以擴及到資料呈現、釋出、與各項網頁功能的提供等 (Altman 2001)。或許至此，一般讀者並不瞭解下面幾項關鍵性問題：

(1)「後設資料」是什麼？為什麼重要？

(2)「編碼簿」是什麼？為什麼重要？

　　由於編碼簿是資料搜尋時最重要的參考資源，所有的資料都需要編碼簿，而後設資料是近幾年才發展出來的、專門用來處理電子檔案儲存的格式，因此為正本清源起見，就從調查資料庫都需要從

事之資料編碼簿的建構談起。

(一)調查資料編碼簿

　　調查資料編碼簿內含訪問調查過程與結果的各種重要訊息，是從事經驗數據分析時不可或缺的輔助工具。若沒有編碼簿的話，即令是資料的原創者都要花很大的功夫，才能找出資料數值背後所代表的意義。因此，每位資料原創者都會在資料蒐集完畢後，建立編碼簿，將資料的數值及其意義連結在一起，以便展開第一手的資料分析工作。但是，資料原創者此時所建立的編碼簿大多屬於「變項層次的編碼簿」(variable-level codebook)，以數據資料檔中之每個變項的相關資訊為主要內容 (Jacobs 2002；田芳華 2000)。對資料庫而言，「變項層次的編碼簿」是不夠用的，不足以讓第二手資料的使用者掌握訪問調查設計上其他的關鍵資訊（例如，研究設計、抽樣架構、以及「建構變項」(constructed variable) 的說明與建構方法等）。

　　因此，為避免資訊的流失，更為了資料能為其他研究者使用，從收到研究者個人或研究機構捐贈的調查資料起，資料庫就開始對所收到的資料進行內容的修補與格式的整理工作。編碼簿內容的修補與格式的整理工作是調查資料庫資料保存的關鍵工作所在。

　　內容的修補的目的是確保調查過程和結果的主要資訊，不會被遺漏掉。下列項目是內容修補的主要部分：

(1)註明該項調查是由哪些研究者、哪些機構、在什麼時間、在哪些地點中完成的；

(2)說明研究主題與問卷設計方式，以便讓使用者瞭解訪問調查的設計原意；

(3)說明抽樣架構建立的機制，以及抽樣執行時的實際狀況，以便讓使用者對資料中的樣本有更清晰的理解；

⑷建立相關資料檔案之索引，並註明資料中各檔案之用途，作為資料使用之導引；

⑸建立變項的標籤與單變項次數分配表，以展現資料的特性；

⑹若有資料蒐集後才「建構的變項」更需要對此類的變項進行詳細的說明，讓使用者瞭解當初建構的目的、步驟與方式。

⑺若樣本需要加權後方能使用，則需要提出「權數變項」的說明與解釋加權時所使用的方法；

⑻其他的附屬資料 (accessory materials)，如問項所用之卡片，變項編碼表（如地區、行、職業、學校名稱、報紙名稱等）、問卷題目說明及記錄方式說明、調查工作流程有關規定、計酬方式說明與督導訪員資訊等。

　　除了編碼簿內容上的補強外，調查資料庫更重視編碼簿在格式上的工整性。大多數的研究者自行製作編碼簿時，只要能讀懂，知道如何使用資料就足夠了，並不會太在意於格式的工整與編排上的一致性。但是對於資料庫而言，編碼簿的格式卻是資料處理作業過程中最重要的一個環節，除了內容上的完整外，工整且格式一致的編碼簿更關係到資料索引的建立、歸檔作業、資料釋出與資料查詢等一連串後續作業的進行。尤其在網際網路時代中，資料存取格式的一致性與工整性，會影響資訊的抓取，並進而影響到資料瀏覽與資料查詢等一系列之網頁自動化更新等電算系統內部作業流程 (Greene 1995, 1997)。因此，對於資料庫的網路化系統而言，編碼簿的製作不但要內容齊全，格式清楚與規格劃一就格外重要了。

㈡「後設資料」的編碼簿：DDI 的產生

　　目前在開發以網路為主體的編碼簿上，最受國際間調查資料庫矚目者莫過於居於調查資料庫龍頭地位的 ICPSR 所負責開發、名為

「資料文件奏議」(DDI) 計畫 (Leighton 2002; Blank 2004)。此計畫目的是建立網路應用的編碼簿格式，以便用來記錄調查資訊的內容與結構，並進而控管、檢索與公布調查資料的方法。從資訊管理的角度來看，這套作法就是對資料進行「後設資料」處理的過程。「後設資料」是資料的資料 (data about data)，是在電子檔案成為資料的最終儲存媒介的情形下，為因應文件的管理、網路檢索與資料交換等需求而產生的資料存放格式。目前網頁常用之「**超文字標示語言**」(Hypertext Markup Language, HTML) 雖然具備資訊呈現的功能，但由於其中可以使用的標籤 (tag) 過少，且為沒有意義的標示語言，不具邏輯上的意義，不能製作專以資訊內容標籤為主的結構式文件，從而造成資料編碼上的困難，更影響到資料在自動檢索、資料呈現、甚至網上運算的效能（胡克威 2002）。

有鑑於此，全球資訊網路協會（World Wide Web Consortium，簡稱 W3C）乃著手開發「**可延伸標示語言**」（Extensible Markup Language，簡稱 XML），目的是為了擴充資料在網路上的應用，將資料的內容格式與資料呈現形式分開，從而徹底建立以資料為導向的網頁語言，並試圖發展處理這些資料的程式 (W3C 2000)。

因此，ICPSR 所發展的 DDI 就是呼應 W3C 作法下的調查資料「後設資料格式」。根據 ICPSR 對於 DDI 的解釋，「DDI 就是一種『後設資料』，可應用在社會科學的調查資料的儲藏與資料釋出上。雖然在字義上，『後設資料』並不像印刷形式呈現的『編碼簿』一樣，但卻具備『編碼簿』的功能、甚至更勝一籌。DDI 所建構出來的編碼簿不僅能在內容上與紙本的編碼簿一樣完整而豐富，更能夠提供規格一致、結構嚴謹的網頁化資訊，可同時對多筆資料進行更為精確的查詢 (ICPSR)。」❹

---

❹　網址：http://www.icpsr.umich.edu/DDI/codebook/index.html。

在 1998 年 DDI 規格建構完成後，便立即為歐美各大調查資料庫採用，以為資料存放的共同規格與交換基礎。與此同時，歐美各大資料庫也在 DDI 後設資料調查資料編撰完成後，以 DDI 作為建構網頁介面為本，發展資料搜尋、展示、線上分析、甚至相關研究文獻目錄檢索等服務功能。其中，Harvard-MIT Data Center 所從事之 virtual data center 計畫便以 DDI 為基礎開發網站，並於 1999 年美國政治學會年會中獲頒最佳政治學研究網站獎❺。加州大學柏克萊分校也以 DDI 為基礎，發展網上統計資料分析系統（即 Survey Documentation and Analysis 系統，簡稱 SDA），應用在美國全國性調查資料（如 GSS, National Household Survey on Drug Abuse 等）的線上分析上，並獲得美國輿論研究學會與美國政治學會 2000 年度最佳研發與教學軟體獎❻。在歐洲，由於經濟、文化與學術交流的頻繁，各國的資料庫除了收藏本國調查資料外，更重視歐洲各國之間的比較研究，因而各國資料庫之間的合作也更為緊密。以英國 UKDA 與德國 ZA 為例，在歐盟科學委員會之贊助下，就以 DDI 為基礎，分別與歐洲其他調查資料庫合作開發調查資料分析與文獻蒐集整合系統，以網路連結的方式，建立線上的資料分析、圖形展示、與相關文獻搜尋❼。

㈢ DDI 在網際網路中的功能

在 2003 年 2 月，有鑑於 DDI 的後設資料格式對於調查資料庫與社會科學研究發展的重要性，國際上的 DDI 聯盟 (The DDI Alliance) 在歐美調查資料庫的努力下於焉成立。誠如此聯盟所發行

❺　網址：http://vdc.hmdc.harvard.edu/VDC/index.jsp。

❻　網址：http://sda.berkeley.edu:7502/。

❼　網址：http://dasun3.essex.ac.uk/Cessda/IDC/ 和 http://www.nesstar.org。

之簡介中所言，DDI 後設資料格式對於調查資訊的網際網路化具備
以下的功用❽：

⑴ DDI 規格不受電腦平臺的影響，具有「跨平臺操作性」
　　(Interoperability) 的優點。

⑵ 對於調查資訊的存儲典藏而言，DDI 涵蓋的內容廣泛而
　　完整，具備開發上的內容豐富性 (Richer content)，可成
　　為調查資料編碼簿的標準電子版本，也與國際上圖書文
　　獻目錄之後設資料格式相通，因此可成為圖書館目錄資
　　訊的一環。

⑶ 對於資料的開發而言，由於 DDI 是 W3C 所發展出的
　　XML 下的產物，在資訊內容顯示時，只要修改樣式表即
　　可，不用修改各個網頁，因此在資料由典藏至內容顯示
　　的處理過程中，具有「單一文件—多重目的」(Single
　　document-multiple purposes) 的功用。

⑷ DDI 格式包括變項層次的文字資訊，可輕易地與變項層
　　次的數據資訊結合，且可以轉化成為 MySQL、SPSS、
　　或 SAS 等常用的資料格式，因此在程式開發上，瀏覽資
　　訊內容簡單而方便，更可以擴展到線上統計程式的開發
　　與分析，讓使用者更容易瞭解該筆調查資料的特性。

⑸ 由於 DDI 編碼簿就是可經 XML 描述的文件，也因此繼
　　承了 XML 文件在網頁應用上容易查詢與檢索的優點。

---

❽　見該聯盟網址：http://www.icpsr.umich.edu/DDI/org/index.html。

㈣ DDI 的基本結構

作為上述這些調查資料庫基本存放格式的 DDI 的詳細內容是什麼呢？在程式語言結構上，DDI 格式的主要結構是以巢狀結構的形式排列的各個標籤。此一巢狀結構的標籤安排形式有五項主要部分，分別是❾：

⑴文件描述 (Document description) 為研究計畫在進行 DDI 製作時，該 DDI 編碼簿的製作資訊與文件出處的說明。

⑵研究描述 (Study description) 為有關該研究計畫的資訊。

⑶資料檔描述 (Data files description) 為該研究計畫下相關檔案的資訊。

⑷數據資料描述 (Variables description) 為該研究計畫數據資料的相關資訊。

⑸其他相關資訊 (Other study-related materials) 為該研究計畫的其他附件的相關資訊。

上述五個部分包含了 300 個以上的 DDI 標籤，對調查資料內容的處理與歸類可謂鉅細靡遺。在其中有些標籤經常使用，有些標籤則很少用到，以下僅將常用的標籤列出：

1. 文件描述

此部分主要提供 DDI 編碼簿在圖書目錄編碼上的細節 (Bibliographical detail)。由於此一部分之標籤與目前圖書館界所使用

---

❾　DDI 格式說明以及 DDI 巢狀結構表可以到 ICPSR 的 DDI 網頁中下載，網址為 http://www.icpsr.umich.edu/DDI/。中文版本，可參見胡克威、李慧茹 (2002)。

的 Dublin Core❿相符，因此，將使得 DDI 編碼簿能夠成為圖書館書目編碼的一部分，為一般圖書館使用者查詢資料時的索引。如此一來，也擴大了調查資料未來應用的範圍，不僅只是社會科學研究者，也擴及到圖書查詢者。此部分包含兩大項目：DDI 編碼簿的製作資訊與出處文件的說明。此部分重要的標籤如下。標籤內的號碼，如：1.1.1.1 表示是第一部分第一小節，其標籤為 "titl"；我們將此標籤之中文名稱放在括弧內，例如：中文之「編碼簿名稱」，只是標籤之中文註解而已，並不能使用在 DDI 文件裡。

關於該份 DDI 編碼簿的製作資訊	關於出處文件的說明
✧1.1.1.1 titl（編碼簿名稱）	✧1.4.1.1 titl（原始文件名稱）
✧1.1.3.1 producer（製作者姓名）	✧1.4.1.5 IDNo（原始文件編號）
✧1.1.4.1 distrbtr（出版機構名稱）	✧1.4,3,1 producer（製作者）
✧1.1.3.6 fundAg（經費來源機構）	✧1.4.3.3 prodDate（製作日期）
✧1.1.4.3 depositr（編碼簿儲藏地點）	✧1.4.4.5 distDate（釋出日期）
	✧1.4.6.1 version（版本號碼）
	✧1.4.5.2 serInfo（系列資訊）
	✧1.4.4.3 depositr（保管人／單位）

2. 研究描述

此部分是有關調查計畫的主要文字相關資訊。就資料蒐集過程而言，訪問調查是集體合作的成果。其中，有人負責撰寫研究計畫，並以此為藍本作為問卷設計的依據。其次，研究者也根據這些構想，在合乎統計學抽樣原則之下，建立抽樣架構，並由母體中抽出若干個體，作為調查訪問的對象。其後，訪問調查的執行者，才能以問

---

❿　Dublin Core 是一種「後設資料的元素集」，在 1995 年為國際圖書館界與網路方面的專家合作開發出來的格式，作為圖書資源搜尋的格式基礎，目的在有效地描述圖書方面的資訊，並提供資訊檢索的方法。請參閱其網頁 http://dublincore.org/。

卷為測量的依據，一一向所設定的訪問對象，進行面訪、電話訪問、郵寄調查或網際網路調查。此一研究方法，是本著隨機的原則抽取樣本，符合科學研究方法的要求，所建立的資料在代表性、信度與效度方面，均可接受客觀檢驗。這是在社會科學中最為常用的資料蒐集方法。

　　近年來，社會科學中也有相當多的學者採用質化調查法(qualitative survey interview)，對人數較少的特定個案，進行深度訪談。雖然此種資料蒐集方法下所得到的資訊主要是文字性質的資訊，比較不適合登錄於 DDI 格式中，但是研究描述部分仍是適合的(Kuula 2000)。此部分主要的標籤包括：

✧2.1.1.1 titl（研究計畫的名稱）	✧2.3 method（調查方法）
✧2.2.2 abstract（計畫的摘要）	✧2.2.3.4 geogCover（地理涵蓋範圍）
✧2.2.1.1 keyword（關鍵詞）	✧2.2.3.7 universe（人口涵蓋範圍）
✧2.1.2.1 AuthEnty（調查執行機構）	✧2.3.1.7 resInstru（研究方法）
✧2.3.1.4 sampProc（抽樣程序）	✧2.3.3.1 respRate（完訪率）
✧2.3.1.5 EstSmpErr（估計抽樣誤差）	✧2.4 dataAccs（資料存取）
✧2.2.3.1 timePrd（調查期間）	✧2.1.4 distStmt（釋出條件）

3. 資料檔描述

　　此部分的標示是有關於各資料檔資訊。調查資料是由相當多的電子檔案組合而成的，而釋出調查資料時，也應該同時釋出這些檔案的相關資訊（例如檔案名稱、格式、筆數、記錄長度與所使用的軟體版本等），才能讓使用者在使用該筆資料時，有所依循。此一部分及針對上述的特性，設計出描述調查資料檔案資訊的標籤。其主要的標籤如下：

✧3.1.1 fileName（檔名）　　　　　✧3.1.4.1 caseQnty（觀察值總數）
✧3.1.2 fileCont（檔案內容）　　　✧3.1.4.3 logRecL（記錄長度）
✧3.1.3 fileStrc（檔案結構）　　　　✧3.1.8 dataChck（數據檢核記錄）
✧3.1.3.1.2.1 varQnty（變項數目）　✧3.1.10 dataMsng（遺漏值處理記錄）
✧3.1.3.1.2.2 caseQnty（記錄筆數）

4. 數據資料描述

　　數據資料是訪問調查完成後，各問項的相關資訊。一般而言，在調查的問項可分為兩類，第一類是群組變項 (group variable)，由多個問項所組成的。研究者建立群組變項的目的是以多角度的方式，測量受訪者的反應。例如，在測量家庭分工時，研究者就很有可能加入多項題目，詢問受訪者有關做家事、煮飯做菜、洗衣服、與照顧小孩等事項上所花費的時間；或者是在測量孝道時，研究者也以多項題目，瞭解受訪者對父母之態度傾向（如：是否心存感激父母的養育之恩，是否願意達成父母心願，是否願意長大成人後仍與父母住在一起，是否願意做出讓家族感到光彩的事等）。第二類則為單一變項，以某一特定問項就可獲致完整訊息的變項，例如族群，年齡與性別等變項。

　　在使用時應該注意的是，第二類單一變項已涵蓋第一類群組變項的所有題目，所以 DDI 文件標示的是群組變項的分類大點（名稱、內容）與單一變項（變項識別代碼）之間的群組關係。在此部分中，就以這兩類變項為主要區分所在，針對此兩類變項之特性，設計出適合的標籤，以為登錄資訊的依據。

群組變項主要的標籤	單一變項主要的標籤
✧4.1.4 defntn（群組變項定義） ✧4.1.1 labl（群組名稱） ✧4.1.2 txt（群組變項內容） ✧4.1.5 universe（涵蓋範圍）	✧4.2.2 labl（單一變項名稱） ✧4.2.1 location（位置） ✧4.2.8.2 qstnLit（變項原問題） ✧4.2.9.1 range（有效數值範圍） ✧4.2.14 sumStat（題目回答狀況統計） ✧4.2.18.4 catStat（答項統計（次數分 　　配或百分比）） ✧4.2.18.1 catValu（答項值） ✧4.2.21 concept（變項之關鍵詞） ✧4.2.22.1 drvdesc（衍生變項與描述）

5. 其他相關資訊的描述

　　調查資料是由相當多的檔案資料所構成的。除了以上的資訊外，還有以下幾項重要資訊，例如：

⑴在進行問項設計時，研究者就可能撰寫備忘錄 (memo)，記錄有關設計問項的依據。

⑵在進行抽樣時，研究者會撰寫抽樣程式，記錄抽樣的步驟與方式。

⑶在進行訪問時，研究者會編寫訪員或督導手冊，並提供某些問項的編碼資訊。

⑷在進行訪問時，研究者會提供圖片或答項卡片，作為協助訪員進行調查的工作。

　　以上數項，僅為眾多調查檔案之一小片段，還有其他可能的資訊。因此，如何登錄繁雜、且未被前述標籤列入之資訊就是一件煞費苦心的差事。在此 DDI 格式的部分，就試圖登錄這些多而雜的資訊，包含：原始問卷、變項編碼的資訊、針對統計軟體撰寫的定義檔、訪員或督導手冊、抽樣的程式、該筆資料使用之專有名詞、地圖、回答問題時所用的卡片、變項使用導引等。此一部分對每項不同的資訊都要有一整組相關資訊標籤 (5.0 otherMat)，其中標示各資訊的：

> ✧5.1 labl（名稱）　　　　✧5.4 table（表格）
> ✧5.2 txt（內容）　　　　　✧5.5 citation（引用資料）

以上僅為 DDI 的主要內容。若要瞭解其中的細節，請參閱胡克威與李慧茹編著之〈DDI DTD 中英文對照解說手冊〉或胡克威與王禹霖譯之〈DDI 標籤使用說明〉。若要閱讀最新 DDI 的英文版，請直接連結到 DDI 聯盟之網頁，其網址為：http://www.icpsr.umich.edu/DDI/users/dtd/index.html#a01。

㈤ DDI 的作業重點

DDI 後設資料的建立對調查資料的儲存帶來劃時代的改變。其劃時代之意義在於：第一、傳統調查資料存放於電子檔案中主要是設定各「欄位」的寬度，而在 DDI 資料的處理中，是將資訊的內容放入適當的標籤中。其間涉及資料格式的轉換、文件標示、與驗證等一系列的「後設資料」處理過程。第二、DDI 分別在研究與變項層次提供關鍵詞的標籤，其作用在於資訊檢索上的需要。因此，同意詞庫或關鍵詞庫的建立就有其必要了。第三、網站不僅只是「資訊內容」的部分而已，也包括程式的開發與版面的設計。以上三部分的作業都不屬於調查資料庫的傳統作業流程，而必須說明之。

1. 後設資料格式轉換

此部分為 DDI 資料規格作業，目的在整理與轉換調查資料各項訊息，成為 DDI「後設資料」格式（即 DDI 文件標籤的內容），作為建構結構性調查資訊文件的基礎。此一部分的工作不屬於傳統的作業程序。通常分為以下幾個步驟：

⑴步驟一、資料的轉換：必須先確認哪些資料是要進行後設資料處理，並找出與其對應的 DDI 標籤。

⑵**步驟二、建立 DDI 標示 (mark-up) 文件：** 這是資料轉換過程中最重要的一步，原來散亂的調查資訊，在經過轉換為 DDI 的標示文件後，才能成為網頁資訊自動化的基礎。但是，這也是最為繁瑣、最容易出錯的地方，特別是在進行「複製」和「貼上」的電腦操作動作時。直至目前為止，已有一些調查資料庫提供公用軟體，協助執行「後設資料格式」轉換的工作，使得這部分的工作更趨於制式化。在 ICPSR 的 DDI 網頁中，讀者可找到這些轉換軟體（例如，XML Generator）。在此階段中，另一部分的工作則是對數字檔進行轉換，並建立變項的對應檔 (mapping file)，以便發展線上即時分析的瀏覽系統。前面所提到加州大學柏克萊分校的線上分析系統即為其中的佼佼者，而目前臺灣中央研究院的調查研究專題中心也嘗試開發此類線上分析系統。本章的後面會對此系統進行介紹。

⑶**步驟三、驗證 (Validating) DDI 標示文件：** DDI 是一個純文字的檔案，但在製作時，很容易出錯。例如，標籤名稱輸入錯誤、將大寫字母變成小寫（或小寫變成大寫）、與遺漏「開始」或「結束」的標籤等錯誤，都會使得所建構之 DDI 標示文件不符合 XML 文件之規格，從而造成網頁自動化輸出時的干擾。因此，DDI 文件一定要經過驗證。大多數的 XML 套裝軟體，例如，XML SPY 都可提供驗證的功能。

後設資料大致上是經過以上三個步驟建構出來的，最需要留意的情況有三。首先、由於 DDI 格式的基本製作原理有別於傳統資料的「欄位辨認法」，而是使用「標籤確認法」。因此，在製作符合 DDI 格式的調查資訊時，標籤的認定 (identification) 就必須格外審慎。DDI 標籤所包容的範圍不但廣泛、並且細微，因此在標籤認定上很容易出錯。對於不熟悉 DDI 格式的工作人員而言，更容易產生標籤認定上的不一致狀況，從而造成資訊檢索時，資訊流失或誤置的情

況。第二、雖然已有許多程式提供了自動轉換資料的功能，但資料庫工作者還是要去進行繁複的核對與修正的工作，才能使得 DDI 檔案完全符合 XML 規格，以供上線展示的程式所讀取。第三、由於資料處理上的國情不同，國外所提供的資料轉入程式並未提供個別變項次數分配的轉換。因此，經由這些程式所轉出的 DDI 檔案，必須以用手輸入的方式，進行局部的添補與修正，以建立符合國內調查資料庫習用的資訊內容。這一系列由資料轉換至核對的過程是「後設資料」規格作業中最為繁瑣，也最需要人力的支援之處。

2. 建立詞庫與索引

　　此部分的作業重點是建立索引與歸檔。在傳統以紙本搜尋為導向的調查資料庫中，此階段的主要工作是建立研究主題層次的索引，並將經過清點後的資料分類歸檔。在網際網路時代中，詞庫 (Thesaurus) 有兩種類型，一為研究主題層次的索引，這是有些資料庫過去會從事的工作項目，作為研究主題層次查詢的依據；一是建立變項名稱的詞庫，作為變項層次查詢之用，這是過去最難處理的項目，也因此傳統的資料庫很難建立適當的變項層次搜尋索引。

　　不論是在研究主題或變項層次上，建立詞庫可被當作是長期、需要累積的工作，剛開始時想到的關聯詞或許有限，然而研究者可在以後想到關聯詞時，或經由查詢者之查詢習慣中得知（如參考資訊搜尋者在主機中留下的使用記錄檔），再予以增加。

　　在發展以網際網路為主體的調查資料庫時，變項層次的詞庫的建立非常重要。變項層次的數據資訊是調查資料的精華所在，是瞭解調查資料是否合用時最重要的考慮所在。然而由於統計套裝軟體的設定要求，調查數據資料中的變項往往被限制在 8 個英文字母以內，以縮寫或研究者容易使用的方式替代其真實意義。因此，過去的作法是由目錄索引中找到適當的訪問調查資料，然後由該筆資料

之紙本編碼簿中找到變項的資訊，才能決定此筆資料是否切合自身的研究議題之用。在網際網路時代，如果資料庫已建構完成變項層次的詞庫的話，上述這種搜尋變項的傳統方式可以完全被網路搜尋所取代；而若該筆資料的數據資訊已經上線、並且也建立變項層次的詞庫的話，調查資料庫就具備了開發線上即時統計分析的條件。至此，初步的統計分析都可以在網際網路上完成。

3. 建立網際網路作業平臺

　　上述的工作重心皆與「資訊內容」的建構與轉換有關，但是「資訊內容」的建構僅是建立資料庫網站中的一環而已。在網際網路作業平臺時，程式開發與網頁美編是重點所在，目的在整合電子檔案內之「資訊內容」，使得資訊的抓取能夠一體成形地展現在所設計的網頁中。因此，建立網際網路作業平臺的重點在於建立互動式的網頁平臺，以利於資訊自動化的展示與釋出。在此，硬體的架設較為簡單與制式化，主要的考慮為系統的運算能力、頻寬與防火牆等。與硬體架設比較，發展軟體程式複雜許多，而這也是調查資料庫在人力資源上最不足之處，必須仰賴熟悉資料庫程式人員 (database programmers) 的長期投入於網頁開發上。在此，下列幾項可為程式與美編開發時需要注意的事項：

(1) **研究主題與變項的文字資訊的輸出方式**：由於 DDI 僅是後設資料格式，並非網頁呈現程式語言，所以必須經過轉換才能在網頁中呈現。在此，根據 W3C 所提供的指引，最簡單的作法莫過於建立**樣式檔 (XSLT Stylesheet)**，以便抽取 DDI 檔案中有關研究主題與變項有關的文字資訊，自動輸出到網頁頁面上。樣式檔程式的開發並非困難，一般程度的網頁設計者對此一程式語言都可以輕易上手。

(2) **網頁美編**：網頁是資料庫向外展現其儲藏內容、功能、以及資料

庫特性的所在，因此在設計網頁頁面時必須慎重。就這點而言，大多數的資料庫開發者並不擅長於網頁美編的設計，很難對網頁的美觀、功能與專業形象做出整體判斷。因此調查資料庫除了必須密集式地與美編設計人員交換意見外，更有必要組成專案諮詢小組，以收集思廣益之效。此外，在美編過程中也需要注意：由於版面的更動往往會影響到背後端的網頁功能程式設計，因此資料庫的網頁開發者必須權衡二者間的輕重緩急之別。

⑶ **網頁程式的建構**：在程式的開發上，調查資料庫可因其需求，而有深淺之分。一般而言，搜尋程式的開發是最基本的項目。在 DDI 格式中，若已植入變項層次的資訊，並且也建構對應的同義詞庫的話，搜尋程式不但可以深入到變項層次的搜尋，更可以抓出其他相關的資訊，達到資料搜尋既深且廣的程度。其次為在下載程式的設計。一般而言，整筆資料下載是最簡單的方式，在網頁設計上僅以簡單的連結就可以做到。但為恐形成資料濫用，調查資料庫一般不會採取此種作法，而以會員制，或者以填寫申請表的方式，將資料以電子郵件的方式傳遞出去。除了以上的下載方式外，一些調查資料網站（例如，加州大學柏克萊分校之 SDA 系統與臺灣中央研究院調查研究中心）由於採用以 DDI 為基礎存放格式的方式，故可以提供單筆資料的分割 (data subset) 下載。此種方式的優點是資料瀏覽者可以將所點選變項下載至個人電腦中。此種下載程式的設計就複雜許多了，也只能由程式設計師開發。除了上述搜尋與下載的程式開發外，以 DDI 為基礎存放格式的調查資料庫更可以提供變項的網上即時 (realtime online) 統計分析。在國際間，加州大學柏克萊分校之 SDA 系統、德國 ZA 所開發的 ILSES、與英國 UKDA 所開發的 NESSTAR 皆是其中的佼佼者。我國的中央研究院調查研究中心也提供類似的功能。在程式設計

上，建構具備網上即時統計分析的網站是最為複雜的，而調查資料庫更需要程式設計師的密切配合，方能完成此類網頁功能的開發。為此，SDA 與 NESSTAR 乃更進一步開發出套裝的網上分析程式，以套裝軟體安裝的方式協助其他調查資料庫開發網上統計分析。網上即時統計分析的特點就是，資料使用者不需要安裝任何統計軟體，只要電腦內有網頁瀏覽器（如 MS Internet Explorer），就可以在有網路連線的地方，進行統計分析。雖然此類網上的統計分析還未能在功能上達到像 SAS、SPSS、或 STATA 等統計套裝軟體之高階統計分析的功能，但網際網路使用上的親和性、資料連結上的便利性、資訊瀏覽的深入性等，卻是此類網頁的優勢所在，對調查資料庫服務功能的擴展極具貢獻，勢將成為調查資料庫未來發展的重心之一。

　　上述這幾項是調查資料庫在網際網路時代裡程式開發的重點。1990 年代是網際網路時代的開端，我們可以斷言：調查資料庫的今日面貌也只是邁向網際網路時代時的最初態勢，功能還有更多可以改進的空間，並且更加多樣化。以歐洲方面調查資料庫的發展為例，其系統開發上不但包括了文字資訊瀏覽、線上統計分析外，更加強了統計分析上圖形顯示的功能，以及調查資料庫與研究文獻目錄之連結。雖然這些功能還在初始階段，但在可見的未來，具備降低學習門檻、同時又具有推廣資料庫用途的線上統計程式的開發勢必是調查資料庫工作的重點之一 (Ryssevik and Musgrave 2001)，而調查資料庫與圖書文獻資料庫（如圖書館）之間的連結功能也將更為強化，從而使得調查資料的查閱者在圖書館資訊中就能尋找到所需要的調查資料的資訊，並能透過網路的連結，直接挖掘資訊至變項層次 (Hu and Yu 2005)。

四、國際上重要的調查資料庫

在網路時代初期，調查資料庫建立網站或許只是被動因應的作法，但隨著網路科技的進步、DDI 的開發以及網路資料庫的便捷，網站功能的發展是調查資料庫必須正視的問題。現今，幾乎每一間調查資料庫都有其網站，但功能卻相異甚遠。其中主因是由於各資料庫在資料內容的儲藏、電子檔案的儲藏上規格不一，加重了資料處理與上線時的困難度。本章的前面部分即指出：由國際上大型資料庫所提倡的 DDI 規格，可以解決上述的問題，提供一個功能齊備且具資訊整合性的網站。以提倡 DDI 規格不遺餘力的 ICPSR 網站（如圖 10–2，網址：http://www.icpsr.umich.edu/access/index.html）為例，其網頁在設計上，便顯現出這是一個資訊整合的網站，就至少具有幾項功能：

(一)多層次的文字資訊查詢

(1)**研究計畫層次上的資訊查詢：**可由圖 10–2 之檢索欄進行搜尋，包括研究主題、其同義詞、計畫主持人、與計畫執行機構等。

(2)**資料變項的查詢**（網頁中 Social Science Variables Database 的超連結）。

(二)數據資訊的線上統計分析（網頁上之 Online Analysis 超連結）

ICPSR 本身提供由加州大學柏克萊分校之線上統計分析系統（即 SDA）。同時，若資料也被納入到歐洲的資料庫所開發之 NESSTAR 系統的話，也可以由 NESSTAR 來進行統計分析，並且可

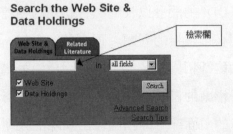

檢索欄

圖 10-2　ICPSR 網站之資料使用功能 (Courtesy of ICPSR)

以在網上直接將統計分析結果轉化為圖形。

㈢文獻目錄的查詢

　　在 ICPSR 網頁中可以利用研究文獻查詢的功能，找到與該研究文獻相關的調查資料。例如，在點選 Bibliography of Data-Related Literature 之超連結後，就會跳出檢索欄。試著在此打入 "old age support" 之後，就會出現如圖 10-3 的搜尋結果。此時若再點選 Related data 的超連結，就會找到這篇論文所使用的調查資料的資訊。

Bibliography Home

Search Results: Bibliography of Data-related Literature

Results for: OLD AGE SUPPORT

6 Results　　　　　　　　　　　　　　　　　　　　　　　sort by author , sort by title , year

1. Krause, Neal, "Church-based social support and health in old age: Exploring variations by race." *Journals of Gerontology, Series B: Psychological Sciences and Social Sciences.* Nov 2002, 57B, (6), S332 - S347.

Related data

2. Sun, Rongjun, "Old Age Support in Contemporary Urban China From Both Parents' and Children's Perspectives." *Research on Aging.* May 2002, 24, (3), 337 - 359.

Related data

圖 10−3　"old age support" 的搜尋結果 (Courtesy of ICPSR)

　　此外，若讀者有興趣知道 ICPSR 中有關「臺灣」的蒐藏，亦可以在圖 10−2 之檢索欄中，打入 "taiwan" 後，就可知道該資料庫中，約有 74 筆左右的臺灣蒐藏，其中包括密西根大學人口研究中心與臺灣省家庭計畫研究所合作執行的臺灣地區家庭計畫與生育力調查（1965, 1967, 1970, 1973, 1979, 1986 等六次調查）與可能是保存得最為完整的臺灣早期資料調查資料，即 1970 年臺灣價值系統調查 (Value System in Taiwan 1970)。不過由於 ICPSR 是會員制，我們可以瀏覽其資訊，但若要下載，則需取得會員資格，以便輸入會員帳號與密碼才行。

　　除了以上的功能外，讀者或許也由圖 10−2 發現一處名為 Publications-Related Archive 的超連結。這是最近新加入的功能，點選此處可以連結到一些新近發表之期刊論文與書籍相關的調查資料。這是這些作者所捐贈的資料，目的是讓使用者去檢驗他們以此資料所得到的研究結果。

　　以上對於 ICPSR 之蒐藏與功能的簡單介紹，相信讀者大致上會同意這是一個蒐藏豐富且功能相當齊全的調查資料庫網站。的確如此，ICPSR 除了美國蒐藏本土眾多的調查資料外，也將國際上一些大型的調查資料納入其中。在尋找國際上的資料時，ICPSR 的網站應為首選。若無法由此處找到適當的調查資料，則可以到英國的

UKDA（網址：http://www.data-archive.ac.uk/）或德國的 ZA（網址：http://www.social-science-gesis.de/en/index.htm）。這兩間調查資料庫在功能上可與 ICPSR 的網站媲美。儘管在蒐藏量上，UKDA 與 ZA 是稍遜一籌，但是各有其特色（見表 10-2）。其中，UKDA 除了本國大型調查外，更包括本國之長期追蹤調查；而德國的 ZA 則包括了一些歐洲各國間比較研究的大型調查（如 ISSP 與 Eurobarometer）的資料，以及東歐各國之調查。除了以上調查資料庫外，附錄 10-1 也包括了世界各地的調查資料庫的網址，而附錄 10-2 則為一些著名的跨國比較研究的調查資料的網址。這些資訊都有助於讓我們找到社會科學研究的相關資料。

表 10-2　英國 UKDA 與德國 ZA 的調查資料

UKDA 主要收藏
1. British Election Studies
2. European Social Survey
3. European Values Study
4. World Values Survey
UKDA 的長期追蹤調查研究
1. 1970 British Cohort Study
2. British Household Panel Survey
3. English Longitudinal Study of Ageing (ELSA)
4. Millennium Cohort Study
5. National Child Development Study
ZA 的主要收藏
1. ISSP (International Social Survey Programme)
2. The Eurobarometer Survey Series
3. Studies from Eastern Europe
4. The German General Social Survey

五、臺灣重要的社會科學調查資料庫網站

在臺灣，比較有系統地從事大規模訪問調查大致上是在 1980 年代初期。其後，由於調查資料持續地累積，需要專責機構負責調查資料的存放、維護與公開使用，於是產生類似歐美調查資料檔案庫的機構。其中以國立政治大學的選舉研究中心成立最早，約自 1981 年始，由雷飛龍、荊知仁等多位政治學界教授爭取到選舉研究中心的設立。政大選研主要為臺灣選舉與政治上的調查資料。其主要蒐藏的調查資料有兩類，一是投票記錄檔（歷屆公職人員選舉資料），包括⑴歷屆公職人員投票記錄查詢，與⑵臺灣地區近年來選舉結果統計表。另一類則為國科會補助之研究計畫資料庫，大約為 30 份研究計畫資料。其中最為重要的蒐藏當為近年來「臺灣選舉與民主化調查」。政大選研的網址為：http://www2.nccu.edu.tw/~s00/newchinese/main.htm ⑪。

在臺灣，規模較為完整、且主要業務項目與資料檔案庫業務有直接關係的調查資料庫則為中央研究院調查研究專題中心之學術調查資料庫。其成立時間為 1993 年，是在各方有識人士的推動下，於 1993 年在瞿海源教授的推動下成立。除從事訪問調查外，調查研究專題中心的另一項任務就是有系統地蒐集過去的調查資料，並建立由資料入庫、檢核、儲存、歸檔、至公布釋出等作業程序的標準化。近年來，更在國科會的資助下，成為國內國科會資助之調查計畫完成後的資料儲存場所。直至今日，此調查資料庫的資料存儲量已超過 900 筆以上。雖然在數量上與前述之 ICPSR、UKDA、或 ZA 相

---

⑪ 此為新版中文測試版，而舊版網址為 http://www2.nccu.edu.tw/~s00/news/main.htm。

差甚大，但卻是國內最重要的調查資料庫，也是東亞地區最具規模的調查資料庫。其網址為：http://srda.sinica.edu.tw。

　　中央研究院調查研究專題中心之學術調查資料庫之資料蒐藏可參見附錄 10–3。國內各大型之學術調查資料，包括前述之「臺灣選舉與民主化調查」也蒐錄於其中，是尋找國內調查資料之首選網站。

　　近年來，有鑑於 DDI 格式的發展，學術調查資料庫也開始研發 DDI 格式在中文上的應用。其成果為「**臺灣社會科學調查資料：線上分析網**」（Taiwan Social Science Data Archive: Online Analysis，網址為 http://tssda.sinica.edu.tw，簡稱 TSSDA）與「**政府抽樣調查資料庫**」（網址：http://srda.sinica.edu.tw/govdb/）。TSSDA 所展示的調查資料主要為：⑴**臺灣社會變遷基本調查計畫**（由 1984 年迄今）、⑵**華人家庭動態調查**（為長期追蹤調查，自 1999 年起），與⑶**臺灣選舉調查資料**（包括臺大、政大等校執行之臺灣選舉、民主價值與態度等調查）。

　　TSSDA 網站是國內第一個以 DDI 格式建構的網站。雖然在功能上，比 ICPSR 的網站簡單許多，但具備基本功能。包括：

⑴**多層次的查詢**：包括研究主題與變項層次的查詢。

⑵**線上統計分析**：可由前述之查詢直接找到變項的統計分配，並可以進行變項間的交叉分析。

⑶**趨勢分析**：可對同一系列之調查（如歷年之臺灣社會變遷基本調查），進行同一變項之各年度結果比較。

⑷**文獻目錄的查詢**：可找出與某一筆調查資料相關之研究文獻。

⑸**調查資料分割下載**：可點選所需要的變項，將其下載至個人電腦中。此一功能可用於單一變項的分割下載與趨勢分析中。

　　此外，學術調查資料庫也將 DDI 的儲藏技術應用於政府資料上，開發了「政府抽樣調查資料庫」。此一網站所包括之資料為主計

處之人力資源調查、家庭收支調查、社會發展趨勢調查等。由於這批資料都轉換成為 DDI 格式，因此具備前述 TSSDA 之線上統計分析的功能，使用者可以瞭解某一特定變項的趨勢圖。

 # 六、結　語

調查資料庫是進行社會科學經驗研究之重要資源。其重要性不僅在於將社會科學研究者辛勤努力之調查資料進行系統化的處理，以便永久保存，更在於有效地節省了研究者花在找資料的時間。近年來，調查資料庫網路化的發展更是社會科學結合電算科技應用之里程碑。隨著電算科技一日千里的進步，調查資料庫勢必也隨之演變。在可預見的未來，現行的線上統計分析勢必更具有高階統計的功能，也更具有圖形分析的展示能力。除此之外，資料的搜尋更有可能與圖書館的資訊搜尋連結、甚至可能產生如 print.google.com 網站中相關研究論文直接瀏覽與閱讀的功能。現在只是資訊網路化的初段，但我們已看到了一些成果，未來的進步更會超出我們今日的想像。

附錄 10-1　世界各地的調查資料庫的網址

亞 洲		
日　本	SSJDA	Center for Social Science Research on Japan-Data Archive-Tokyo http://ssjda.iss.u-tokyo.ac.jp/en/index.html
韓　國	KSDA	Korean Social Sciences Data Archive http://www.ksdc.re.kr/unisql/engjap/eindex.html
印　度	ISSRC	Indian Social Science Research Council, New Delhi http://www.icssr.org/
以色列	IL-SSDA	Israel Social Sciences Data Archive-Hebrew University, Jerusalem http://isdc.huji.ac.il/mainpage_e.html
非 洲		
南　非	SADA	South African Data Archive-Human Science Research Council, Pretoria http://www.nsd.uib.no/nsd/bruker/98-1/p27-2.shtml
北 歐		
挪　威	NSD	Norwegian Social Science Data Services, Bergen http://www.nsd.uib.no/english/
瑞　典	SSD	Swedish Social Science Data Service-University of Göteborg http://www.ssd.gu.se/enghome.html
芬　蘭	FSD	Finnish Social Science Data Archive http://www.fsd.uta.fi/english/index.html
丹　麥	DDA	Danish Data Archives-University of Odense http://www.dda.dk/index.html
愛沙尼亞	ESSDA	Estonian Social Science Data Archives http://psych.ut.ee/esta/essda.html
西 歐		
英　國	ESRC	Economic and Social Research Council-The Data Archive-Univ. of Essex http://www.esrc.ac.uk/
	UKDA	UK Data Archive http://www.data-archive.ac.uk/
法　國	BDSP	Banque de Donnees Socio-Politiques

		http://solcidsp.upmf-grenoble.fr/cidsp/index_gb.htm
德　國	ZA	Zentralarchiv fur Empirische Sozialforschung an der Universitat zu Koln http://www.social-science-gesis.de/en/index.htm
	ZHSF	Zentrum fur historische Sozialforschung-ZHSF http://www.gesis.org/en/za/index.htm
比利時	BASS	Belgian Archives for the Social Sciences, Louvain-la-Neuve http://bass.rspo.ucl.ac.be/logi/htdocs/dispos_e.htm
荷　蘭	NHDA	The Netherlands Historical Data Archive-Leiden University http://www.niwi.knaw.nl/us/homepag.htm
中　歐		
奧地利	WISDOM	Wiener Institut fur sozialwissenschaftliche Dokumentation und Methodik http://www.wisdom.at/en/index.htm
希　臘	SBD	Social Data Bank http://www.ekke.gr/databank/
匈牙利	TARKI	Social Research Informatics Society, Budapest http://www.tarki.hu/index-e.html
瑞　士	SIDOS	Swiss Information and Data Archive-Service for the Social Sciences http://www.sidos.ch/index-e.html
斯洛維尼亞	ADP	Arhiv Druzboslovnih Podatkov http://www.adp.fdv.uni-lj.si/en/prva.htm
南　歐		
西班牙	CIS	Centro de Investigaciones Sociológicas http://www.cis.es/home1024.aspx
大洋洲		
紐西蘭	NZSRDA	NZ Social Research Data Archive-Massey University, Palmerston North http://www.massey.ac.nz/~nzsrda//
美　洲		
美　國	ICPSR	Inter-university Consortium for Political and Social Research http://www.icpsr.umich.edu/
	MRC	Murray Research Center-Harvard University,

		Cambridge http://www.radcliffe.edu/murray/data/
	DPLS	Data and Program Library Services-University of Wisconsin, Madison http://dpls.dacc.wisc.edu/
	IRSS	Institute for Research in Social Science-Univ. of North Carolina, Chapel Hill http://www.irss.unc.edu/data_archive/home.asp
	ISSR-UALA	Institute for Social Science Research-University of California, Los Angeles http://www.sscnet.ucla.edu/issr/da/
	ROPER	The Roper Center for Public Opinion Research-Storrs, Connecticut http://www.ropercenter.uconn.edu/
	MAG-MITL	Metadata Advisory Group-MIT Libraries http://libraries.mit.edu/guides/subjects/metadata/group.html
加拿大	LSDB	Leisure Studies Data Bank-University of Waterloo http://www.lib.uwaterloo.ca/discipline/recreation/
	NAC	Library and Archives Canada http://www.collectionscanada.ca/archivists/index-e.html
	CUDC	Carleton University Data Centre-Ottawa, Ontario http://www.carleton.ca/~ssdata/

附錄 10-2　跨國比較研究的調查資料的網址

1. 選舉制度比較研究 (The Comparative Study of Electoral Systems, CSES)：
   http://www.csesdb.com/
2. 世界價值調查 (World Value Survey, WVS)：
   http://www.worldvaluessurvey.org/services/index.html
3. 國際社會調查計畫 (International Social Survey Programme, ISSP)：
   http://www.issp.org/data.htm
4. 公共政策研究中心，阿柏汀大學 (The Center for the Study of Public Policy,
   University of Aberdeen)：http://www.cspp.strath.ac.uk/
5. 收入動態追蹤調查 (Panel Study of Income Dynamics, PSID)：
   http://psidonline.isr.umich.edu
   「收入動態追蹤調查」資訊中心 (PSID data center)：
   http://simba.isr.umich.edu/

附錄 10-3　中央研究院調查研究專題中心之蒐藏

學術調查研究資料庫網址：http://srda.sinica.edu.tw

臺灣社會科學調查資料線上分析網：http://tssda.sinica.edu.tw

政府抽樣調查資料庫網址：http://srda.sinica.edu.tw/govdb/

一、大型學術調查

　　1.臺灣社會意向調查

　　2.臺灣社會變遷基本調查

　　3.臺灣地區家庭與生育力調查系列

　　4.臺灣基因體意向調查

　　5.臺灣選舉調查資料

　　6. 臺灣大學選舉相關資料

　　7. 臺灣選舉與民主化調查研究

　　8. 政治大學選舉研究中心計畫

　　9.國民營養健康狀況變遷調查

　　10.華人家庭動態資料庫（追蹤樣本調查）

　　11.臺灣教育長期追蹤資料庫（追蹤樣本調查）

二、政府抽樣調查資料庫

　　1.主計處人力資源調查

　　2.主計處家庭收支調查

　　3.主計處社會發展趨勢調查

　　4.內政部臺閩地區老人狀況調查

　　5.內政部臺灣地區國民生活狀況調查

　　6.內政部臺閩地區身心障礙者生活需求調查

　　7.主計處人力運用擬——追蹤調查資料庫（年資料）

三、臺灣擬追蹤調查資料庫（每次調查中，一半的樣本為追蹤樣本）

　　主計處之人力資源調查

四、民意調查資料

　　1.《中國時報》民意調查資料

　　2.《聯合報》民意調查資料

參考書目

田芳華（編），2000，《學術調查研究資料庫資料使用手冊》。臺北：中央研究院調查研究工作室。

胡克威，2002，〈社會科學後設資料規格與調查資料編碼簿〉。《調查研究》12: 29–58。

胡克威、李慧茹，2002，〈DDI DTD 中英文對照解說手冊〉。《調查研究專題中心技術手冊》。臺北：中央研究院調查研究工作室。

胡克威、王禹霖（譯），2003，〈DDI 標籤使用說明（ICPSR DDI 之第二版）〉。《調查研究專題中心技術手冊》。臺北：中央研究院調查研究工作室。

桂思強，2003，《資料庫理論與 Access 範例教本》。臺北：學貫行銷股份有限公司。

Altman, M. et al., 2001, "A Digital Library for the Dissemination and Replication of Quantitative Social Science Research." *Social Science Computer Review* 19 (4): 458–470.

Becketti, S., W. Gould, L. Lillard, and F. Welch, 1988, "The PSID After Fourteen Years: An Evaluation." *Journal of Labor Economics* 6 (4): 472–492.

Blank, G. and K. B. Rasmussen, 2004, "The Data Documentation Initiative: The Value and Significance of a Worldwide Standard." *Social Science Computer Review* 22 (3): 307–318.

Converse, J. M., 1987, *Survey Research in the United States: Roots and Emergence, 1890–1960*. Berkeley: University of California Press.

Greene, S., 1995, "A Functional Approach to Documentation and Metadata." *IASSIST Quarterly* 19 (3).

Greene, S., 1997, "Metadata for Units of Measure in Social Science Databases." *International Journal on Digital Libraries, Special Issue on Metadata for Digital Libraries* 1 (2): 161–175.

Hakim, C., 1982, *Secondary Analysis in Social Research: A Guide to Data Sources and Methods with Examples*. London: George Allen & Unwin Ltd.

Hill, M. S., 1992, *The Panel Study of Income Dynamics: A User's Guide*. Sage Publications.

Hu, A. K. and J. Yu, 2005, "The DDI and Its Internet Interfaces: Integrating Survey Data Information." pp. 231–247 in *Proceedings of 2005 International Conference on*

Digital Archive Technologies. Taipei.

Hyman, H. H., 1972, Secondary Analysis of Sample Surveys: Principles, Procedures, and Potentialities. New York: John Wiley & Sons, Inc.

Kuula, A., 2000, "Making Qualitative Data Fit 'Data Documentation Initiative' or Vice Versa." Forum: Qualitative Social Research 1 (3): 1–8.

Leighton, V., 2002, "Developing a New Data Archive in a Time of Maturing Standards." IASSIST Quarterly 26 (1): 5–9.

Mochmann, E. and P. de Guchteneire, 2002, "The Uses of Secondary Analysis in the Social Science." Webpage: http://www.ifdo.org/method_analysis/index_bfr.htm.

PSID, 2005, "An Overview of the Panel Study of Income Dynamics." In http://psidonline.isr.umich.edu/Guide/Overview.html.

Ryssevik, J. and S. Musgrave, 2001, "The Social Science Dream Machine." Social Science Computer Review 19 (2): 163–174.

Sieber, J. E., 1991, "Introduction: Sharing Social Science Data." pp. 1–18 in Sharing Social Science Data. Newbury Park: Sage Publications.

Stones, R. and N. Matthew, 2001, Beginning Databases with PostgreSQL. Birmingham, UK: Wrox Press Ltd.

Tanenbaum, E. and M. Taylor, 1991, "Developing Social Science Data Archives." International Social Science Journal 43 (1): 225–234.

Vardigan, Mary, 2001, "Rebuilding ICPSR's Web Site: From Concept to Implementation." ICPSR Bulletin, summer. (webpage: http://www.icpsr.umich.edu/org/publications/bulletin/2001–Q2.pdf)

W3C (2000) XML Recommendations, version 1.0, available at http://www.w3.org/TR/REC-xml.pdf.

第 11 章

資料分析：
從個人差異到跨國比較

◆ 一、判定調查資料品質
◆ 二、資料分析的類型與策略
◆ 三、資料分析實例
◆ 四、結　語

　　問卷調查的最終階段在分析調查資料，再根據研究發現撰寫研究論文或研究報告。分析重點依研究目的而定，分析方法則隨資料性質而異。不論研究主題、目的、資料或變項性質是什麼，嚴謹的資料分析大致包括兩大階段。第一，瞭解樣本及變項的分布及特性，並確認調查資料的品質。第二，檢視基本的研究發現、驗證研究假設，甚至進一步探索其他相關的研究意涵。本章依序介紹這兩個階段，並透過個人差異到跨國比較這種不同層次的資料性質，討論分析過程中值得注意的事項。

　　在將大量數字轉化為可供分析的內容的過程中，如何依各種測量方式來建構變項，應是首要工作；不同的資料分析策略也大幅依賴變項的性質而定。簡言之，「變項測量」聯結了理論論述、概念化、建構觀察值的過程，也是資料分析的共同要素 (Hardy and Bryman eds. 2004: 2; Bryman and Cramer 2004)。由於變項往往是組織龐大調查資料的最佳媒介，下列各節中也將適時解釋如何依研究目的及資料性質來操作、重組、整合各種變項。

一、判定調查資料品質

　　資料分析的成果如何，隨著研究者的知識、訓練、經驗而異。但是如果**資料品質** (data quality) 不佳，再豐富的知識、再好的訓練、再多的經驗、再複雜的統計技巧，都不容易在事後有效彌補。

　　如果研究者從頭依據理論議題或研究假設來設計問卷內容、參與抽樣規劃、執行或監督實際問卷訪問、資料處理（包括過錄、鍵入等），通常也有比較充分的第一手經驗及知識來判斷資料品質。如果研究者使用現有調查資料庫來分析，就必須依賴對主題的熟悉程度，以及分析資料的經驗，來判斷所使用的二手資料品質如何。

　　資料品質的好壞，和前述各章調查過程中的各個環節都息息相
關。研究者如果能夠從頭到尾參與這些問卷調查的環節，瞭解整個
過程中實際操作的嚴謹程度，對於最後獲得的調查資料品質如何，
應該會有比較切合實際的期望與掌握。如果研究者不瞭解這些調查
過程，就必須以更謹慎的方式來處理、分析該筆調查資料。

　　判定品質的兩大標準，一是資料是否可靠或**可信** (reliable)，二
是資料能否**有效** (valid) 測量所要探討的現象。如果資料不可信，資
料分析的結果就不能反映社會事實。如果資料測量無效，則再精緻
的資料分析也不能呼應研究議題的重點，終致難以達到研究目的。

㈠樣本代表性

　　要判定資料是否可信，最直接的方式之一就是檢視樣本的分布
與特性。如前所述，調查的主要目的在於藉由訪問有限的樣本，以
瞭解母體。樣本代表性無疑是判斷調查成敗的一大關鍵。因此，第
一階段的檢視重點在於判別樣本和母體的吻合程度，以確認所分析
的調查資料的確是取自具有代表性的樣本，才能將分析結果有效推
論到母體。

　　樣本代表性的判定標準首推母體的人口組成特性。大部分的母
體都有現成的總體人口資料作為檢驗樣本的依據。這種判定通常用
在基本變項，尤其是性別、年齡、婚姻狀況、教育程度、職業、居
住地等。這些基本變項是辨別個人背景的重要因素，可以從戶籍登
記、戶口普查等資料來建構指標。可是總體資料本身到底有多可靠，
研究者必須謹慎評估。

　　一般大型調查以人口普查資料作為母體標準。理論上，普查資
料是針對所有人口訪問所得到的成果，理當最周延可靠。如果調查
對象是全臺灣地區的成年人口，通常可以對照樣本和母體在上述各

項基本變項的分布。可是人口普查資料一般是每十年才執行一次，不能直接反映十年內的變化。如果調查年度和普查年度相隔了幾年，就難以從普查資料看出確切的母體特性，而必須依賴其他資料來評估。

戶口普查應該是最具權威的母體資料來源，但是結果是否真的反映事實，似乎開始受到質疑。尤其是普查的完訪率未必是百分之百，所得到的母體資料是否可以當作唯一不變的標準，也逐漸有討論的空間。不過和其他母體資料比起來，普查資料可能還是目前最為周延的依據。

臺灣社會另一項重要而長期的依據是戶籍資料。戶口統計資料中的性別、年齡、婚姻狀況等，提供即時而可靠的標準，用來判斷樣本中的分布比例和母體的比例有多吻合。依據中央研究院長期執行的「臺灣社會變遷基本調查」（簡稱「變遷調查」或「臺灣社會變遷調查」）面訪資料，以及「社會意向電話調查」（簡稱「意向調查」）資料，大致可以看得出成功樣本的性別比例趨近母體，但是容易低估年輕的人口（洪永泰 1996）。

如果研究的母體沒有明確範圍或人口數，則幾乎無法判斷所調查樣本的代表性有多高，調查的結果也就難以用來推論到母體。以「都市原住民」為例，「原住民」身分有明確標準，可是「都市」的範圍是什麼，並不清楚。原住民長期住在臺北市這種大都市，明顯算是都市原住民；可是住在臺東市這種鄰近原住民原居地的地方市鎮，並不是一般所謂的都市原住民。加上為數眾多的原住民在都市地區和鄉間原居地之間游移，難以界定其身分。由於這些原住民人數不容易估計，更增加判定「都市原住民」母體人口的困難。

再以「網際網路使用人口」為例，確切的母體也是未知數。雖然官方定期公布或估計這項人口的總數，可是實際的人口無法像戶籍登記資料那麼明確。如何從所有使用網際網路的人口當中，找到

具有代表性的受訪者來訪問，便成為一大難題。若干研究或報導根據網路調查的結果，將「有百分之幾的網路調查受訪者有某種特殊傾向或偏好」推論為「全臺灣有幾百萬人口有這種傾向或偏好」。這種推論明顯忽略了下列問題。第一，網路人口不等於整個社會的人口。第二，網路人口中的比例不能等同或推論到整個社會的人口。第三，即使在網路使用人口當中，會接受網路調查或主動利用網路資源者，在若干行為、態度、或價值觀方面較有特色，跟不接受網路調查的網路使用人口有著明顯區別（傅仰止 2001）。換言之，「網路調查」的樣本不但在人口和社經背景特徵（自變項）上與其他人不同，甚至在研究主題（依變項）上原本就和一般網路使用人口有所不同。因此，這種網路調查的結果不但不能推論到一般人口，也不能推論到「網路使用人口」。

(二)社會現象的穩定與變遷

上述判斷資料品質的標準，大致集中在基本的人口特徵，也就是一般資料分析時常用的「自變項」。研究者在分析資料之前，另外可以依據對母體人口的基本認識，或長期觀察經驗，來初步判斷資料品質。有些社會現象近年來在臺灣社會相當穩定（在其他社會應該也相對穩定），不容易有短期變化或波動。若干變項可以反映出這些穩定的現象，讓研究者用來判斷調查資料的品質。如果從樣本分布中看到這些變項（一般在分析資料時作為「依變項」）的分布情形明顯異於平常，可能要先釐清在抽樣、訪問、資料處理或過錄這些環節中有沒有什麼差錯。

例如「**幸福感**」(happiness) 在許多社會中是用來衡量民眾主觀福祉的穩定指標，短期內不容易有什麼變化。以臺灣社會一般成年人口為例，大約有 15–25% 的受訪者覺得最近的日常生活過得「很

快樂」。反之，覺得「不太快樂」和「很不快樂」的比例合起來不到
15%（傅仰止等 2005）。這兩端的比例最近十年來相當穩定，如果某
一份樣本資料顯示這兩項比例跟上述快樂相差太多，研究者可能要
先檢查確認資料處理過程（例如選項的定義、過錄、重組是否正確
等）。如果資料處理沒有問題，則要考慮抽樣代表性。如果抽樣也沒
有問題，或許應該再考慮是不是具有某種特質的人特別容易回覆該
項調查。

像「幸福感」或「快樂程度」這種主觀變項能夠有長期穩定的
測量結果，在一般問卷調查中並不常見。有些反映個人生活中客觀
事實的變項，則更容易用來初步判定資料的可信程度。例如「日常
生活中的個人接觸人數」分布一向相當穩定。近十年來，華人地區
（包括臺灣、中國大陸、香港）一般民眾每天平均接觸 0–4 人（六
個選項中的最小類別）或 100 人以上（最大類別）的比例，都在 10%
左右 (Fu 2005)。如果某次調查的結果和這些比例差別太大，可能也
需要先檢驗資料的品質。另外有些施測結果顯示社會現象的穩定，
例如臺灣成年人有 1/3 左右到了半夜（或更晚）才睡覺，在臺北市
這種大都市的比例則高達一半。這些比例在十年來的多次調查中相
當一致，也可以拿來初步評量資料品質。

有些指標顯示近年來社會變化的趨勢，例如每天使用網際網路
的樣本比例逐年增加，也可以從趨勢的方向來衡量資料品質：愈晚
近執行的調查，應該得到愈高的網路樣本比例。還有部分指標平常
相當穩定，可是碰到特殊社會事件時則有大幅度變化。例如臺灣民
眾平常認為「社會上一般人通常都願意幫助別人」的比例不到 15%，
可是根據 921 大地震之後所作的社會意向調查結果，則有 40% 以上
的受訪者有這種比較樂觀的想法（瞿海源等 2005）。又例如在碰到
SARS 危機這種人心惶惶的特殊時期，人際接觸成為致命疾病的媒

介，多數人刻意減少和人接觸的機會，上述日常人際接觸的變項應該也可以顯示這種突發、特殊的社會變動。在衡量資料品質時，這些特殊因素均需要列入考慮。

二、資料分析的類型與策略

資料分析的類型大致可以依兩大層面來區分。依時間層面來分，可以分為單一時間點的變項分析和多時間點的變項分析。從行動者的層次來區分，又可以依分析單位分為微觀到鉅觀。傳統的資料分析受限於資料性質，多半採用單一時間點、以個人作為分析單位。但是隨著學術論述、資料分析方法、調查技術各方面精益求精，資料分析策略逐漸考量多時間點、多分析層次。

(一)資料分析的類型

單一時間點的資料又稱為「**橫切面資料**」(cross-sectional data)，多時間點的資料則通稱為「**縱貫性資料**」(longitudinal data，包括固定樣本調查資料、時間序列資料等)。一般資料分析的對象以橫切面資料為主，也就是透過一次性調查所得到的資料(訪問對象不重複、只藉由一次調查完成)。隨著對社會現象的瞭解益趨複雜，愈來愈多調查依據多個時間點加以設計，收集不同時段的資料。由於多時間點的資料分析可以為單一時間點的分析帶來附加價值，增進對社會現象的瞭解，逐漸為許多問卷調查的重點。

依行動者的層次來分，資料分析又可以依照不同的分析單位來進行。最普遍的分析單位一向是個人(自然人)，也就是在單一層次上分析純屬個人的人口特徵、社經背景、行為、態度、價值觀等。這些個人層次上的特徵，幾乎都是透過問卷調查訪問個別受訪者所

得到的結果。有些調查雖然同時訪問受訪者的家庭背景（例如父母親的教育程度、職行業等），在分析的時候還是將這些不純屬於個人的特徵當作背景變項處理。因此，廣義而言這些資料分析都算是個人層次的分析。

　　個人層次的資料，還可以配合個人之上的集體資料來一併分析。例如訪問學生所得到的個人資料，可以加入學生所屬班級、學校的集體資料，一起進行**多層次的分析** (multilevel analysis)。在不同地區、國家訪問到各地居民的個人資料，也可以和這些地區或國家的特色一道分析。這種多層次分析和多時間點分析類似，都為複雜的社會現象提供更豐富的研究視野。

　　基於理論概念化不易、研究設計複雜、收集資料困難、建構合併資料檔費時、分析技術要求較高等等因素，這兩類複雜的綜合資料分析並不普遍。但是由於分析時考慮到不同的時空背景，分析結果提供豐富的訊息，有助於進一步瞭解社會現象層層相扣的環節，多時間點分析和多層次分析成為相當吸引人、極富發展潛力的資料分析途徑。

　　問卷調查中不同資料分析策略與方法的複雜變化，都從基本的單一時間點、單一層次（尤其是個人層次）分析漸次發展。本章大部分篇幅也從這種最基本的層面來介紹資料分析，再適時加入不同的資料分析方法。

㈡變項測量與性質

　　資料分析的策略依照資料的性質而定，例如資料的時序特質、收集資料的單位等。資料分析的方法，則隨著變項的數量和測量性質而異。尤其是變項的測量更直接影響到統計分析方法的選擇與應用。如本書前列章節所述，變項可以依照所要測量目標的性質，區

分為四種尺度 (scale) 來測量。測量的結果得出下列四類變項：**名目變項** (nominal variable)、**順序**（或稱「序列」、「等第」）**變項** (ordinal variable)、**等距變項** (interval variable)、**等比變項** (ratio variable)。一般問卷調查中常見的各種變項，又可以依一般用來當作依變項或自變項，列於表 11–1 以供參考。

表 11–1　變項測量的尺度類別：以常見的自變項與依變項為例

變項尺度類別	自變項	依變項
名目變項	性別、族群別、有無工作	政黨認同、歸因、人格類型
順序變項	教育程度、居住地都市化程度	快樂程度、重要程度、同意強度（其他大部分態度與價值量表）
等距變項	年齡	就寢時間、起床時間
等比變項	身高、體重、收入、教育年數	睡眠時數、朋友人數、網絡大小、參加團體數目、建構後的標準化分數

依變項的測量尺度決定應該用什麼適當的統計方法來分析，自變項的測量尺度或性質則關係到如何簡化答項類別，以方便詮釋分析結果。例如名目變項的依變項如何分析，依答項的數量而定。如果只有兩個有效答項（例如「有」、「沒有」），則通常使用**邏輯** (logit) 或**波比** (probit) 迴歸分析。如果依變項的有效答項在三個或以上（例如依據受訪者的主觀認知，有三類比較有意義的人生：盡量享受人生、用心修養品德、努力追求成就，章英華主編 2000:111–112），則應該使用**多名目邏輯** (multinomial logistic) 迴歸分析。

順序變項的依變項，比較適合用**順序邏輯** (ordered logit) 迴歸分析方法。由於絕大部分的態度量表或價值觀問項都採用順序尺度來測量，所得到變項也應該採用順序邏輯分析。如第 4 章所述，等距變項和等比變項的分析方法相當接近，雖然實際上兩者有清楚的區

別，可是統計實作分析時通常以相同方式處理。最普遍的方法是線性的迴歸分析。

　　過去常見研究者將大多數的順序變項利用一般的線性迴歸方法來分析。這種分析忽略了順序變項的重要特性：不同順序類別答項的值，只是用來區辨彼此的等第或順序關係，並不帶有距離或比例的意義。以上述幸福感的選項為例：如果「很快樂」以 4 來代表、「還算快樂」以 3 代表、「不太快樂」以 2 代表、「很不快樂」以 1 代表，則四個答項之間的等第或順序很清楚，可是這裡的 4（很快樂）並不是 2（不太快樂）的兩倍，兩者的差額 (2) 也沒有實質意涵。換言之，「很快樂」和「還算快樂」之間的差距，並不等同於「還算快樂」和「不太快樂」之間的差距，依此類推。

　　「順序邏輯分析」的特性，便是在掌握這種順序的特性：只要不同類別的值有大小之分，就能夠區辨順序；不論這些值之間的差距如何，都會得到相同的分析結果。例如將「很快樂」的值以 1000 來代替、「還算快樂」以 1 代表、「不太快樂」以 –10 代表、「很不快樂」以 –99999 代表，用「順序邏輯分析」所得到的邏輯係數、顯著水準都跟原來的分析結果完全一樣。因此，只要確定使用正確的統計分析方法，也確定順序變項中各個答項所用的值能夠區分彼此的大小順序，這些數值實際的大小如何，就無所謂了。如果用一般的線性迴歸分析，則無法掌握這點特性。下文舉例說明時，將特別注重如何以依變項的測量尺度及性質為主要衡量標準，選擇適當的統計方法分析。

三、資料分析實例

　　單一時間點和單一分析單位的單變項分析是所有資料分析的基礎。雖然多數資料分析的目的不在於瞭解這種單一變項，但是正如前節檢驗資料品質所述，單純的**次數分配** (frequency) 能夠提供最基本的瞭解。尤其當該變項是研究的核心時，次數分配更加重要。

　　但是不論任何研究，只靠單變項的次數分配難以真正發揮什麼資料分析的作用。資料分析最具潛力的地方，在於「比較」。「比較分析」的範圍很廣，可以應用在不同變項、不同群體（次樣本）、不同國家社會之間，也可以使用在同一變項在不同時空的變化。

　　這些比較分析最基本的型式，是分析所要瞭解的主要變項（通常稱為依變項或被解釋變項）如何隨著某項特定的背景變項（通常稱為自變項或解釋變項）而有差異。這種分析稱為**雙變項分析** (bivariate analysis)。但是由於不同的背景變項經常息息相關，例如在許多社會中，年輕人口的教育程度通常比年長人口來得高，而教育程度較高的，也偏向有比較高的收入、從事比較有聲望的職業。因此，雙變項分析的結果往往顯示初步訊息。有些兩兩變項之間的關聯，實際上是因為受到別的變項干擾所導致，原來的關聯其實是起因於**虛假的效應** (spurious effect)。要區辨這種隱藏在背後的虛假效應，唯有靠多變項分析。嚴謹的資料分析都需要超越雙變項分析，需要多考慮不同的背景因素。

　　換言之，雙變項分析和多變項分析的結果可能相當不一樣。研究者應該將雙變項分析的結果當作探索變項關係的過程，而不適合單獨以這項結果來推論或下結論。下文以「在日常生活中大概跟多少人接觸」為例，說明性別差異的不同分析結果（日常生活中的人

際接觸人數可以當作衡量個人網絡的精簡項目，詳見傅仰止 2005；
Fu 2005）。

㈠日常人際接觸的性別差異：從雙變項分析到多變項分析

對一般社會大眾來說，在「男主外、女主內」的傳統觀念與生活型態下，男性似乎是和外界接觸的主角，女性則似乎比較和外界隔離。但是如果考慮到別的因素，女性和他人接觸的機會則未必低於男性。例如女性通常是和鄰坊來往的媒介，尤其是有年幼子女的媽媽，有更多機會和其背景相似的媽媽來往。年幼子女學校所辦的家長活動，媽媽參與的比例也比較高。

類似這種性別差異的論述，是不是傳統社會的迷思？在二十一世紀初的臺灣社會中，「男主外、女主內」的區分到底還有沒有實質效應？尤其是在成年婦女就業比例超過一半的社會環境下，日常生活中的人際接觸還有沒有性別差異？這些問題，都可以透過實證資料的分析加以探討。

1. 雙變項關係

以臺灣社會變遷調查 2000 年問卷二的調查資料為例（四期一次，章英華、傅仰止主編 2000），接觸人數的六個順序類別分布接近前述穩定的常態分配：接觸人數最少（0–4 人）和最多的（100 人或以上）的比例都不到 1/10，中間兩組的比例則都比 1/4 略高（表11–2）。開始探索變項的關聯程度時，通常先將樣本依照性別分為兩組，比較兩組的平均接觸人數（組別）。在 1–6 的有效組別範圍內，男性的平均值為 3.48，女性為 3.22，初步顯示兩者的差異值得探討。如果不考慮其他背景因素，似乎可以將這兩個變項以交叉表列出，顯示各選項組的交叉分布。如表 11–2 所示，女性當中接觸人數最少

兩組的比例的確要比男性多，而男性當中接觸人數最多兩組的比例也比女性偏高。經過卡方檢定（卡方值為 28.9，統計檢定顯著水準低於 .001，通常以 $p<.001$ 表示），接觸人數的性別差異相當顯著。

表 11–2　日常生活中接觸人數的性別差異

接觸人數	性　別		合　計
	男	女	
1–4 人	74	85	159
	7.9	9.2	8.5
5–9 人	135	211	346
	14.4	22.7	18.5
10–19 人	268	270	538
	28.6	29.1	28.8
20–49 人	266	211	477
	28.4	22.7	25.6
50–99 人	112	86	198
	12.0	9.3	10.6
100 人或以上	82	66	148
	8.8	7.1	7.9
合計 N	937	929	1,866
%	100.1	100.1	99.9

卡方值 = 28.9，$p<.001$。
資料來源：臺灣社會變遷基本調查，2000 年（四期一次）問卷二。

初步檢視雙變項之間的關係時，如果其中有一變項是類別或順序尺度，很容易用上述方法來比較另一變項在這個變項各組中的平均數。但是如果兩個變項都是等距或等比尺度時，則不容易這樣比較；如果一次要看某一變項和很多變項之間的兩兩關係，用這種方法會比較費時。

另一項簡便的初步檢驗方法，是求兩個變項之間的簡單相關係

數。如果兩者之間的相關很明顯，很可能就值得繼續探討變項之間的關聯；如果簡單相關係數不顯著，通常也不容易透過複雜的分析來找出兩者的關聯。以上述資料為例，「接觸人數」和性別之間的相關係數是 .10 ($p<.001$)，也表示初步看起來，接觸人數和性別之間的關係密切。由於相關係數簡單明瞭，可以很快看出眾多變項之間的兩兩相關，而拿來當作資料分析初期的有用工具。

這種雙變項的資料分析只考慮依變項（接觸人數）和主要自變項（性別）兩者的關聯。可是這兩者之間的關聯是不是由於其他的背景因素所造成？有些個人基本變項同時也是區辨接觸人數的重要因素，如果同時考慮這些背景，原來的性別差異是不是還存在？將這些因素納入分析時考慮的內涵，就是從雙變項分析發展成多變項分析的重要步驟。例如除了性別之外，年齡、教育程度、職業別通常也是區別個人行為態度的重要因素，也是多變項分析時經常要考慮的背景。

以上述相關係數為例來說明：「接觸人數」和年齡之間的相關係數為 −.23（統計檢定的顯著水準達 .001，也就是年紀愈大，接觸人數愈少）；和教育程度之間的相關係數為 .20 ($p<.001$)，和「有沒有工作」之間的相關係數為 .38 ($p<.001$)。因此，可以初步判斷這些人口特徵和社經地位，應該都是瞭解「日常生活接觸人數」這個特定依變項的重要背景因素。

2. 多變項分析

多變項分析可以採用**變異數分析** (analysis of variance, ANOVA) 或各種迴歸分析，其中又以迴歸分析的應用範圍最為廣泛。如前述，由於接觸人數的選項分為六個順序類別（從 1–4 人一直到 100 人或以上），所以從事迴歸分析時，應該採用順序邏輯迴歸分析。

表 11–3 列出這項分析的重要結果。分析的依變項是接觸人數，

分為 1 到 6，共六個順序類別。以依變項作為核心的統計分析「**模型**」（model，每個統計模型通常由一個方程式構成）由左到右依序列出。依照社會科學慣例，通常列出係數（例如表 11–3 中的邏輯係數）和**標準誤** (standard error) 兩項數值。透過這兩項數值進行統計檢定的結果，則常以星號標示（例如以一個星號表示統計檢定水準小於 .05，兩個星號表示小於 .01，三個星號表示小於 .001。必要時也可以用加號等其他符號來表示檢定水準小於 .10 等）。有些研究列出顯著水準的值（p 值），但是通常由星號來標示即可。

表 11–3　日常生活中接觸人數的順序邏輯分析

依變項：接觸人數類別 (1–6)				
自變項	模型一		模型二	
	邏輯係數	標準誤	邏輯係數	標準誤
男性 [女性]	0.353	(.085)***	0.083	(.088)
年齡組				
[18–29 歲]				
30–39	0.046	(.135)	−0.110	(.135)
40–49	0.257	(.138)	0.135	(.138)
50–59	0.030	(.169)	0.047	(.168)
60–69	−0.540	(.185)**	−0.203	(.186)
70 歲或以上	−1.303	(.195)***	−0.639	(.202)**
教育程度 (1–4)	0.160	(.043)***	0.133	(.043)**
有工作 [無工作]			1.334	(.108)***
擬 R 平方		.029		.055
樣本數		1,862		1,862

*p<.05, **p<.01, ***p<.001。
註：自變項中連續變項或順序變項的值列於圓括弧內，虛擬變項的比
　　較組列於方括弧內。
資料來源：臺灣社會變遷基本調查 2000 年（四期一次）問卷二。

　　納入分析的自變項都列在表的左側，從上到下包括性別、年齡

組、教育程度、有沒有工作，共四個變項。在這四個變項當中，教育程度是以順序尺度的變項呈現（從 1 到 4 共四個選項，分別代表小學或以下、國初中、高中職、大專或以上四組教育程度）。其他的自變項則以**虛擬變項** (dummy variable) 的型式呈現。所謂虛擬變項就是將原來變項的選項各自轉化為 1 和 0 兩種值，經過如此轉化以後，原來的每個選項彷彿各自成為一個單獨的變項。這種新的變項不是原有透過訪問得到的變項，而是為了分析和詮釋方便所創造出來的新變項，所以稱為虛擬變項。

將自變項納入分析時，可以依據變項的尺度類別或性質來轉化。原則上是要保留精細的測量尺度，因為尺度愈精細愈難測量，收集資料時比較困難。一旦收集到精細的測量，自然要盡量利用到這種測量的優勢，例如盡量不要將等比或等距尺度轉成順序尺度。但是研究者在若干情況下，還是經常如此轉化。例如當樣本數太小時，受訪者不容易在精細的類屬上有足夠分布。此外，等比或等距尺度不容易透過一般資料分析來顯示出非直線式的關係。研究者為了要瞭解這種非直線關係，可以將「年齡」這種等距變項轉化成「年齡組」順序變項，再將各組轉化為虛擬變項，一一呈現這些變項的個別效應。表 11–3 將年齡如此轉化處理，就是為了檢驗接觸人數是不是在不同的年齡組有非直線的效應。教育程度則保留原有的順序尺度，只以一個變項納入分析。

由於分析時經常要檢驗不同自變項組合對於依變項的「**效應**」(effect)，每次分析都以不同的統計分析模型表示，所以可能要列出多個模型，並比較不同模型的結果。表 11–3 便將兩個模型並列，將兩次不同順序邏輯迴歸分析的結果簡化列在同一個表。模型一包括性別、年齡、教育三組自變項，檢驗這些自變項對依變項的效應。模型二則除了這三組自變項外，再加入「目前有沒有工作」。比較這

兩個模型有什麼不同結果，可以得到豐富訊息。

嚴格來說，所謂「效應」是指「影響效應」，也就是依變項如何受到自變項的「影響」而有變化。但是以同一時間點的資料來分析變項之間的關聯，不一定能夠有效展現出這種有因果方向意涵的效應。所以另一種解釋方式是「依變項如何隨著自變項的差異而變化」。

使用虛擬變項的最大優點，在於清楚顯示變項關聯的方向或類型，並揭示出潛在的非線性關聯。以性別為例，將男性和女性分別轉化為虛擬變項後，在分析的統計模型中就只需要放入「男性」作為自變項，而將相對應的「女性」作為**比較組** (comparison group)。在呈現分析結果時，所列出來的便是「男性相對於女性」的係數與標準誤等。許多研究論文或報告在列出自變項名稱時，寫上「性別」，然後在表下方（甚至在正文裡）另外解釋（例如「性別中的 1 代表男性，0 代表女性，表中列出男性相對於女性的效應」等）。如果能夠像表 11–3 這樣直接列出「男性」或「女性」，並且將比較組或對照組清楚列在方括弧內，應該更能夠讓讀者一目瞭然，一看到自變項寫著「男性」，就知道呈現出來的是男性相對於女性的數值。同理，也可以依照關聯的方向，以女性為分析主體，在自變項中就可以直接寫出「女性」，讓讀者知道表中是要顯示出「女性相對於男性」的數值。為了方便解釋，通常以對依變項有正面效應的虛擬變項為主體（如表 11–3 中的男性）。

以模型一為例，當同時考量性別、年齡、教育程度這三組自變項一併分析時，男性在日常生活中的接觸人數要比女性多出 .353 個單位（組別）。前述比較單純的平均數時，男性在 1 到 6 組別上的平均值是 3.48，女性是 3.22。模型一「控制」了年齡和教育程度這兩個變項來分析「性別的效應」後，男性則比女性高出 .353，而且統計檢定的顯著水準達到 .001，似乎顯示出相當明顯的性別差異。

　　但是模型一並沒有考慮到工作狀況。依據前述背景,「有沒有工作」往往會左右日常生活中和多少人接觸:有工作的人比沒有工作的人有更多機會和人接觸(不一定限於有酬工作,也包括義務工作)。這點區別,可以從簡單的平均數值看得出來:在所有受訪者當中,有工作的占 67%,沒有工作占 33%;有工作的受訪者當中,平均接觸人數的組別是 3.70,沒有工作的則低得多,只有 2.63,兩者差距相當大。因此,在分析接觸人數這個依變項的時候,顯然不得不考慮受訪者有沒有工作這個自變項。

　　但是要不要考慮這個自變項,又和性別差異有什麼關係呢?換句話說,如果多考慮了工作狀況這個變項,上述分析所顯示的性別差異會不會有什麼變化?模型一所顯示的性別差異,有可能是受到工作狀況的影響嗎?會不會是因為有工作的男性比例比女性高,而工作會增加人際接觸,所以男性的接觸人數也比較多?前述所有受訪者當中有工作的占 67%,可是如果依性別來區分,男性有工作的占 77%,女性有工作的只占 57%,兩者差距很大。從這些初步訊息來判斷,前述的性別差異有可能是肇因於「工作狀況所引起的差異」。

　　表 11-3 的模型二將工作狀況加入分析。表中列出來的數值是「有工作者」相對於「無工作者」的效應。從順序邏輯係數來看,在同時也考慮性別、年齡、教育程度這些自變項的效應下,有工作受訪者的接觸人數要比沒有工作的高出 1.334 組別 ($p<.001$),相當明顯。換個方式說,在性別、年齡組、教育程度都相同的受訪者(例如都是 30 多歲的大專程度女性)當中,「有沒有工作」是區辨「平常每天跟多少人接觸」的重要背景;只要有工作,即使其他這些背景都一樣,平常就會比沒有工作者多接觸人。

　　不過模型二當中最關鍵的變化還是性別的效應。在多加了工作狀況這個自變項後,男性的接觸人數只比女性多出 .083 個單位,統

計檢定結果 (p=0.343) 連 .05 的顯著水準都不到，也就是性別之間的差距變成微不足道，而不脫離隨機的誤差範圍。

多變項迴歸分析的另一項目的，在於綜合許多自變項的效應，檢視所分析依變項的答案變異當中，大致有多大比例可以透過分析模型中所包含的背景因素來加以「解釋」。這種「解釋量」通常藉由迴歸方程式中的 R 平方值來呈現。邏輯分析、順序邏輯分析、**多名目邏輯分析** (multinomial logistic analysis) 則以「**擬 R 平方**」(pseudo R square) 呈現。這個值愈高，表示愈能夠從模型中的自變項來瞭解依變項的答案變異。如表 11–3 最後第二列顯示，兩個模型的擬 R 平方值分別為 3% 和 6%，表示表中所列自變項能夠分別解釋「日常接觸人數」的 3% 和 6%。如果要深入瞭解日常接觸人數的形成背景，模型中的自變項顯然不足。但是由於表 11–3 的目的在舉例說明不同模型使用不同自變項後的變化，而不在探討日常人際接觸的總解釋量，所以只選擇少數自變項。研究者應該依據研究目的來決定模型中應該包括哪些自變項。

3. 虛假效應

這個例子說明了多變項分析一項最主要的功能——釐清變項之間的確實關聯。表 11–3 當中性別差距從模型一到模型二的變化，完全是因為加入了一項工作狀況。從這項變化，可以推論說原來從模型一顯示出來的性別差異，最主要是因為兩性的工作狀況所造成：男性有工作的比例要比女性大得多，而有工作者平均接觸到比較多人；很自然的，乍看之下男性所接觸到的人要比女性來得多。但是如果只比較都有工作、其他背景也相近的男性和女性，或者比較同樣都沒有工作（其他背景相似）的男性和女性，就看不出性別之間有什麼明顯差別了。

因此，模型一所呈現的性別效應其實是虛假效應；如果沒有考

慮工作狀況，就不能區辨這種虛假效應，資料分析就不夠周延或完整，所作的結論也就不正確。由此可見在從事多變項分析時，慎選模型內的自變項是相當關鍵的一步。至於要如何選擇，最主要還是要依據理論論述或研究假設來加以判斷。

在分析資料的過程中，通常不容易偵測出這種虛假效應。以人際接觸和年齡之間的關係為例：和最年輕的一群比起來（也就是列在年齡組項下方括弧內的 18–29 歲這一個比較組），最年長的受訪者（70 歲或以上）在日常生活中所接觸的人數很顯然要少得多（−1.303，也就是少了一組多，$p<.001$，表 11–3 模型一）。至於中間三個年齡組（30–59 歲）倒是和最年輕的一組沒有顯著差異。如前述，接觸人數隨著工作狀況有很大差異，而 70 歲以上的受訪者大部分已經退休（有工作的只占 27%，比整個樣本的平均比例 67% 低了許多）；最年長受訪者接觸人數少，是不是因為大部分沒有在工作？

再根據表 11–3 模型二的分析結果，將「有沒有工作」加到自變項一併分析之後，上述年紀的效應減輕了不少（順序邏輯係數從 −.895 降為 −.401，但是差距還是顯著，$p<.05$）。也就是說年紀最大這一組的受訪者之所以接觸人數少，有部分原因的確是因為許多年長者沒有工作。可是工作狀況並沒有完全解釋這項年紀上的差異，因為即使將工作狀況考慮進去，年長者的接觸人數還是明顯偏低。有些年長者的確是因為沒有工作而比較少接觸人；可是一般說來，不論有沒有工作，年紀大這項因素還是不利於日常生活中和許多人接觸。

教育程度對人際接觸的效應也相當類似。從模型一到模型二的變化來判斷，教育程度較高的受訪者接觸到的人比較多，有部分原因是高教育者有工作的比例偏高（例如大專程度的有 77% 有工作，小學程度的則只有 45% 有工作；不過後者和年長者有高度重疊）。

但是即使將工作狀況考慮進去，教育程度仍然有顯著的正面效應。不論性別、年紀、工作狀況是什麼，只要教育程度高，在日常生活中所接觸的人數一般也會比較多。因此，在衡量工作狀況之後，必須修訂部分原有從模型一得到的研究發現。性別在人際接觸上的效應是虛假效應，年紀和教育程度則不是。

　　透過多變項分析來分辨出這項虛假效應後，應該就更瞭解為什麼不適合依據表 11-2 那種雙變項分析的結果來下結論。如果還是要用簡單的交叉表來呈現變項間的關係，最起碼要將最關鍵、最有可能左右雙變項關係的因素列為背景。例如表 11-4 模仿表 11-2 的形式，列出接觸人數和性別兩個變項之間所有類屬的對照。唯一的不同，是資料的範圍只限於「有工作」的這群次樣本，共 1,252 人（表 11-2 列出這兩個變項都是有效值的所有受訪者，共 1,866 人）。如果只在這些有工作的資料範圍內比較雙變項之間的關係，就可以清楚看出兩性之間在接觸人數這個項目上的差距並不顯著。

　　這種表列方式先將工作狀況區分開來，再分析雙變項之間的關係，分析的結果類似表 11-3。但是嚴格說來，這種表列方法很難同時考慮到不同的背景變項，例如年齡、教育程度等。尤其是後兩項背景各自包括了四、五個組別，如果要依據這些組別一一區分樣本，再列出雙變項之間的對照，則需要花費數十個表格，不大可行。一來樣本數通常不足以作如此細分，會影響到分析的正確性（尤其是小分類中的次樣本數只有個位數時）；再來表格十分繁複，幾乎無法清楚分析和解讀，對讀者更是負擔沈重，可讀性極低。

　　總之，單單考慮兩個變項之間的關係，通常不足以瞭解社會現象的真貌。如果研究者或讀者依據雙變項分析所呈現的虛假效應，得到不正確的結論，可能就會曲解社會現象中環環相扣的真象，甚至產生誤導作用。因此，嚴謹的資料分析應該多採用多變項分析來

表 11-4　日常生活中接觸人數的性別差異（目前有工作者）

接觸人數	性　別		合　計
	男	女	
1–4 人	25	29	54
	4.7	4.0	4.3
5–9 人	71	76	147
	13.4	10.5	11.7
10–19 人	145	210	355
	27.4	29.1	28.4
20–49 人	159	229	388
	30.0	31.7	31.0
50–99 人	74	103	177
	14.0	14.3	14.1
100 人或以上	56	75	131
	10.6	10.4	10.5
合計 N	530	722	1,252
%	100.1	100.0	100.0

卡方值 = 3.13，p=.679。
資料來源：臺灣社會變遷基本調查 2000 年（四期一次）問卷二。

探索社會現象的不同背景。

㈡東亞社會的政治參與：題組分析

上節以單一問項作為依變項，舉例說明如何透過順序邏輯分析來瞭解人際接觸的背景。除了單一問項之外，問卷調查中也經常同時使用好幾道問項來施測同一個概念，目的是透過量表從不同角度來探索，以求取穩定的測量結果。尤其是有關態度或價值觀的測量，如果只透過單獨一個題目來施測，可能受到種種內外在因素影響，結果不穩定。

不同的題目各自施測特定的態度或價值觀時，自然應該進行個

別分析。但是當一整組題目都是針對相同概念而設計，是不是也要一題一題來分析呢？依據資料分析力求精確的原則，即使不同的題目都是針對相同的概念來設計，每一道題目都還是有各自的意涵，值得個別分析來探索特定的背景。但是要處理龐雜的資料，通常也要考慮到如何化繁為簡，透過比較精簡的方式來一併呈現複雜現象背後的運作機制。常用的簡化方式之一，是將一整個題組的結果用單一分數來呈現，通常稱為綜合分數或**組合分數** (composite score)。這種組合分數有不同的轉換方法，經過轉換後的分數，和原題型明顯不同。本節以東亞社會的政治參與為例，說明比較精簡的題組分析方式。

西方現代民主政治在其他地區的施行情況如何，一向是政治學家有興趣的議題。東亞國家的地理位置鄰近，民主政治與經濟發展的軌跡卻互異，提供了有趣實例。利用國際合作調查資料，至少可以探討下列三個問題：第一，國家與國家之間在政治參與程度上有什麼不同？第二，不同國家的人民政治參與背景有什麼共同點？第三，這些背景在每個國家內又有什麼特殊的地方？以下集中在前兩個問題，舉例說明如何運用因素分析來簡化題組的施測結果，並順帶介紹「無反應」的處理方式。

1. 由題組建構綜合分數 ❶

本節資料取自一項國際合作的社會調查。變遷調查從 2002 年起加入「**國際社會調查計畫**」(ISSP) 後，每年和 30 幾個國家共同施測同一個主題的問卷調查。ISSP 的問卷和許多其他調查一樣，經常採用題組問項來施測若干研究議題。以 2004 年的研究主題「公民權（或**公民身分**）」(citizenship) 為例，舉凡「公民責任與義務」、「政治容忍

---

❶　本節有關因素分析的技術性說明參考中央研究院調查研究專題中心楊孟麗教授之建議修訂，謹此誌謝。

度」、「政治參與」、「社會參與」、「公民權利」等核心概念都是分別
以一整組問項來測量。這些題組有些是由態度問項所組成，有些則
是反映個人行為或者對個人行為的認知。

　　政治參與的題組包括八道問項，從不同層面來測試受訪者是否
透過各種管道來參與政治事務，例如簽名連署、買東西時考慮政治
因素、參加示威遊行或政治集會、透過不同媒介表達意見、政治捐
款等（詳見表 11-5）。原有的選項分為四個順序：⑴在去年一年中
您有做過這件事，⑵在更早以前您有做過這件事，⑶就算過去沒有
做過，將來您有可能做這件事，⑷過去沒有做過，而將來無論在什
麼情形下您也不會做這件事（另外還有「無法選擇」）。前兩個選項
是行為層面，後兩個選項則問到未來的意向。嚴格來說，比較周全
的問法應該是先問⑴有沒有做過，有的話追問 (1a) 是過去一年內做
過，還是更早前做過；沒有做過的則追問 (1b) 將來可不可能做。如
此綜合不同層面放在同一道問項裡面，通常是為了節省問項的數目，
對訪問時間未必有幫助。總之，在同一道問項當中納入行為和意向
兩個層面，未必一致，但還是構成足以區辨的順序變項。

　　這八道問項可以個別分析，如前例以順序邏輯一一探討不同政
治參與形式的背後因素。但是設計題組的目的通常不是為了單獨分
析每一道題目，而是建構綜合的分數，以便分析有關政治參與的整
體模式。建構綜合分數的一項普遍而簡單的作法，是將每道問項的
答案加總：如果某位受訪者在這八道題的答案都是 1，加起來總分
就是 8，以此類推。但是如前所述，順序類別的代碼並沒有等距或
等比的性質，給予 1-4 作為代碼只是方便記錄，因此，嚴格來說並
不適合加總，而且也不能確定題項之間的內部一致性夠不夠，但是
一般未必如此嚴格要求。

　　另一種作法，是利用因素分析，先求得聚合程度較明顯的幾個

表 11-5　政治參與因素分析

變　項	因素負荷量	因素分數計算係數
1. 請願（簽名）連署	.66594	.19180
2. 因為政治的，倫理（道德）的，或是環保的理由拒絕購買或是特別去購買某些產品	.65056	.18737
3. 參加示威遊行	.71853	.20695
4. 參加政治集會或造勢活動	.59775	.17216
5. 找過政治人物或公務人員表達您的看法	.66348	.19109
6. 捐錢給某個社會或政治活動，或者幫他們募款	.61710	.17773
7. 透過媒體去表達您的看法	.70493	.20303
8. 參加網路上的政治論壇或討論群組	.64330	.18528
固有值 (Eigen value)　　　3.4721		
解釋變異量　　　.4340		
alpha 值　　　.7946		
樣本數　　　4,954		

註：(1)採用「主成分分析法」。
　　(2)原選項如下列，分析前已轉換次序。
　　　①在去年一年中您有做過這件事
　　　②在更早以前您有做過這件事
　　　③就算過去沒有做過，將來您有可能做這件事
　　　④過去沒有做過，而將來無論在什麼情形下您也不會做這件事
資料來源：ISSP 2004 年調查中的日本、韓國、臺灣、菲律賓四國資料。

題目（也就是問題性質比較接近的題目），結合起來成為特定的「因素」，再依據「**因素負荷量**」的高低，轉換成近似標準化分數的「**因素分數**」。在轉換過程中，問項的因素負荷量愈高，表示該問項愈能夠代表整組「因素」題組中的核心概念；最後建構成綜合分數時，這個問項所占的比重也就愈明顯。

　　表 11-5 以四個東亞國家（日本、韓國、臺灣、菲律賓）參與 ISSP 2004 年調查的結果為例，說明建構題組綜合分數的可行方法之一。這四個國家的樣本數從 1,200 到 1,781，合計 5,636，實地訪問時間都在 2004 年。在四個國家的所有受訪者當中，有 682 位在回答政治

參與八道問項時，至少有一項答「無法選擇」或者拒答。表 11–5 在建構題組綜合分數之前，先將這些選答無法選擇和拒答的受訪者排除在樣本之外（其他處理方式請見下文）。因此，接下來要分析的只限於對這八道問項都有明確選擇的受訪者，以利於建構題組的綜合分數。最後剩下可以分析的樣本數為 4,954。

如表 11–5 所示，利用「主成分分析法」（屬於因素分析中的一項主要途徑）進行因素分析後，八道問項可以聚合成一個因素來看，每道問項的因素負荷量幾乎都在 0.6 以上，聚合度良好（至於負荷量要達到多少才可以視為聚合良好，並沒有一致客觀的標準，而由研究者自行判斷，不過通常最少要在 0.3 到 0.5 之間才比較有說服力）。換句話說，因素分析的負荷量可以呈現出該題項與因素之間的關係緊密程度。某一個題項在所有的因素之負荷量幾乎都很低，而只有在一個因素的負荷量高時，表示該題項跟其他題項所測的面向很不一樣，也就是它跟其他題項的內部一致性不高。

一般透過因素分析來區辨題組問項，通常可以分辨出兩、三個主要的因素（例如採用不同因素分析方法，可以將這八道問項進一步區分為三個性質不同的因素）。要如何區辨因素、要幾個因素，主要依理論論述而定。本節單純地將整個題組視為一個因素，表示受訪者透過各種不同方式參與政治的整體經驗（和意願）。

這個因素的 **固有值** (Eigen value) 為 3.4721，解釋變異量為 .4340。一般的標準以固有值大於 1，才表示同一因素下的問項彼此有合理的聚合程度。固有值愈大，代表聚合程度愈緊密；解釋變異量愈高，也表示因素中所含問項的整體解釋能力愈強❷。某一因

---

❷　即使某個因素的固有值高，其中某個題項的因素負荷值還是有可能比較低，也就是該題項與其他題項在這一個因素上的聚合程度不高，成為該因素的例外。表 11–5 只取一個因素，所有因素負荷量都高。

素的固有值是取自所有題項負荷量的平方之和，而解釋變異量則是該因素可以解釋所有題組的變異數大小（也就是固有值除以題項數）。這是因為先把題項標準化為變異數等於一，所以整個題組的變異數就是題項數；而固有值則是該因素能夠解釋多少變異數的意思。

表 11-5 再經過 alpha 信度分析（不同的分析方法，用來檢驗題組中各個問項施測的可信程度，也就是用來測量同一個現象或概念時，題項彼此之間的效果有多一致），也可以再確認這八道問項的施測結果穩定。綜合這些檢定數值，應該可以將這八道問項當成同一個因素來建構綜合分數。

建構綜合分數的最後一個步驟，便是依據每個問項的因素負荷量，求得每個問項的因素分數，再新創一個獨立的變項，代表綜合分數（過程由統計分析軟體執行，指令依不同軟體而定）。表 11-5 最右一行所列出的「**因素分數計算係數**」(scoring coefficients)，可以理解成每個問項所占整個綜合分數的相對值。因素負荷量愈大的問項，因素分數的計算係數也愈高。換言之，因素分數是加權後的測量，所以通常信度比較高，與自變項和其他變項之間的關聯也比較強。如此所建構出來的綜合分數，近似標準化的分數（也就是平均值為 0，標準差為 1 的數值分布）。以這個分數再進一步分析時，就可以當成等比數值來運作。

表 11-5 以主成分分析法，從不同題項求出單一因素，再建構出綜合分析。其他常見的因素分析還包括由同一組題項，透過轉軸方式來導出不同的因素。研究設計時如果是依據不同的**理論概念面向** (constructs) 來設計題項，則在因素分析時也應該預期得出這些不同面向的因素。不同的因素同樣可以進一步建構成不同的綜合分析，當成新創的變項來進一步分析。

2. 利用綜合分數再分析

　　從題組建構綜合分數的最主要目的，是為了進一步分析題組背後所代表的概念是隨什麼背景而異。換言之，將這項綜合分數當成依變項來分析時，可以加入個人的人口特徵、社經地位等背景當作自變項，瞭解哪些人的政治參與比較積極、哪些人比較不參與政治事務。

　　表 11–6 的模型一到模型三就是以上述新創的綜合分數（命名為「政治參與」）作為依變項，分析不同的政治參與程度如何隨著個人特質和相關背景而異。由於依變項是標準化分數，適合用一般的迴歸分析，分析結果以**未標準化的迴歸係數** (nonstandardized regression coefficients) 標示，並輔以 t 檢定值，加註星號顯示統計檢定的顯著水準。有些學術期刊的論文偏好列出標準誤（如表 11–3 所示）供讀者解讀檢定過程（也就是比較迴歸係數和標準誤之間的對比值），有些直接列出統計檢定值（例如 t 值或 z 值），最簡單的則省略檢定值，直接以星號顯示。表 11–6 的模型一和模型二列出 t 值，作為實例之一；模型三則省略檢定值，是為另一實例（模型四是分析另一項依變項，容後詳細說明）。依據比較正統而嚴謹的學術標準，應該是將迴歸係數和標準誤並列，並標示星號代表檢定水準，以供細心的讀者有確實的依據可以解讀分析結果（如表 11–3）。表 11–6 呈現其他可行方式供參考。

　　除了上述人口特徵和社經地位之外，表 11–6 的自變項還包括受訪者居住地的都市化程度（分四類順序選項，分數愈高代表都市化程度愈高），以及代表**社會資本** (social capital) 的三項指標：信任別人的程度、參與團體的強度、日常接觸人數。社會資本是近 20 年來社會科學界相當普及而重要的研究概念，在實證研究上通常可以從**信任** (trust)、**公民參與** (civic engagement)、**社會網絡** (social network) 三種研究取向來探討 (Lin 2001)。表 11–6 選取這三項指標

表 11-6　政治參與（及無反應）的迴歸分析

自變項	政治參與					無反應
	模型一		模型二		模型三	模型四
	b	t	b	t	b	勝算比
人口特徵						
男性 [女性]	.139	4.96***	.152	5.60***	.135***	.76*
年齡	−.003	−3.20**	−.005	−5.35***	−.005***	.99**
已婚 [其他]	−.035	−1.18	−.022	−0.76	−.023	1.09
社經地位						
教育程度 (1–5)	.194	17.06***	.169	14.89***	.169***	.87**
有工作 [無工作]	−.059	−1.96	−.075	−2.55*	−.083**	.97
都市化程度 (1–4)	.088	7.18***	.062	5.09***	.063***	.93
社會資本						
信任別人 (1–4)	.129	7.08***	.079	4.37***	.078***	1.01
參與團體 (z)	.220	16.01***	.237	17.18***	.243***	.93
日常接觸 (1–6)	.032	2.90**	.052	4.81***	.052***	.92
國家 [臺灣]						
韓國			.435	12.08***	.450***	.82
日本			.208	5.14***	.197***	5.47***
菲律賓			−.188	−5.12***	−.181***	.95
常數	−1.017	−12.51***	−.854	−10.40***	−.840***	–
調整後 R 平方 （或擬 R 平方）	.199		.245		.238	.099
樣本數	4,578		4,578		5,003	5,003

*$p<.05$, ** $p<.01$, *** $p<.001$。

註：⑴同表 11–3 註。

　　⑵模型一到模型三為迴歸分析，解釋變異量以「調整後 R 平方」標示；
　　　模型四為邏輯分析，解釋變異量以「擬 R 平方」標示。

資料來源：ISSP 2004 年調查中的日本、韓國、臺灣、菲律賓四國資料。

分別代表三種研究取向。其中信任程度分為四類順序選項，分數愈
高代表愈信任一般人；參與團體是另一個新創的綜合變項，代表受
訪者有沒有積極參與各種不同的社會團體（新創變項的方法如上節

新創「政治參與」綜合變項的方法）；日常接觸則如前述實例分析，包括六組接觸人數的順序組距。最後還有國家的變項，將在下節繼續說明。

　　表 11–6 的模型一同時考量人口特徵（包括三個自變項）、社經地位（兩個自變項）、都市化程度（單獨變項）、社會資本（三個自變項）這些自變項的效應。在常數 (–1.017) 的基準上，男性的政治參與要比女性高出 .139 分（也就是標準分數上的得分）；教育程度、都市化程度、信任別人、日常接觸每高一等級，分數也分別高出 .032 到 .194 分不等（顯著水準起碼都小於 .01）。

　　模型二的差別，是將國家的因素也列入考慮，分析結果大同小異，只有工作狀況的效應有明顯變化。如此將國家別一併加至自變項以後，相當於是控制了國家差異這個因素再來區辨個人差異。因此，不論就東亞社會這四個國家整體來看，或者檢驗國家內部的差異，都可以看出政治參與是隨著男性、年輕、高教育、住在都市這些背景因素而提升。社會資本的效應也很明顯：那些容易信任一般人、積極參與各種社會團體、日常生活中跟比較多人接觸的東亞居民，很顯然也是積極參與政治事務與活動的人。

3.「無反應」作答的處理

　　如前述，有 682 位受訪者沒有列入政治參與的分析當中，因為這些人在回答這道題組時至少回答一次無法選擇或拒答，這種情形一般稱為無反應作答。「無反應」一般指受訪者對特定問項沒有提供答案。但是廣義而言，有些類型的作答（例如不知道、無意見等）在分析時難以當作有效資料來分析，通常不得不當成無反應作答、當作缺失值。但是在透過因素分析將一組量表問項建構成綜合變項時，不同問項的無反應樣本如果累加起來，往往讓最後的缺失值樣本明顯增加，進而減低分析的潛能。缺失值愈多，可以分析的有效

樣本愈有限（例如上述排除的受訪者占了原有樣本的 12.1%，相當可惜）。資料分析有時候可以透過特殊方法處理，盡量利用這些無反應作答的次樣本。此外，有些「無反應」作答型態看似不能提供有用資訊，但是如果細加探究，卻能揭示某種隱藏在背後的特殊傾向。

以建構題組綜合分數的過程為例，處理無反應作答最簡單直接的方法，是將這些次樣本以其他有反應次樣本的答案平均值代入，以保存絕大部分的樣本答案。如此處理後，可以分析的樣本數則明顯增加，有利於從事總樣本數不大，而比較複雜的資料分析。表 11–6 的模型三就是用這個方法處理後，模仿模型二所做的重新分析結果。比較模型三和模型二，不論從人口特徵、社經地位、都市化程度、社會資本、國家別的差異來看，政治參與的模式幾乎一樣，也就是不論有沒有特別處理無反應的次樣本，都對分析結果沒有明顯影響，也就是可能沒有必要特別處理無反應的次樣本。但是在樣本數比較小的時候，通常需要特別處理，以方便進行多變項的複雜分析。

在特別處理無反應的次樣本時，另外需要注意這群受訪者有沒有特殊的人口特徵或社經地位。換言之，研究者應該分辨無反應作答有沒有可能是肇因於受訪者的背景（性別、年齡等）不適合作答，或知識程度（教育、職業等）不足，難以理解問項，因而無法作答（接近一般所謂的「不知道」、「不瞭解題意」等）。這種無反應的作答方式，應該是有別於「適合而且有能力作答，卻志願選擇不作答」、「適合回答也有意願要回答，但找不到合適的選項回答」（接近「拒答」、「無法選擇」）。可是許多調查資料未必會詳細區分，分析資料者必須自行設法區辨。

表 11–6 的模型四就是為了檢定無反應的背景特徵。依變項是「對政治參與題組的答案是否歸屬於無反應」；無反應的（即上述 682 位）以 1 代表，其他的（也就是有反應的）以 0 代表。這個二分的

依變項是典型的名目尺度（有、沒有），應該用**邏輯**（logit 或 logistic）分析處理。模型四依據 logistic 方式，將結果以「**勝算比**」(odds ratios) 列出。勝算比採用對比的概念，以 1 作為基準，大於 1 的近似正向效應，小於 1 的則近似負向效應。這項數值本身有「倍數」或「比值」的意涵：2 代表兩倍的機率或可能性，0.5 代表一半。可能因為這種概念比較接近日常生活，勝算比通常會比上述各種係數讓人更容易解讀分析結果。

根據模型四的勝算比，男性、年紀大、教育程度高的受訪者比較沒有「無反應」的傾向。例如在其他背景相當的情況下，男性「無反應」的可能性大約是女性的 3/4 (0.76, $p<.05$)；教育程度每升高一個順序（例如從國中到高中），這種可能性也會降個大約 13%。換言之，不管婚姻狀況是什麼、有沒有工作、居住地的都市化程度多高、社會資本如何，對政治參與題組沒有反應的比較有可能是女性、年紀輕、教育程度低的受訪者（不過表 11–6 並沒有檢驗年齡和教育程度有沒有非線性效應；如果要分辨這種效應，就需要像表 11–3 那樣，將年齡分成不同的年齡組，再轉成虛擬變項來分析）。綜合模型四和前面三個模型的分析結果，男性、高教育程度者不但比較積極參與政治事務，起碼對這道題組也比較有所反應。

調查中有些題目問明確的行為或事實，應該不會涉及受訪者的認知問題，尤其是有關日常生活的問項通常相當簡單，幾乎所有的人都可以直接回答，例如平常幾點睡覺、每天大概跟多少人接觸、最近的日子過得多快樂等。像這類簡單問項的無反應，通常是不是比較可能偏向「不願意提供答案」，而不是反映「不瞭解題意、不知道答案」？而有關態度或比較難以理解的複雜議題，比較有可能偏向後者。最明顯的例子，是在施測有關先進科技知識時（例如「基因科技」調查），無反應的比例通常偏高。此外，有些調查方式（例如

郵寄問卷調查或網路調查等自填問卷）不容易控制訪問情境，通常也會收到較多無反應的問項。「無反應」如何依不同研究主題和調查方式而異，也是調查研究中該持續探討的議題。

4. 國家間的差異：個人層次之外的分析

　　表 11–6 的自變項大多屬於個人層次，模型二到模型四也加入了國家變項。因為受訪者是四個國家的居民，研究者也會關心國家之間有沒有什麼差異。利用不同國家的資料來分析，國與國之間的異同通常是最重要的研究目的。

　　要初步檢驗不同國家的差別，可以比較最簡單的平均數。例如政治參與的平均數在韓國是 .33，日本 .10，臺灣 –.05，菲律賓 –.38。將國家轉化為虛擬變項後再依據簡單的迴歸分析檢定，可以發現這種國際上的差異達到高度的顯著水準。再加入上述個人層次的自變項，這種國際差異仍舊相當顯著。如表 11–6 的模型二所顯示，在相關的個人人口特徵、社經地位、社會資本等因素相當的情況下，韓國人的政治參與程度要比臺灣人（比較組）多出 .435 個標準分數，日本人則比臺灣人高出 .208，菲律賓人則比臺灣人低了 .188（$p<.001$），階序相當清楚。可見這四個國家人民的政治參與熱度的確有明顯高低之別，這種差異不能歸因於人民的組合，而是有國情的不同。例如同樣是大學畢業、已婚、有工作、30 多歲、住在大都市、同樣信任一般人、同樣參與社會團體、日常生活中接觸到相當人數的受訪者，在韓國的政治參與程度要比臺灣高得多，依此類推。

　　對政治參與題組的無反應情形，會不會在某些國家特別普遍？根據簡單的平均數，日本人無反應的比例高達 29.6%，其他三國的比例則大致都在 5% 到 9% 之間。再按照上述方式，也可以從表 11–6 的模型四得到更確切的答案。和臺灣人比起來，韓國和菲律賓人比較沒有「無反應」的情形，但是差異不顯著；日本人「無反應」的

情況則幾乎是臺灣人的 5.5 倍 ($p < .001$)，非常特別。日本受訪者不但對政治參與的無反應偏高，在同一份調查其他題組的答案中也經常出現無反應。依據 ISSP 的記錄，日本的調查採用自填問卷（再派人前往回收），其他三國的調查則都是用面訪調查。如此超高比例的無反應，是不是完全肇因於自填的方式，無法遽下結論，但是依據既有的資訊，應該是其中一項重要原因。再根據另一個主要調查機構（執行**日本基本社會調查**，Japanese General Social Survey）研究人員的經驗，因為在日本的調查大部分用自填方式，所以在設計問項時，盡量不使用中間選項（也就是寧可要四點量表，不要五點量表），最主要的目的就是要避免太多無反應。

　　表 11–6 將國家當成虛擬變項來分析，是一種簡便直接的方式。當國家數量多的時候，則比較適合採用多層次分析（像國家這種第二層次的樣本數通常至少要二、三十個，個數愈小，標準誤愈大）。多層次分析的原理和上述分析實例相同，只是在每一個層次中都單獨做一次多變項分析，在分析的時候同時將上一個層次的自變項、**常數**（constant，或**截距**，intercept）也一併考慮；在兩個層次的分析時，就會呈現兩組不同的方程式，依此類推。由於同時考慮到不同層次的因素，所以在詮釋時也比較複雜。

　　類似這種多層次分析的例子，不限於個人、國家；凡是資料性質不屬於同一層次的（例如個人、班級、學校、組織、鄉鎮市、區域、國家等），都適合用多層次分析方法，但是前提是要有這些不同層次的資料。例如有關學生的調查訪問通常也會收集所屬不同學校的特徵（例如家長和教師的組合、地區的特徵等），分析時這些學校的特徵就是「學校」這個層次所用的自變項。

　　此外，多層次分析也可以應用到從個人層次延伸的更精細的分析單位。例如社會網絡分析會收集到個人與個人之間的聯繫情況，

甚至個人與個人之間的接觸狀況。因此，每個獨立的受訪者可以延伸出「人際聯繫」這個層次的資料，而每一條聯繫又可以由不同的「接觸」特徵所組成。從個人到聯繫，再到接觸，也是另外一種類型的多層次分析對象（傅仰止 2001, 2005）。

 # 四、結　語

社會類屬的分布通常是不均等的。分析者常用性別、年齡、族群別、教育程度、工作狀況這些基本的人口特徵和社經地位來分辨人群，也要瞭解到社會變遷和社會不均等的基本運作原則。尤其臺灣社會在最近幾十年歷經快速變遷，不同的年齡層在就學階段接受學校教育的機會不可同日而語；兩性差異也可以從年齡層的區別看出變遷。這些重要社會類屬之間互相交錯，成為分析社會現象時不可忽略的背景因素。單一變項或雙變項的分析只是瞭解社會現象最基本的工具，由於不同因素之間的關係錯綜複雜，研究者必須透過多變項分析才能剖析出其間可能的關聯。

本章從個人差異到跨國分析的實例來說明資料分析的若干策略。資料分析的成功前提是要確保資料處理妥當、依據理論論述與資料性質來決定分析策略與方法。不論研究者使用的是一手資料或二手資料，都必須先判定調查資料品質。判定的標準包括樣本是否有效代表研究母體、題目選擇與理論論述目標是否契合、答案分配是否合理、是否反映社會現象的穩定或變遷等。唯有仔細檢驗資料品質，才能再進一步對資料分析結果有正確的推論與詮釋。

資料分析的類型與策略依據不同考量而定。本文以橫切面資料為例，說明資料分析的焦點如何隨著行動者層次或分析單位而定。大多數調查資料均以個人為單位，所以分析單位也是個人。但是配

合其他研究設計，可以建構其他單位的資料，分析時同時將個人層次之上的單位納入考慮，例如家庭、班級、學校、團體、社區、城市、區域、國家等。若干個人層次之下的單位同樣可能透過特殊研究設計，提供獨特的資料分析視野，例如生命事件、聯繫、網絡及次網絡、接觸等。本文以最普遍的個人層次作為分析實例，揭示分析時值得注意的若干細節。這些細節同樣適用於其他層次的分析。

分析策略與統計方法另外必須根據變項（特別是依變項）的測量與性質而定。由於統計方法日新月異，使用不同測量尺度的依變項幾乎都可以藉由最適合的方法來進行最恰當的分析，以符合名目、順序、等距、等比不同尺度。尤其是順序尺度的依變項並沒有等距或等比的意涵，必須採用順序邏輯之類分析法。若干分析化繁為簡，將多個題項組成的題組簡化，透過因素分析得出綜合分數，並化為變項以進一步探索和其他議題的關聯。經過如此多變項分析後，可以呈現出最基本的雙變項分析所可能蘊涵的虛假效應，避免依據這種效應作不當推論，有助於釐清背景因素之間錯綜複雜的關係。

其他相關的資料分析策略相當廣泛。尤其是從不同時間點來設計、收集調查資料，所涉及的跨時限分析方法日新月異，都不在本文介紹範圍。不論是多層次分析或跨時限的分析，都需要有特別的研究設計與資料收集方法，執行時益加困難。但是基於社會現象相當複雜，社會科學的研究方法一再求精，愈來愈多實證研究偏重這種複雜的研究設計，對於資料分析的要求也就更趨嚴格（參閱 Hardy and Bryman eds. 2004; Scott and Xie 2005）。本章介紹資料分析的若干基本策略與注意要點，期望可以提供讀者良好基礎，以進一步追求更複雜的分析。

參考書目

洪永泰，1996，〈抽樣調查中樣本代表性的問題〉。《調查研究：方法與應用》1: 7–37。

章英華主編，2000，《臺灣地區社會變遷基本調查第三期第五次調查計畫執行報告》。中央研究院社會學研究所。

章英華、傅仰止主編，2000，《臺灣地區社會變遷基本調查第四期第一次調查計畫執行報告》。中央研究院社會學研究所。

傅仰止，2001，〈網路人口的樣本特性：比較網頁調查追蹤方法與個人網絡抽樣方法〉。《調查研究》9: 35–72。

傅仰止，2005，〈社會資本的概念化與運作：論家人重疊網絡中的「時間投資」機制〉。《臺灣社會學》9: 165–203。

傅仰止、林亦之，2005，〈人際接觸測量的一致性與正確性：比較問卷調查與接觸日誌〉。《調查研究》17: 19–63。

瞿海源、傅仰止、伊慶春、章英華、張晉芬，2005，《臺灣民眾的社會意向 2005》。臺北：巨流。

Bryman, Alan and Duncan Cramer, 2004, "Constructing Variables." pp. 17–34 in *Handbook of Data Analysis*, edited by Melissa A. Hardy and Alan Bryman. London: Sage.

Fu, Yang-chih, 2005, "Measuring Personal Networks with Daily Contacts: A Single-item Survey Question and the Contact Diary." *Social Networks* 27 (3): 169–186.

Hardy, Melissa A. and Alan Bryman (eds.), 2004, *Handbook of Data Analysis*. London: Sage.

Lin, Nan, 2001, *Social Capital: A Theory of Social Structure and Action*. London and New York: Cambridge University Press.

Scott, Jacqueline and Yu Xie, 2005, *Quantative Social Science*. London: Sage.

索　引

一　劃

一致性檢查 (consistency check)　410

一致效應 (consistency effect)　179

一個半問題 (one-and-a-half-barreled-question)　141

一個題項問兩個問題 (double-barreled question)　140–141

一般邏輯　389–390

二　劃

二分變項 (dichotomous variable)　249–250, 269–270

三　劃

大數法則 (Law of large numbers)　46

工作的小時數 (work hours)　45

工商普查　102

四　劃

《文摘》雜誌 (Literary Digest)　15–16, 47–48

不合理值　341, 365, 387–390, 396, 401

不知道　118, 139, 148, 155, 180, 184–185, 217, 223, 287, 300, 303, 349, 353, 374, 377–378, 383–385, 419, 484–486

不偏性 (unbiased)　54

不置回 (without replacement)　60

不確定程度 (degree of uncertainty)　49–50, 56, 78, 89

不適用　142, 181, 374, 385, 390

中介變項的影響因情況而異　273

中央研究院民族學研究所　22, 112

中央研究院調查研究工作室　38

中央研究院調查研究專題中心　23, 112, 135, 288, 318, 328, 443–444, 450

中央極限定理 (central limit theorem)　54

中立回答　304

中國時報　23, 26–27, 158, 451

互斥 (mutual exclusivity)　141, 159, 373–374, 401

介紹題　172

內心話　213

內容分析 (content analysis)　18, 380

內容效度 (content validity)　260, 274–275

內容順序　176

內部一致性 (internal consistency)　247–251, 255, 259–260, 274, 478, 480

內部效度 (internal validity)　243, 265–268, 274–275

公民身分 (citizenship)　109, 477

公民參與 (civic engagement)　482

公眾 (public)　2, 30, 32, 34–36, 82

分析單位 (unit of analysis)　367, 369, 371, 375, 392, 395, 399, 461, 465, 488–489

分析層次 (level of analysis)　395, 461

分層兩段 (two-stage)　83–86

分類碼　371–372, 382, 386

勾選 (check box)　143, 353, 377, 391

反覆校正法 (raking)　303

天花板效應 (ceiling effect)　270

引言式的問題 (introductory questions)　205, 207

戶中隨機抽樣　308, 312

比較組 (comparison group)　469, 471, 474, 487

五　劃

世界民意調查協會 (WAPOR, World Association for Public Opinion research)　29, 34, 36–37

主成分分析 (principal component analysis)　68, 479–481

以時間作為分析單位　399

代碼　126, 297–300, 314–315, 364, 368, 371–375, 379–383, 385–389, 391, 393, 408, 431, 478

出生世代 (cohort)　370

出聲思維 (think-aloud)　224–225, 227

加抽樣本 (oversample)　96, 97–99, 107

加權　4, 31, 33, 73–74, 76, 84–86, 98, 111, 117, 156, 167, 242, 303, 348, 410, 412, 424, 481

北部臺灣社會變遷研究　22

可及性 (accessibility)　332

可延伸標示語言 (XML, Extensible Markup Language)　425

可信 (reliable)　183, 225, 245, 267, 357, 457, 460, 481

古特曼量表 (Guttman scale)　167, 169–171

外部效度 (external validity)　243, 265, 271–275

尼曼配置 (Neyman allocation)　71–73

尼爾森 (ACNielsen)　28, 357

未標準化的迴歸係數 (nonstandardized regression coefficients)　482

正面回答（默許）　304

母體 (population)　2–4, 7, 9, 22, 30–32, 44–80, 82–83, 87, 89, 140, 240–242, 260, 269, 272, 283, 288–290, 303, 307–308, 310–312, 331–333, 341–344, 348–350, 429, 457–459, 489

母體參數 (population parameter)　45–46, 48, 51, 56, 62, 65, 245

民意調查文教基金會　24, 26

生日法　312, 321

目的性對談　282

六　劃

任意成人法　312, 321

全國民意調查協會 (NCPP, National Council on Public Polls)　28

共同因素 (common factor)　250–251

共同變異數 (common variance)　251

共有的識別變項　392

再測信度 (test-retest reliability)　246–247, 267, 274

列聯式問題 (contingency question)　181

同化效應 (assimilation effect)　178–179, 222

同時性的報告 (concurrent report)　219

同時性探測 (concurrent probing)　225

同等的 (equivalent)　248

同樣本大小配置 (equal allocation)　71, 73

同儕驗證 (peer verification)　214

向平均值迴歸　267

向度反轉　370

名目尺度 (nominal scale)　165–166, 171, 373, 388, 486

名目變項 (nominal variable) 463

合併 (merge) 105–107, 111, 121, 150, 159, 364–365, 381, 385, 391–392, 394–395, 397, 411, 462

合格 111, 290, 306, 308, 387

因果關係與人的交互作用 272

因果關係與依變項（自變項）測量的交互作用 273

因素分析 (factor analysis) 248, 250–251, 253–255, 263, 269, 477–481, 484, 490

因素分數 (factor score) 254–255, 479, 481

因素分數計算係數 (scoriong coefficients) 479, 481

因素負荷量 (factor loading) 250–254, 479–481

因接受調查而改變的因素結構 265

回答品質 278, 280–281

回答率 (response rate) 278–279, 282–283, 287, 293, 296, 309, 316, 328, 330–332, 335–339, 344, 346, 351–352, 356–357, 359–360

回答模式 246, 304

回答選項的次序 180

回答類型 (response pattern) 167, 170, 364

回想性的報告 (retrospective report) 219

回溯內省 (retrospective introspection) 197

回溯性探測法 (retrospective probing) 226

地板效應 (floor effect) 270

多元方法 (methodological triangulation) 7

多名目邏輯 (multinomial logistic) 迴歸分析 463

多層次的分析 (multilevel analysis) 462

多名目邏輯分析 (multinomial logistic analysis) 463

多變項分析 (multivariate analysis) 6, 465–466, 468–475, 488–490

年齡人口群研究 (cohort studies) 117, 267

成長成熟 247

有限母體的校正數 (finite population correction) 60

有效 (valid) 4, 28, 36, 44, 56, 71, 97, 100–101, 108, 150, 172, 176, 183, 197, 202, 218, 263, 269, 286–287, 309, 316, 335–338, 346, 348, 356, 387, 399, 401, 410, 417–418, 429, 432, 445, 456–457, 463, 466, 471, 475, 484, 489

次數分配 (frequency) 388, 424, 432, 435, 465

次樣本 (sub-sample/subgroup) 175, 269, 272, 393, 465, 475, 485

自發探測 (spontaneous probing) 226

自填式問卷調查 278–279, 281

自填問卷 (self-administered questionnaire) 9, 101, 104–105, 111–112, 120, 125, 156, 177, 182–183, 226, 278, 327–328, 331, 335, 341, 343, 353, 358–359, 374, 487–488

行為主義 (behavioralism) 216, 222

行為的意向 (behavioral intentions) 149

行為經驗的題項 135–136, 142–146, 151

行為編碼 217–220

行為編碼預試作業模式 217–218

七　劃

克羅斯萊 (Crossley)　15–17, 78

判斷 (judgment)　6, 25, 29, 44, 49–50, 119, 149, 168, 172, 176, 179, 181, 193–194, 210, 220–223, 233, 242, 267, 273, 282–283, 285, 295, 305, 308, 311, 347, 373, 379, 386, 437, 456–459, 468, 472, 474, 480

困難度　164, 170, 174, 322, 413, 422, 439

均勻隨機亂數 (uniform random number)　59

把人與情境納入建構效度的定義範圍　262

李克特量表 (Likert scale)　19, 148, 167–168, 171, 193, 255, 373

系統化格式　365

系統誤差 (systematic error)　244

言語探測 (verbal probing)　224–226

八　劃

事前編碼 (precoding)　369, 378–380, 386, 401

事後分層 (post stratification)　75–77, 303

事後分層加權 (poststratification weighting)　348

事後編碼 (postcoding)　378–380, 401

事實性題目　177

具威脅性的題目　144

受訪者 (respondent)　2, 5, 7–12, 17, 25, 32, 34–35, 37, 48, 58, 63, 67, 77–78, 87–89, 95–96, 98–99, 101, 104–105, 111, 113–114, 117–122, 127–128, 134, 137–164, 166–185, 192–197, 199–200, 203–204, 216–228, 233–234, 240, 242–247, 250, 254–256, 259, 265, 267, 270–271, 273, 275, 278–287, 289–290, 293, 296, 299–310, 313, 319–322, 328–332, 334–339, 343–347, 350–352, 354, 356, 358–360, 364–382, 385, 387–388, 390–395, 397–398, 410, 431, 459–463, 470, 472, 474–475, 478–480, 482–489

周延 (exhaustiveness)　159–160, 176, 223, 373–374, 401, 457–458, 474

固有值 (Eigen value)　479–481

固定反應取向 (response set)　12

固定樣本 (panel)　18, 114–118, 120, 125, 128, 349, 357, 397–398, 461

固定樣本的追蹤研究 (panel study)　397–398

固定樣本追蹤調查 (panel survey)　12, 113–128

幸福感 (happiness)　459–460, 464

底特律地區調查 (DAS, Detroit Area Study)　95

所觀察到的數值 (observed scores)　244

拒訪率　13, 278–279, 293

拒絕　4, 12, 35, 174, 299, 374, 385

抽樣 (sampling)　2–4, 7, 9–11, 16–18, 20–22, 24–25, 31–33, 35, 37–38, 43–48, 51–52, 56, 59–62, 64–70, 72–75, 77–89, 94–101, 106–107, 110–113, 116–118, 122, 124, 127–128, 173, 215, 241, 272, 275, 282–283, 288–290, 292, 297, 305, 308, 310–312, 315–316, 319, 321–322, 331–334, 342, 344, 347–351,

356–358, 364, 393, 401, 410, 419, 423, 429–430, 432, 456, 459–460

分層抽樣　21, 76–77, 95–97, 100

分層比例抽樣　311

非地區分層機率抽樣　99

立意抽樣 (purposive sampling)　48, 201

便利抽樣 (convenience sampling)　333, 342, 344, 347–348, 351

配額抽樣 (quota sample)　77–78, 107

集體單位抽樣　99–101

隨意取樣 (hazard sample)　48

隨機抽樣　4, 78, 102, 193, 229, 272, 289, 311, 332, 342, 347–348, 356

　分層隨機抽樣 (stratified random sampling)　51, 66–77, 79–80, 95, 332

　系統隨機抽樣 (systematic random sampling)　51, 61–66, 70, 79–80, 82, 127, 332

　聚叢隨機抽樣 (cluster random sampling)　51, 78–83

　多段聚叢隨機抽樣 (multiple-stage cluster random sampling)　79

　簡單隨機抽樣 (simple random sampling)　3, 51–70, 72–73, 75, 79–80, 83, 85–86, 332

抽樣效度 (sampling validity)　260

抽樣偏誤 (selection bias)　47

抽樣誤差 (sampling error)　4, 31, 33, 56, 241, 256, 261, 290, 303, 307, 333–334, 349–350, 430

抽樣調查 (sampling survey)　2–14, 16, 20–25, 28, 32, 37–38, 44–48, 50–52, 54, 56, 58–59, 63–65, 67, 78, 89, 183,

195, 229, 297, 418

波比 (probit) 迴歸分析　463

直交轉軸 (orthogonal rotation)　252, 254

直接鍵入法 (direct-data-entry)　376

直覺判斷力　373

社會所不讚許的行為　145

社會所讚許的行為　144–146

社會研究所調查研究中心 (ISR/SRC, Institute of Social Research/Survey Research Center)　18

社會經驗研究中央資料庫 (ZA, Zentralarchiv fur Empirische Sozialforschung)　417

社會資本 (social capital)　482–487

社會網絡 (social network)　109, 112, 246, 482, 488

社會聚會 (social gathering)　197

社會讚許回答傾向　304

社會讚許性　280

社會讚許程度 (social desirability)　12

初始效應 (primacy effect)　180

初級抽樣單位 (primary sampling unit, PSU)　82

表面效度 (face validity)　260

長期追蹤調查（又稱縱貫研究）(longitudinal study)　87, 114, 120, 123, 243, 266–267, 396, 442, 444

非抽樣誤差　364

非觀察誤差 (error of nonobservation)　240–242

九　劃

信任 (trust)　172, 203, 360, 482–484, 487

信度 (reliability)　2–3, 6, 8, 37, 156, 167–168, 178, 181, 227, 242–243,

245–249, 254–256, 259, 261–262, 267, 270, 274–275, 379, 430, 481

信賴區間 (confidence interval)   268

信賴程度 (confidence level)   49–50, 54–56, 65–66, 74, 77, 80–81, 85–86, 89

係數 α (coefficient alpha)   249

前測 (pretest)   181, 247, 332, 336, 351

前導研究 (pilot study)   51, 57, 66, 73, 192, 332, 336, 411

威脅 (threats)   144–146, 151, 155, 174, 177, 243, 262–263, 265–267, 269, 272, 274–275, 358

威斯康辛長期調查 (WLS, Wisconsin Longitudinal Study)   122

封閉式問卷   16, 192–197, 386

封閉式問題 (closed-ended questions)   158, 160–161, 378, 381

建構 (construct)   3, 14, 23, 98, 102, 111, 114, 119, 122, 124–125, 128, 150, 158, 165, 167, 171, 217, 221, 242, 247, 249, 255, 259–260, 262–265, 271–274, 364–365, 367–368, 370, 387, 397–398, 401, 408–413, 415, 419–420, 422–426, 433–434, 436–438, 444, 456–457, 462–463, 477–482, 484–485, 490

建構的混淆   264

建構效度 (construct validity)   242, 260, 262–264, 272–275

建構與建構內的層級互相混淆   265

建構說明不夠清楚   264

後設資料 (metadata)   364–365, 382, 415, 419, 421–422, 425–427, 433–436

「後設資料」的編碼簿   424

後設資料的元素集 (Dublin Core)   429

按鈕 (radio button)   353

指數 (index)   167, 171, 386, 399–400

指標 (indicator)   26, 57, 81, 107, 109, 137, 158, 167, 250–251, 254, 273, 391, 457, 459–460, 482

政大選舉研究中心   22

政府抽樣調查資料庫   444, 450

政治與社會研究校際聯盟 (ICPSR, Inter-University Consortium for Political and Social Research)   20, 417

既定成本下的最佳配置 (optimal allocation under fixed sampling unit cost)   73

架構母體 (frame population)   333

相對比   168

相對距離   166

研究者的期待   265

美國人口普查 (U. S. Census)   335

美國人口普查局 (U. S. Census Bureau)   359

美國民意調查協會 (AAPOR, American Association of Public Opinion Research)   28–30, 34, 36–37, 297, 313, 315

美國收入動態追蹤調查 (PSID, Panel Study of Income Dynamics)   117, 121, 124

美國社會科學研究協會 (Social Science Research Council)   17

英國社會態度調查 (BSA, British Social Attitude Survey)   104, 111–112, 118

英國資料文獻庫 (UKDA, UK Data Archive)   417

負面回答   304

重要報導人 (key informant)　364

重複樣本　118, 308, 388

重複鍵入 (double key-in)　369, 388

面訪　5, 8, 10–13, 30–31, 95, 101–102, 104, 110–112, 120, 122, 156–157, 174–175, 177, 181–183, 277–279, 281–309, 311–313, 315, 317–319, 321, 328–330, 334, 336, 340, 343, 348, 350, 353, 358–360, 375, 430, 458, 488

面試評核表　295

面對面訪問調查　195, 278, 287, 293, 304

首頁 (welcome screen)　352

十　劃

個體 (subject)　2–4, 45–48, 50–65, 67–70, 72–77, 79–80, 82–83, 87–89, 113, 395, 418–419, 429

原始資料 (raw data)　22–23, 365, 368–371, 376, 380, 382, 392, 414, 418

效度 (validity)　2–3, 8, 11, 37, 142, 152, 154, 156, 167, 171, 174–175, 181, 196, 239, 242–243, 259–265, 274–275, 430

效量 (effect size)　268–269, 271, 273

效量的估計錯誤　271

效標　261–262

效標關聯效度 (criterion-related validity)　261, 274–275

效應 (effect)　88, 156, 174, 179–180, 218, 465–466, 470–475, 484, 486, 490

時近效應 (recency effect)　180

時間序列　365, 393, 399–401, 461

時間的先後順序模糊　266

時間順序　176

核心題組　105, 107–110, 119

格子 (cell)　78, 369, 376

格狀系統 (grid)　366

特定性題目　178–180

特性 (characteristic)　37, 45, 52, 54, 97, 100–101, 103–104, 126, 165–166, 198, 211–212, 240, 244, 259, 272, 278, 282, 305, 321, 329–330, 332–334, 340, 342–344, 347–349, 365, 374, 382, 394–395, 398–399, 415, 418, 421–422, 424, 427, 430–431, 436, 456–458, 464

特殊樣本 (specialized samples)　278–279

特殊屬性的樣本　96–97, 101

真實分數 (true score)　5, 244–248, 254, 256–257, 270

矩陣式排列法　182

純淨影響 (net effect)　6

紙筆技術 (paper-and-pencil technique)　328

記憶　13–14, 58, 114, 134, 143, 150, 180, 184, 210, 215–216, 219, 221–223, 225, 227–228, 233, 242, 246–247, 267, 309

記憶為主的分析 (memory-based analysis)　210

記憶資訊的回溯 (memory retrieval)　220–221

訊息處理過程 (information-processing)　5, 216

迴歸的假象　267

追蹤研究　364, 397–398, 411

配對樣本　102–104, 393–394, 401

配對調查　102–103

十一劃

假投票　15–16

偶發問題 (serendipitous questions)　209

偏誤 (bias)　8, 12, 16, 18, 31, 143, 150, 244, 256, 258–259, 263–265, 329, 342, 395

參考時間　143–144

問卷 (questionnaire)　2, 5, 7–12, 16–17, 19–20, 22, 32, 37, 47, 51, 56, 87, 89, 94–95, 98–102, 104–114, 116, 119–125, 127–128, 133–139, 142, 144, 147, 150–151, 153, 156–159, 161, 165, 167, 170–179, 181–184, 191–192, 194–195, 198–199, 201, 215–221, 226–231, 240, 242–243, 245, 260, 264–265, 270, 274, 278–287, 290–296, 300–307, 309–310, 315–322, 327–329, 331–347, 349–360, 364–371, 374–376, 378–383, 385–391, 396–398, 401, 410, 419, 423–424, 429, 432, 456–457, 460–463, 466–467, 469, 476–477

問卷完訪率　120

問卷編碼　290, 302

問卷複查　302–304

問卷檢查　285, 290, 293, 301–303, 307

問問題 (ask question)　4–5, 8, 11, 214, 217

問問題的科學 (science of asking questions)　3–4

問問題的藝術 (art of asking questions)　4

問題本身的領會　220–221

問題單調 (boring questions)　280

國家民意調查中心 (NORC, National Opinion Research Center)　18, 110

國際社會調查計畫 (ISSP, International Social Survey Programme)　109–111, 113, 161, 449, 477

國際調查題組　110

基本社會調查 (general social survey)　98, 104–106, 108–110, 150, 222, 411

日本基本社會調查 (Japanese General Social Survey)　104, 488

美國的基本社會調查 (General Social Survey, GSS)　107–108, 110, 118, 287–288

臺灣社會變遷基本調查 (Taiwan Social Change Survey, TSCS)　22, 68, 80, 82, 99, 104, 108, 112–113, 124, 161, 170, 175, 287–289, 291–293, 297, 372, 396–397, 402, 444, 450, 458, 467, 469, 476

密西根大學人口研究中心　21, 127, 441

密碼 (password)　351, 441

專家檢視 (expert review)　184

專題題組　109–111

常數 (constant)　483–484, 488

從眾的壓力　144

情境因素 (contexual factors)　395

探索知識程度的題項　135

措辭 (wording)　16, 140, 167, 218, 221–222, 233, 265

措辭原則　138, 158

推估、估計量 (estimate)　2–4, 7, 31, 33, 44–46, 48, 50–51, 54–57, 60, 62–65, 71–74, 76–77, 79–86, 89

排列順序　145, 163, 166, 312

排序　61, 63, 65, 156–158, 162–165, 171, 181, 227, 380

敏感問題　144, 334

斜交轉軸 (oblique rotation)　254

條碼設定　376

混合方法 (mixed methodology)　7

混合模式調查 (mixed mode survey)　195, 352, 354–356, 360

涵蓋率 (coverage rate)　311, 341–342, 358

涵蓋誤差 (coverage error)　241, 307–308, 333, 349

理論概念面向 (constructs)　481

理論飽和 (theoretical saturation)　200

第一手資料與第二手資料 (primary vs. secondary data)　410

第一種錯誤類型 (Type I error)　268, 270

第二種錯誤類型 (Type II error)　268

統計結論效度 (statistical conclusion validity)　243, 265, 268–269, 274–275

統計檢力 (statistical power)　243, 261, 269, 275

統計檢力低　269

統計檢定法的假定與資料不符　269

紮根理論 (grounded theory)　200

組合分數 (composite score)　477

累積性　170

聊天室 (chat room)　344

訪函　285, 295–296

訪員 (interviewer)　2, 5, 8–10, 13, 16, 25, 31, 67, 77, 89, 95, 102, 104–105, 113, 119–120, 134, 140, 142–145, 154–159, 162, 171–174, 177–178, 181–184, 192–194, 196, 216–218, 221, 224, 226, 228–229, 232, 244, 256, 265, 270–271, 279–287, 289–291, 293–297, 300–309, 313, 315–322, 330, 334–335, 350, 353, 360, 377–379,

381, 386–387, 424, 432

訪員效應 (interviewer effect)　286, 306, 330, 334, 340, 350

訪員訓練　37, 158, 265, 287–288, 290–292, 295–297, 300–301, 316, 318–319

訪員基本訓練　297

訪員會議　291, 294, 302

訪問情境的領會　221

訪問結果代碼　297, 299, 313

訪談式問卷調查　278

連續變項 (continuous variable)　250, 255, 269–270, 389, 469

逐字登錄 (transcript)　211

部分樣本　103–104, 393

部分變項　393

十二劃

備註欄　383

最大值　270, 389

最小值　270, 389

最低限 (lower bound)　33, 248–249

最佳配置 (optimal allocation)　72

最後的問題 (Final question)　206–207

勝算比 (odds ratios)　483, 486

單一方法的偏誤　264

單一向度排列　170

單一操作的偏誤　264

單位 (unit)　12–13, 45, 72, 81–82, 100–102, 110–111, 114, 122, 285, 299, 311, 333, 337, 339, 347–348, 355, 357, 367–368, 392, 399, 429, 462, 471–472, 489–490

單位無反應 (unit nonresponse)　334, 353, 387

場面話　213

掌握的能力 (ability to handle)　280

插補 (imputation/impute)　60, 89, 117, 121

測量工具的使用　267

測量尺度 (measurement scale)　158, 165, 171, 221, 370, 373, 463-464, 470, 490

測量的信度不足　270

測量理論 (measurement theory)　3, 5, 244, 262

測量誤差 (measurement error)　5-6, 116, 147, 150, 240, 242-248, 250, 254, 256-258, 271, 274, 286, 309, 333-335, 349-350, 352-354, 358

焦點團體 (focus group)　184, 192, 198, 200, 203, 206, 209, 212-215, 231, 336

焦點團體訪談 (focus group interview)　192, 196-201, 203-215, 227-231

　人數限制　199-200

　成員資格　201

　要點　199-214, 231

　時機　198-199

　特色　198, 212

　討論指引 (discussion guide)　201-204

　配備　200-201

　舉辦次數　200

無反應 (nonresponse)　89, 242, 267, 375, 379, 384-385, 477, 483-488

無反應的回答　383-384

無反應誤差 (nonresponse error)　242, 333-335, 349-351

無效回答　280, 303

等比尺度 (ratio scale)　165-166, 171, 375, 467

等比率配置 (proportional allocation)　70-71, 76

等比變項 (ratio variable)　463

等距尺度 (interval scale)　165-166, 171, 370, 375, 470

等距變項 (Interval variable)　463, 470

答案卡劃記　376

結束時的問題 (ending questions)　205, 207

絕對的零點　166

華人家庭動態資料庫 (PSFD, Panel Study of Family Dynamics)　123, 398, 450

華人家庭動態調查　444

虛假的效應 (spurious effect)　465

虛無假設顯著檢定 (null hypothesis significance testing)　268

虛擬變項 (dummy variable)　115, 469-471, 486-488

街廓 (block)　81, 283

評量者本身的信度 (intra-rater reliability)　247

評量者間的信度 (inter-rater reliability)　247

象徵式的種族歧視 (symbolic racism)　152

超文字標示語言 (HTML, Hypertext Markup Language)　425

超連結 (hyperlink)　355, 357, 439-441

郵寄問卷調查 (mail survey)　10, 87, 195, 278, 327-340, 343-344, 346, 352, 357, 359, 486

郵遞區　111

鄉鎮市區分類　112

量化 (quantitative)　5, 9, 165, 196, 217, 227, 229, 243, 262, 273, 365, 373, 380, 418

量表、尺度 (scale)　135, 148, 151–152, 158, 165–171, 178–179, 182, 463–464, 467, 470, 486, 490

量表的平衡　148

開放式問卷　193–196

開放式問題 (open-ended questions)　144, 158, 160–161, 171, 177, 195, 208, 335, 373, 379–381, 386

開場白問題 (opening question)　205, 207

集體單位調查　102–103

順序尺度 (ordinal scale)　165–167, 171, 370, 388, 463, 467, 470, 490

順序向度 (ordinality)　168

順序效應 (order effect)　143, 331, 354

順序變項 (ordinal variable)　255, 269–270, 463–464, 469–470, 478

順序邏輯 (ordered logit) 迴歸分析　468, 470

順答行為　178

十三劃

傳統的預試作業模式　216

填充題式的問法 (sentence completion)　208

微觀層次 (micro level)　392, 395

意見　7, 9, 12, 25, 36, 140–141, 147–148, 152, 154, 161, 177, 180, 192–195, 197, 200, 203–204, 206–207, 211–215, 240, 260, 264, 275, 280, 286–287, 300, 303, 331, 377, 385, 437, 478, 484

新聞群組 (newsgroup)　344, 347–348, 350, 355

新增類別　379

新增變項　386, 392, 397

極端回答　304

極端偏離值 (outlier)　271

瑟氏量表 (Thurston scale)　167

督導　89, 285, 290–296, 301–305, 307, 316–320, 387, 424, 432

督導會議　292, 302

經驗觀察編碼 (empirical coding)　380

置回 (with replacement)　60

群集分析 (clustering analysis)　68

腳本探測 (script probing)　226

資料文件奏議 (DDI, Data Documentation Initiative)　415, 424

資料品質 (data quality)　146, 194, 290, 310, 321–322, 387, 401, 456–457, 459–461, 465, 489

資料庫程式人員 (database programmers)　436

資料矩陣 (data matrix)　365–368, 370, 380, 386–387, 391–392, 394–395, 399, 401

資料鍵入 (data entry)　128, 285, 293, 307, 320, 339–340, 368–369, 376, 378, 392

資料欄位　369, 372, 380, 386

資策會電子商務研究所 (ACI-FIND)　342

跨時趨勢　364

跳出視窗 (pop-up box)　341, 349, 353–355

跳答邏輯　389, 391

過錄、編碼 (coding)　285, 290, 293–294, 300–302, 307, 365–369, 371–391, 401

過錄問卷　294, 302

鉅觀層次 (macro level)　391–392, 395

電子郵件調查 (e-mail survey)　328, 340–344, 346–347, 355

電子調查 (electronic survey)　328

電腦輔助面對面訪問 (CAPI, Computer Assisted Personal Interview)　285

電腦輔助電話訪問 (CATI, Computer Assisted Telephone Interviewing)　6, 25, 175, 279, 281, 305, 307, 376, 378

電話局碼　311

電話訪問　2, 9, 12–13, 33, 87, 101–102, 104, 120, 122, 125–126, 154–156, 173–175, 181–182, 277–279, 302, 305–311, 313–317, 319–322, 430

電話訪問調查　195, 278, 322

電話號碼尾數戶中選樣表　312

十四劃

厭煩　116, 246–247, 275

實地預測　184

實際改變　246

對比效應 (contrast effect)　179

對回答反應的編輯 (response edit)　220, 223

態度　5, 7, 9, 11, 22–23, 30, 36, 95–96, 100, 103–105, 107, 109, 114–115, 120, 134, 136–137, 142, 146–148, 150–152, 154–156, 158, 161, 168, 173, 176–180, 192, 194, 198–199, 201, 203–205, 208–209, 211–215, 218, 222–223, 229, 231, 240, 244, 256, 263, 283, 286, 293–295, 302, 304, 307, 329, 348, 350, 358, 360, 367, 370, 373, 394, 396–397, 431, 444, 459, 461, 463, 468, 476, 478, 486

態度意向的題項　135–136, 146–154

截距 (intercept)　488

摘要性的問題 (Summary questions)　206

漏斗型邏輯排序法 (funnel techniques)　181

種子 (seed)　60

綜合性題目　176, 178–181

網上即時 (realtime online) 統計分析　437–438

網頁調查 (web survey)　328, 340–344, 347–359

網路調查 (internet survey)　13, 87, 278–279, 281, 309, 327–329, 340–345, 348–349, 351, 356–360, 415, 430, 459, 487

聚合效度係數 (convergent validity coefficient)　263–264

聚叢 (cluster)　79–82

臺北市古亭區社會調查　21

臺北市都市社會調查　21

臺灣社會科學調查資料：線上分析網 (TSSDA, Taiwan Social Science Data Archive:Online Analysis)　444

臺灣社會變遷基本調查計畫　22, 230, 296–297, 404, 444

臺灣青少年計畫 (TYP, Taiwan Youth Project)　104, 125–126

臺灣省家庭計畫研究所　21, 127, 441

臺灣選舉調查資料　444, 450

蓋洛普 (Gallup)　15–17, 19, 29, 77–78

製作問卷時的一大原則　157

語意差異 (semantic differential)　167–168, 171

認知心理學　4–5, 134, 196, 215–216, 218, 228

認知訪談 (cognitive interview)　135, 138, 147, 184, 192, 196, 215–218, 220–222, 224–230, 232–233, 304

認知實驗室 (cognitive laboratories)　224

誤差 (error)　4–6, 12, 18, 37, 44, 48–51, 55–58, 65–67, 72, 74, 77, 80–81, 83, 85–86, 89, 118, 124, 139, 144, 157, 178, 215, 240–242, 244–245, 248, 250, 257–258, 267, 270, 279, 282, 286, 300, 304, 308, 330, 333–335, 340, 350, 389, 473

領會　(comprehension)　220–221, 224–225

十五劃

增加新樣本　117

增益效應 (salience effect, carry-over effect)　179

層別 (stratum)　68–75, 82–83

撈捕 (fishing)　269

撈捕與錯誤率的問題　269–270

數博網 (SuperPoll)　357

數據資料格式　366

樣本 (sample)　2–4, 7–11, 16–18, 30–33, 35, 44–67, 69–86, 88–89, 95–101, 103–113, 116–127, 175, 183, 196, 213, 215, 228–229, 240–242, 244–245, 256, 260–261, 267, 269, 272, 274–275, 278–279, 283–291, 293–295, 297, 298–303, 305–308, 310, 313, 316, 320, 322, 331–336, 338–339, 341–350, 352, 354–360, 365, 374, 381, 387–389, 392–398, 401, 418–419, 423–424, 430, 450–451, 456–460, 466, 469–470, 474–475, 479–480, 483–485, 488–489

樣本大小 (sample size)　30–31, 46–58, 60–73, 75–76, 78, 80, 89, 316

樣本代表性　117, 278–279, 290, 303, 307, 342, 358, 387, 457

樣本加權　303

樣本名單檢查　303

樣本流失 (attrition)　116–118, 127, 267, 398

樣本重複填答 (multiple response)　356

樣本清冊、抽樣架構 (sample frame)　75, 79, 82–83, 88, 331–334, 342, 344, 347–351, 356–358

樣本設計　106–107, 124

樣式檔 (XSLT Stylesheet)　436

標的母體 (target population)　241, 272, 333

標準化　2, 7–8, 11–12, 16, 56, 89, 160, 194, 208–209, 224, 251, 254, 270–271, 290, 300, 304–305, 318, 322, 387, 414, 443, 463, 479, 481–482

標準化的訪問規則　282

標準化訪問法　300

標準化過程　2–3, 8

標準差 (standard deviation)　71–73, 481

標準誤 (standard error)　258, 268–269, 469, 471, 482, 488

模式效應 (mode effect)　360

模型 (model)　87, 106, 110, 171, 244, 255, 257, 269, 395, 469–475, 482–487

歐洲意見與市場研究協會 (ESOMAR, European Society for Opinion and Marketing Research)　28, 34–36

潛在變項分析 (latent variable analysis)　255

範圍檢查 (range check)　410

練習　246–247, 267, 291, 318

編碼系統 (coding schemes)　371–373,

379, 382, 387–389, 401

編碼的信度　386–387, 401

編碼簿 (codebook)　364–365, 368, 379, 382–386, 388, 390, 401, 412–413, 419, 422–425, 427–429, 436

線上調查 (online survey)　328

線性迴歸 (linear regression)　89, 257–258, 464

複本 (equivalent form)　247

複本信度 (equivalent form reliability)　247, 274

複合式測量 (composite measure)　167

複合量表 (composite scale)　248

複查　290, 293–294, 301–302, 307, 321, 387

複製係數 (coefficient of reproducibility, CR)　171

複質複法 (multitrait-multimethod)　262

複選題　158, 161–162, 171, 368, 381–383, 390–391, 396, 401

調查　2–38, 44–45, 47–58, 60, 62–64, 67, 71–75, 79–80, 82, 87–88, 94–96, 98–128, 134–138, 142, 151–152, 154–156, 158, 161, 167, 171–172, 174–175, 177, 179–181, 183–184, 192–199, 209–210, 215–216, 218, 220–221, 223–224, 226–230, 240–248, 250, 255–256, 259–267, 269–272, 274, 278–297, 299–310, 312–313, 315–319, 321–322, 328–345, 347–353, 355–360, 364–365, 367, 369–372, 374–377, 379–384, 387–389, 391–398, 401, 408–446, 449–451, 456–463, 466, 476–477, 479, 483, 485–490

調查方法學者 (survey methodologist)　5

調查母體 (survey population)　312, 333, 342, 344–345, 347–350

調查研究方法 (survey research method)　1–2, 4–5, 7–8, 13, 18–20, 23, 37–38, 196, 375

調查計畫 (Program Surveys)　19, 22–23, 37, 94, 98, 105–106, 109, 112, 121–122, 124–125, 230, 265, 274, 279, 296, 301, 304, 318, 404, 414, 417–418, 429, 443

調查倫理守則　28, 31, 33–34, 36–37

調查執行的一致性不足　270

調查場地的外來變異　271

調查資料檔案庫 (survey data archive)　408, 421, 443

調查誤差 (survey error)　241, 332–333, 335, 347, 349, 351

調整誤差 (adjustment error)　242

質化　165, 192–193, 196–197, 200, 210–212, 214–215, 228–230, 270, 304, 418, 430

輪替樣本　117–118

十六劃

學術調查研究資料庫　23, 135, 297, 384, 394, 396–397, 450

操作化 (operationalization)　262, 264, 271–272

「整體調查誤差」架構 ("total survey error" framework)　240

橫切面資料 (cross-sectional data)　461, 489

橫斷研究　364, 393, 396

橫斷面　106, 110, 113–116, 118–120,

128, 393, 398

歷史　2, 14, 24, 26, 28, 114, 267, 408–409

獨特性 (uniqueness)　252

獨特變異數 (unique variance)　252

選取機率與單位大小成比率（簡稱等機率）(PPS, Probability Proportional to Size)　80, 289

選項數值說明　383

選舉與民主化調查計畫　23

遺漏值 (missing value)　378, 382, 384–385, 387–389, 393, 419, 431

錯誤率 (error rate)　268–270

隨機 (randomly)　10, 46–48, 52, 58–61, 63–65, 77, 79, 87–89, 95–96, 100, 107, 111, 113, 117, 123, 153, 168, 175, 178, 180, 201, 280–281, 289, 302, 306–307, 311–312, 321, 338, 350, 359, 393, 430, 473

隨機誤差 (random error)　244–245, 256

隨機撥號 (RDD, Random Digital Dialing)　308, 311

隨機選項　307

隨機選題　307

十七劃

優先順序　381

應用社會研究處 (Bureau of Applied Social Research)　18, 196

擬 R 平方 (pseudo R square)　473

檢誤資料　290, 302

總結式的問題 (All things considered questions)　206–207

縱貫性資料 (longitudinal data)　461

聯合報　8, 23–27, 33, 101, 157, 451

趨勢研究 (trend study)　396

十八劃

擴論 (generalize)　272–273

簡單架構標準 (simple structure criteria)　251, 253

轉折式的問題 (transition questions)　205, 207

轉換　167, 223, 365, 367–372, 378–379, 383, 385, 389, 392, 401, 415, 433–436, 445, 477, 479

轉軸 (rotation)　254, 481

雙重否定　139

雙變項分析 (bivariate analysis)　465–466, 468, 475, 490

題目次序　172, 175, 179–181, 218, 222, 280

題項 (item)　106–108, 134–142, 145–147, 150–152, 154–158, 167–168, 170, 242, 244, 247–256, 259–260, 262, 264–265, 267–268, 270, 272–275, 304, 334, 346, 352, 383, 396, 478, 480–481, 490

題項無反應 (item nonresponse)　334–335, 374–375

題項獨特因素 (specific factor)　250–251

十九劃以上

穩定 (stationary)　97, 154, 175, 210, 245, 256, 273, 399, 459–460, 466, 476, 481, 489

羅帕 (Roper)　15–17, 78

識別號 (PIN, personal identification number)　343, 356, 359

識別碼 (identification number)　368, 375, 394–395

識別變項　368, 375, 392–395, 397

邊緣編碼法 (edge coding)　376

關鍵的問題 (key questions)　205, 207

類別　5, 45–47, 49–50, 67, 70, 96, 100, 106, 108, 116, 150, 158–160, 165–166, 200, 205, 366–367, 370–376, 379–382, 385–386, 388–389, 460, 463–464, 466–470, 478

類別順序　176

類亂數 (pseudorandom number)　60

屬性 (attribute)　45–48, 50–51, 54–58, 63–68, 71–75, 77–84, 87–89, 117, 348, 352, 422

屬性分數加權 (propensity scoring weighting)　348

欄位定義　370, 382–384, 392–393

鑑別力　168

鑑別效度係數 (discriminant validity coefficient)　263–264

變異數 (variation)　51, 54, 60, 66, 71–72, 74, 76–77, 80–81, 83, 245–254, 256–258, 269, 481

變異數分析 (ANOVA, analysis of variance)　468

變項 (variable)　5–6, 9, 68, 106–107, 109, 115–117, 119, 121–122, 135, 137, 148, 156, 158, 165–167, 171, 228, 250, 253, 256–259, 262–263, 266, 268–274, 348, 364–377, 379–399, 401, 408, 410, 412, 419, 423–424, 427, 431–439, 444–445, 456–476, 481–490

變項說明　383

變項層次的編碼簿 (variable-level codebook)　423

變項數值範圍的限制　270

邏輯 (logit/logistic) 迴歸分析　463, 486

邏輯效度 (logical validity)　260

邏輯迴歸 (logistic regression)　89

邏輯檢核　388–390, 396, 401

邏輯關係　115, 387, 389

驗證假設 (testing hypothesis)　3

觀察誤差 (error of observation)　240

危險與祕密——研究倫理（修訂二版）　嚴祥鸞／主編

本書為從事社會研究者值得一讀的參考書籍，旨在解決研究者在研究過程中可能遭遇的困境、轉化學術社群對知識的宰制，以及重新思考研究者對社會應有的責任。本書囊括研究倫理的實例，幫助讀者建立完整和清晰的研究倫理圖像，並揭示研究者和被研究者互為主體的合作關係，提供讀者對於研究倫理和知識生產的另類視野。

如何寫學術論文（修訂三版）　宋楚瑜／著

本書旨在提供學生撰寫學術論文或研究報告的基本方法，並將寫作的全部過程，區分為十個階段，逐一討論，使學生能獲致明確的概念，並能按部就班，寫出符合水準的學術論文或報告。「工欲善其事，必先利其器」，本書以深入淺出的方式說明學術論文的撰寫之道，為寫學術論文者不可或缺的最佳工具書。